昆玉河畔思想文库

重建经学的普遍主义：康有为的经学革新

皮迷迷　著

商务印书馆
创于1897　The Commercial Press

图书在版编目（CIP）数据

重建经学的普遍主义：康有为的经学革新 / 皮迷迷著. --北京：商务印书馆，2025. --（昆玉河畔思想文库）. --ISBN 978-7-100-24689-7

Ⅰ. B258.5

中国国家版本馆CIP数据核字第2024RQ0075号

昆玉河畔思想文库

重建经学的普遍主义：康有为的经学革新

皮迷迷　著

商　务　印　书　馆　出　版

（北京王府井大街36号　邮政编码100710）

商　务　印　书　馆　发　行

三河市尚艺印装有限公司印刷

ISBN 978－7－100－24689－7

2025年1月第1版　　　开本 880×1230　1/32

2025年1月第1次印刷　　印张 12　3/4

定价：68.00元

序

中国哲学不同领域的研究，在新时期发生了一些重要的变化，其中之一可以称作经学转向。一般以“四部”中的“子部”文本为基础展开的中国哲学研究，使“经部”之经书与儒家之子书间的关系变得疏远。别说是现在，“四库全书”分类法本身就有这种缺陷。《子部总序》说的“自六经以外立说者，皆子书”，对其他诸家子书适用，对儒家子书就不适用。儒家子书本身都是不同程度对经书的传述，意识到这一点的《子部总序》，只好在“子部”中对之另眼相看，称“儒家尚矣”，并将儒家子书视为经之支流以缓和这种紧张。

研究儒家子书，脱离不开儒家所信奉的经书。所谓的“经学”同儒家的义理学是一而二、二而一的一体性存在。对这一大传统的意识一旦重新自觉，相应地，对撇开或远离经学而单纯研究儒家哲学的做法就会产生质疑和反思，并由此带来了儒家哲学研究同儒家经学研究之间的互动、联动和协同，所结下的果实丰硕而多样，这也包括晚清的儒家哲学和经学研究。从这种意义上说，皮迷迷的《重建经学的普遍主义：康有为的经学革新》就是一个新的重要成果。

清末中国知识人身上仍有浓重的士大夫色彩。康有为是典型的，严复是非典型的。面对中国历史上从未有过的国家灭亡、种族灭亡和教化灭亡的“三亡”危机和困境，面对剧烈的东西文化、学术的相遇、碰撞和融合，他们扮演着知识的输入者和创造者、新观念的提供者和传播者、革新的推动者和参与者等多重角色。他们内心的痛苦和焦虑，他们使命的宏大和美妙，形成了极其反差的色调和图像。康有为真像他的名字“有为”这一符号那样，作为重建中国新教化和改制派的思想首领，以舍我其谁的圣人情结，在革命派兴起之前和之后，他都一直无所不用其极使自己的角色最大化。他说他的学问三十岁已成，此后不必有进，不过是他自己既早成又早定的心理暗示。

在体制化的儒家经学历史中，康有为作为今文经学的殿军，他所建立的一切如此重要和显赫，而对它的研究在整体上又很不充分，这是皮迷迷选择这一主题的主要考量。为此，如何扩展，更准确地说是在康有为的经学研究上如何另辟蹊径，是她真正要面对的挑战。从基础性的准备到已有研究的反思，从问题的提出到方法论意识，皮迷迷最后将论题确定在康有为的经学革新和经学普遍主义的重建上。这是一个既相互限定又相互彰显的论题。经学的革新是为了重建经学普遍主义，为了重建经学普遍主义又需通过经学的革新来达成。

皮迷迷从清末经学危机更广泛地说是教化和意义危机以及汉宋之争入手，从汉代经学今古文之辨和今文经学在 18 世纪之后的复兴以及康有为的今文经学同廖平之间的关系出发，从春秋公羊学的三统和三世观念的建立和演变着眼，充分依据大量的第一手文献，通过考辨源流和察其异同，通过同已有看法的对话，对康有为的经学革新和经学普遍主义的重建进行了复杂而深入的探讨，在所论及的主题上都能提出自己的观点和看法，十分不易和难得。

比如她首先面对的是不同文明中存在着的不同普遍主义这一棘手问题。一方面，谁都能够阐述自身文明的普遍主义；另一方面，谁又都不能通过权力将自己的普遍主义强加给其他文明。如果仅此而已，结果就是谁都拥有普遍主义，而人类文明整体上变成了相对主义，人类文明整体上没有共识。皮迷迷既不接受强权主义下的普遍主义，也不赞成人类只有各自不同文明的普遍主义。她提出的建设性主张是，不同的文明之间需要达成共识，需要承认并建构某种更具普遍性的文明。为此，每个文明需要先充分认识自身的普遍主义，因为这并不是不证自明的。皮迷迷认定中国文明的普遍主义就在中国的经学中。中国经学“作为一种具有文明属性的学问，是一种以整个世界为主体进行思考的学问，也是一种具备普遍主义追求的学问。空间维度上，经学所包括的‘王道’理想、‘天下’主义，都是对特定地理、族群边界的超越，表达出经学对不同地域、族群的适用性；时间维度上，历代儒生所崇尚的孔子为万世师表、六经垂法万世等信念，以及他们为了实践这一信念而不断对经典做出的重新解释，使得经学在长达两千多年的政权更替、不同民族冲突和交流中，始终能够保持对新现象与新观念的有效解释”。

正是在这一大传统之下，面对中国教化和意义的危机，康有为基于今文经学和春秋公羊学的已有思想资源，通过输入和引入西学新学，对经学进行了革新，重建了一种新的经学普遍主义。这是皮迷迷著作的中心论题，也是她的核心观点。皮迷迷之所以对康有为的“三世”进步论再三致意，就是因为康有为的经学普遍主义在此有充分的表现。她考察了康有为从“三统论”到“三世论”的转变，又进一步考察了“三世”进步论本身前后的微妙变化，从中发现这里始终贯穿着以仁爱和平等为中心的普遍主义。以孔子为教主的康有为将他建立的这种普遍主义同样看成是孔子所立之法：“孔子立三世之法：拨乱世仁不能远，故但亲亲。升平世仁及同类，故能仁民。大平世众生如一，故兼爱物。”这种依托，从康有为将“三世”进步论同三种政体及制度结合在一起时就更是不言而喻了：“据乱世当行君主制，升平世当行君民共主制，太平世当行民主制”。

康有为《大同书》中的“大同”理想，具有很强的幻想性的浪漫主义性质，比以往任何的乌托邦还要乌托邦，这可能是他一直将《大同书》秘不示人的原因之一。但就其基本理想来说，他的“大同”跟他的“三世”进步论的仁爱和平等理想有一定的同构性。只不过在《大同书》中，平等绝不限于仁爱，它是人类一切事物的平等。皮迷迷揭示了两者之间存在的同构关系。正是因为康有为的经学革新和经学普遍主义的重建，所以康有为在儒学经学历史中就具有了超常的地位和意义，也是他能够对后世产生多种影响的原因。皮迷迷以“价值与问题：重估康有为的经学革新”和“再论经学传统”为题进行的论说具有画龙点睛的作用。

康有为的经学革新和经学普遍主义重建，同他的解经、注经实践密切相联，同他的注经方式、视野和体例相联。在这方面，皮迷迷的研究还有待扩展。历史上体制化经学伴随着清帝国的崩溃而瓦解，民初蔡元培主持制订的教育章程取消了经学科。但儒家经学本身不会瓦解，也不会终结。且不说袁世凯试图重新恢复儒家及其经学的权威，后来国民党也试图通过尊孔读经的做法建立政治意识形态，更不用说自由而开放地研究儒家经典，从经典中追寻传统的意义和价值，反而会为儒家的经学带来更强大的生命力。现代新儒家的诞生，同时也是经学新时代的诞生，这是经学从传统到现代的一次革命性转变，对此需要进一步思考和认识。

最后，我想说的是，皮迷迷在硕士研究生阶段的刻苦学习和训练，为她打下了中国哲学经典学的良好基础。读博士研究生后，她自我严格要求，在博士论文选题上，敢于选择十分复杂和充满着争议的康有为这一人物和他的经学，并能够在康有为的经学研究上别树一帜。博士毕业后，皮迷迷继续扩大自己的视野，对博士论文进行了修改和完善，使之锦上添花，现终于出版，十分值得祝贺。作为她的博士导师，我感到十分欣慰和高兴，并期待和祝愿皮迷迷在学术上不断有所创获。值此著作出版之际，我略述其著论之旨，以为之序。

王中江

2024 年 9 月 19 日

目　录

序　章

第一节 “后经学时代”与康有为研究

冯友兰对中国哲学史的阶段有过一个著名的划分：以孔子至淮南王刘安为“子学时代”，以董仲舒至康有为为“经学时代”。据此，则吾人今日所处之时代，或可称为“后经学时代”[①]。本书所聚焦的对象，正是这位身处经学终结时代的人物——康有为，所讨论的事件是发生在“经学时代”尾声的一场学术变革。身处“后经学时代”中，回望一个已然终结的时代，关注一场并不成功的学术变革[②]，意义何在？

1938年，中日战事方殷，避难于江西泰和的马一浮为浙大学子讲论国学云：“吾敢断言：天地一日不毁，人心一日不灭，则六艺之道炳然常存。世界人类一切文化最后之归宿，必归于六艺。而有资格为此文化之领导者，则中国也。今人舍弃自己无上之家珍，而拾

---

① 陈少明教授在20世纪90年代已经提出过“后经学时代”之说（参见陈少明：《作为政治文化的经学》，《中州学刊》1994年第5期）。在《走向后经学时代》一书中，他进一步指出：“这一概念至少包含两层意义，其一，在社会政治层次上，经学失却其合法性依据的地位，中国社会形式上走向法理化时代；其二，在学术文化的层次上，对经的研究不必站在宗经的立场上。”（陈少明：《走向后经学时代》，中山大学出版社2020年版，第1页）

② 在冯友兰看来，康有为与其同时代的廖平一样，面对西洋新事物的涌入，不过以西洋新知附会于经学之“旧瓶”之内，牵引比附而至于可笑，使“旧瓶”扩大至极而呈破裂之象。参见冯友兰：《中国哲学史》（下），《三松堂全集》第三卷，河南人民出版社，第436页。

人之土苴绪余以为宝，自居于下劣，而奉西洋人为神圣，岂非至愚而可哀？”[①] 因时势所导，学风所倡，彼时青年多以西洋学术为尚，以中国固有学术为无用落后之学，而马一浮特言六艺之学非但为国人有益，更可为全人类提供宝贵价值。1951 年，新中国甫立，熊十力撰长文《论六经》，其说云：“愚谓今之所急，莫如立国立人之精神。中华立国五千年，自有高深悠久之文化，中国人之作人与立国精神，自有其特殊处不待言……余以为求中国之特殊精神，莫若求之于哲学思想。中国哲学思想之正统派即儒家。”[②] 作为现代新儒家的代表，马一浮与熊十力都高度肯定六经之学的现代价值，并以他们的学术实践在“后经学时代”里继承经学遗产，开辟出新儒家的学问道路。可见，“经学时代”虽退入了历史，“六经”价值却并未消亡，“经学时代”的思想遗产以新的形式被继承下来。

然而，新儒家诸贤的努力，并未全然解决“经学时代”之终结所遗留的问题，此问题即为余英时所指出的“现代儒学的困境”。两千余年的“经学时代”，其一大特征已为冯友兰所揭，即“诸哲学家无论有无新见，皆须依傍古代哲学家之名”[③]，此是就思想表达方式而言；另一特征则是余英时所谓的“在两千多年中，通过政治、社会、经济、教育种种制度的建立，儒学已一步步进入百姓的日常生活的每一角落”[④]，此是就经学的效用、影响和施行方式而言。两千余年间，与帝制深刻结合的经学通过制度化方式发挥其影响[⑤]，但在现代

---

① 刘梦溪编：《中国现代学术经典·马一浮卷》，河北教育出版社 1996 年版，第 21—22 页。

② 熊十力：《论六经·中国历史讲话》，中国人民大学出版社 2006 年版，第 10 页。

③ 冯友兰：《中国哲学史》（下），《三松堂全集》第三卷，第 436 页。

④ 余英时：《现代儒学论》，上海人民出版社 1998 年版，第 230 页。

⑤ 有关制度化儒学的相关研究，参见干春松：《制度化儒家及其解体》（修订版），中国人民大学出版社 2012 年版。

西洋文明的全面冲击下，帝制崩溃瓦解，经学借以施用的制度性基础被摧毁，虽然在新儒家的努力下，从中转化出一种全新的学问形态，即一种专业的、思辨的、讲堂式的学术研究，然而不再关乎个人的修德实践、社会秩序的建构以及共同体价值的塑造与维系，仅仅成为少数知识精英讲论的对象。因此，余英时深刻质疑："这套东西究竟还算不算儒学恐怕总不能说不是一个问题"[①]。职是之故，他将制度化基础瓦解之后的儒学比喻为一个"游魂"："如果我们庆祝儒学因此获得了新生，那么儒学又将以何种形式维持它的新生命呢？它将从此成为'游魂'呢？还是'借尸还魂'呢？"[②]

余英时写作《现代儒学的困境》一文的时间是20世纪90年代，距离辛亥革命推翻帝制已逾八十年，距离经学退出中国人的日常生活也已近五十年。彼时，中国在有形物质层面的现代化进程，相较于晚清已然取得相当成就，余英时何以如此在乎儒学的生命？又何以认为儒学成为"游魂"的现状是一个"困境"？此中未做明言的问题是，中国在文明意义上的现代转型始终尚未完成。时至今日，作为现代国家的中国，物质层面已然实现了百年前严复、梁启超等知识精英所企盼的富强图景，但是，作为文明主体的现代中国却仍旧面目模糊，乃因文明是由族群的历史、传统、价值、文化凝聚而成的整体，同时又是塑造族群身份认同、生活方式与意义的底色，而以经学为主体的儒学正是此种底色所在。就此而言，若六经之学无法真正有效参与到现代中国人的生活之中，则中国的现代转型就仍然是一种相当外在和缺乏自主性的过程。

诚然，在世界近代史上，所有因遭受外部力量冲击而被迫卷入

① 余英时：《现代儒学论》，第233页。

② 同上。

以西欧文明模式为主的现代化进程的地域和族群，都面临着同样的难题：应当如何处理自身文化传统和以西欧文明为主导的所谓现代普世文明的关系？但此一问题之于中国，更兼具一重复杂性。在一段相当漫长的古代历史中，中国所扮演的角色不仅是一个政治、文化主体，还是一个体量庞大且影响力深远的文明体，儒家文化圈就是明证之一。因此，晚清中国所遭遇的，不是一场军事、政治或者文化的战争，而是两种异质文明的根本冲突。美国学者塞缪尔·亨廷顿所提出的“文明冲突论”广为人知，但身为当代西方人，亨廷顿对文明冲突的自觉来自于对冷战后全球秩序的反思，而一百多年前，作为中国人的康有为已经机敏和切身地感受到此种冲突。当然，康有为对文明冲突的觉察和思考，关注的重点在于如何在强势的西洋文明的侵逼之下，有效延续和保存中国既有文教，使之既能应对异质文明挑战，又不被其所夺，这就势必要求对既有文教进行彻底的改革和调适。中国既有文教包纳众多，然而最能成为其代表的当属经学。近代学者蒙文通云：“由秦汉至明清，经学为中国民族无上之法典，思想与行为、政治与风习，皆不能出其轨范。虽二千年学术屡有变化，派别因之亦多，然皆不过阐发之方面不同，而中心则莫之能异。其力量之宏伟，影响之深广，远非子、史、文艺可与抗衡。”[①] 一语道明经学之于中国文明史的核心地位。因此，在中国的现代转型与东西方文明冲突的双重问题的背景下[②]，重新关注康有为的经学革新，才能显示出意义，康有为的经学革新乃是基于对文明冲突的觉知所提出的应对方案，且这一方案是沿着中国文明的既有脉

① 蒙文通：《经学抉原》，上海人民出版社 2006 年版，第 209 页。

② 虽然当今世界已经发展出各种精巧的国际政治理论来平衡国家间的冲突矛盾，也建立了文明对话机制以促进差异文明之间的互相理解和协作，但近年的国际政治变局令我们看到诸种努力的有限性。

络发展而来的。

康有为面对晚清中西文明的冲突而进行的经学革新，在以下两个方面显示出对今日中国和世界的意义：首先，在应对中国文明传统的现代转型问题时，康有为继承和采用了一种整体性的眼光，这和此后“五四”一代的取径极为不同。近代中国哲学的研究长期聚焦于“五四”一代，因“五四”一代以对科学民主的宣扬、对传统的挑战和批判，对此后中国的现代化进程产生了深远影响。然而，近十余年来，包括廖平、康有为、章太炎等在内的一批出身旧学的晚清思想人物开始重获关注。一方面是因为“五四”与晚清的关系得到重新认识，早期研究多视“五四”为传统与现代的分水岭，而不断有新研究显示，“五四”的许多思想倾向都能在康有为、章太炎这些晚清思想家处觅得端绪[①]；另一方面，与“五四”一代以西方学术范式为标准裁量中国传统思想学术的做法极为不同，以康有为为代表的这批晚清学人在面对古今转折、中西碰撞的大变局时，一个共同的应对思路是返回中国固有的思想传统寻找资源，立足于经学传统而吸收西学，并试图由此建构一个整体性的文教系统[②]。这一整体性眼光之所以值得重视，乃因中国今日之学术规模承袭自“五四”以来的西洋分科之学，学科既分，则各有畛域，壁垒分明，却割裂了原本体用不二、本末无间的中国固有之学与文明体系。西洋现代

① 早在 1978 年，林毓生就提出，“五四”激进的反传统态度和运动，实际上是一个演化自中国传统的一元论思想模式。参见 Yu-sheng Lin, *The Crisis of Chinese Consciousness: Radical Anti-traditionalism in the May Fourth*, University of Wisconsin Press, 1978。汪荣祖认为，“五四”不是反传统的第一代，康有为、章太炎才是第一代。参见汪荣祖：《康章合论》，中华书局 2008 年版，第 121 页。在文学研究领域，更是有学者提出了“没有晚清，何来五四”的口号。参见王德威：《被压抑的现代性：晚清小说新论》，北京大学出版社 2005 年版。

② 相关研究参见江湄：《创造“传统”：梁启超、章太炎、胡适与中国学术思想史典范的确立》，社会科学文献出版社 2013 年版。

分科之学自有西洋文明传统为其根基，而中国现代分科之学却全为舶来，并无根柢。文明本为一有机能动的整体，整体不是部分的机械拼凑组合，因此，应对文明冲突，削足适履并非长久之计，而仍需整体眼光、通盘考虑，导源自西洋的现代分科之学缺乏亦无力建立起一种合乎中国文明特性的现代文明形态。

其次，面对文明冲突下处于危殆境地的中国文明，康有为的挽救思路不是将中国文明特殊化以抵拒西洋文明，而是继承和发展了经学既有的普遍主义性质以收摄西洋文明。事实上，当近代中国在遭遇西方挑战后从“天下”转变为万国之一，经学也从一种“东海西海，心同理同”的普遍性意识形态内缩为一种地方性学问，而经过 20 世纪国家主义、民族主义浪潮的洗礼，经学的普遍主义性质似乎早已为人所遗忘或抛弃。然而，只要考虑到中国文明所具有的文明体特质，经学的普遍主义追求就不应被忽视。事实上，正如亨廷顿所指出的，“文明是包容广泛的……一个文明是一个最广泛的文化实体”[①]，既然文明的一大特点就是能够包容多种文化实体，这意味着它必然具备普遍主义属性。在大航海、近代殖民运动与帝国主义扩张将人类世界联结在一起之前，分散于地球上的各个古老文明体，几乎都表现出了普遍主义的基因。地理知识的有限性并未限制古人对“世界”的理解和想象，各个文明体都天然预设了自己生活在作为一个整体的“世界”之中，因此，其所发现的宇宙真理、所发展出来的关于共同生活的智慧，显然适用于这个“世界”上的所有人类。奥地利历史哲学家沃格林举例说，古希腊人发明了 oikoumene 一词，其本义是相对于“大洋”的“大地”，即人所居住之地。这个

① 塞缪尔·亨廷顿：《文明的冲突与世界秩序的重建》，周琪等译，新华出版社 2010 年版，第 221 页。

“大地”显然不是“某一块”土地，而是一个与“作为奥秘的死亡和众神”[①]之领地相对的、全部人类所居之地。在遥远的中国，周代人也发展出了高度相似的概念——“天下”。赵汀阳认为：“天下固然是中国古代的一个概念，却不是一个关于中国的特殊概念，它所指向的问题超越了中国，是一个关于世界的普遍问题。”[②]然而，即便所有的文明体都共同设想了一个“天下”和一种普遍秩序的存在，也并不意味着他们分享了一个共同的“天下”观念和一种共同的普遍秩序。当不同文明正面遭逢之际，唯一的普遍主义便裂变为多个普遍主义，文明的普遍主义悖论就此产生：如果这种文明是普遍的，它就应该是唯一的；如果它是复数的，就意味着它还不够“普遍”。因此，当多个持普遍主义信仰的文明正面交锋时，会产生两个结果：某种文明取得优势地位并宣布它才是真正唯一的普遍文明；或者，不同的文明之间达成共识，承认并建构某种更具普遍性的文明。

在过去三十年里，基于信息技术的发展与资本主义经济扩张的全球化似乎已经在促进一种新型普遍文明的产生[③]，但这种文明的普遍性缺乏某种精神实体作为其内在支撑，因此，是一种脆弱无根的普遍主义。而近年来显露端倪的“逆全球化”，在某种程度上正暴露出被技术与资本全球化所掩饰的危机——文明的冲突仍未解决，而这也是国际政治博弈难以真正应对的问题，因为来自古典时代的一体化世界观已经不复存在。相较于古人，现代人对于地理知识的了解显然充分和深入得多，但这些知识的积累并不必然形成“世界”

---

① 沃格林：《历史与秩序卷四：天下时代》，译林出版社 2018 年版，第 372 页。

② 赵汀阳：《天下的当代性：世界秩序的实践与想象》，中信出版社 2016 年版，第 2 页。

③ 美国经济学家伊曼纽尔·沃勒斯坦将这股在冷战之后形成的全球化浪潮称为“新自由主义的全球化”。沃勒斯坦：《2008 年：新自由主义全球化的死亡》，实践与文本网，https://ptext.nju.edu.cn/ba/36/c13495a244278/page.htm。

的概念，只有将世界视作一个整体，真正的“世界”才有可能形成。就此而言，经学作为一种具有文明属性的学问，是一种以整个世界为主体进行思考的学问，也是一种具备普遍主义追求的学问。空间维度上，经学所包括的“王道”理想、“天下”主义，都是对特定地理、族群边界的超越，表达出经学对不同地域、族群的适用性；时间维度上，历代儒生所崇尚的孔子为万世师表、六经垂法万世等信念，以及他们为了实践这一信念而不断对经典做出的重新解释，使得经学在长达两千多年的政权更替、不同民族冲突和交流中，始终能够保持对新现象与新观念的有效解释。康有为的经学革新正是沿着这一传统，以一种前现代的眼光认识并处理文明冲突。长期以来，学术界对康有为的经学存在一种偏见，认为康氏经学不过是为了推行改制变法而进行的理论缘饰。若果真如此，如何解释康氏绝大多数的解经之作撰于戊戌变法失败以后？康有为本人曾明言：“圣人言论皆为天下万世立公律，不暇为区区一国计也。”[①]弟子梁启超早年也曾发表过“不知我辈宗旨乃传教也，非为政也；乃救地球及无量界众生也，非救一国也”[②]一类的言论。因此，如果我们能够放弃来自现代人的傲慢，重新认识到康有为所持有的文明普遍主义视野，则其经学革新的价值和意义当有新的解释空间。

在近代中国的历史舞台上，康有为扮演了一个并不成功的角色，无论是他所参与和推动的政治改革还是他的经学革新宏愿，全都在历史洪流的卷涌中宣告失败。因此，在很长一段时间里，康氏的主张和思想因为未能获得现实层面的成功，而被视为过时和无效的经

---

① 康有为：《论语注》，姜义华、张荣华编：《康有为全集》第六集，中国人民大学出版社 2007 年版，第 405 页。

② 梁启超：《与康有为等人书》，夏晓红编：《〈饮冰室合集〉集外文》（上），北京大学出版社 2005 年版，第 2 页。

验。思想在某一具体历史语境中的失败，是否意味着思想本身的失效？萧公权不无同情和感慨地评价康氏拯救儒学的努力云："当帝国崩溃，儒学亦自失败。康氏挽救努力无效，也正因一切可能尊崇孔子的因素已经消失。他之不能使儒学于帝国倒后显扬，正如孔子本人不能于帝国勃兴之前成功一样。"[①]我们习惯以能否解决现实问题作为评判思想高下的准绳，却忽略了任何一种思想在现实层面的奏效都需等待特定时机。圣如孔子，生于春秋乱世，亦无法以一己之力挽狂澜于既倒，因而若仅以实践成败论英雄，未免狭隘。距离康有为离世已近百年，他本人及其时代，也早已退入历史之幕，但他所应对和思考的问题并未过时。人类世界里，一切面对挑战的新方案，都产生于过去、现在和未来之间永无停止地相互对话中，"空无的现时没有问题或思想可以与未来可能性进行对话和交易，我们只能带上历史问题赠与未来"[②]。以康有为为路标，重返过去的线索与问题，并非按下历史的倒退键，而是尝试跳出眼前的遮蔽，去汲取一种面向未来的力量。

第二节　问题与线索：基于既有研究的梳理

作为在近代政治与思想界都举足轻重的人物，康有为是近代史与近代哲学研究共同的关注对象。虽然这两个领域的康有为研究各有侧重，但它们相互影响，共同推动了康有为研究的发展。为便于梳理，本节将按照时间顺序，将康有为研究划分为三个阶段，即1950—1980年，1980—2000年及2000年以后，分别讨论这三个

① 萧公权：《康有为思想研究》，汪荣祖译，新星出版社2005年版，第90页。
② 赵汀阳：《四种分叉》，华东师范大学出版社2017年版，第33页。

阶段中具有代表性的康有为研究，并勾勒出与本研究相关的问题和线索。

汤志钧与李泽厚是国内较早对康有为进行研究的代表性学者。汤志钧在 1955 年和 1957 年分别出版了《戊戌变法史论》与《戊戌变法史论丛》，并由此展开了对戊戌变法的核心人物康有为的研究。从 20 世纪 50 年代至 80 年代，汤志钧先后发表和撰写了数篇关于康有为的研究论文，内容涉及康有为的生平、变法时期的主张及其思想动因、《大同书》的成书问题及康氏大同思想、康有为在变法失败后的思想转变等问题，涵盖较广，兼顾思想分析与史实考证。李泽厚在 1958 年出版了《康有为与谭嗣同思想研究》，不同于汤志钧侧重于历史研究的取径，李泽厚的研究偏重思想，对康有为的整个思想体系与哲学基础进行了较为全面的概述。

二人的研究均体现出革命史观的深刻影响，康有为的历史角色基本被界定为资产阶级改良派。由此出发，他们均赞成以下几点：一、康有为的学术主张完全是服务于资产阶级政治改革的工具。二、康有为的《大同书》与他的变法阶段的思想存在断裂，且价值不高。汤志钧认为，康有为在戊戌变法失败后提出的"大同三世"说，"政治上是堕落了，在思想上也沉沦了"[①]；李泽厚则认为，"大同三世"说是"与当时现实斗争完全脱节的和无关的资产阶级自由主义式的乌托邦"[②]。三、康有为的重要理论"三世"说乃为一历史进化论，且此种理论与政治改革密切相关。这些看法的影响力一直持续到 20 世纪 90 年代，甚至成为许多康有为研究的前提预设。

汤志钧的研究善于在历史过程中刻画康有为的思想转变。康有

---

① 汤志钧：《康有为与戊戌变法》，中华书局 1984 年版，第 151 页。

② 参见李泽厚：《中国近代思想史论》，人民出版社 1979 年版，第 94 页。

为一生经历过两次重要的思想转变：一次是从早期以《教学通义》为代表的经学立场转向以“两考”为代表的今文经学立场；另一次是戊戌变法失败之后的思想转折。汤志钧注意到康有为的“大同三世”说在戊戌变法前后经历的重要转变。此外，他不仅重视康有为在戊戌变法前以“两考”为代表的学术政治主张，也关注在戊戌变法失败之后康有为与保皇会的交往。而李泽厚的研究则慧眼独具地看到康氏经学背后的哲学基础，包括他的仁爱哲学、元气论和人性理论等。以上诸方面均得到了此后学者的进一步拓展和深化。

与此同时，海外的康有为研究也在1950—1970年间取得重要进展。其中最引人瞩目和具有典范性意义的，无疑是萧公权的研究。首先，在研究材料上，由于获得了康同壁所藏的四大卷康有为著作微卷照片，萧公权的研究占据了得天独厚的优势。其次，如汪荣祖所言，萧公权在获得这批材料后，能以“平心”读之[①]，修正了不少前人的偏见，从而极大程度地丰富和完善了康有为的思想图景。萧氏的研究有两大优长，其一是全面和系统。萧公权在20世纪50年代中期获得康氏未刊稿，于1959年开始陆续在学术刊物上发表康有为研究论文，1975年结集为英文专著 *Modern China and a New World: Kang Yu-wei, Reformer and Utopian, 1858-1927*，于美国出版。此专著在研究时段上涵盖了康有为的一生，在研究内容上囊括了康氏生平、哲学思想、制度改革思想以及大同理想。尤为值得注意的是，萧公权已经注意到康有为的孔教主张。前人多只是注意到康氏“以儒变法”，对于他“以儒为教”的举措与用心甚少关注，萧公权则认为，“把康氏的以儒改制视作变法的权宜之计是不正确的，保全

① 详见汪荣祖为萧公权《康有为思想研究》所撰“弁言”部分，载萧公权：《康有为思想研究》，汪荣祖译，新星出版社2005年版。

中国的文化认同（儒学）和维持中国的政治独立（帝国），在康的心目中是同等重要的”[①]。其二是他的研究超越了革命史观，尝试以一种新的视角去认识和理解康有为。正如标题所揭，萧公权认为康有为建立现代中国的努力与他的乌托邦理想设计并不存在抵牾，而恰恰是一体两面的[②]。虽然康有为的《大同书》大量吸收了现代西方物质与制度文明的内容，但萧公权敏锐地注意到康有为和全盘西化主张者之间存在根本差异，并察觉到康有为超越民族主义的“大同”取向实际上是承袭儒家普遍主义而发展出的一种世界主义[③]。因此，萧公权对《大同书》的理解和评价迥异于前人普遍的贬低态度，指出“这些人都未注意到康氏的主观意图”[④]，并认为“指责康氏的社会理想与现实脱节亦值得商榷”[⑤]。这一见解极具启发性，使康有为的现实政治改革与大同理想之间的“断裂”获得了一种融贯解释的可能。它提示了革命史观的研究范式可能会遮蔽康有为的问题意识及其思想的深刻性——康有为的思想体系有待于新的认识和解读。

继萧公权后，张灏提出了一种打通康有为现实政治主张与大同理想之间的新思路，这便是康有为的“仁”学思想。虽然李泽厚、萧公权对康有为的“仁”学已有相当措意，但均是将其视为康有为哲学的一个组成部分。而张灏将康氏“仁”学单独拈出，认为康有为“三世说”实际上是提供了一种“仁”的历史进化论，此种道德的历史进化观解决了康有为早年（1885—1887）同时持有的道德保

---

① 萧公权：《康有为思想研究》，汪荣祖译，第 69 页。

② 萧公权称：“这种不相同的见解，并非不一致，而仅仅显示康氏如何在他一生中的不同阶段，扮演两种不同任务。……《改制考》与《大同书》并不相抵消，而代表思想的两个层次。”（载萧公权：《康有为思想研究》，汪荣祖译，第 67 页。）

③ 参见萧公权：《康有为思想研究》，汪荣祖译，“现代中国与新世界”一节。

④ 萧公权：《康有为思想研究》，汪荣祖译，第 324 页。

⑤ 同上书，第 325 页。

守主义和道德激进主义之间的矛盾，从而“融合成一个统一而连贯的世界观”[1]。基于此，对于萧公权把《改制考》与《大同书》视为康氏思想的两个层次之说，以前者意在寻求现代中国的建立而后者意在探索世界大同远景，张灏提出质疑，他认为此说仍有将康氏思想分为两截之嫌，而“丧失康氏思想总体有机特征”[2]。不过，张、萧之间的共识仍大于差异，和萧公权一样，张灏也认为不应把康有为的孔教主张和儒学思想仅仅看成是促成政治改良的工具和手段，“他在其儒学诠释中所阐明的意义结构，必须首先放在其毕生的道德—精神追求的背景中被理解”[3]。

可以看到，在早期康有为研究中，对于《大同书》的定位一直存在两种迥异的思路：一种认为《大同书》与康氏前期思想相悖，且与经学传统扞格，别有思想渊源，李泽厚、汤志钧等均持此论；另一种则认为《大同书》实与康氏整体思想并无抵牾，乃循其一贯思想脉络发展而来，萧公权、张灏等皆有此意。香港中文大学布裕民的硕士论文《康有为的春秋学》提出了一种不同的处理思路，即以康氏《春秋》学为线索，尝试梳理出一条康有为前后期思想发展的脉络，指出康有为的“大同之世”与其《春秋》“三世说”实为同条共贯，此点甚可注意。

此外，历史学界对戊戌史料的考辨也为康有为研究提供了相当重要的基础。康有为素有自我矜夸甚至杜撰之习，因此，即便是他的自述，也难以贸然为信实。长期以来，围绕康有为存在着几桩富于争议的史实：一、康有为给光绪帝的多番上书有无其事；二、戊

① 张灏：《危机中的中国知识分子：寻求秩序与意义》，新星出版社 2006 年版，第 61 页。

② 同上书，第 62 页。

③ 同上书，第 76 页。

戌变法失败后，流亡海外的康是否如其所称，真的持有光绪帝的衣带诏；三、《大同书》真正的写作时间在何时。对这些史实的勘定，密切关系到对康有为思想的把握是否适恰准确。台湾学者黄彰健最早对康有为的戊戌奏稿及衣带诏相关问题进行了细致严谨的考辨，对于认识康有为其人与政治行动具有重要意义。此外，值得注意的是，和当时大陆学者普遍认为康有为是坚定的尊君保皇者不同，黄彰健最早注意到康有为在戊戌期间有“保中国不保大清”的政治活动[①]，揭示出康有为政治取向的复杂性，也为重新理解其整个思想体系提供了契机。

1980—2000 年间，康有为研究延续了此前呈现出的细分化的趋势。此阶段的研究推进首先得益于新文献的引入。若以《大同书》为歧出，则需解释康氏《大同书》真正的思想渊源，一种具有代表性的思路是从外来新知的角度考察《大同书》与西方乌托邦主义的关联。1991 年，瑞典汉学家马悦然（Goran Malmqvist）指出，康有为的大同思想是受到了美国作家爱德华·贝拉米（Edward Bellamy）的小说 *Looking Backward: 2000-1887* 的影响。他认为康氏或许未必读过此本小说，可能只是读到了由传教士李提摩太和林乐知刊载于《万国公报》上的意译文《回头看纪略》，这一观点应该是受到美国学者马丁·伯纳（Martin Bernal）的影响。[②] 朱维铮承袭汤志钧，亦认同“断裂说”，通过对比《大同书》与新公布的《实理公法全书》抄件，朱维铮认为《大同书》显系晚出，并认同马悦然关于康氏大

① 黄彰健：《论康有为“保中国不保大清”的政治活动》，《大陆杂志》第 36 卷第 12 期，1968 年，第 1—29 页。

② 参见马悦然（Goran Malmqvist）：《从〈大同书〉看中西乌托邦的差异》中西比较的视角，载《二十一世纪》1991 年第 5 期。

同思想外来说的看法[①]。

在廖、康公案的问题上，早期学者包括范文澜、汤志钧等大多接受廖平的说法，认为康氏《新学伪经考》系袭用廖氏《辟刘篇》而成[②]。李耀先撰文比对了《新学伪经考》与《辟刘篇》的七处共同点，认为《新学伪经考》显然深受《辟刘篇》影响，但也指出二者在具体论证上的差异[③]。然而康氏究竟在多大程度上受到廖平影响，仍难论定。而20世纪80年代康氏早期作品《教学通义》的公布[④]，极大程度地推动了对廖、康公案的研究。房德邻通过考察康、廖晤面前的早期作品《教学通义》，指出其中已经具有部分康有为后来思想，并结合其他史料考辨，否定了康氏《新学伪经考》袭用《辟刘篇》的说法[⑤]。不过，同样是依据《教学通义》，黄开国得出了全然不同的结论[⑥]，相关论争一直持续到21世纪以后。

清代《春秋》学的研究也间接推动了对康有为《春秋》学的研究。早期研究多将康有为的《春秋》学直接上溯至两汉公羊学，而忽视了他所承袭的更为直接的学术遗产乃是出自清代中期以来的今文经学。事实上，康有为的“两考”和《春秋》学充分吸收了包括刘逢禄、龚自珍、魏源、陈立等前辈学人的观点，陈其泰的《清代公羊学》就将康有为纳入清代公羊学的发展脉络之中[⑦]。香港中文

---

① 参见朱维铮：《从〈实理公法全书〉到〈大同书〉》，载朱维铮：《求索真文明》，上海古籍出版社1997年版，第231—251页。

② 参见范文澜：《经学史讲演录》，《历史学》1979年第1期；汤志钧：《康有为和今文学》，载汤志钧：《康有为与戊戌变法》。

③ 李耀先：《廖季平的〈古学考〉和康有为的〈新学伪经考〉》，《社会科学研究》1983年第5期。

④ 此书手稿原藏于上海市文物保管委员会，1986年由《中国文化》研究集刊第三集全文公布。后收入上海古籍出版社于1990年出版的《康有为全集》。

⑤ 参见房德邻：《康有为和廖平的一桩学术公案》，《近代史研究》1990年第4期。

⑥ 参见黄开国：《评康有为与廖平的思想纠葛》，《社会科学辑刊》1990年第5期。

⑦ 参见陈其泰：《清代公羊学》，东方出版社1998年版。

大学布裕民的硕士论文《康有为的春秋学》是一篇较早的关于康氏《春秋》学的专门研究文章，尤其是对《春秋董氏学》《春秋笔削大义微言考》等康有为《春秋》学著述的重视，以及注意到康有为对董仲舒、何休态度的差异等，不过囿于当时对于康有为学术的普遍认识，此文对康氏《春秋》学的把握仍不脱“改制理论的保护色”这一基调[①]。

在史实考证方面，孔祥吉于1988年出版的《康有为变法奏议研究》，利用了故宫博物院及中国第一历史档案馆资料，对黄彰健有关戊戌奏议的研究进行了补正。1994年台湾出版了吴天任所作《康有为先生年谱》，参以多种康氏年谱及已刊未刊著述，对康氏原本的自编年谱构成了很好的补充。诸如此类的研究，丰富了康有为研究的一手资料，为后来的研究提供了极大便利。

2000年后的康有为研究进入到了一个新阶段。首先是研究主题的拓展和深化，越来越多的研究将目光投向康有为在戊戌变法失败之后的阶段，包括他的孔教主张、宪政理念、经济思想、经典阐释等。其次是伴随着对康有为学术与思想研究的进一步深入，对康氏的评价也发生了根本性的扭转，其学术与思想的意义价值被不断肯定。

研究主题的拓展与深化，离不开研究者问题意识和研究视角的转变，一个关键的变化是21世纪以来经学研究在中国大陆的复兴[②]，这背后既有中国哲学建立主体性的呼声，也有对国族认同、价值认同、文化认同日趋强烈的诉求，其重要影响之一，便是对近代中国

① 布裕民：《康有为的春秋学》，香港中文大学图书馆藏1973年版，第332页。

② 相关讨论可参见刘增光：《当前经学复兴的起因、表征与意义》，《学术月刊》2018年第2期；皮迷迷：《改革开放40年中国哲学发展历程回顾——转变、范式及多样性形态》，《哲学动态》2018年第12期。

（尤其是晚清）学术的重新评估。首先，对康有为孔教主张的关注有一个明显的增长趋势。虽然日本学者如浅野裕一在20世纪90年代已经开始注意到康有为的“儒教神学”[①]，但对“儒教”内涵的理解仍有较大局限。而曾亦、唐文明、干春松等学者的研究，均注意到孔教乃贯穿康氏一生之事业，且康氏所谓之“孔教”，也绝非对基督教的简单模仿，而是有着更为深刻的内涵和用心。如何在一个经历了现代转型的中国社会中安置孔子，如何在一个新的国体与政体中塑造民族国家认同，诸如此类的问题，不仅是康有为所面对的严峻挑战，亦是当下中国仍未妥善处理的难题。不过，虽然同样关注康有为的孔教问题，三人的研究各有侧重，亦互有补充发展。曾亦的《共和与君主：康有为晚期政治思想研究》的研究重点落在康有为晚期尤其是辛亥之后的阶段，通过对康有为公羊学与三世说更加深入和透彻的解读，尤其是对文质与夷夏问题的细致分辨，从而对康氏的孔教国教、虚君共和、地方自治及物质救国等主张做出了新的理解。[②]唐文明的《敷教在宽：康有为孔教思想申论》则着意于从康氏早期思想中梳理出其孔教思想的渊源，尤其是康氏早年与理学的交涉，这与此前学界以康氏思想出自今文经学的惯常看法形成反差，从而呈现出康有为思想来源的复杂性。且与曾亦更重视发掘孔教背后的国家力量不同，唐文明的研究强调康氏孔教设计所具有的社会教化面向。[③]干春松的《保教立国：康有为的现代方略》则是从立国建制的角度理解康有为儒学改革与建立孔教的目标与意义，这种近

---

① 参见浅野裕一：《儒教の形成：康有為『孔子改制考』の儒教神学》，载《国际文化研究科论集》第四号，东北大学大学院国际文化研究科，1996年。

② 参见曾亦：《共和与君主：康有为晚期政治思想研究》，上海人民出版社2010年版。

③ 同上。

乎公民宗教的设计，具有很大的可拓展的可能性，既能继承传统价值和生活习俗，又能为民族国家提供合法性基础。[①]

对西方现代性主流叙事的反思，成为另一股推动康有为研究的力量。汪晖的研究注意到，在康有为的政治实践层面之外，还存在着另一个重要的维度即大同理想。他准确把握到康有为大同学说的核心关切是“如何克服国家及其边界以创造一个普遍世界的问题”[②]，即通过重构儒学的普遍主义以抵拒甚至超越欧洲普遍主义，并进一步指出，为康有为变法实践提供支撑和依据的，也是这种新的儒学普遍主义[③]。循此而来的是，相较于此前学者多重视康有为的政治改革理论，汪晖对康氏大同学说的价值和意义尤其看重，因为这一理论对近代以来西方世界以民族国家、殖民体系和资本主义为主要内容的现代性构成了批判。

张广生和张翔的研究接续了汪晖的思路。张广生的《返本开新：近世今文经与儒家政教》检讨了流行已久的有关近代中国现代转型的“冲击—回应”说，他看到，康有为发展出一种不同于近代西欧民族—国家转型的儒教—国家转型模式，而儒家今文经学为这一独特的方略提供了思想资源[④]。张翔的《大同立教：康有为政教思想研究》同样反对“冲击—回应”说，他不仅肯定了中国近代转型过程中变革的自主性，还立足于康有为的“大同”论述，探索这种全球公理之学对于整合世界不同文化所具有的价值和意义[⑤]。

---

① 参见干春松：《保教立国：康有为的现代方略》，生活·读书·新知三联书店2015年版。

② 汪晖：《现代中国思想的兴起》，生活·读书·新知三联书店2004年版，第745页。

③ 同上书，第752页。

④ 参见张广生：《返本开新：近世今文经与儒家政教》，中国政法大学出版社2016年版。

⑤ 参见张翔：《大同立教：康有为政教思想研究》，社会科学文献出版社2023年版。

但在揭示康有为思想普遍主义色彩的同时，研究者们也都意识到，康有为思想体系中始终存在着一种矛盾，这便是由萧公权所揭示的“现代中国”与“新世界”，即如何建立一个富强的现代国家和超越民族—国家的普遍大同之间的矛盾。

研究视角的转变，也为旧有论题的进一步深入和细致化提供了契机。马永康注意到，康有为最为人所熟知的三统、三世说，并不是从一开始就被相提并论的，而是经历了一个迭兴的过程。张翔则观察到，在康有为的一系列解经之作中，1897 年前后完成的《春秋董氏学》与《孔子改制考》与 1900—1903 年间所做大规模解经之间存在重大思想调整。至于康有为早期与廖平的思想纠葛，刘巍则通过细致梳理康有为早期作品《教学通义》的真正思想来源，提出了不同于前人的看法[①]。另外，关于康有为三世说与进化论的关系，也是极富争议的论题，茅海建通过对比康有为著作中“进化”与“天演”的用例与达尔文、赫胥黎、斯宾塞等人对进化理论的界定，认为康有为的“大同三世”说自有思想渊源，并非出于对西洋进化论的模仿[②]。

可以看到，进入 21 世纪之后，随着康有为关于文明问题的思考被重新认识，对康有为孔教思想的重新发掘和对康有为思想中普遍主义面向的重视，是一个重要转向。旧有的救亡视角和“冲击—回应”视角，开始转向一种具有普遍主义的文明论视角。在这一视

① 刘巍刊于 2005 年的《〈教学通义〉与康有为的早期经学路向及其转向——兼及康氏与廖平的学术纠葛》与 2019 年的《重访廖平、康有为学术交涉公案——关于“新学伪经”说之偷意与升级版“孔子改制”论之截获的新探》二文，较为彻底地澄清了廖、康公案的一些细节事实，相关争讼方才告一段落。参见刘巍：《〈教学通义〉与康有为的早期经学路向及其转向——兼及康氏与廖平的学术纠葛》，《历史研究》2005 年第 4 期；刘巍：《重访廖平、康有为学术交涉公案——关于“新学伪经”说之偷意与升级版“孔子改制”论之截获的新探》，《齐鲁学刊》2019 年第 4 期。

② 参见茅海建：《再论康有为与进化论》，《中华文史论丛》2017 年第 2 期。

角下，康有为不再是一个变法救国的资产阶级改良派，而成了对中国文明乃至人类文明命运做出深邃思考与严肃探索的思想先驱。如果说孔教是康有为文明论的符号性表达，在这个符号背后支撑其得以成立的实质性内容是什么？康有为所尝试建立的一种超越西欧普遍主义的新普遍主义，是通过何种形态实现的？康氏经学无疑是答案之一。虽然前人研究或多或少都涉及了康有为的经学思想，但康氏经学的复杂性在于，它既导源于经学传统，又超越经学传统。因此，要想真正把握康有为的经学，首先需要对他的经学有一整体性的考察，不仅要全面揭示康有为经学所涉各个方面，从辨伪经到立教主，从《春秋》三统三世说的新解到大同理想的创立，再到遍注群经的实践，更重要的是要揭示各个方面之间的相互联结和关系；其次，需要将康氏经学置于整个两千年经学传统之中加以认识，从而勘定康氏经学的性质究竟是对经学传统的创造性继承还是偷梁换柱的叛离。

而在既有研究中尚未充分揭示的诸多问题还包括：如果康氏经学改革的目的并非只在于为政治改革缘饰，则其对经学谱系和对经书解释大刀阔斧的重塑和改造目的何在？与此相关的一个次级问题是，如果康有为今文经学立场的确立，并不纯然为政治改革，那么是何种原因促动了康有为在与廖平晤面之后骤变其说？此外，康氏的“哲学思想”和经学思想是一体之事还是各为一事？如何理解康氏“哲学思想”在其经学改革中的角色与意义？康氏的大同理论与其经学之间是断裂还是承续？如何理解康氏在建立现代中国和建立大同全球公理上所表现出的矛盾性？

对这些问题的探索为本研究的努力方向所在。当然，要回答这些问题诚非易事，因为康有为作为整个“经学时代”的终结人物，他的思想中存在太多复杂的面向和矛盾性，既需要审慎的解读，也需要大胆的推测，既关乎我们如何理解经学传统[①]，又关乎我们如何理解经学在未来的可能性，因此，本研究只是一次抛砖引玉式的尝试，力量虽微，但聚沙成塔，期在未来。

第三节　思路与方法：经学史脉络与普遍主义视角

康有为的经学改革，前人多以便于推行政治改革的权宜之计目之，实未中的。就康有为终其一生的根本关切而言，其经学改革的根本目的乃重建一种具有新普遍性的文明形态。身处晚清变局之中，敏锐之人皆能感到变化之深刻，有人看到军力衰弱，有人看到技艺贫乏，有人看到学术无用，有人看到政治危殆，然少有人能够看到根本危机所在并着眼于建立应对之策。康有为是最早一批意识到晚清变局的本质是文明危机的士人之一，军力、技艺、学术与制度的改良，皆有速成之方，但中西文明的对峙与冲突，却无化解之法。

一种文明能够长久延续，约出于两种情况：一是此种文明在地理上长期与世隔绝，从而获得天然保护；一是此种文明在不断的文明交流、碰撞、竞争中，发展出具有生命力的范式，能够持续吸纳、消化其他文明，并在此过程中不断壮大自身，只有具备普遍主义精神与内涵的文明才能实现这一图景，儒家文明与西方现代文明皆属此类。不过，一种文明既持普遍主义理想与精神，就必然意味着它自视所承负者非一时一地一族之规范法则，而是古往今来天下万民

---

① 干春松提出，如果以古今之别理解近代以来的中西问题，则以康有为为界，儒学传统可以分为两期，即康有为之前的和之后的儒家。在这个意义上，康有为实为儒学史和经学史上的枢轴人物。参见干春松：《保教立国：康有为的现代方略》“导言”，生活·读书·新知三联书店 2015 年版。

之普遍真理与福祉。当两种截然不同的“普遍真理”正面遭逢之际，也是两种文明的生死存亡之际——毕竟，不可能存在着关于世界的两种不同“普遍真理”。何者能够取得胜利，与文明体的现实力量密切相关。不过，时人已经看到“以时势而论，彼强我弱，彼教夺我孔教甚易，而以孔教变彼教甚难”[①]。正是在看到这场遭逢战中儒家文明先机已失的情况下，康有为不得不转谋他法，通过部分程度吸收异质文明，有选择地筛汰和重新激活既有传统，建立一规模更宏大的文明理论体系，以维系儒家文明亦是中国文明的命脉。因此，康有为的经学革新，绝不可被肤浅视作以西洋新知塞入经学名目，而实为经学史上为数不多的几次根本革命之一，有着成熟的通盘考虑和系统性的实施步骤。

本研究旨在从横、纵两个维度剖析康有为的经学革新。在横向维度上，以历时性的方式，对康氏经学革新的背景、动因、目标、过程、措施与结果进行充分揭示；在纵向维度上，通过对比康有为经学与传统经学的差异与共性，把握康氏经学的革命性所在。通过以重建经学的普遍主义为视角，本研究力图对康有为一生学术进行贯通性、整体性的理解，尤其是对康有为学术思想中表现出的抵牾、矛盾之处和几次重要的思想转变与调整，进行深入地解析。

第一章从“外患”与“内忧”两个方面揭明康有为视野中晚清经学所面对的两大挑战。就外而言是耶教的威胁。虽然耶教进入中国历时年久，自明以来，耶教士与中国文化亦不乏互动交流，然而，作为一种文明形态，晚清耶教之国挟强大武力侵逼中国，此乃古所未有。在这一背景下，耶教士借“援儒入墨”之法，以耶教教义重

---

① 皮锡瑞：《皮鹿门学长南学会第六次讲义》，吴仰湘整理：《皮锡瑞全集》第八册，中华书局2015年版，第38—39页。

新解释孔子之学，在康有为看来就不仅是单纯的争取信众之举，而必将导向对中国固有文明的根本性瓦解，这与明代耶稣会士以基督教合儒、补儒的策略，在性质与结果上皆不可同日而语。就内而言，清代发展出的汉宋之学，各自为营，割裂经学，全然无法有效回应异教所带来的文明挑战。因此，康有为的经学革新实际上是一场挽救文明的行动。要挽救经学于危殆，必须处理两大问题：一是如何使经学免于分裂，再次形成一套完整的、系统性的学问；二是如何从经学传统中发掘出一套对新世界具有解释力的理论体系，使之重新成为一种具有普遍主义的学术—文明体系。

第二章考察康有为重建经学普遍主义的第一步——重构经学的系谱，包括对经学的宗主、起源、性质、正统经典与学派等根本问题进行澄清与认定，其中最重要的环节就是对今、古文经学的辨析与分判。长期以来，今、古文经学只是被视作一个汉代学术史问题，直至清末廖平系统性地揭示了其中的矛盾与冲突，今、古文经学之辨才开始成为一个重要的经学史问题。廖平对今、古文经学的分辨和性质认定，对康有为重建经学系谱产生了决定性的助推作用。从康有为早期作品《教学通义》中可以看出，他虽怀“创法立制”的经世之志，却始终未能妥善处理经学中存在周公、孔子两主人的潜在矛盾。与廖平的羊城之会，为康有为解决这一困难提供了关键思路，但也正是二人不同的学术路径和旨趣，使得康有为的《新学伪经考》与廖平的《古学考》在相似的表面背后，有着大相径庭的论证方式，这种差异为我们理解康氏经学改革的真正用心提供了线索。

第三章追溯康有为为寻找一种新儒家普遍主义核心理论所经历的探索过程，具体说来便是以《春秋》公羊学中的“三统”说转向以“三世”说为核心的过程。“三统”“三世”既是汉代《春秋》公羊家的重要理论，也是康有为经学体系的支柱理论。然而，在相同的名义之下，康有为的“三统”“三世”理论与汉代公羊家的“三统”“三世”之说，却存在巨大差异。早期的康有为研究多将其“三统”“三世”说杂糅为一体而论之，并将康氏对汉代“三统”“三世”说的改造，笼统理解为以西洋新知与改制内容羼入传统经学名目，失于粗疏。首先，“三统”说与“三世”说在康氏经学的发展过程中，经历了一个明显的迭兴。虽然在《孔子改制考》中，康有为就开始“三统”“三世”并称，但他在戊戌变法失败前的著作中，重心几乎都放在对“三统”理论的阐发和构建上，对“三世”之义言之甚少，而在戊戌变法失败之后完成的一大批经学著作中，康有为开始通力阐发“三世”之说，“三统”说则被涵摄于“三世”理论之中。如何理解此种转变？转变的背后是断裂还是某种延续？除了变法失败的外部因素，是否存在其他推动这一转变的缘由？其次，无论是“三统”还是“三世”，康有为在继承汉代公羊学传统的同时也进行了创造性的变革，他究竟在什么层面上延续了经学传统，又在何种意义上进行了改造？这些改造又是通过何种方式得以展开的？对这些问题的追问能够让我们对康有为的经学革新获得更清晰和深入的认识。

第四章聚焦于康有为“三世之法”的理论奠基——他的人性气构论和“仁”学。虽然康有为将公羊“三世”说改造为一种在形式上可以范围万世之变的理论模型，但未根本解决这种理论的普遍正当性问题。通过重新激活董仲舒的“仁”学思想资源与汉代经学中的“气”学传统，康有为塑造出一种基于“气”论与“仁”论的人性发展理论，作为“三世”演进的内在依据。以“三世”说与仁、气之学互为表里的经学模式，塑造了在义理层面上同构的“三世”与“大同”，而康有为对“三世”与“大同”的不同态度，又反映出在其思想体系中，二者功用的分途。

第五章关注康有为的经典阐释实践。在经学历史上，郑玄以“三礼”学遍注群经，朱熹以四书之学贯通五经，这两次注经事件都曾经根本性地改变了经学的性质及意义。康有为继承前人传统，重新开始建构一体化经学，在具体实践中又做出了大量新的探索和尝试：以经过改造的《春秋》公羊学为核心重整经传位序，以新的理论与解经之法重新解释群经。

第六章探讨康有为经学革新的后果与影响，并对其经学革新的意义、价值与所存在问题进行整体性的反思。由前观之，从经学史的视角来看，康有为以非常之法废除了经学的半壁江山，同时也激活和继承了长期隐没不彰的西汉经学传统；以他的学术实践为经学探索出更多可能的存续方式和形态，却也留下了许多尚待解决的困境与难题。由后观之，从康有为之后经学的近代遭遇来看，一方面，康有为对经学与中国文明命运的忧虑确然逐步上演为历史现实，但他倾尽一生不遗余力的尊孔事业，却为“古史辨”运动颠覆孔子与经学传统埋下了伏笔，其中因缘纠葛，甚可耐人寻味。另一方面，虽然康有为挽救文教的筹划未能如愿实行，但他的《春秋》学、大同说皆对其后学人产生了深远影响。康氏的经学革新，经验与教训并存。不可否认，康氏经学相较于传统经学发生了重大转变，其中不乏对经学产生根本性颠覆的威胁，但在若干关键问题上，又可谓极具洞见地把握住了经学传统的大端，更拓展了经学传统的维度。

本研究所采用的主要方法，为经学史的方法。在西洋现代分科之学引入中国后，经学一门早已废除，其内容也被文学、历史、哲学等现代学科所拆分，成为各种现代学科方法所分析和研究的对象。经学学科既已不存，经学史何谓，不能说不是一个问题。民国学者蒙文通所提出的治经史学之法，为本研究提供了重要的方法论借鉴。

蒙文通曾指出：“经学即是经学，本自为一整体，自有其对象，非史、非哲、非文。”[1] 因此，本书首先将经学看成一个独立的学问主体和整体，不以现代分科之学的既定范式裁量之，而是尝试回到这个学问本身，理解这个学问体系自身所关注的问题，如圣人的角色和意义、六经的由来、六经之学的性质、天人关系、人性与教化关系等等。其次，蒙文通提出过一种治史的眼光叫“观水有术，必观其澜”：“观史亦然，需从波澜壮阔处着眼。浩浩长江，波涛万里，须能把握住它的几个大转折处，就能把长江说个大概，读史也须能把握历史的变化处，才能把历史发展说个大概。”[2] 此谓研究者应跨越时代，从更长时段出发，纵向宏观地把握历史变迁之大势。若将此方法运用于经学史，则两千年经学发展历程，今、古之学的迭兴，周、孔关系的转变，汉、宋之学的转型等皆为大转折处，因此，本研究亦是从这些转折处出发，理解和衡量康有为的经学改革。再次，蒙文通尤其重视在思想与历史的互动中理解经学的形成，这是一种有别于经学传统的现代眼光。历史上的经生儒士，无不是将己说纳于圣人名下，通过更加“正确”地解释圣人之学，发圣人之微义。而蒙文通提供了一种现代的经学观：这是一种导源于孔子，但为历代经生儒士基于其时代变化所不断丰富和发展的一种共同体学术形态。如果以经学比作一棵生长着的大树，它的样态并不是在最初就被确定的，而是在生长壮大的过程中逐步呈现出来的，因此，在不同的阶段，它的样态均有不同，正因它始终处于待完成态中，就始终向着未来敞开着可能性。康有为的经学也正是思想与历史互相塑造的结果：一方面，晚清来自文明外部和内部的双重压力促生了康有为的经学改革；另一方面，康有为的经学改革又影响和塑造了后

---

① 蒙文通：《经学抉原》，第 209 页。

② 蒙文通：《治学杂语》，载蒙默编：《蒙文通学记》，生活・读书・新知三联书店 2006 年版，第 1 页。

来的历史。

总而言之，本书做出的是一次整体性理解康有为经学的努力，也是一次从经学史出发以衡量康氏经学的尝试。如果说康有为像一面镜子，那么，这面镜子除了能够映照出“当今的康有为式儒家抱负自己的面相”[①]，是否还有其特殊的意义和价值？照镜自观，有时未必是为自赏，更为自识与自察。

---

① 刘小枫在《康有为有如一面镜子》一文中指出：“如果康有为的历史身影既相当激进又极端保守，如今的我们又该如何怀有康有为式的儒家抱负呢？……他是一面镜子，当我们在细看康有为的历史身影的时候，我们更多看到的恐怕是当今的康有为式儒家抱负自己的面相。”（参见刘小枫：《百年共和之义》，华东师范大学出版社 2015 年版，第 152 页）

第一章　晚清经学的外患与内忧

在自汉至清的两千余年中，六经之学塑造了中国文明，它深刻地参与到帝国政治、社会伦理、普通人的日常生活和个人精神世界等方方面面，既提供了一套关于共同体生活的价值观念，也提供了一套有关世界的认识方式和知识体系。纵然朝代更迭、时移世易，来自外域的文化不断冲击，这一价值和知识系统始终能够在不断调适中保持相对稳定的结构。直至晚清“数千年未有之变局”根本性地挑战了这一结构，异域的精良之器、完备之教彰显了一种高度发达且超出了传统经学解释范畴的异质文明，经学能否有效应对挑战，是为关系文明、族类和国家生死存亡的大问题，就此而言，保学与保教，实为一体之事，保经学才能保孔教。

然而，外有异教挟武力侵逼，借“援儒入墨”之计，以耶教夺孔教；内有汉、宋之争分裂经学，使经学无法整合为一。则保学如何可能？汉宋之学，已是两弊，调和汉宋，亦至穷途，一个内部充满矛盾与纷争的经学体系，无法有效承载任何价值、义理或秩序，遑论与其他文明抗衡。彻底重整经学体系，是一场亟待展开的改革，康有为无疑是这场改革的主要领导者之一。

第一节　教争背景下的经学危机

一、以力保教与以学保教之争

光绪二十四年（1898 年）六月，由张之洞署名的《劝学篇》进呈光绪帝[①]。在《同心》篇中，张之洞等人对当时士人热议的保国、保教、保种问题表明了态度：

> 吾闻欲救今日之世变者，其说有三：一曰保国家，一曰保圣教，一曰保华种，夫三事一贯而已矣。保国、保教、保种，合为一心，是谓同心。保种必先保教，保教必先保国。种何以存？有智则存，智者教之谓也。教何以行？有力则行，力者兵之谓也。故国不威则教不循，国不盛则种不尊。[②]

面对西洋列强侵逼下危机四伏的晚清政局，《同心》篇罗列了当时流行的三种对策——保国家、保圣教、保华种，并提出三事实为一体，不可分割。若必须分出轻重缓急，则当以保国为首，乃因一国之教与一国之人皆赖国力以存，国若不保，则其教无所依附，其人亦不免沦入异族之手。而在列国环伺的危局下，保国的实质即在谋求军事实力的强大。为了进一步说明保国与保教之关系，《同心》篇援引了世界上其他地区宗教兴衰的例子：

> 回教，无理者也，土耳其猛鸷敢战而回教存。佛教，近理者也，印度蠢愚而佛教亡。波斯景教，国弱教改；希腊古教，若存若灭。天主耶苏之教，行于地球十之六，兵力为之也。

以此数例而言，一国之教的兴衰在很大程度上维系于此国军政

① 根据陆胤的考察，《劝学篇》虽署名张之洞，实际上是在张之洞的授意下，由其幕府中梁鼎芬、黄绍箕、陈庆年诸人共同撰成。参见陆胤：《政教存续与文教转型——近代学术史上的张之洞学人圈》，北京大学出版社 2015 年版，第 125 页。

② 张之洞：《劝学篇》，中州古籍出版社 1998 年版，第 50 页。

之力的强弱。在张之洞等人看来，即使是对晚清中国产生严重威胁的耶教，归根结底仍是因为西洋诸国兵力强盛，耶教才得以倚恃国力广为传播。因此，只要有了强大兵力的保障，异族无从入侵，异教也就无法构成威胁。简言之，张之洞等人对保教一事的看法是：以力保教，以保国为保教之法。

这番言论正是针对当时掌握着戊戌变法主导权的康有为等人所发。1898 年 4 月，康有为在《保国会章程》中较为明确地解释了保国、保种、保教的概念：保国谓“保全国家之政权、土地”，保种谓“保人民种类之自立”，保教则谓“保圣教之不失”。[①] 在此三者中，康有为最为看重的是保教。近年已经有不少研究者指出，康有为对“教”的理解与西文religion（宗教）的内涵颇为不同[②]。虽然在一生的不同时期，康有为对“教”的理解屡有调整，但一项基本内涵却从未改变，这便是他所沿用的“教”在中国传统语境中的既有之义——文明教化。在 1898 年 6 月上呈光绪帝的一份奏折中，康有为阐明了他对于保国与保教关系的看法：

> 西人谓吾国为无教之国，降之为三等野番。故近年使臣皆调从非洲，横肆凭陵，实用待野蛮之法，固由国弱所致。而国弱之故，民愚俗坏，亦由圣教坠于选举，四书亡于八股为之。故国亡于无教，教亡于八股。
>
> 若大教沦亡，则垂至纲常废坠，君臣道息，皇上谁与同此国哉？方今割地频仍，人心已少离矣。或更有教案生变，皇上

① 康有为：《保国会章程》，姜义华、张荣华编：《康有为全集》第四集，第 54 页。

② 唐文明指出：“如果我们把‘教’或‘教化’作为一个种概念来概括诸教，那么，可以把孔教或儒教称为文教而区别于狭义的宗教。”参见唐文明：《敷教在宽：康有为孔教思想申论》，中国人民大学出版社 2012 年版，第 79 页。

与二三大臣，何以镇抚之耶？臣愚窃谓，今日非维持人心、激厉忠义，不能立国；而非尊崇孔子，无以维人心而厉忠义。此又变法之本也。[①]

康有为认为，一国之教的兴衰关乎一国人才多寡、人心浇厚、风俗淳薄。就国力而言，中国衰弱不假，但衰弱的根本原因在于长期以来圣教不兴、人心涣散、忠义不彰，是以民愚俗坏；因此，康有为将振兴圣教提升到“变法之本”的高度。那么，康有为意欲以何种方式保教？在这份奏折中，他提出了两点意见：一是“立变科举八股之制”[②]；一是“尊崇孔子”，具体说来包括“上接孔子之传，以明孔子之道”，“令天下淫祠皆改为孔庙，令士庶男女咸许膜拜祭祀”，“令孔教会中选生员为各乡县孔子庙祀生，专司讲学”[③]等。其中，改淫祠为孔庙、选拔生员专司孔庙讲学等作为保孔教的制度性举措，很容易理解。但“上接孔子之传，以明孔子之道”与保孔教有何关联？

弟子梁启超在1896年致康有为的一封书信[④]中，忆及早年康门中人虽皆以传孔子之教为志业，但存在两种不同取径：

（某）昔在馆，亦曾发此论，谓吾党志士，皆须入山数年，乃可出世。而君勉诸人大笑之，谓天下将亡矣，汝方入山，人宁待汝耶？（某）时亦无以对。不知我辈宗旨乃传教也，非为政也；乃救地球及无量界众生也，非救一国也。一国之亡，于

① 康有为：《请商定教案法律厘正科举文体听天下乡邑增设文庙谨写〈孔子改制考〉进呈御览以尊圣师而保大教折》，姜义华、张荣华编：《康有为全集》第四集，第94页。

② 同上书，第95页。

③ 同上书，第94页。

④ 丁文江、赵丰田所编《梁任公先生年谱长编》将此封书信列于1896年。参见丁文江、赵丰田编：《梁任公先生年谱长编》，中华书局2010年版，第34页。

我何与焉？且吾不解学问不成者，其将挟何术以救中国也？[①]

根据梁启超的说法，面对“天下将亡”的情势，徐勤等弟子主张应立即投身孔教建制化的实践，而梁启超则一语道破其中困境：“学问不成者，其将挟何术以救中国也？”种种建制化手段确实能够从形式上快速武装起孔教，但任何一种成熟的宗教都是由外在的教团制度、信仰仪式与内在的教义教理相辅而成，若仅有制度仪式的施设而无教义发明，则制度化的保教措施必将成为空中楼阁。事实上，梁启超所申明的，正是康有为保教策略中的另一取径——以学保教。梁启超在1897年为《新学伪经考》所作的一篇序文中明确了此点：“先生以为孔教之不立，由于孔学之不明。锄去非种，嘉谷必茂；荡涤雰雾，天日乃见。”[②]在康有为看来，孔教之所以“不立”，缺乏制度性保障固然占有部分原因，但根本原因在于“孔学不明”，因而“明孔学”成了“保孔教”的前提。

同为保教，何以会出现“以力保教”和“以学保教”两种截然不同的思路？《劝学篇·非攻教》云：“我孔、孟相传大中至正之圣教，炳然如日月之中天，天理之纯，人伦之至，即远方殊俗亦无有讥议之者。”[③]这意味着，张之洞等人的“以力保教”主张基于如下判断：中国眼下之危机，在其政，不在其教。在他们看来，中国之教放诸四海而皆合，即使是异域之人，也不能逃于此教。这一看法在当时不乏认同者，叶德辉就表示：“孔教为天理人心之至公，将来

---

① 梁启超：《与康有为等人书》，夏晓红编：《〈饮冰室合集〉集外文》（上），第2页。

② 参见梁启超：《饮冰室文集》之二，《饮冰室合集》第1册，中华书局1989年版，第62页。

③ 张之洞：《劝学篇》，第167页。

必大行于东西文明之国，而其精意所构，则有以辉光而日新。伦理为中西所同，血气尊亲，施及蛮貊，好生恶杀，人心之本然。”[①]在叶德辉看来，孔教的核心内容，一言以蔽之，为人伦纲常，伦理既为中西所同，那么西教中人也不能不认同中国之教所包含的道德伦理，因此，在根本义理上“大中至正”的中国之教，必将在未来“达于殊方”，如此一来，“孔子不必悲，教不必保”。[②]政治危机一旦解决，则孔教危机自然得解。然而，康有为对此种观点并不认可，在他看来，孔子之教本身存在着重大危机。那么，此种危机究竟何在？

二、夷夏互置与孔教危机

早在 1891 年与朱一新的书信中，康有为就将晚清时环伺中国的西洋诸国与历史上屡次侵犯中国的“夷狄”进行了比较：

> 以为今之西夷与魏、辽、金、元、匈奴、吐蕃同乎？否乎？足下必知其不同也。今之中国与古之中国同乎？异乎？足下必知其地球中六十余国中之一大国，非古者仅有小蛮夷环绕之一大中国也。今以不同于匈奴、吐蕃、辽、金、蒙古之西夷数十国，其地之大，人之多，兵之众，器之奇，格致之精，农商之密，道路邮传之速，卒械之精炼，数十年来，皆已变尽旧法，日益求精，无日不变，而我中国尚谨守千年之旧蔽。[③]

“夷夏之辨”本为《春秋》学论题，历代释经者对此有不同理解。约略而言，这一论题涵盖了“华夏”和“夷狄”在地域、种族

① 叶德辉：《叶德辉文集・明教》，华东师范大学出版社 2010 年版，第 256 页。
② 同上书，第 260 页。
③ 康有为：《答朱蓉生书》，姜义华、张荣华编：《康有为全集》第一集，第 323 页。

与文明程度几个方面的区别。“华夏”象征着文明隆盛的中心区域与尊奉礼乐之教的群体，“夷狄”则代表了远离中心的边缘地域与文教未及的野蛮族群。根据汉代公羊家的解释，区分夷夏的一个重要标准是是否尊奉礼乐文明，因此“华夏”与“夷狄”的界限并不是绝对的，“夷狄”可以通过学习礼乐进至“华夏”，“华夏”也可能因为礼乐废弛而堕为新的“夷狄”①。职是之故，在中国历史上，当地理与种族意义上的“夷狄”以强力侵犯乃至占据地理意义上的“华夏”时，“夷夏之辨”就会否定占领地理“华夏”者的合法性，将这些异族人斥为无礼乐教化的“夷狄”，严夷夏之大防②；而当原本在地理与种族意义上的“夷狄”积极接受华夏文明的同化，异族对华夏的占领也会获得合法性的重建③。不过，历史上的“夷狄”无论是以武力强行占领华夏，还是通过学习礼乐文明进至“华夏”，最终都没有发展出一套足以与华夏文明相抗衡的新制度与文教，“华夏”始终保持着文明上的优越性。

但康有为敏锐地洞察到，晚清中国遭遇的来自西方诸国的“夷

---

① 如庄公二十三年，经云“荆人来聘”，何休注云：“《春秋》王鲁，因其始来聘，明夷狄能慕王化，脩聘礼，受正朔者，当进之，故使称人也。”是谓夷狄而能受礼乐之化，故称“人”以褒。而成公四年，经云“郑伐许”，何休注云：“郑襄公与楚同心，数侵伐诸夏。自此之后，中国盟会无已，兵革数起，夷狄比周为党，故夷狄之。”是谓郑襄公伐许之举无德，犹如夷狄，故称国以贬。

② 葛兆光指出，宋代国家对于异族文明及其影响有相当深的警惕，这与宋代始终处于异族威胁下有关。北宋历史学上的“正统论”、儒学中的“攘夷论”，理学中特别凸显的“天理”“道统说”，都是在重新建构着汉族中心的文明边界，拒斥着异族的入侵和渗透。参见葛兆光：《宋代“中国”意识的凸显：关于近世民族主义思想的一个远源》，《文史哲》2004 年第 1 期。

③ 雍正在《大义觉迷录》中即援引孔子“夷狄之有君，不如诸夏之亡也”及韩愈“中国而夷狄也，则夷狄之；夷狄而中国也，则中国之”以证“外国之君入承大统，不以中国之人为赤子，则中国之人，其何所托命乎？况抚之则后，虐之则仇，人情也，若抚之而仍不以为后，殆非顺天合理之人情也”。（载雍正编纂：《大义觉迷录》，中国城市出版社 1999 年版，第 9 页）

狄”与历史上的旧有“夷狄”截然不同。一方面，这些国家“地之大，人之多，兵之众，器之奇，格致之精，农商之密，道路邮传之速，卒械之精炼，数十年来，皆已变尽旧法”，其学其艺远精于中国，其国其力亦远胜于中国。另一方面，这些夷狄之国自有其教，治法、智学“非金、元无教者比也”[①]。对于这一点，康有为在1895年上光绪帝的奏折中再次做出申明：“曩代四夷之交侵，以强兵相陵而已，未有治法文学之事也；今泰西诸国以治法相竞，以智学相上，此诚从古诸夷所无也。”[②]而朝中大臣倘若还抱持着盲目的孔教优越感，“犹复以尊王攘夷施之敌国”，结果只会是“屡开笑资为人口实”。[③]因此，晚清中国面对的情形是，夷狄之力与夷狄之教并驱而至，且二者相互利用，互为依恃，这是康有为最为警惕的。他援引土耳其之祸为例云：

> 土耳其陆师，为天下第一，铁甲船亦三十矣。丁亥之役，以教事开衅，六大国环泊兵船，迫其变政，一切大政，归六国使臣主之，失其自主。[④]

西方诸国以教事为借口，挑起对土耳其的军事发难，夺土耳其政权之自主，从而进一步扩张国力，而西教则乘着军事扩张的势头，进一步扩张其势力范围。康有为据此推想，若此种情形发生在中国，后果不堪设想：

① 康有为：《答朱蓉生书》，姜义华、张荣华编：《康有为全集》第一集，第325页。
② 康有为：《上清帝第四书》，姜义华、张荣华编：《康有为全集》第二集，第81页。
③ 康有为：《上清帝第五书》，姜义华、张荣华编：《康有为全集》第四集，第3页。
④ 康有为：《答朱蓉生书》，姜义华、张荣华编：《康有为全集》第一集，第324页。

> 试问异日若有教衅，诸夷环泊兵船以相挟制，吾何以御之？彼使臣执吾之政，以其教易吾教，且以试士，试问吾今日之作八股，托于孔子，为任孔子之道者，抑为举人进士来乎？杜工部曰：勿令鞭血地，重湿汉臣衣。国亡教微，事可立睹。[①]

“诸夷环泊兵船以相挟制”所引发的军事与政治危机固然严重，但更严重的是西人“以其教易吾教”。教政互为依存，中国之教若衰，则国亡可睹。

康有为对“教”的忧虑，不只是因为亡教将导致亡国。康有为曾在二十多岁涉猎西籍时了解到墨西哥、秘鲁等地在上古时期发生过的亡教之事，大发感慨：

> 墨西哥、秘鲁近掘得前世城郭、殿宇、文字，其无人通之，盖已经一劫矣。科仑布未至之先，已成狉獉世界，然则又先于印度矣。观其文字，有鸟篆之遗，殿宇有中土之制，当时文物必经累圣制作而成。岂知昔所号称君相者、圣人者、礼乐政乐者、文字者[②]，一举并灭，人民冥冥，至不知舟楫。哀哉！然则灭国为小，灭教为大；灭教为小，灭民类为尤大。然则中国累圣之政教、文字，其又可恃以万世耶？[③]

墨西哥、秘鲁的考古发掘显示当地曾经存在过文教繁盛的国度，但由于种种原因，这些文明的国家政权并其文教一起消亡，再不复见，而亡教之后的人民，则再次陷入冥蒙无知之中，即使有文字与

---

① 康有为：《答朱蓉生书》，姜义华、张荣华编：《康有为全集》第一集，第 324 页。
② 据《康有为全集》整理者按，“乐”疑作“教”，“字”疑作“学”。
③ 康有为：《康子内外篇》，姜义华、张荣华编：《康有为全集》第一集，第 112 页。

宫殿的遗迹留存至今，消亡的文教也再无复生可能。康有为由此意识到，相较于国家与族群，文明教化是一种更加根本的东西。一个国家或族群的特性固然不可排除地理与生物因素的影响，但归根究底是由其文明传统所塑造的，文明作为一种包含了历史、文字、习俗、信仰、礼仪等复杂内容的混合体，长久地作用于这个群体之中，确立并维系这个群体的存在和延续。因此，政权层面上的国家更迭，不会根本性地影响文明意义上的国家，中国历史上三千年的王朝更迭，都不曾改变中国文明的自我认同。而即便是彻底失去了国土的国民，只要其文明传统得到保存，就始终有重新建国的可能。① 反之，若文明沦亡，则其族类与政权必亡，一个失去了文明认同的族类与国家，无疑会沦为异族与异国。只要教存，亡国与亡种犹可复；教若亡，则其国与其民再无可复。因此，亡教之祸甚于亡国。在写给友人刘光贲的书信中，康有为明言："国变极急，危亡不远，保国之事恐不易得，惟保种、保教，人人与有责焉。"② 换言之，在不得已情形之下，保教与保国可分为二事，若保国不得，保教尚可另有他途。

三、"援儒入墨"与经学的隐患

康有为既然看到孔教的危机在于它遭遇到·种能够产生真正挑战的新文明，那么对此种危机的认识又与"以学保教"之策有何关

---

① 若以犹太文明的千年命运为参照，康有为此认识可谓极有洞见。自公元前586年，犹太国为新巴比伦所灭，在数千年的流离失所中，失去故土与故国的犹太族群，在没有建立起政治国家、没有独立生活空间的前提下，仍然可以依靠原有的宗教信仰和文化认同，建立起一套自成体系的伦理和精神生活，延续并塑造了族群的文明传统，并在流亡近二千年后，实现了复国之举，堪称奇迹。与早已丧亡于墨西哥的玛雅文明、秘鲁的印加文明相较，犹太奇迹的实现在于其通过信仰与教化，维系了族群的身份认同，就此而言，文教显然是比国政更具有长久生命力的存在。

② 刘光贲著、吕效祖编：《刘古愚教育论文选注》，陕西人民出版社1988年版，第108页。

联？换言之，康有为何以认为保“教”当从“学”入手？

康有为的早期作品《教学通义》是考察其“教”观念的重要文献，但鲜为人注意的是，在这部著作的一开篇，康氏论“教”就是与论“学”并行的：

> 教学不知所自始也。人类之生，其性善辨，其性善思，惟其智也。禽兽颛颛冥愚，不辨不思。人之所以异于禽兽者在斯。……思之愈精，辨之愈精。老者传之幼者，能者告其不能者，此教之始也。幼者学于长者，不能者学于能者，此学之始也。[①]

康有为指出，人类比禽兽高级之处，不外乎两点：一是人类拥有超越禽兽的智能，能辨能思。但仅是如此还不够，如果人类没有能力将前人发明的知识保存和传续下来，人类文明就只能原地打转，无法推进。因此，第二点在于，使人类最终远胜于禽兽的，是人类社会中发展出的“教”与“学”。作为传承人类文明的最重要方式，“教”与“学”从发轫之初便是一体两面、不可分割的，因此，原本是一种行为动作的“教”与“学”，很自然地被引申为所教和所学的内容，就此而言，“教”即是“学”的同义词。清儒章学诚追述古时教学合一、官师不分的情形云：“古人之学，不遗事物。盖亦治教未分，官师合一，而后为之较易也。司徒敷五教，典乐教胄子，以及三代之学校，皆见于制度。”[②] 司徒、典乐皆为王官，所执掌之事，不过教民而已，民亦无别，有他教他师可从。

康有为对于教和学的这一基本理解，反过来影响了他对西洋之

---

① 康有为：《教学通义》，姜义华、张荣华编：《康有为全集》第一集，第 20 页。

② 章学诚撰、叶瑛校注：《文史通义校注 · 原学》，中华书局 1985 年版，第 150 页。

“教”的理解。严格说来，康有为在清末所见到的西方诸国的先进科技与现代化政制，其直接推动力量并非来自耶教，而是源于近代西欧的文艺复兴、科学革命、启蒙运动。但在康有为看来，上帝信仰、“治法文学”乃至于器物技术之文明，皆可归统为西洋之“教”，此正是基于其教学一体的思路。

中国历史上素无耶教式的宗教形态，亦无政教分离的情况，因此，孔子之教本质上即为孔子之学。康有为在《重刻伪经考后序》中云：“孔子之教何在？在六经；内之穷理尽性以至于命，外之修身以至家国天下，及于鬼神山川草木咸得其所，故学者莫不宜为经学。”① 孔子之教的内核即是六经之学。

康有为采取“以学保教”之策的另一原因在于，西洋之“教”对孔子之“教”所造成的威胁并不是外缘性的，而是真正触及了经学的内核。我们可以借由当时一些进步士人的看法窥知一二。1898年，湖南维新派士人皮锡瑞受邀在长沙南学会开讲②，皮氏谈及时人看待耶、孔二教关系存在两种态度：

> 其教士居中国久，习中国文字，乃引圣经贤传，所言事天敬天之义，及《西铭》“乾父坤母”之文，尽掇取之以入其书。其书亦谈忠孝，说仁义，要人奉事父母祖宗，此等道理，与彼

① 康有为：《重刻伪经考后序》，康有为著、楼宇烈整理：《新学伪经考》，中华书局2012年版，第378页。

② 皮锡瑞虽非康门中人，但在政治主张上与康有为颇有相契之处。1895年，皮锡瑞读到康有为的《新学伪经考》，表示“其余与予说多合”。而在1896至1898年间，皮锡瑞曾频繁阅览维新派《时务报》《知新报》《湘学报》并表示欣赏，且对康门弟子颇有赞许之词，“《知新报》送来，至十二、三册，麦、徐、刘、章所作皆可观。闻多康长素弟子，此君门下何多才耶？”此外，皮锡瑞与谭嗣同、黄遵宪、熊希龄、梁启超等维新派人士交往密切，其议论见解，也与康门中人颇为相契。参见皮锡瑞：《师伏堂日记》，吴仰湘整理：《皮锡瑞全集》第九册，第489、569页。

> 教并不符，与孔教反相近。或曰：彼能崇尚孔教，是吾圣人之道，当行于泰西，如《中庸》所云“施及蛮貊”，“凡有血气，莫不尊亲”，此大同之机也。或曰：彼实欲倾孔教，知我中国尊信已久，不能猝夺，巧为援儒入墨之计，使浅陋之士莫能辨，以为彼与孔教无异，则读书人皆将附和，所谓弥近理而大乱真也。是二说各有所见。以时势而论，彼强我弱，彼教夺我孔教甚易，而以孔教变彼教甚难。孔教无人传海外，其知有孔教者，不过在中国教士数人，是孔教之传于彼者甚狭，彼教既遍传中国，其势必争孔子之席，又恐争不能胜，而取孔教之精理名言以入彼教，则彼教之及于我中国者更广。①

面对西洋教士能援引中国圣经贤传、谈忠孝说仁义的现象，当时主要存在两种不同看法：一派认为，这是耶教为孔教所同化的表现；而另一派则认为，这正是西洋教士心思叵测之处，他们将经学变为煽诱人信仰耶教的手段，以假乱真，惑人耳目，实为“援儒入墨”之计。皮锡瑞虽然表示“二说各有所见”，但随即指出，就眼前情势而言，以为孔教可以同化耶教的看法未免过于乐观。一方面，耶教有着极强的主动传教意识，此为孔教所无；另一方面，西洋教士表面上崇尚孔教，实际上是以经学为手段，窃取其中有助于发挥其教义的内容争取信众，如此一来必将割裂甚至歪曲经学。

在南学会的第四次讲学中，皮锡瑞以性理之学为例，揭示西洋教士的“援儒入墨”之计：

> 尝闻西人之学，亦有性理一门。彼所谓性理，非我辈所谓

---

① 皮锡瑞：《皮鹿门学长南学会第六次讲义》，吴仰湘整理：《皮锡瑞全集》第八册，第38—39页。

性理，然彼所以宣明教旨，感动人心，具在于此。[①]

表面看来，耶教也有所谓性理之学，张之洞等人正是据此认为“我孔、孟相传大中至正之圣教，天理之纯，人伦之至，即远方殊俗亦无有讥议之者”。但皮锡瑞看到，不同于孔孟程朱之谈性论理，揭示天人性命之大道，耶教性理之学的最终目的在于“宣明教旨，感动人心”，其性理之学是劝诱人入教的手段，貌近而实异。不仅如此，皮锡瑞还指出，西洋教士更试图“举其教所未备者，取孔教义理而增入之，以自广其教”[②]，他们通过对经学的重新阐释，将中国的圣经贤传编织进西学的话语与理论系统中，从而以耶教易中国之教，到那时，中国之教非但不能同化耶教，反而将会被耶教所夺。这并非皮锡瑞故作耸人之论，《湘报》第四十二期登载的一篇《德人假孔教以治华民》文云：“西报云：‘德人现在胶澳建孔子庙并云自我据胶州湾以来，民心总觉未服，考其故，因耶稣与孔教迥不相同所致。……我今思得一策，当延请高士务将孔教源流一一讲求实在，然后以之教民，民心自无不服。’”[③]德国耶教徒意欲重新讲求孔子之学，以收服中国民心，推行其教，谋夺孔学之用心昭然若揭。康有为也曾经表达过相似的忧虑：“以国力行其教，必将毁吾学宫而为拜堂，取吾制义而发挥《新约》，从者诱以科第，不从者绝以戮辱，此又非秦始坑儒比也。”[④]因此，他在很早的时候就提出要对这种情况保持戒心：“绝

---

① 皮锡瑞：《皮鹿门学长南学会第四次讲义》，吴仰湘整理：《皮锡瑞全集》第八册，第24页。

② 皮锡瑞：《皮鹿门学长南学会第七次讲义》，吴仰湘整理：《皮锡瑞全集》第八册，第45—46页。

③ 《德人假孔教以治华民》，《湘报》第四十二号，载《湘报》上，中华书局2006年版，第339页。

④ 康有为：《答朱蓉生书》，姜义华、张荣华编：《康有为全集》第一集，第325页。

域远夷传异教，后来益更诡奇，岂知矫诬上天，诳诱我民，早宜严屏之。”[①]

然而，在宗教传播史上，为便于传教，吸收信众，将教义进行本土化改造是一种普遍做法。两晋南北朝时期，佛教高僧为了弘教传法，也曾广引士人熟悉的经子典籍以阐发佛经精义[②]，但最终中国固有之教非但没有被佛教所夺，反而吸纳并重塑了佛教[③]。已有学者指出，这是因为佛教义理入华，并未携带一套政制理念，仅仅在生命论的层面对儒教义理产生了冲击，从而没有对政制正当性产生威胁[④]。类似的情形也发生在明代，当耶稣会士来华传教之时，利玛窦等人就曾以“补儒易佛”的方式进行传教[⑤]，就此而言，清末耶教教士“援儒入墨”的传教方式并非前无古人。但何以康有为、皮锡瑞等人对这些做法如此反感？他们的耶教威胁论是否危言耸听了呢？

康有为、皮锡瑞等人意识到，此时的耶教已经不仅仅通过思想传播开展其影响，而是切切实实以坚船利炮为其后盾。在他们眼中，以耶教为标志的整个西方文明，正在从物质、制度、思想全方位对中国固有文明展开挑战，且这种挑战是有意识和有计划地逐步推进

① 康有为：《子曰学而不思则罔》，姜义华、张荣华编：《康有为全集》第二集，第7页。

② 譬如，慧远和尚就引孔门弟子冉耕与颜回为例，以报应论解释二子积善而殃及是因为“此皆现业未就，而前行始应”。参见僧佑：《弘明集校笺》，上海古籍出版社2013年版，第290页。

③ 冯友兰在《中国哲学简史》中云：“佛教的输入，尽管对中国人的生活产生巨大影响，也并没有改变中国人自以为是人世间唯一的文明人的信念。由于有这些看法，所以中国人在十六、十七世纪开始与欧洲人接触时，就认为他们也是与以前的夷狄一样的夷狄……可是一发现欧洲人具有的文明虽与中国的不同，然而程度相等，这就开始不安了。”参见冯友兰：《中国哲学简史》，北京大学出版社1985年版，第223页。

④ 刘小枫：《儒家革命精神源流考》，上海三联书店2000年版，第81页。

⑤ 这一做法在明末也曾引发部分士大夫的警觉和不满，相关研究可参考谢和耐：《中国与基督教——中西文化的首次碰撞》，耿昇译，商务印书馆2013年版，第155—175页。

的。倘若不能从既有的“教”“学”传统中建立起新的解释模式，将一个全新的异域文明纳入其中加以消化，那么，在众教相竞的局势下，经学必然会失去自主话语，面临被异教重构的命运。这也就意味着，一种延续了两千余年的文明传统自此丧失了主体性，作为一个文明概念的“中国”，将永远消失在时间之中与大地之上。

康有为既以保教为志业，保教从何处着手？康有为云：“若吾力强，可使吾孔子之学，中国之生灵，运一地球。”[①]在国力足够强大的条件下，不仅可以保教，甚至可以传教，此乃以保国为保教之法。但现实的情形是“吾既不能早精器艺，坐令彼诱之而坐大”[②]，西洋强盛而中国衰弱，中国已然失掉了“早精器艺”的契机，因此，在西强中弱的现状下，康有为提出的保教策略是：“一在发挥光大焉，一在宣扬布护焉。”[③]康有为认为，在西兵环伺、耶教侵逼的现实中，首先必须变被动为主动，以积极宣教、传教的方式来保教：“夫吾孔子之教，不入印度，而佛能入中国，岂孔学不及佛哉？传与不传异耳。”[④]既然要传教、宣教，也就意味着要对孔教进行建制。康有为一生在孔教的建制化上花费了极多心思，譬如，他在1895年上书光绪帝提出要“令乡落淫祠，悉改为孔子庙，其各善堂、会馆俱令独祀孔子”[⑤]，在1898年的奏折中更是明确提出要“开教会、定教律”[⑥]，“令天下淫祠皆改为孔庙”[⑦]，有计划、有组织地传播、宣扬、尊奉孔

---

① 康有为：《答朱蓉生书》，姜义华、张荣华编：《康有为全集》第一集，第324页。

② 同上书，第325页。

③ 同上书。

④ 同上。

⑤ 康有为：《上清帝第三书》，姜义华、张荣华编：《康有为全集》第二集，第75页。

⑥ 康有为：《请商定教案法律厘正科举文体听天下乡邑增设文庙谨写〈孔子改制考〉进程御览以尊圣师而保大教折》，姜义华、张荣华编：《康有为全集》第四集，第92页。

⑦ 同上书，第94页。

教，可以看作是对孔教的“宣扬布护”。

在制度层面加强对孔教的宣扬布护固然重要，但更重要的是在传教的过程中讲明孔教的“教义”所在。孔教的“教义”自然是六经之学，因此，要想真正实现保教，问题的关键在于如何光大六经之学，使之能够宣扬四海而广为人所信服。康有为称自己“日夜穷孔子之学，乃得非常异义，而后知孔子为创教之圣，立人伦，创井田，发三统，明文质，道尧舜，演阴阳，精微深博，无所不包。仆今发明之，使孔子之道有不借国力而可传者”[①]。可见，康有为走的是一条以“学”保“教”的道路，通过将孔子之学塑造为一种兼具伦理与制度，能够解释历史与未来的“无所不包”之学，使之成为一种在文明意义上的至高至先进之学，则孔子之教可不借国力而传。

第二节　汉、宋之弊与晚清经学的内在困境

一、“争于道中有汉宋”

1896年，康有为在广州万木草堂讲学时，指出当前经学内部存在两种纷争：

> 学术之争，争于道外有异教，争于道中有汉宋。[②]

异教与孔教之争，这是来自经学外部的异学竞争，而汉学与宋学的纷争则是经学内部的矛盾。“汉宋之争”可谓清代学术史上的老问题。清代汉学针对宋明学术之弊而起，出于对宋明心性之学空疏

---

① 康有为：《答朱蓉生书》，姜义华、张荣华编：《康有为全集》第一集，第325页。

② 康有为：《万木草堂口说》，姜义华、张荣华编：《康有为全集》第二集，第135页。

虚浮的不满，清初顾炎武始倡“经学即理学”，辨析经文音韵训诂，考求三代礼乐制度，奠定了清代汉学的基本范式。清代汉学至惠栋、戴震发展至极盛，二人都或隐或显地对宋学的治学方法与理论做出过批评。嘉庆时，阮元弟子江藩撰《国朝汉学师承记》，将清代学术描述为汉学一脉的传承谱系，力排宋学之统，对此，方东树撰《汉学商兑》予以回击，“汉宋之争”由此激化，两派学者各立门户，攻讦不已。可见，整个清代学术史处在汉学与宋学或缓和或激烈的角力之中。至康有为时，“汉宋之争”已并非新问题，何以康有为将之目为与异教之争同等紧要的问题？

康有为在1893年的科场试文[①]中谈及他对汉宋之争弊端的看法：

> 圣人防儒教之弊，而忧异教之害焉。夫儒教之弊，学、思不兼也。异端之害，攻者所致也。夫子预防之。且古之儒者，咸预闻大道之统，绝不在六艺之科，故无辟儒之患，而异学不行焉。后世儒术微，异教炽，于是考据、义理之学争于道中，诸子九流之学歧于道外。考据、义理交讥，其弊浩博而寡要，陋略而难安。诸子九流并兴，其患兼爱而害仁，为我而害义。嗟乎！百家往而不返，而先圣本末纯备之学术，遂为天下裂。[②]

在这篇试文中，康有为将“汉宋之争”与异教之害联系在了一起。首先，康有为指出，对儒教而言，异端之学的威胁最应警惕。《论语》中，孔子有“攻乎异端，斯害也已”之语，何晏注云：“攻，

---

① 《康有为全集》编者按：此文原无写作日期，因其与《如有王者世而后仁》等合订成一册，封面书“大人诗文稿”，疑同为“癸巳场中属稿”。参见姜义华、张荣华编：《康有为全集》第二集，第6页。

② 康有为：《子曰学而不思则罔两章》，姜义华、张荣华编：《康有为全集》第二集，第7页。

治也。善道有统，故殊涂而同归。异端不同归也。”邢昺疏曰：“此章禁人杂学。攻，治也。异端，谓诸子百家之书也。言人若不学正经善道，而治乎异端之书，斯则为害之深也。以其善道有统，故殊涂而同归。异端则不同归也。”① 根据这些解释，则孔子本人已经对诸子百家的异端之学产生了相当警惕，而在此后的经学发展历程中，从董仲舒要求罢黜百家的提议，也能看出经学内部立正统和别异端的倾向。康有为进而指出，后世异端之害是否发生的根本原因，在于经学能否保持统一性和完整性。如果经学能够保持为一个本末全备的学术系统，就能够抵御异端之害，不必担忧其为异学所夺；而如果经学内部出现重大的纷争与矛盾，无法形成统一的理论整体，那么异端之学就会有机可乘。因此，在后世经术衰微之时，就出现了“考据、义理之学争于道中”的情形，其学看似浩博实则陋略，于是诸子九流各挟其主张而兴起，或主兼爱，或主为我，以毁儒家仁义之学，导致了经学内部的分裂。在追溯了历史上异端之学对经学发展的影响之后，康有为回到眼前的局面，指出：

> 今则正学衰息，异教流行，盖难言矣……大抵正学中微，多起于陋儒之争席，讲声音，穷文字，图太极，明本心，栩栩谓得圣学之传，专己守残，如大道何！且精研传注而义理实粗，妙说阴阳而施行多碍，其罔殆正复可哀。异学乘虚而大入，而儒术遂衰，是谁阶之厉欤？②

① 何晏集解、邢昺疏：《论语注疏》（宋蜀刻本），广西师范大学出版社 2019 年版，第 50 页。

② 康有为：《子曰学而不思则罔两章》，姜义华、张荣华编：《康有为全集》第二集，第 7 页。

康有为所谓的“异教”即是耶教。在他看来，耶教与先秦诸子百家一样，皆是对儒教威胁极大的异端之学。而面对此异教、异学之兴，中国固有之正学情形如何？因汉宋之争而越发衰微。“讲声音，穷文字”者，指的正是清代以文字、音韵、训诂、考据为业的汉学学者；“图太极，明本心”者，指的是治心性、义理的宋学学人。由于治汉学与宋学的鄙陋之儒争席，各执一端，抱残守缺，不仅无助于明圣人之道，反而使“异学乘虚而大入”。随着列强在中国的武力扩张，耶教乘机吸引信众，与儒学争夺地盘。“汉宋之争”不止，则圣人之学无所归统，儒学就无法作为一个完整的系统抵御外教的攻击，正所谓“外道邪杂，与吾迭帝。不定一尊，心目罔系”[①]。因此，康有为意识到，在异教之患的威胁下，“汉宋之争”就从单纯的学术内部之争，转变为一个与经学和文明存亡密切相关的隐患，这一矛盾得不到妥善解决，则身处异教侵逼之下的经学就将面临衰微乃至亡息的结局。

二、“汉宋两弊”

1894年，广雅书院山长朱一新去世，康有为在为其所撰祭文中评论当时学术云：“吾言道微，夷狄交噬。而吾学士，汉宋两敝。”[②]道咸之际，汉宋之学的弊端逐渐显露，至同光年间，汉宋之学各有其弊已成为当时学者们的共识。陈澧云：“近百年来，名物训诂虽精而无补于天下之乱也。”[③]朱一新称：“叛道以言文，则训诂乃误人之具。宋以后大义虽明，然好立宗旨之徒，往往执似是而非之言以害

① 康有为：《祭朱蓉生侍御文》，姜义华、张荣华编：《康有为全集》第二集，第9页。

② 同上。

③ 陈澧：《东塾读书论学札记》，《陈澧集》第二册，上海古籍出版社2008年版，第360页。

道。”[①] 皆指汉学之弊在于一味陷溺于训诂考据，而放弃了对义理的探求，遂无关世用；而宋学之弊则在于空谈心性而不务读书。

清代初年的汉学，本为扭转明代以来学风空疏之病而兴起，故提倡明文字训诂、考名物制度，意图以此种方式追溯三代之治，实现通经致用。这种通过训诂、考据以明圣人之道的取向，到汉学鼎盛时期的代表人物戴震之时仍然得到了保持。戴震对汉学治经目标与方法的关系做过如下表述：

> 夫所谓理义，苟可以舍经而空凭胸臆，将人人凿空得之，奚有于经学之云乎哉！惟空凭胸臆之卒无当于贤人圣人之理义，然后求之古经。求之古经而遗文垂绝，今古县隔也，然后求之故训。故训明则古经明，古经明则贤人圣人之理义明，而我心之所同然者，乃因之而明，贤人圣人理义非他，存乎典章制度者是也。[②]

> 经之至者道也，所以明道者，其词也，所以成词者，未有能外小学文字者也。由文字以通乎语言，由语言以通乎古圣贤之心智，譬之适堂坛，必循其阶，而不可以躐等。[③]

在戴震看来，六经虽为载道之书，但今人不见古圣贤，而只能见到古圣贤之垂文遗典，换言之，圣贤之道蕴含在六经文字之中。然而，今古悬绝，要透过六经理解、把握圣贤之道，就必须且只能

---

① 朱一新：《无邪堂答问》，中华书局2000年版，第14页。

② 戴震：《题惠定宇先生授经图》，《戴震集》，上海古籍出版社1980年版，第214页。

③ 戴震：《古经解钩沉序》，《戴震集》，第191页。

通过对六经字义的理解来实现，因此，训诂之学是明道的必由之路。但戴震仍然强调，训诂考据的终极祈向仍然是圣人理义，也正因为此，他的《原善》与《孟子字义疏证》才会又回到对理气、心性这些范畴的探讨，以此表达他对圣人之道的认识。

但戴震之后的学者逐渐放弃了对圣人之道的追寻，段玉裁与王念孙、王引之父子，训诂考据之学极精，但已不再强调以训诂考据通圣人之道。段玉裁云："义理、文章，未有不由考核而得者。"① 既然义理、文章必须且只能通过考核而得，也就意味着，考核本身即是义理与文章的呈现，义理与文章不在别处，就在考核之中，如此一来，作为治经方法的训诂考据便在实质上成为了治经目的本身。

与当时的普遍论调相似，康有为也认为，汉学"猎琐文单义，沾沾自喜，日事謏闻而敂其论，果有关于风俗人心者则无有"②，而梁启超在《清代学术概论》中则进一步指出，即便就学术而论，清代汉学看似严谨实证，实则别有一种空疏之病：

> 考证学之研究方法虽精善，其研究范围却甚拘迂。就中成绩最高者，惟训诂一科，然经数大师发明略尽，所余者不过糟粕。其名物一科，考明堂，考燕寝，考弁服，考车制，原物今既不存，聚讼终末由决。典章制度一科，言丧服，言禘祫，言封建，言井田，在古代本世有损益变迁，即群书亦末由折衷通会。夫清学所以能夺明学之席而与之代兴者，毋亦曰彼空而我实也？今纷纭于不可究诘之名物制度，则其为空也，与言心言

① 段玉裁：《戴东原集序》，载戴震：《戴震集》，第 452 页。

② 康有为：《与朱一新论学书牍》，姜义华、张荣华编：《康有为全集》第一集，第 314 页。

性者相去几何？[①]

梁启超认为，即使撇开义理的追求不谈，清代汉学最擅长的考证本身也存在问题。就训诂而言，前人已发明略尽，很难再有新的突破：对经典中上古名物的考据，言人人殊，徒生聚讼；对典章制度的考据，则不能折中会通。看似严谨的训诂考据，既不能解决名物制度之讼，其治典章制度又不能折中损益，无裨于经世之用，结果便是考据学的末流陷入空疏虚浮。

除了训诂考据的琐碎无用之病，康有为还看到清代汉学存在的另一问题：乾嘉之学专主许慎、郑玄之学，虽名为“汉学”，实则限于东汉经学。他在写给朱一新的信中提到：

> 国朝阎、毛、惠、戴之徒，极力主张汉学，能推出贾、马、许、郑以攻朱子，实仅复刘歆之旧，所谓物极则变也。然乾、嘉之世，汉学大行，未有及今学。[②]

康有为举出阎若璩、毛奇龄、惠栋、戴震等清代汉学前期与中期的代表人物，指出他们所致力的贾逵、马融、许慎、郑玄之学，皆东汉古文经师之学，而不及西汉经学，未得汉代经学之全。对西汉经学了解的缺失，则直接影响了对六经之学的整全认识。虽然嘉道以后的学者已经开始由许慎、郑玄之学导源而上，溯至西汉之学，如迮鹤寿的《齐诗翼奉学》、孙星衍的《尚书今古文注疏》等，但此类著作被康有为看作是“所以示博，非知流别”[③]之作，更多地是出

---

① 梁启超：《清代学术概论》，上海古籍出版社2005年版，第59页。

② 康有为：《致朱蓉生书》，姜义华、张荣华编：《康有为全集》第一集，第316页。

③ 同上。

于学者矜炫博学的心理，试图以西汉之学与当时流行的贾、马、许、郑之学做出分别，以为标榜，但根本问题在于不知流别，这样的经学研究只是在研究对象上做到了治西汉之学，而对整个西汉经学的性质、主旨、源流都缺乏把握，不足为道。因此，在康有为的心目中，清代汉学学者对西汉经学的认识，可谓一片茫然，不得其要。

在汉学之弊外，宋学之弊也是晚清经学的一大问题。事实上，伴随着汉学在清代的兴盛，对宋学的批评一直不曾停止。一类是对理学观点的学术性批评，如顾炎武“非器则道无所寓”的说法，对朱子以理为本的道器关系构成了潜在的批评；戴震“理存于欲”的说法，挑战了宋儒严分理欲的观点。而更常见的批评则是认为宋学“空谈义理”，皮锡瑞在《经学历史》中云：“乾隆以后，许、郑之学大明，治宋学者已鲜。说经皆主实证，不空谈义理。”[①] 然而，到了同光之际，随着学者对汉学弊端的日渐不满，对宋学“空谈义理”的指责也做出了澄清，陈澧云：“明儒之学宋儒，多学得宋儒不好处。”[②] 又云：“明人有假道学”[③]。可知凿空之病实为明儒之病，宋儒之学不当坐此指责，则宋学在阐扬义理方面的贡献在晚清再次得到了肯定。

然而，康有为看到，即使返回真正意义上的宋儒之学，也仍然无法解决晚清经学面对的困境，因为宋学本身存在极大的局限。康有为指出：“理宗以《四书》立学，汉以后六经之治，元、明以来《四书》之治。”[④] 又云：“朱子一生精力，全在《四书》，《大学》、

① 皮锡瑞著、周予同注释：《经学历史》，中华书局1959年版，第341页。

② 陈澧：《陈澧集》第二册，第381页。

③ 同上书，第364页。

④ 张伯桢：《南海师承记》，姜义华、张荣华编：《康有为全集》第二集，第252页。

《中庸》为最，而六经无与焉。”[①] 虽然称朱子“六经无与”的说法不免偏颇，但宋儒之学确实以《四书》为核心，并以《四书》为理解五经的基础，《朱子语类》中就有“四子，六经之阶梯”[②] 之语。程颐云：

> 学者当以《论语》、《孟子》为本。《论语》、《孟子》既治，则六经可不治而明矣。读书者当观圣人所以治经之义，与圣人所以用心，圣人之所以至于圣人，而吾之所以未至者，所以未得者，句句而求之，昼诵而味之，中夜而思之，平其心，易其气，阙其疑，则圣人之意见矣。[③]

朱熹则云：

> 《大学》一篇乃入德之门户，学者当先讲习，知得为学次第规模，乃可读《语》、《孟》、《中庸》。先见义理根原体用之大略，然后徐考诸经以极其趣，庶几有得。[④]

在宋儒的理解中，治经的目标不在于了解其中的节文度数，而在于通圣人之心。通圣人之心的途径，便是切己体贴《论语》《孟子》中圣人平日教人之语，借由《四书》对天道性命的阐发，把握

---

① 康有为：《万木草堂口说》，姜义华、张荣华编：《康有为全集》第二集，第136页。

② 黎靖德编：《朱子语类》，载朱杰人、严佐之、刘永翔主编：《朱子全书》第17册，上海古籍出版社、安徽教育出版社2002年版，第3450页。

③ 程颢、程颐：《程氏遗书》，《二程集》，中华书局2004年版，第322页。

④ 朱熹：《与陈丞相别纸》，《晦庵先生朱文公文集》，载朱杰人、严佐之、刘永翔主编：《朱子全书》第21册，第1180页。

圣人的精微义理，乃至理解圣人的所思所想。表面看来，《四书》只是通向五经的进阶，终极指向仍在六经，但实际上，宋儒将五经收摄在了他们依托《四书》所建构起来的理气心性之学中。按程颐所说，“《论语》、《孟子》既治，则六经可不治而明”，那么，把握住了《四书》精义，即是把握住了五经之要，因为圣人之心是一体通贯的。在这个意义上，宋儒的五经之学是被“四书”化的五经之学。

康有为认可宋儒之功，但认为被“四书”化的五经之学仍然存在极大局限：

> 宋儒之功，自不可没，当风波颓靡，毅然束之，至今赖焉。然当日经学破碎已极，礼乐不能复兴，则不得不求之于内，而语录之学出，势也。因是求孔子修己以敬之学，得《曲礼》、《玉藻》、《少仪》之意焉，实其美也。谓其言性得孔子之真，非也。然欲举其陈迹，以治今日中西大通之局，能乎否乎？使今日人皆独善其身而止，不复知有生民之疾苦，教术之衰败，利乎？害乎？[①]

康有为敏锐地看到，宋儒所处的是一个“经学破碎已极，礼乐不能复兴”的时代。自汉武独尊儒术，汉代以经书敷治、以礼乐行政教。皮锡瑞《经学历史》云：“当时儒者尊信六经之学可以治世，孔子之道可为弘亮洪业、赞扬迪哲之用。朝廷议礼、议政无不引经；公卿大夫士吏，无不通一艺以上。”[②] 汉代的五经之学不只是立于学官的博士之业，而是切实影响现实政治的致用之学。一方面，汉朝在

① 康有为：《答朱蓉生先生书》，姜义华、张荣华编：《康有为全集》第一集，第331页。

② 皮锡瑞著、周予同注释：《经学历史》，第26页。

立郊祀、辟雍、明堂等国家典礼仪制时，均以五经所言礼制为依据；另一方面，经学为汉代政治树立了价值标准，经师可以援引经典对现实政治做出批评，如汉成帝时，谷永见汉成帝偏宠后宫，宠信外戚，大兴土木，又遭逢灾异遍起，故引京房《易》说，警示成帝“终不改寤，恶洽变备，不复谴告，更命有德”[①]。然而，五经作用于汉代政治与社会生活的此种方式，在宋代发生了彻底的改变。宋代政治与社会所发生的深刻变化，使得汉唐以来所确立的经学传统不再能够适应宋代的现实。包弼德指出，对于宋人而言，一方面，现实的政治与社会变化使他们不再能够如汉唐人一般理解天地、先王、经典与帝国政治的关系，圣王的礼乐制度不再有效地作用于他们的时代；另一方面，成为科举考试内容的经学，正日益成为无关世用之学。于是，宋儒开始为圣人之学寻找一个新的基础，这个基础就是转向个人内在的性理之学。[②]经此一变，五经之学对宋儒而言就不再是研究古代圣王礼乐制度之学，而是体认礼乐制度背后圣人之心的学问。

康有为指出，宋儒发扬六经治身心、修德性之学，虽然功不可没，但毕竟是在礼乐不能复兴这一不得已情势下，用四书之学对五经之学所做的一次改造，其代价则是经学中大量与政典礼制相关的内容被搁置一旁，付之阙如。梁启超在《新学伪经考序》中也特别指出：“唐宋以降，鉴兹破碎束阁六经，专宗《论语》，言理则剿贩佛老以为说，言学则束身自好以为能，经世之志忽焉，大道之失益远，宋以后之学者，视孔子如迂儒矣，故小有智慧之士，以为孔子

① 班固撰、颜师古注：《汉书·谷永杜邺传》，中华书局 1962 年版，第 3467 页。

② 参见包弼德：《历史上的理学》，王昌伟译，浙江大学出版社 2010 年版，第二章“在 11 世纪寻求一个新的基础”。

之义甚浅，其道甚隘，坐此异教来侵，辄见篡夺。”[①] 在中西大通、世变日新的情势之下，宋儒的心性道德之学不仅无法应付社会、政治之骤变，四书之学对汉代经学传统的遮蔽更阻碍了学者对五经经世功用的理解与发挥，借用康有为之语即“实同于一隅割据偏安，迥非大一统之旧观矣”[②]，因此，突破宋儒四书之学的格局，回到五经之学的“大一统之旧观”，乃是重振经学之用的必行之策。

三、“汉宋兼采”的困局：以陈澧与朱一新的策略为例

随着汉宋之学各自弊端的逐渐显明，道咸以后，“汉宋之争”渐为“汉宋兼采”的学术取向所取代，既然汉宋之学各有其偏，那么“汉宋兼采”似乎就成为一条取长补短的折中之途。需要指出，“汉宋兼采”只是一种概括性的学术观点，其内部流派主张众多，存在很多具体差异，但总体而言，“汉宋兼采”可以代表晚清旧学士人在西学挑战下重塑中学的一条主流思路。然而，在晚清今、古学之争兴起后，这条思路便逐渐由主流转为边缘。“汉宋兼采”最终没有成为解决汉宋之弊的良方妙药，与其自身存在的问题有关。在此，我们以陈澧与朱一新为例，从一个侧面对“汉宋兼采”思路中存在的问题略作考察。

陈澧与朱一新分别为道咸与同光年间主张“汉宋兼采”的重要人物，二人都认同汉、宋之学各有其弊：汉学之弊在于一味陷溺于训诂考据，而放弃了对义理的探求，遂成为一种纯粹的专门知识而无关世用；而宋学之弊则在于空谈心性，好立宗旨，而使学者不务读书。陈澧认为，“论事必有考据，乃非妄谈；说理必有考据，乃非

① 梁启超：《新学伪经考序》，《饮冰室合集》第1册，第62页。

② 康有为：《重刻伪经考后序》，康有为著、楼宇烈整理：《新学伪经考》，第379页。

空谈”[①]，一方面应以考据之学作为寻求义理之进阶，谈论义理方有基础；另一方面，“经学之治天下，乃其大义耳，名物训诂之小者，与治天下无所关系也”[②]，治经学不能以名物考据为目标，而要志在经世致用。因此，陈澧提出：“汉唐宋学，自来无兼之者，余之《学思录》自成一家”[③]。那么，陈澧所设想的“汉宋兼采”具体表现为一种怎样的模式呢？首先，陈澧认为要重新理解汉学，走出清代以训诂考据为主的汉学，回到以注疏之学为主的汉儒之学：“必读经乃谓之经学。以疏解注，以注解经，既解而读之思之，此经学也”[④]，“《十三经注疏》颁在学官，明儒束阁不观，固可哂矣，今则家标汉学之名，人竞经师之号，不知一生曾读注疏几部”[⑤]。而汉儒注疏之学的代表便是郑玄学：“要识真汉学，须读郑君书。”[⑥]

在确立了汉学以东汉儒者注疏之学为主的基础上，陈澧提出，他兼采汉宋的方式是：“由汉唐注疏以明义理而有益有用，由宋儒义理归于读书而有本有原。”[⑦] 如何由汉唐注疏以明义理？陈澧的设想是：“专习一经注疏而渐求其义理，因汉儒经注而求汉儒实行。”[⑧] 如何从汉儒经注而求汉儒实行？陈澧提出：“读经而详味之，此学要大振兴。曾子读《丧礼》，泣下沾襟。周磐废《蓼莪》，朱子说《行苇》。郑君似有劝人寻味语，朱子有‘其味深长，最宜潜玩’之注。能寻经文，则学行渐合为一矣，经学理学不相远矣。人能通一经而

① 陈澧：《东塾读书论学札记》，《陈澧集》第二册，第 357 页。
② 同上书，第 360 页。
③ 同上书，第 379 页。
④ 同上书，第 361 页。
⑤ 同上书，第 381 页。
⑥ 同上书，第 362 页。
⑦ 同上书，第 381 页。
⑧ 同上书，第 373 页。

详味之，此真汉学也。”[①] 在以注疏理解经义的基础上，详味经文，切身体贴，以期达到学行合一。而“由宋儒义理归于读书”的方式则表现为：“圣贤之道，修己治人。然修己若何，治人若何，必求之古圣贤之书然后其事不谬，且彬彬乎有文焉。”[②] 宋儒之义理，“自谓得不传之学，夫得不传，即无考据耳，无师承耳”[③]，因此必须要通过读汉唐儒所注疏之经，对宋儒义理加以证实。

如此一来，陈澧所设想的“汉宋兼采”模式就必须对这些问题做出解释：究竟什么才是汉学义理？汉学义理是否能够与宋学义理相通？令人困惑的是，陈澧所谓通过治汉学获得的“义理”究竟指的是什么，并不明晰。陈澧曾说：“专习一经以治身心，吾之学如此而已。”[④] 似乎治汉学最终通向的是“治身心”一类的义理；但在另一些场合，陈澧又指出：“汉儒之书有微言大义，而世人不知也。”[⑤] 似以“微言大义”为汉学义理所在。什么是汉儒的“微言大义”？我们可以通过陈澧对郑玄学的一段表述略加窥察：“周公居东非东征；孔子作《孝经》，道之根源，六艺之总会；孟子教梁、齐之君王天下，时周已非天子。郑君实怀明德，此等乃其荦荦大者，非如近人零碎纤屑无关紧要之经学耳。”[⑥] 在陈澧看来，郑玄的经注不只是训诂文字、通顺文意，还有很多关于政教大义的看法隐藏在其中，这些内容似乎便是汉儒的“微言大义”所在。

如果说汉学义理即指汉学中“治身心”之学，那么，汉学与宋学义理确可相通，然而六经之学是否尽可通过“详味”而达到“学

① 陈澧：《东塾读书论学札记》，《陈澧集》第二册，第 375 页。
② 同上书，第 378 页。
③ 同上书，第 360 页。
④ 同上书，第 374 页。
⑤ 同上书，第 360 页。
⑥ 同上书，第 378 页。

行合一”？陈澧所举的“曾子读《丧礼》，泣下沾襟。周磐废《蓼莪》，朱子说《行苇》”固然是可以经学为实行之例，但六经之中如《春秋》《尚书》等内容，皆先王政教治法之大经大典，如何以之为实行？而如果说汉学义理并非仅仅为“治身心”之学，“孔子作《孝经》，道之根源，六艺之总会”这样的内容，又如何与宋学义理相贯通？因此，即使将汉学的面目恢复为汉唐注疏之学，陈澧的“汉宋兼采”模式也不能够真正处理汉学与宋学之间的矛盾。

朱一新的“汉宋兼采”方案则与陈澧有所不同。在《无邪堂答问》中，朱一新云：

> 汉、宋诸儒大旨，固无不合，其节目不同处亦多，学者知其所以合，又当知其所以分。……宋学以阐发义理为主，不在引证之繁。义理者，从考据中透进一层，而考证之粗迹，悉融其精义以入之。（自注：非精于考证，则义理恐或不确，故朱子终身从事于此，并非遗弃考证之谓也。）斯其文初无饾饤之习，莫非经籍之光。宋五子尚已，若汉之董江都、刘中垒、匡稚圭、扬子云诸人，皆有此意，西汉之学术所以高出东汉也。西汉大儒最重微言，宋儒则多明大义，然精微要眇之说，宋儒固亦甚多。其言心言性，乃大义之所从出，微言之所由寓。[①]

> 汉、宋诸儒之治经，亦无不求其端于天。《易》言卦气、消息，《书》言洪范、五行，《诗》言五际，《春秋》言灾异，汉儒所谓性与天道者，类如此。虽非尽六经本旨，要其师承，远有端绪，亦圣门之微言也。逮其敝也，流为术数……而田王孙、

① 朱一新：《无邪堂答问》，第116—117页。

> 孟长卿、伏生、欧阳、夏侯、申公、辕固、胡毋、董生之所传微言大义，寖以废堕矣。延及隋唐，其学亦绝。周、张二字崛兴宋代，乃作《太极图说》、《通书》以明《易》，作《西铭》以明仁，作《正蒙》以明诚。诚与仁亦夫子赞《易》之旨也，其言与汉儒虽若异趣，而其阐阴阳之蕴，探性命之原，则无不同，视董生尤加粹焉。[①]

朱一新调和汉宋的思路可以分为两个层面，首先是论证汉、宋之学在方法上虽各有偏重，但实可相通。一方面，宋儒虽以阐发义理为主，但并不废考据，朱子之义理即从考据而来；另一方面，汉儒之学也并非皆为训诂考据，西汉诸儒之学就以发挥微言为主。其次是论证汉儒之微言大义实与宋儒之义理相合。在朱一新看来，西汉诸儒的微言大义，乃"性与天道"之学，后为术数之学所乱而寖微，而宋儒崛起后，其义理之学看似与汉儒微言大义不同，但宋学对阴阳性命问题的阐发，实则接续了西汉诸儒"性与天道"之学的传统。

以考据之法不外于宋学，这是调和汉宋的一种常见思路，叶德辉就提过这样一个说法：

> 国初巨儒，如顾亭林、阎百诗诸先生，其初皆出于宋学，而兼为训诂、考订之事，遂为汉学之胚胎。汉学之名，古无有也，倡之者三惠，成之者江慎修、戴东原。然此数君者，皆未化宋学之迹者也。[②]

---

① 朱一新：《无邪堂答问》，第155页。

② 苏舆：《翼教丛编》，上海书店2022年版，第173页。

按叶德辉之说，清代汉学脱胎于宋学传统，“尊德性”与“道问学”原本就是宋学传统中固有的两种取向，汉学的训诂考据只是着重发挥了“道问学”的取向，在此意义上，训诂考据就并非是与义理之学相互对立的学问，而恰恰可以被纳入宋学的框架之中。但朱、叶等人将“汉学”约化为训诂考订之事，与乾嘉汉学诸儒对汉学的理解有明显差异。戴震云：“惟空凭胸臆之卒无当于贤人圣人之理义，然后求之古经。求之古经而遗文垂绝，今古县隔也，然后求之故训。故训明则古经明，古经明则贤人圣人之理义明。”[①] 又云：“经之至者道也，所以明道者其词也，所以成词者字也。由字以通其词，由词以通其道，必有渐。”[②] 在戴震看来，道不在别处，就在六经的文字、制度、名物之中，今人不见古圣贤，只能凭借六经文字以理解圣人之道，字词训诂是明六经的唯一方式，经文字词明，则圣人之道随之而明，这样说来，字词训诂不只是求道之方法，而且正是道之本体所在。以训诂考据为方法，以宋学义理为目标，以此融合汉宋的思路，实际上仍然是以宋学的眼光来认识汉学，因此有学者指出，汉宋兼采“并不意味着各类学术的融通，而是企图由宋学来改造汉学”[③]。但在某种程度上，这一思路回避了汉、宋之间的真正矛盾，从而成为一种流于表面的调和之说。

此外，虽然朱一新试图以“性与天道”尽统汉宋之学，但他对汉儒微言大义的认识并不准确。《易》《书》《诗》的今文家说大多亡佚不全，但《春秋》今文家说详于《公羊》《穀梁》二传及董子之书，且汉人引《春秋》之例俱在两《汉书》，“三世”“三统”之说、夷夏内外之别这些内容皆非“性与天道”之学，并且，东汉的贾、

---

① 戴震：《题惠定宇先生授经图》，《戴震集》，第 214 页。

② 戴震：《与是仲明论学书》，《戴震集》，第 183 页。

③ 陈居渊：《论晚清儒学的“汉宋兼采”》，《孔子研究》1997 年第 3 期。

马、许、郑之学亦为“汉学”，而少有微言大义之说，因此很难用“性与天道”之学对东汉诸儒之学与宋学做出调和。

从陈澧、朱一新的例子可以看到，虽然他们都试图跳出清代汉学与清代宋学的局限，回到汉儒之学与宋儒之学的意义上对汉宋之学进行调和与兼采，但他们对西汉诸儒之学、两汉之学的差异都缺乏足够深入的认识，或以东汉马、郑之学赅括汉学，或以西汉诸儒的微言大义为“性与天道”之论，导致他们对汉宋之学的调和最终并不成功，从而未能真正融合汉宋，消弭纷争。

第二章　今、古之辨：系谱的重构与经学的再一统

葛兆光提出过一个关于思想史书写的观察："现在各种中国哲学史或中国思想史著作，尽管具体论述有种种不同，但是，概观地看来，却只是'大同小异'，换句话说，这些著作所书写的思想史或哲学史，其'脉络'是大体相同的，这包括它们所选择的人物著作、所凸现的承袭转换、所关注的思想重心等等。需要注意的是，这个被各个撰写者接受的'脉络'，其实并不完全是'历史'本身，却是自古以来一次又一次被书写的思想史'系谱'。"① 人们对思想史的回忆和书写，并非是在纯然客观地呈现历史的真相，而必然会基于某种价值或眼光，对思想的系谱进行"重构"。经学史亦是如此。六经的起源，经学的发轫，经书的真伪，哪些内容是圣人正传，哪些是歧出……对这些问题的回答，看似皆为客观的学术史描述，实则都是在以重建经学系谱的方式，塑造一种对于经学的理解。回溯经学史，刘歆、郑玄、朱熹、廖平、康有为、章太炎等人都曾对经学的系谱做出过建构，而每一种系谱都在暗中表达着建构者对经学本质的不同理解。

康有为在 1891 年写给朱一新的一封书信中，简要描述过他为弘扬孔子之教所制定的一份计划，该计划分为三步："先辟伪经，以

① 葛兆光：《道统、系谱与历史——关于中国思想史脉络的来源与确立》，《文史哲》2006 年第 3 期。

著孔子之真面目”；“次明孔子改制，以见生民未有”；最后是“辑西汉以前之说为五经，以存旧说，而为之经；然后发孔子微言大义，以为之纬”。[①]自后回观，康有为对经学系统的重建，大体上正是循着这一计划进行的。

康有为的经学改革始于对经学系谱的重新建构，意图通过辟除刘歆伪经，廓清孔子真经系统《新学伪经考》就是这一任务的承担者。这一过程描述起来并不复杂，但如何理解和评价康有为坚持斥古文经为刘歆伪经的做法，却并非易事。在既有研究中，对《新学伪经考》的看法大体可以分为三类：一是从学术考证层面出发，对《新学伪经考》提出严厉批评，认为此书绝非精审的考订辨伪之作。朱维铮指出，《新学伪经考》中浩繁的引证，大量袭自龚自珍、魏源、廖平、刘逢禄、陈寿祺、陈乔枞、顾櫰三、侯康等人的著作，“缺乏学术的意义”，康有为本人“只是渺小的经学家”。[②]二是从康有为与廖平之间学术公案的角度出发，认为康有为的《新学伪经考》只是廖平观点的翻版，不具有独立的思想价值。[③]三是从戊戌变法的政治背景出发，认为康有为“攻击‘新学’，指斥‘伪经’，旨在动摇和破坏封建守旧派的‘恪守祖训’的观念，打击封建专制的理论基础”，《新学伪经考》是“披着‘经学’外衣，作为‘托古改制’、变法维新的一个理论工具”[④]。总体而言，这些意见都对《新学伪经考》评价不高，无论是这部作品的学术水准、思想原创性还是现实意义，似乎都无足可观。然而，如果我们不将《新学伪经考》看作

---

① 康有为：《答朱蓉生书》，载姜义华、张荣华编：《康有为全集》第一集，第325页。

② 朱维铮：《重评〈新学伪经考〉》，《求索真文明》，第221页。

③ 参见黄开国：《廖康羊城之会与康有为经学思想的转变》，《社会科学研究》1986年第5期。

④ 汤志钧：《试论康有为的〈新学伪经考〉》，《康有为与戊戌变法》，第54页。

一部孤立的经学著作，而是将之置于康有为革新经学的整个计划之中加以考察，并且，如果我们不将康有为的今、古之辨直接与他的政治行动捆绑，而是将之置于自汉至清的整个经学史问题脉络中加以考察，是否有可能重新认识《新学伪经考》的价值和意义？

第一节 溯源经学的今、古之别

《新学伪经考》所涉及的一个核心问题是经学的今、古之辨。虽然在很多学者的意识中，经学的今、古文之别已经是一个经学史常识，但李学勤在 20 世纪 90 年代提出过一个相当具有冲击力的看法："晚清以前的历代学者，虽常论及今文、古文，却没有以今文为一大派，古文为另一大派的。用这样分派的观点来看待汉代经学的，实始于四川学者廖平的名著《今古学考》。"[①] 李学勤提示我们，经学的今、古之别并非肇始于汉代，而是始于晚清廖平，如此说来，经学今、古文问题乃是一个新问题，而非老问题。那么，如果经学的今、古文之别并不是一个汉代的经学问题，廖平又是如何发现其中差异的？如果廖平所发现的今、古之别并非汉代经学的实情，汉代今、古经之学又是什么情形？而廖平的今、古之辨目的何在？

一、今、古文经与今、古文经学之辨

关于今文经学与古文经学的区别，常见的理解是望文生义式的，即以今文经学为今文经书之学，古文经学为古文经书之学，二者的差异在于今、古文经书文字不同。对此，廖平弟子李源澄在《经学

① 李学勤：《〈今古学考〉与〈五经异义〉》，《古文献丛论》，上海远东出版社 1996 年版，第 318 页。

通论》中做出了明确澄清："有今古文，有今古学。"[①] 今、古文经之别与今、古文经学之别是两个不同的问题，二者虽有关联，但不可混淆。

今、古文经指的是用两种不同文字所书写的经书，今文指汉隶，古文是先秦六国文字。按《史记》所载，秦火之后，书简残缺，汉兴，开始逐渐恢复五经之学。武帝时，"招方正贤良文学之士。自是之后，言《诗》于鲁则申培公，于齐则辕固生，于燕则韩太傅。言《尚书》自济南伏生。言《礼》自鲁高堂生。言《易》自菑川田生。言《春秋》于齐鲁自胡毋生，于赵自董仲舒"[②]。博士所传五经文本均用汉隶书写，无古文经版本，因此，在古文经现世之前，并无"今文经"之名，只是随着古文经的发现，才有了经的今、古文之分。《史记》中已经提到了一些古文经的信息，《儒林列传》云："孔氏有古文《尚书》，而安国以今文读之，因之以起家。逸《书》得十余篇，盖《尚书》滋多于是。"[③] 又如《吴太伯世家》云："余读《春秋》古文，乃知中国之虞与荆蛮句吴兄弟也。"[④] 但有关古文经发现的原委，最早的明文记载出自《汉书》。《汉书·景十三王传》载：

> 河间献王德以孝景前二年立，修学好古，实事求是。从民得善书，必为好写与之，留其真，加金帛赐以招之。繇是四方道术之人不远千里，或有先祖旧书，多奉以奏献王者，故得书多，与汉朝等。是时，淮南王安亦好书，所招致率多浮辩。献

① 李源澄：《经学通论》，华东师范大学出版社2010年版，第25页。

② 司马迁撰、司马贞索引、张守节正义：《史记·儒林列传》，中华书局1982年版，第3118页。

③ 同上书，第3125页。

④ 司马迁撰、司马贞索引、张守节正义：《史记·吴太伯世家》，第1475页。

王所得书皆古文先秦旧书，《周官》、《尚书》、《礼》、《礼记》、《孟子》、《老子》之属，皆经传说记，七十子之徒所论。[①]

又，《楚元王传》载刘歆移让太常博士书云：

> 及鲁恭王坏孔子宅，欲以为宫，而得古文于坏壁之中，《逸礼》有三十九，《书》十六篇。天汉之后，孔安国献之，遭巫蛊仓卒之难，未及施行。及《春秋》左氏丘明所修，皆古文旧书，多者二十余通，臧于秘府，伏而未发。[②]

《汉书·艺文志》云：

> 武帝末，鲁共王坏孔子宅，欲以广其宫。而得《古文尚书》及《礼记》、《论语》、《孝经》凡数十篇，皆古字也。[③]

据《汉书》所载，古文经在汉代的发现有三个来源：一是河间献王所接收的民间献书，包括《周官》《尚书》《礼》《礼记》《孟子》《老子》等在内用先秦古文所写的"经说传记"；二是鲁共王从孔子宅壁中获得的用"古文"书写的经书，结合鲁共王本传与《艺文志》的信息，这些经书包括了《逸礼》三十九篇，《书》十六篇，《古文尚书》《礼记》《论语》《孝经》凡数十篇；三是藏于秘府中，伏而未发的古文旧书《春秋》，但这一古文《春秋》是从何处获得并收入秘府的，《汉书》没有说明，许慎在《说文解字序》中称"北平侯张苍

① 班固撰、颜师古注：《汉书·景十三王传》，第2410页。
② 班固撰、颜师古注：《汉书·楚元王传》，第1969页。
③ 班固撰、颜师古注：《汉书·艺文志》，第1706页。

献《春秋左氏传》"[①]，以为张苍所献。

《汉书·艺文志》进一步指出，今、古文经不仅在书写文字上存在差别，在篇目与经文内容上也存在出入。五经中，今、古文《易》存在字数与内容上的差别，《艺文志》云："刘向以中《古文易经》校施、孟、梁丘经，或脱去'无咎'、'悔亡'，唯费氏经与古文同。"[②]今、古文《书》在篇目与内容上均有差异，《史记·儒林列传》云："秦时焚书，伏生壁藏之。其后兵大起，流亡。汉定，伏生求其书，亡数十篇，独得二十九篇，即以教于齐鲁之间。"[③]《艺文志》云："孔安国者，孔子后也，悉得其书，以考二十九篇，得多十六篇。"[④]古文比今文《尚书》多出十六篇。在经文内容上，《艺文志》云："刘向以中古文校欧阳、大小夏侯三家经文，《酒诰》脱简一，《召诰》脱简二。率简二十五字者，脱亦二十五字，简二十二字者，脱亦二十二字，文字异者七百有余，脱字数十。"[⑤]今、古文《礼》也存在篇目差异，《艺文志》载"经十七篇"，又云"《礼古经》者，出于鲁淹中及孔氏，与十七篇文相似，多三十九篇"[⑥]，古文《礼》经比今文《仪礼》多出三十九篇。除此之外，《诗》《乐》则未有古文经的记载。《艺文志》言《春秋》只云："《春秋古经》十二篇，《经》十一卷。"[⑦]未言今古文《春秋》在篇目和内容上的出入。六经之外，《论语》《孝经》也有今、古文的篇目差异，《汉书·艺文志》云："《论语》古二十一篇。（班固自注：出孔子壁中，两《子

---

① 许慎：《说文解字》，中华书局 1963 年版，第 315 页。
② 班固撰、颜师古注：《汉书·艺文志》，第 1704 页。
③ 司马迁撰、司马贞索引、张守节正义：《史记·儒林列传》，第 3124 页。
④ 班固撰、颜师古注：《汉书·艺文志》，第 1706 页。
⑤ 同上。
⑥ 同上书，第 1710 页。
⑦ 同上书，第 1712 页。

张》。)《齐》二十二篇。(班固自注：多《问王》、《知道》。)《鲁》二十篇，《传》十九篇。"[①]"《孝经古孔氏》一篇。(班固自注：二十二章。)《孝经》一篇。(班固自注：十八章。)"[②]

综上所述，《易》《书》《礼》《春秋》《论语》《孝经》都存在用古文所写的版本，其中，《书》《礼》《论语》《孝经》的今、古文版本之间存在篇章数目的差异，《易》《书》的今、古文版本之间存在经文字数或内容上的差异。简言之，今文经与古文经的差异在于书写所用文字、篇章数目和一些经文内容上的不同，这很像后世版本产生后所发生的情形——如果把六经的原本视为一个最初版本，那么今文经与古文经就像是版本流传过程中演化出的两个版本，二者在文字、内容、篇目等方面都存在出入，但仍然遵循同一个底本，版本之间不存在根本矛盾。由此可知，今文经与古文经之间不存在根本分歧。

今、古文经的问题既已厘清，接下来便可分辨今、古文经学的问题。事实上，今、古文经学只是一个方便称呼，并不准确。汉人言经学，皆分经分家而称，如《欧阳尚书》《公羊春秋》《毛诗》《费氏易》等等，从这些称呼上无法看出今、古之分。现存文献中，最早可见对经学各家做出今、古分类的，是东汉许慎的《五经异义》，其中明确冠以"今"字的有"今《易》京、孟说""今《尚书》夏侯、欧阳说""今鲁、齐、韩《诗》说""今《春秋》公羊、穀梁说""今《礼》戴说""今《孝经》说""今《论语》说"；而明确冠以"古"字的有"古《周礼》说""古《尚书》说""古《毛诗》说""古《左氏》说""古《孝经》说"。后人所谓的今、古文经学，

① 班固撰、颜师古注：《汉书·艺文志》，第1716页。

② 同上书，第1718页。

大体上即是《五经异义》中所区分的今、古学。

但今、古文经学之名容易造成误解，让人认为今、古文经学是基于今文经与古文经的学问，而实际情况是，今文经学的确以今文经为基础，古文经学却不尽是“古文经”之学。在西汉发现的古文经中，一部分只有经而无学说传授，如古文《尚书》比今文多出的十六篇，据马融所说，“逸十六篇，绝无师说”[①]。《逸礼》三十九篇、《春秋古经》、《周官经》也皆无师说。于是，李源澄提出一个非常重要的观点：“经学之为经学，原以儒学纳于经文之下而成，有经无说，亦不成其为经学。”[②] 无学说传授的古文经，自然谈不上古文经之学。此外，一些被视为“古文经学”的内容却与“古文经”无关。《左氏》虽为古文所写，但它只是“传”而非“经”，在汉初虽有传授，却并不是基于《春秋古经》之学。《诗》没有今古文之异，被视为古文经学的《毛诗》也并非用古文所写，《汉书·儒林传》云：“毛公，赵人也。治《诗》，为河间献王博士。”[③]《艺文志》云：“有毛公之学，自谓子夏所传，而河间献王好之，未得立。”[④] 据此，《毛诗》只是一种出自民间的、据说传自子夏的解《诗》之说，与古文无关。由此可知，今、古文经学之分与文字今、古并无直接关系，经书文字自有今、古之异，而经学也别有今、古之分。

二、刘歆与今、古文经学之别的发生

古文经的发现，并不是导致今、古文经学之分的直接原因，真正开启今、古文经学之别的事件，是刘歆请立“古文经学”。此事始

---

① 孔安国传、孔颖达疏：《尚书正义》，上海古籍出版社 2007 年版，第 29 页。
② 李源澄：《经学通论》，第 28 页。
③ 班固撰、颜师古注：《汉书·儒林传》，第 3614 页。
④ 班固撰、颜师古注：《汉书·艺文志》，第 1708 页。

末见于《汉书·楚元王传》：

> 及歆校秘书，见古文《春秋左氏传》，歆大好之。时丞相史尹咸以能治《左氏》，与歆共校经传。歆略从咸及丞相翟方进受，质问大义。初《左氏传》多古字古言，学者传训故而已，及歆治《左氏》，引传文以解经，转相发明，由是章句义理备焉。歆亦湛靖有谋，父子俱好古，博见强志，过绝于人。歆以为左丘明好恶与圣人同，亲见夫子，而公羊、穀梁在七十子后，传闻之与亲见之，其详略不同。歆数以难向，向不能非间也，然犹自持其《穀梁》义。及歆亲近，欲建立《左氏春秋》及《毛诗》、《逸礼》、《古文尚书》皆列于学官。[①]

刘歆可谓致力于推动古文经学获得官方认可的第一人，按照《汉书》的记载，刘歆本人转向古文经学的起因是在校秘书时发现了古文《春秋左氏传》而“大好之”，而他推崇古文经学的具体举措便是请立《左氏春秋》《毛诗》《逸礼》《古文尚书》于学官。一个值得思考的问题是，按《楚元王传》所说，刘歆个人只是喜好《左氏》，那么，他为何会提出将《毛诗》《逸礼》《古文尚书》也立于学官？如果说《左氏》《逸礼》与《古文尚书》多少与“古文”有关，《毛诗》显然与“古文”毫无关联，那么，刘歆请立学官的标准是什么？

清代的宋翔凤注意到，西汉最初所立的五经博士之学皆为今学，而后来所立的古学，实际上是一种与博士之学相对的民间之学。宋翔凤云：“至孝武始绌百家，立五经博士，又置弟子员以转相教授。

---

① 班固撰、颜师古注：《汉书·楚元王传》，第1967页。

于是有博士所传之学，如《易》之施、孟、梁邱，《书》欧阳、大小夏侯，《诗》齐、鲁、韩，《礼》大、小戴，《春秋》公羊、穀梁并行于世，其后《易》有费直，《书》有孔安国，《诗》有大小毛氏，《春秋》左氏，《礼》有古周礼，无博士，但行民间，称古文家，遂以博士所传为今文家。”① 宋翔凤的说法代表了另一种对于今、古文经学之别的看法：以学官分今、古。不过，一个难以解释的问题是，《汉书·艺文志》所载如《邹氏》《夹氏》一类的《春秋》之传，无法确立其今、古归属，这两家既没有被立为学官，也不是民间所传之学。更重要的是，如果我们只是将今、古文经学的不同视为官方博士之学与民间所传之学的不同，就难以理解汉代的今、古文经学为何会产生重大矛盾②。可见，以是否立于学官区分今、古之学，并未切中问题的要害。

在收到刘歆增立学官的请求后，汉哀帝“令歆与《五经》博士讲论其义”，而“诸博士或不肯置对”③。于是，刘歆作《移让太常博士书》，重点批评了博士之学的不足，并尝试基于这些不足之处，论证增设学官的必要性：

> 歆因移书太常博士，责让之曰：“昔唐、虞既衰，而三代

① 宋翔凤：《汉学今文古文考》，《朴学斋文录》卷三，《续修四库全书》第1504册，上海古籍出版社2003年版，第363页。

② 当然，有观点认为汉代并不存在今、古文经学两派之争，钱穆就认为，对于刘歆请立学官的这几部经传之学，刘歆本人没有使用“古学”或“古文经学”的说法，因此，他指出刘歆此举不过是效法石渠阁奏议增立《穀梁春秋》，目的在于“广道术”而已，而“决无统目朝廷博士诸经为‘今文’者”。参见钱穆：《两汉博士家法考》，《两汉经学今古文平议》，商务印书馆2001年版，第232页。然而，如果仔细考察刘歆为请立学官的几部经传所做的申辩，就会发现刘歆的用心绝不仅仅是“广道术”这么简单，对十四博士之学与他所请增立的四家之学，刘歆有着清晰的区分。

③ 班固撰、颜师古注：《汉书·楚元王传》，第1967页。

迭兴，圣帝明王，累起相袭，其道甚著。周室既微而礼乐不正，道之难全也如此。是故孔子忧道之不行，历国应聘。自卫反鲁，然后乐正，《雅》《颂》乃得其所；修《易》，序《书》，制作《春秋》，以纪帝王之道。及夫子没而微言绝，七十子终而大义乖。重遭战国，弃笾豆之礼，理军旅之陈，孔氏之道抑，而孙吴之术兴。陵夷至于暴秦，燔经书，杀儒士，设挟书之法，行是古之罪，道术由是遂灭。汉兴，去圣帝明王遐远，仲尼之道又绝，法度无所因袭。时独有一叔孙通略定礼仪，天下唯有《易》卜，未有它书。至孝惠之世，乃除挟书之律，然公卿大臣绛、灌之属咸介胄武夫，莫以为意。至孝文皇帝，始使掌故朝错从伏生受《尚书》。《尚书》初出于屋壁，朽折散绝，今其书见在，时师传读而已。《诗》始萌牙。天下众书往往颇出，皆诸子传说，犹广立于学官，为置博士。在汉朝之儒，唯贾生而已。至孝武皇帝，然后邹、鲁、梁、赵颇有《诗》、《礼》、《春秋》先师，皆起于建元之间。当此之时，一人不能独尽其经，或为《雅》或为《颂》，相合而成。《泰誓》后得，博士集而读之。故诏书称曰：'礼坏乐崩，书缺简脱，联甚闵焉。'时汉兴已七八十年，离于全经，固已远矣。及鲁恭王坏孔子宅，欲以为宫，而得古文于坏壁之中，《逸礼》有三十九，《书》十六篇。天汉之后，孔安国献之，遭巫蛊仓卒之难，未及施行。及《春秋》左氏丘明所修，皆古文旧书，多者二十余通，臧于秘府，伏而未发。孝成皇帝闵学残文缺，稍离其真，乃陈发秘臧，校理旧文，得此三事，以考学官所传，经或脱简，传或间编。传问民间，则有鲁国桓公、赵国贯公、胶东庸生之遗学与此同，抑而未施。此乃有识者之所惜闵，士君子之所嗟痛也。往者缀学之士不思废绝之阙，苟因陋就寡，分文析字，烦言碎辞，学者罢老且不能究其一艺。信口说而背传记，是末师而非往古，至于国家将有大事，若立辟雍、封禅、巡狩之仪，则幽冥而莫知其原。犹欲保残守缺，挟恐见破之私意，而无从善服义之公心，或怀妒嫉，不考情实，雷同相从，随声是非，抑此三学，以《尚书》为备，谓左氏为不传《春秋》，岂不哀哉！今圣上德通神明，继统扬业，亦闵文学错乱，学士若兹，虽昭其情，犹依违谦让，乐与士君子同之。故下明诏，试《左氏》可立不，遣近臣奉指衔命，将以辅弱扶微，与二三君子比意同力，冀得废遗。今则不然，深闭固距，而不肯试，猥以不诵绝之，欲以杜塞余道，绝灭微学。夫可与乐成，难与虑始，此乃众庶之所为耳，非所望士君子也。且此数家之事，皆先帝所亲论，今上所考视，其古文旧书，皆有征验，外内相应，岂苟而已哉！夫礼失求之于野，古文不犹愈于野乎？往者博士《书》有欧阳，《春秋》公羊，《易》则施、孟，然孝宣皇帝犹复广立《穀梁春秋》，《梁丘易》，《大小夏侯尚书》，义虽相反，犹并置之。何则？与其过而废之也，宁过而立之。传曰：'文武之道未坠于地，在人；贤者志其大者，不贤者志其小者。'今此数家之言所以兼包大小之义，岂可偏绝哉！若必专己守残，党同门，妒道真，违明诏，失圣意，以陷于文吏之议，甚为二三君子不取也。"①

首先，刘歆回顾了六经的产生与流传过程。在他看来，六经是对二帝三王之道的记载，最初完整的六经记载圣帝明王之道甚著，而到了周朝末年，礼乐不正，六经散佚，幸得孔子各处搜集，重新

① 班固撰、颜师古注：《汉书·楚元王传》，第1967—1971页。

编定六经，二帝三王之道才得以恢复和保存，此为六经所遭第一变。孔子殁后，六经虽在，而微言大义渐趋隐没，圣王之道也抑而不彰，降及秦代，始皇焚书坑儒对六经与圣王之道造成毁灭性的冲击，六经又遭一变。及至西汉武帝，才又开始搜集散佚，逐渐恢复六经之学。在刘歆的追溯中，有两点值得注意：其一，六经起源于二帝三王而非孔子，包含着上古圣王时代的历史，孔子虽有整理编定之功，但只是二帝三王之道的继承者。其二，按照刘歆的描述，自二帝三王时代至西汉，六经在总体上呈现为逐渐离散残缺的状态。这番描述为他批评五经博士之学和论证增立学官的必要性提供了基础——五经博士所传之经是残缺不全之经，而五经博士所传之学，因“夫子没而微言绝，七十子终而大义乖”，不能穷尽圣王之道，也是残缺不全的，因此，五经博士之学存在先天缺陷，有待补足。

其次，刘歆指出，五经博士之学存在的另一个问题是以口说传经。口说是七十子后学传经的一个重要方式，最典型的例子是《春秋》学的传授。《公羊》《穀梁》在著于竹帛之前，一直以口传的形式授受，直到汉代才书于竹帛，《汉书·艺文志》云：“末世口说流行，故有公羊、穀梁、邹、夹之传。”[①] 徐彦称：“公羊者，子夏口授公羊高，高五世相授，至汉景帝时，公羊寿共弟子胡毋生乃著竹帛，胡毋生题亲师，故曰‘公羊’，不说‘卜氏’矣。《穀梁》者，亦是著竹帛者题其亲师，故曰‘穀梁’也。”[②] 至于为何采取口说的形式传经，司马迁云：“七十子之徒口受其传指，为有所刺讥褒讳挹损之文辞不可以书见也。”[③]《春秋》贬天子、黜诸侯，加王心以为褒贬，其中多有微言大义不可直接诉诸文字，故转为更加隐秘的口说。但

① 班固撰、颜师古注：《汉书·艺文志》，第 1715 页。

② 何休解诂、徐彦疏：《春秋公羊传注疏》，上海古籍出版社 2014 年版，第 5 页。

③ 司马迁撰、司马贞索引、张守节正义：《史记·十二诸侯年表》，第 509 页。

相较于书写成文字、具有物质实体形态的传记，口说更加灵活多变，也更容易发生变异，正如刘伟所说："传记著于竹帛，这种方式保证了知识可证实性（可"亲见"）的同时，也保证了书写的稳定性（传记久著于竹帛），相反口说则有较大的随意性。相对于传记的一次性书写，口说可以不断的重塑。"[①] 如果说文字是一切传记之学所共同遵循的权威，在传记之学发生相互矛盾的时候，可以诉诸文字判定是非，口说则不具备这一最终依据，因此，当口说发生诸家互异的时候，就容易造成经学的分裂。口说的分化自七十子之徒已经开始，司马迁云："鲁君子左丘明惧弟子人人异端，各安其意，失其真，故因孔子史记具论其语，成《左氏春秋》。"[②] 至于西汉，一经之中，已经分化出数家异说，《易》有施、孟、梁丘三家，《书》有欧阳、大小夏侯三家，《春秋》有公羊、穀梁、邹、夹四家等等。如果仅仅是存在数家异说，还不足以真正造成经学的分裂，只要有一种权威力量能够对诸家口说的真伪做出裁断，于各经异说之中，定出一尊，尚能维持经学的统一性，这种权威力量在汉代便表现为官方的认可。但自武帝开始，便已经于一经之下立数家之说，倘若一经之中有多种异说，而这些异说的可信度又获得同等认可，那么经学就会发生真正的分裂，导致"人人异端，各安其意，失其真"。到了刘歆之时，这一后果已经显露出来。刘歆抨击五经博士云"信口说而背传记，是末师而非往古，至于国家将有大事，若立辟雍、封禅、巡狩之仪，则幽冥而莫知其原"，六经在汉代政治中的一项重要运用是为国家典礼提供依据，而正因今文经师口说各异，又缺乏一个可追溯的确定文本作为裁断依据，以至于在国家典礼的制定上陷入困境，

---

① 刘伟：《经学何谓？——关于经学的本质与界限追问的尝试》，载干春松、陈壁生编：《经学的新开展》，中国人民大学出版社 2012 年版，第 42 页。

② 司马迁撰、司马贞索引、张守节正义：《史记·十二诸侯年表》，第 510 页。

无法从诸家异说中提出一套确定的制度。

既然五经博士所传之经并非六经全本，而基于口传的博士之学内部又彼此矛盾，已离圣学之真，因此，刘歆要求增立《左氏》及《毛诗》《逸礼》《古文尚书》于学官就有了充分的理由。首先，在经的层面上，由于博士所传之经为残缺不全之经，“礼失求之于野，古文不犹愈于野乎”，那么出自壁中的古文《逸礼》、《古文尚书》，就成为对六经的宝贵补充。而《左氏》的情形相对复杂，按《汉书·儒林传》的记载，《左氏》古文在汉初即有传授，“北平侯张苍及梁太傅贾谊、京兆尹张敞、太中大夫刘公子皆修《春秋左氏传》”，自贾谊始为之训诂，其学辗转相传，至于刘歆。但在刘歆之前，《左氏》之学与《春秋》并无关联，刘歆对《左氏》之学所做的关键性改造是“引传文以解经”[①]，当《左氏》成为《春秋》之传，就获得了与《公羊》《穀梁》并列的地位，在这个基础上，刘歆就能够论证古文《左氏》优于《公》《穀》之处：“左丘明好恶与圣人同，亲见夫子，而《公羊》《穀梁》在七十子后，传闻之与亲见之，其详略不同。”[②]《公羊》《穀梁》是七十子后学之说，而《左氏》出于亲见孔子的左丘明，亲见相较传闻更加真实可信。除此之外，刘歆还有另一层并未明言的理由，这便是以古文所写的《左氏》具备“传记”的实体形态，比《公》《穀》二家的口传之说更为可靠。在同为《春秋》之传的前提下，亲见胜于传闻，传记胜于口说，《左氏》虽不是古文经，但作为《春秋》之传，它在实质上造成了《春秋》的古文化。其次，在学的层面上，既然五经博士之学未能尽圣人微言大义，那么，应该对民间所传的六经之说广加采择，《毛诗》即为此类，虽

① 班固撰、颜师古注：《汉书·楚元王传》，第1967页。

② 同上。

然《毛诗》与“古文”无关，但作为在野之学，刘歆显然认为，它能够弥补三家《诗》之不足，有助于恢复圣人六经之学的全貌。

可以看到，刘歆的申辩基于这样一个前提——现有的经书与经学都残缺不全。这究竟是一桩事实还是一种说辞，可以再做讨论[①]，但使得刘歆此番申辩得以成立的根本原因在于，既有的五经博士之学已经无法将经学塑造为一个完整自足的系统[②]，这种失败来自口说之学对经学的分裂，而刘歆请立学官的几种经传之学，是一种应对口说问题的方案。刘歆认为，这些“古文”之学能够“罔罗遗失”[③]，弥补博士之学的残缺不全，并且能够以传记的形式终结口说“各安其义”的情况。事实上这一思路暗藏了一种价值取向，即经学应该以“古”为尊。口传出自孔子，而传记可以追溯到孔子之前更早的圣王处。顺着刘歆的思路，不难发现，古文经学所认同的经学权威已经从孔子转向了更早的圣王。刘歆此举表面看来是为了将经学补充为一个完整的系统，但事实上却加深了经学分裂。如果说此前五经博士之学内部只存在不同师法之争，古文经学的出现则建立了一个与五经博士之学不同的前提，也由此埋下了经学中更深的矛盾。

第二节　廖平与今、古学之别的建构

在五经博士的阻挠和反对下，刘歆增立《左氏》等“古文”之

---

① 吊诡的是，刘歆以六经不全证明立古文经的必要，但在刘歆之前，未闻博士有五经不全之说。事实上，“书简缺脱”恰恰是由于古文经传的发现才获得了证实。

② 如果五经博士之学能够将经学编织为一个严丝合缝的体系，五经残缺的命题就无法成立，古文经的存在至多只是提供另一些经文的版本，无法证明汉代的五经是残缺的，古文经学也至多只是一些民间流传的可疑经说，无法证明五经博士之学是残缺的。

③ 班固撰、颜师古注：《汉书·儒林传》，第 3621 页。

学于学官的努力未能成功，但就此揭开了汉代今、古文经学之争的序幕。西汉平帝时，刘歆在王莽主政期间得用，《左氏春秋》、《毛诗》、逸《礼》、《古文尚书》皆得立学官[①]，又因“发得周礼”，立《周官》博士[②]，古文经学的基本规模就此确立。今、古文经学之间的矛盾，到了东汉时期全面激化：既有两派经师对学官地位的争夺，又有两派在经典解释上的重大分歧。直至郑玄囊括大典、网罗众家，兼采今、古，遍注群经，今、古聚讼遂渐平息。魏晋南北朝之间，《公》《榖》二传衰而《左氏》盛，三家《诗》微而《毛诗》显。唐代修《五经正义》，几乎全用古学。自此以后，经学的今、古文问题逐渐沉寂，直至晚清廖平、康有为重启经学的今、古之辨，经学的今、古文问题才几乎成为经学中的首要问题。

关于康有为的《新学伪经考》是否袭用廖平，学界看法不一。《新学伪经考》与廖平《古学考》确有大量相似的观点，但二著在写作方式、论证过程乃至一些具体观点上，都存在差异。无论康有为是否袭用廖平，可以肯定的一点是，从二人在羊城晤面时“两心相协，谈论移晷”[③]的情形，可知二人的经学理念具有相当的契合度，因此，考察廖平的今、古学之辨，为我们理解康有为的《新学伪经考》提供了重要参考。

---

① 《汉书 · 儒林传》云：“平帝时，又立《左氏春秋》、《毛诗》、逸《礼》、古文《尚书》，所以罔罗遗失，兼而存之，是在其中矣。”参见班固撰、颜师古注：《汉书 · 儒林传》，第 3621 页

② 《汉书 · 王莽传上》载：“是岁，莽奏起明堂、辟雍、灵台，为学者筑舍万区，作市、常满仓，制度甚盛。立《乐经》，益博士员，经各五人。征天下通一艺教授十一人以上，及有逸《礼》、古《书》、《毛诗》、《周官》、《尔雅》、天文、图谶、钟律、月令、兵法、《史篇》文字，通知其意者，皆诣公车。”参见班固撰、颜师古注：《汉书 · 王莽传上》，第 4069 页。又《汉书 · 艺文志》载：“《周官经》六篇。王莽时刘歆置博士。”参见班固撰、颜师古注：《汉书 · 艺文志》，第 1709 页。

③ 廖平：《经话甲编》，《廖平全集》第 1 册，上海古籍出版社 2015 年版，第 228 页。

廖平以礼制对汉代今、古文经学所做的区分，一度为时人所盛赞。俞樾称《今古学考》为不刊之书[①]；包括康有为、皮锡瑞、章太炎、刘师培等在内的晚清今、古文经学代表人物，都基本遵循廖平所提出的今、古范畴，各造其说；廖平的当代研究者也对他的今、古文经学之辨给予了高度评价[②]。但不乏学者指出，廖平对今、古学的分辨存在可商榷之处。钱穆认为，廖平以今文十四博士之学"道一风同"的说法难以成立[③]；李学勤也提出，以经学今文、古文各自为派的眼光，始于廖平的《今古学考》，虽然廖平声称其依据《五经异义》得出此结论，但李学勤通过对《五经异义》的考察，发现此书并非如廖平所说那般严分今古，是古非今[④]。顺着钱、李二位的思路，此后又有不少学者对廖平的今、古学之别展开考辨[⑤]。基于以上研究，可以看到，廖平对今、古学的界定与描述，未必是汉代今、古文经学的实际情况；那么，廖平所谓今与今同、古与古同，今文主《王制》、古文宗《周礼》的说法，就在很大程度上具有"建构"

① 廖平称："己丑在苏晤俞荫甫先生，极蒙奖掖，谓《学考》为不刊之书。"参见廖平：《经话甲编》，《廖平全集》第1册，第229页。

② 黄开国称："平分今古之论的提出乃是二千年来学者们对汉代经学研讨的总结，是集前人今古学之说的大成。难怪其论始出，就受到学术界一致的极高评价。这是廖平经学史研究中最有价值的学术贡献。"参见黄开国：《廖平评传》，百花洲文艺出版社1993年版，第115页。

③ 参见钱穆：《东汉经学略论》，《中国学术思想史论丛》(二)，《钱宾四先生全集》，联经出版事业股份有限公司1998年版，第98—99页。

④ 参见李学勤：《〈今古学考〉与〈五经异义〉》，《古文献丛论》，第318—327页。

⑤ 例如，路新生举出大量汉代今、古文经学礼制混杂的例子，对廖平以《王制》与《周礼》统今、古学的说法提出质疑，认为"廖平的经说体系虽然内在理路清晰，但它比较严密的逻辑性只符合廖平的主观需要，却独经不起史实的检验。体系内部虽然基本上四通八达、畅行无阻，但多为无据之谈。"参见路新生：《中国近三百年疑古思潮史纲》，复旦大学出版社2014年版，第358页。崔海亮指出："由于廖平以礼制分今古的礼制标准的灵活性和礼制问题本身的复杂性，仅仅以《王制》所载礼制为标准很难说明分清今古学。"参见崔海亮：《廖平今古学研究》，岳麓书社2014年版，第122页。

的色彩。当然，“建构”并不意味着廖平的今、古学之分没有价值，值得深究的问题是，倘若今、古学之分确实是出自廖平的“建构”，那么，这种“建构”用心何在？这就需要我们对廖平的问题意识与他的经学思路做进一步的考察。

一、今、古学之辨的用意

廖平在晚清重新提出今、古学的分辨问题，并非他的神思妙想，而是清代经学发展趋势所至。在前一章中已经提及，很多汉宋调和论者未能真正融通汉宋，一个重要原因是对西汉经学认识不足。清人善治西汉经学者，主要有两派：一派是始自常州庄存与、刘逢禄、宋翔凤等人的公羊之学，龚自珍、魏源承之；一派是以陈寿祺、陈乔枞父子为代表的礼制之学。这两派与惠、戴、二王所继承的贾、马、许、郑之学旨趣颇异：庄、刘、宋以公羊为核心，笃守公羊之说而排斥《左》《穀》，重微言大义的发挥；二陈父子从礼制入手，重视考察西汉经学师法的不同。由此可见，虽同有“汉学”之名，东汉诸儒与西汉诸儒之学实则大相径庭。因此，清代的汉宋之争问题，最终需要上溯至两汉经学之别，才能得到解决，正如梁启超所说：“乾嘉以来，家家许、郑，人人贾、马，东汉学烂然如日中天矣。悬崖转石，非达于地不止。则西汉今古文旧案，终必须翻腾一度，势则然矣。”[①] 廖平弟子蒙文通指出，廖平的今、古之辨，正是上承二陈之学而来：“前乎廖师者，陈寿祺、乔枞父子，搜辑《今文尚书》、《三家诗遗说》，而作《五经异义疏证》，陈立治《公羊春秋》，而作《白虎通义疏证》，皆究洞于师法，而知礼制为要，然大本未立，故仍多参差出入，廖师推本清代经术，常称二陈著论，渐

---

① 梁启超：《清代学术概论》，第62页。

别古今。廖师之今文学固出自王湘绮之门，然实接近二陈一派之今文学。”[①] 因此，宏观上而言，廖平的今、古之辨是循着清代经学的脉络发展而来的结果。

但廖平分辨今、古之学，还有另一重原因往往不为人所措意，这与廖平对“通经致用”的理解有关。因学术观点上的相似性，廖平常常被拿来与康有为做比较。相较活跃于政治舞台的康有为，廖平与政治的交涉不深，虽被视为张之洞幕僚，但其一生事业，主于学而非政。因此，一个通常的认识是：康有为治经学，其用心在于政治；廖平治经学，其用心在于学术。梁启超就说，廖平与康有为同有尊今抑古之说，但“井研为无意识之排古，南海则有所为而排之，以求达一高尚之目的也”[②]。然而，身处晚清变局中的廖平，并非是只用心于学术而不关切现实之人。蒙文通之子蒙默在《经学抉原》的《重编前言》中说：“‘通经致用’，恒自来治经者所奉持，亦廖氏所以教先生。”[③] 廖平自己在《知圣篇》中也说过：“通经致用，为儒林之标准。”[④] 显然，廖平治经亦秉持“通经致用”之志，但廖平对通经致用的理解与一般看法不同。在《经话甲编》中，廖平云：

> 古人言通经致用，旧以为将经中所言施于政事，非也。无论古今，时势不同，泥经败绩。试问古来经生，何曾有以功业见者？不流于迂疏，则入于庸懦。然则经果无益于治乎？盖通之难也。从来建勋业者，非由阅历深，则本见几审举，盘根错

① 蒙文通：《井研廖季平师与近代今文学》，《经学抉原》，第95页。
② 梁启超：《论中国学术思想变迁之大势》，《饮冰室合集》第1册，第100页。
③ 蒙默：《重编前言》，载蒙文通：《经学抉原》，第5页。
④ 廖平：《知圣篇》，《廖平全集》第1册，第367页。

节，决断裕如。儒生平居，何曾得假手以历试诸艰？[①]

在廖平看来，所谓通经致用，不是要将经书中所载内容直接施用于现实。一方面，古今异势，经书所言皆为陈迹，必然不可用于当下；另一方面，从事治经的儒生通常并无理政之经验，很难将经书之言创造性地转化为切于世用之学。既如此，通经如何能够致用？廖平提出了一个独特的看法：以治经之法治天下。廖平详述此义云：

以经喻天下，则一极乱之天下也。其中义例文句，精粗微显，参杂纷烦，万有不齐，与国家政事同也。其巨疑大难，百思不通，则国家之盘根错节，以一人之心思，穷幽极渺，揽目振纲，积以年月，参以师友，然后杂乱有序，变幻归则，始终相贯，彼此不淆。从开宗以至绝笔，无一字一句不血脉贯通。以此治经之法治天下，然后大小并包，难易合律，举王公以至匹夫匹妇，从大政以至一草一木，莫不得其性情，措施无弊。此乃通经致用之法也。[②]

廖平指出，经学内部为一“极乱”情形，经学自诞生之后，下至晚清，其中积累的数千年争讼，纷繁复杂，恰如天下政务千头万绪，这是治经与治国所共同面对的现状。治经之法，关键在于使经学“杂乱有序，变幻归则，始终相贯，彼此不淆”，将经学整治为一个源流清晰、条理井然的系统，以此治经之法用于治国，则小大之

① 廖平：《经话甲编》，《廖平全集》第1册，第172—173页。
② 同上书，第173页。

政皆有条理，各得其宜。

在廖平的此番言论中，有两点值得注意：其一，廖平认为，治经之法犹如治天下之法，揭示出经学与政治之间的内在关联，这种关联不仅表现为“以经喻天下，则一极乱之天下也”，也指经学与政治互为表里：经学为政治提供了一套价值与规则，政治是这套价值与规则的具体实现。其二，正是基于经学与政治的这种特殊关联，廖平才会尤其重视经学条理与系统的建构，乃至于以此为治经的第一要务。因为经学要为政治提供一套完整的价值与规则，那么经学自身就必须是一个有序有则，终始相贯且无抵牾窒碍的体系；如果经学内部杂乱纷繁，头绪万端，那么它就只是一些散乱而不成系统的知识；更重要的是，如果经学中一些根本性的问题存在难以调和的矛盾与争议，则经学势必分裂，无法成为政治背后的价值与规则，而在晚清异教侵逼的现实威胁之下，分裂的经学势必为异教所夺。因此，廖平在写给友人宋育人的书信中谈道：“初撰《学考》，意在别户分门，息争调和。”[①] 结合廖平对通经致用的理解，可知他所谓的“别户分门，息争调和”，并非“汉宋兼采”一般调停门户之争，而是要通过分辨今、古之学，处理经学内部的诸种矛盾争讼，将经学重新建构为一个条理分明、秩序井然的学术系统。正是基于此种意图，廖平开始着手于对今、古学问题的辨析。

二、今、古学之别的建构

廖平以前，学者区分今、古学之差异，或以文字之异，或以立学官与否[②]，但这些区分都有未安之处。分辨今、古之学的困难在于，

---

① 廖平：《与宋芸子论学书》，《廖平全集》第11册，第659页。

② 宋翔凤提出，应以是否立学官区分今、古学。参见宋翔凤：《汉学今文古文考》，《朴学斋文录》卷三，《续修四库全书》1504册，第9页。

经学在两汉发生了极为复杂的变化，基于有限的史料记载，后人很难将汉代诸家经学齐整、清晰地划入今、古两个阵营中。廖平认为，治经的关键在于寻本探源，把握主要问题与脉络，他说："凡经皆有大纲巨领为其根本，而后支流余裔因缘而生。立说须得大主脑，探骊得珠，以下迎刃而解。"[①] 据此可知，廖平重新分辨今、古学的差异，实际上是在寻找一种能够最大限度容纳两种经学的解释框架，这个框架未必能解决经学中所有的矛盾，但必须能够对经学中的主要矛盾做出有效的解释。

廖平发现，今、古学之别的根本在于礼制，具体说来，《王制》和《周礼》是评判今、古文经学的准绳，"今学博士之礼出于《王制》，古文专用《周礼》"[②]，简言之，凡是合于《王制》之礼的为今学，而合于《周礼》之制的为古学。今、古学有礼制之别，这一点二陈父子已经有所意识，而廖平的发明在于，他专以礼制分今、古，那么，礼制之别就不是今、古学众多差异中的一种，而是最关键的差异。廖平是如何发现《王制》《周礼》是分判今、古学的关键所在呢？蒙文通对此有一个简要的梳理：

> 本师井研廖季平先生初治《穀梁》，有见于文句、礼制为治《春秋》两大纲，后乃知《穀梁》之说与《王制》相通，以为《王制》者，孔氏删经自订一家之制、一王之法，与曲园俞氏之说出门合辙。然俞氏惟证之《春秋》，廖师则推之一切今文家说而皆准。又推明古文家立说悉用《周官》，《周官》之制，反于《王制》，求之《五经异义》、《白虎通义》而义益显。[③]

---

① 廖平：《经话甲编》，《廖平全集》第1册，第169页。

② 廖平：《四益馆经学四变记》，《廖平全集》第2册，第885页。

③ 蒙文通：《井研廖季平师与近代今文学》，《经学抉原》，第94—95页。

按蒙文通之说，廖平首先发现了《穀梁》与《王制》相通[①]，其师俞樾已在此前证得《王制》通于《公羊》[②]，因此，《王制》就与《穀梁》《公羊》两家皆相通。而据廖平自述，在发现《王制》与《春秋》相通的基础上，他"偶抄《异义今古学异同表》，初以为十四博士必相参杂。乃古与古同，今与今同，虽小有不合，非其巨纲，然后恍然悟博士同为一家，古学又别为一家也"[③]。也就是说，《五经异义》为廖平提供了一个综合考察五经今、古之说的基本框架。在突破了二陈父子分经论学的思路后，廖平发现，五经虽有异义，但大体上今与今同、古与古同，于是，他将《王制》"推之一切今文家说而皆准"，得出今学自为一体，《王制》为今学之祖，"又推明古文家立说悉用《周官》"，且《周官》与《王制》相反，于是，廖平表示："今、古二派，各自为家，如水火、阴阳，相妨相济。"[④]今、古之争似乎可以自此涣然冰释。

然而，钱穆、李学勤等学者都对廖平以今、古学各自为家、互不相杂的说法提出了质疑。李学勤指出："《五经异义》本为评述礼制之书，廖平依礼制划分今、古两派，即由此启发而来。他所说两派'师法之严'，正指两派礼制互不混淆，然而《五经异义》实际今、古兼采，这怎么能说师法很严呢？"[⑤]按廖平自述，他正是通过

① 按廖平自述，他先证得《穀梁》二伯之说与《王制》二伯之制同，遂据《王制》解《穀梁》，证得《穀梁》九州封建与《王制》合，《王制》所言大小国大夫之命制，于《穀梁》中可得印证，又据此推得，《穀梁》改周制五等爵为二等。参见廖平：《今古学考》，《廖平全集》第1册，第80—81页。

② 俞樾云："愚谓《王制》者，孔氏之遗书，七十子后学者所记也。王者孰谓？谓素王也。孔子生衰周，不得位，乃托鲁史成《春秋》，立素王之法。……乃今以公羊师说求之《王制》，往往符合。"参见俞樾：《王制说》，《春在堂全书》第三册，凤凰出版社2010年版，第41页。

③ 廖平：《今古学考》，《廖平全集》第1册，第81页。

④ 同上书，第54页。

⑤ 李学勤：《〈今古学考〉与〈五经异义〉》，《古文献丛论》，第327页。

《五经异义》才悟到今与今同、古与古同，且今、古各自为界，互不相混；而李学勤认为，《五经异义》论礼制时今、古兼采，还有数条明言今与古同，因此并不能推出廖平的结论。钱穆则指出，今文十四博士之学，并非如廖平所说的“道一风同”：“若谓今文十四博士道一风同，则五经博士何为乃有十四家？且不闻治《京易》者必通梁丘，治欧阳书者必通大小夏侯也。若谓古文诸经自成一系统，与今文诸经判然两事，则何以治《严氏公羊》、《京氏易》者乃兼习《古文尚书》，治《左氏春秋》者又兼事《大夏侯尚书》乎？”[①]若谓十四博士“道一风同”，就无法解释今学内部所存在的师法差别；若谓今、古判然二分，也无法解释汉代经师多兼习今、古之学。可见今、古学在汉代的实际情况并非如廖平所描述的那样壁垒森严、势同水火。

在《五经异义》列出的异说名目中，虽然有诸如“《易》孟、京说”，“《尚书》欧阳、夏侯说”，“《春秋》公羊、穀梁说”，“《诗》齐、鲁、韩”，“《公羊春秋》说”等今与今同的情形，但《五经异义》中也不乏今与古同，以及今与今异的情况。事实上，廖平也看到了这种情况，他的解释是：“《异义》引今、古说，有经传、师说二例。师说多于经传，十分之七八，非议礼之口说，则章句之繁文，未足为据。”[②]也就是说，《五经异义》中所列举的今、古学之说可以分为两类，一类是有经传明文可依据的，一类则是出于师说口传而无明文可考的；在他看来，经传明文比口传师说更为可靠，师说往往造作不实：“《异义》所录师说，半皆东汉注解家言，索虚为实，化无为有，种种附会，都非原旨。然既欲各立门户，则好恶取舍，

① 钱穆：《东汉经学略论》，载《中国学术思想史论丛》（二），第45—46页。

② 廖平：《今古学考》，《廖平全集》第1册，第56—57页。

亦不能不小有改动。”[①]汉代以经学为利禄之途，经师喜欢刻意发明异说，以求立学官。因此，没有明文依据的“议礼之口说、章句之繁文”就不能作为评判今、古差异的依据。既然《五经异义》中所列师说不能作为评判今、古学差异的依据，而《五经异义》又记载着大量无经文明据的两汉师说，由此可知，《五经异义》并非廖平得出今、古之别的关键。

廖平真正用以分判今、古的依据，是《王制》与《周礼》这两部有明文可据的礼经。在《今学损益古学礼制表》中可以看到，廖平列出今、古不同的礼制共十五条，包括了建国、职官、爵禄、选举、巡守、亲迎、禘祫、宗庙、税收、祭时等方面的内容。但钱穆质疑，五经十四博士，诸家之说相异，古学也未必成一系统，廖平为什么会认为今与今同、古与古同呢？值得注意的是，廖平在考察诸家礼说异同之前，对他所考察的对象已经做过一番拣选取舍。廖平云：

> 汉人今、古之说，出于明文者少，出于推例者多。《白虎通》所引《尚书》说之敛后称王，公羊说之三年称王，《诗》、《春秋》之五不名、五等皆称公，皆推例之说也。然明文之说，亦多出于推例，如公羊之由经推礼，与《左传》之由经推礼，同一经也，有世卿、无世卿异；讥丧娶、不讥丧娶异；此又明文中推例得之者。然有明文之推例，皆先师说，无明文者之推例，皆后师说。后师推例虽同先师，然附会失解者多于先师，以其学不如先师也。[②]

① 廖平：《今古学考》，《廖平全集》第1册，第43页。
② 同上书，第83页。

廖平认为，汉代经师所言礼制，大多不是出自经传原文，而是出自经师推例，而推例又分两种情况，一种是有明文的推例，如《公羊传》的“三年称王”说[①]，而另一种则是没有明文的推例。在考察诸家之礼说时，先要仔细分辨其说的源流、真伪：从明文中推出的礼制，出于先师，其说有据，较为可靠；而无明文的推例，多出自汉代为了争取利禄而刻意立异说的后师，其说无据，不足征信。

鉴于此，在讨论今、古学礼制差异时，廖平排除了大量既无礼经明文可据，也无明文推例可据的后师礼说，而只是“以《王制》、《周礼》有明文者为正宗，以《三传》推例有明文者为辅佐”[②]，翦除了一众无关要旨的礼制争论，从而集中在有限的几部经传及推例之制上。廖平推得今学同祖《王制》，共为一家，主要依据的就是《公羊》《穀梁》二传。他说：

> 西汉今学盛，东汉古学盛。后盛者昌，而《易》、《尚书》、《诗》、《礼》之今礼全佚。而惟存古学，无以见今学本来面目。犹幸《春秋》今学之二传独存，与古相抗，今学全由《春秋》而生。……至今学所亡诸书，皆以二传与《左传》相异之例推之。[③]

今学诸说大多已佚，《五经异义》中虽然保留了大量的今学师说，但在无明文依据的情况下不足采信，有经传明文可据的今学，只有

---

① 《公羊传·文公九年》有“天子三年然后称王”之说，此说并非出自经书明文，而是通过《春秋》经文推出。隐公三年，《春秋》经云：“秋，武氏子来求赙。”《公羊传》云：“何以不称使？当丧未君也。”《公羊传》认为，武氏子奉天子之命来求赙，但经却不称“天子使武氏子来求赙”，是因为此年三月，周平王崩，周天子处于丧期，不能称王。而到了隐公七年，经云：“冬，天王使凡伯来聘。”此时距离周平王崩已过三年，周天子复称王，因此，《公羊传》推得天子即位三年然后称王，这是由经文所推出的礼制。

② 廖平：《今古学考》，《廖平全集》第1册，第83页。

③ 同上书，第75页。

《公》《穀》二传。因此，只要能够证明《王制》合于《公羊》《穀梁》二传，就相当于证得今学同主《王制》。俞樾既已证明《王制》与《公羊》相通，而廖平证得《穀梁》与《王制》“讥世卿，非下聘，恶盟，尊齐、晋为二伯，以曹以下为卒正，以冢宰、司马、司城为三公，亦莫不相合”①。证得《公》《穀》同于《王制》之后，廖平即以三者所同之制，遍推其他经说，以与《王制》所同者为今学。

可见，廖平以今学同主《王制》的结论，主要是通过证明《公》《穀》二传与《王制》在若干制度上的一致性而得出的，而他所选取的用以评判今、古的礼制，是对浩繁礼制做出大量删汰后所得出的数十条礼制。换言之，廖平的今学同主《王制》之说，是基于复杂的限定条件和前提之上得出的结论，而筛选和评判标准的设置，实际上是出于廖平有意识的“建构”。

古学的情形相对今学则更为复杂。廖平虽然以《周礼》为古学所宗，但他也承认，古学中有数派，且各有不同：“古学旧有四派，皆缘经立说。《周礼》、《国语》自为派。《左传》、《孝经》因经而异，故不能同。”② 如果仅就礼制而言，古学并不统一，并且，在《今古学考》中，廖平举出了很多今学同祖《王制》的例子，但对古学同祖《周礼》的论证却言之不详。对此，廖平在“二变”时期的作品《古学考》中解释道：“旧说礼制以不同《王制》为古派。”③ 也就是说，廖平在确立今学同为一家之后，将与今学礼制不同者尽归“古派”，这并非因为古学自成一体，而主要是为了与今学做出区分。显然，此时廖平所说的古与古同，且古学同宗《周礼》，尚没有足够充分的论证，但从中恰恰能够看出，廖平急于划清今、古学界限，将

---

① 廖平：《今古学考》，《廖平全集》第1册，第80页。

② 同上书，第30页。

③ 廖平：《古学考》，《廖平全集》第1册，第107页。

今、古之学各自整合为统一整体的用心。

廖平以礼制区分了汉代今、古之学，只是在形式上划清了二者的界限，但他不满足于此，而是试图上溯先秦，从根源上解释这种差异产生的原因。廖平发现，今学同祖《王制》，而《王制》所言礼制又与周制多有不同，基于公羊家素有的孔子改制之说，他认为，“周制到晚末，积弊最多。孔子以继周当改，故寓其事于《王制》”[①]，自己的发现佐证了今学在本质上是孔子素王改制之法，今学既然从孔子之制，那么，古学与今学的礼制不同也要得到解释，廖平将之归于孔子“从周”的结果：

> 孔子初年问礼，有“从周”之言，是尊王命、畏大人之意也。至于晚年，哀道不行，不得假手自行其意，以挽弊补偏，于是以心所欲为者，书之《王制》，寓之《春秋》。……予谓从周为孔子少壮之学，因革为孔子晚年之意者，此也。[②]

可以看到，廖平通过辨析礼制异同，将汉代的今、古学问题向前追溯，上溯至孔子之制与周制的分别，今、古学礼制的不同，实为孔子早年从周之礼与晚年改制的不同。孔子早年所从周礼出自周公，在《今、古学宗旨不同表》中，廖平称“古祖周公”，“古，《周礼》为主”[③]，而孔子晚年为救周之敝所改新制则是孔子自为，因此，今、古二派之学，追根溯源，乃是孔子之制与周公之制的差别，虽然二者在后世历经流变，演化出汉代今学与古学内部的种种具体差异，

① 廖平：《今古学考》，《廖平全集》第1册，第66页。
② 同上书，第56页。
③ 同上书，第26页。

但廖平强调“揆之于初，无此分别”[①]：从源头上看，今学皆可归宗于孔子之制，在此意义上可以说十四博士之学同源共贯、道一风同；古学虽然异派繁多，但最初都是出自周公之制。然而，以孔子之学早、晚之别解释汉代经学的今、古之别的说法，推测远大于实证；从源头上说今、古之学同源共贯，也只是逻辑上的成立，而非事实上的成立。

由此可以看到，虽然廖平“一变”号称从礼制入手发现了今、古之别，但不乏“建构”色彩。通过这种建构，今、古学在形式上获得了极其清晰的分别，而这正是廖平所努力的方向，惟有今、古之别判若冰炭，一个条理分明的经学系统才能在此基础上建立起来。但分辨今、古只是廖平治经的初级阶段，他的根本目标是要使盘根错节、杂乱纷繁的经学归统有序；然而，从对汉代今、古学的分辨上溯至先秦孔子之学的早晚之别的过程中，建构成分大于实证，难以自坚；因此，廖平很快转向“二变”，便是要对“一变”中未能妥善解决的问题做出处理。

三、从“平分今古”到“尊今抑古”：周、孔矛盾的解决

光绪十二年（1886），《今古学考》刊行，是为廖平“一变”之学，虽耸动一时，亦不乏商榷之论。此后数年间，廖平与师友反复商榷论辩，对《今古学考》中的许多具体说法都做出了调整与修正，至1897年《古学考》面世，标志廖平之学进入“二变”。虽然廖平自称在“一变”分别今、古学之后，“二家所以异同之故，灿若列眉，千溪百壑，得所归宿”[②]，但其中仍有一重要问题尚未解决，这便

① 廖平：《今古学考》，《廖平全集》第1册，第60页。

② 廖平：《四益馆经学四变记》，《廖平全集》第2册，第885页。

是他在后来的《经学四变记》中所指出的：

> 两汉之学，《今古学考》详矣，本可以告无罪于天下。惟一经之中，既有孔子、周公两主人，典礼又彼此矛盾，汉唐以下儒者所有经说，及《典》、《考》政治诸书，又于其中作调人。牵连附会，以为《周礼》为姬公之真书，《王制》为博士所记，与《周礼》不合；又以为夏、殷制。①

按照《今古学考》的说法，今、古之学分别出自孔子早年“从周”与晚年“改制”之学，虽然廖平将二派之学统合于孔子一人，但孔子早年所从的“周学”，其真正主人是周公，因此，治经者就面临着一经之中有孔子之制和周公之制，且典礼又彼此矛盾的问题。而根据廖平在“一变”时平分今、古的立场，“周圣、孔师，无所左右”②，以周、孔同尊，无有短长，则经学不能定于一尊，经学内部的根本矛盾仍未得到妥善解决。于是，廖平“继乃探源竟委，若有短长”③，发现了六经中周、孔之制的真相，从而彻底解决了这一问题。

廖平在《古学考》中所做的一个最重要的改变是瓦解古学，这个过程始自廖平对《周礼》的怀疑。廖平对《周礼》产生怀疑并非出于偶然，虽然他在“一变”时声称用《王制》与《周礼》清晰地分辨了今、古之学，但实际上，如前文所揭，就礼制而言，“古与古同”更像是一种建构，而非实情。一方面，廖平认为古学同宗《周礼》；但另一方面，《周礼》与其他古学又存在礼制上的不小出入。

---

① 廖平：《四益馆经学四变记》，《廖平全集》第2册，第886页。

② 廖平：《知圣篇》，《廖平全集》第1册，第358页。

③ 同上。

廖平曾向孙诒让请教过《左氏》与《周礼》礼制异同的问题，得到的回答是“其中制度无一与《周礼》相同”[①]，这也就意味着，以《周礼》为古学之宗的结论难以成立，因此，其中的滞碍难通之处需要做出重新解释。

廖平在《古学考》中认为，《周礼》既非周公之礼，也非战国时人“采简册摹仿为之者”[②]，而是由刘歆窜乱而成。首先，他证明《周礼》晚出：

> 旧说以《周礼》与《左传》同时，为先秦以前之古学。宜昌陈锡昌疑《周礼》专条，古皆无征。今按：前说误也。此书乃刘歆本《佚礼》羼臆说揉合而成者，非古书也。何以言之？此书如果古书，必系成典，实见行事者。即使为一人拟作私书，亦必首尾相贯，实能举行。今其书所言制度，惟其本之《王制》今礼者，尚有片段。至其专条，如封国、爵禄、职官之类，皆不完具，不能举行，又无不自相矛盾。且今学明说，见之载籍者，每条无虑数千百见。至《周礼》专条则绝无一佐证。如今学言封国三等，言三公九卿，毋虑千条。而《周礼》言地五等，以大地四时分六卿，则自古绝无一相合之明证，此可知其书不出于先秦。[③]

① 廖平：《与宋芸子论学书》，《廖平全集》第11册，第660页。另，据谭献日记所载，光绪十六年闰二月初六，“赴南皮先生招。午集五福堂。仲容、季平、叔峤、云门及予五客皆同门。座上仲容谈《周官》有条理。季平谈《左氏》进退无据”。可知廖、孙二人正是在这次晤面中，对《周礼》《左传》礼制异同进行了商榷。参见谭献：《谭献日记》，中华书局2013年版，第280页。

② 廖平：《今古学考》，《廖平全集》第1册，第74页。

③ 廖平：《古学考》，《廖平全集》第1册，第106页。

廖平以《周礼》非汉以前古书，原因有二：其一，《周礼》中礼制混乱，自相矛盾，既有同于《王制》的部分内容，又有迥异于《王制》的礼制专条，这就导致《周礼》无法贯通为一部可以实行的礼经。无论它是周公所作还是战国时人的私著，都不应出现这样根本性的内部矛盾，可知《周礼》是一部羼杂之著。其二，《周礼》中的礼制专条缺乏他书佐证。倘若《周礼》早出，则必然于先秦及西汉文献多有佐证，而《周礼》言地五等、六卿之说，不见佐证，可知《周礼》必非先秦时书。

其次，廖平证《周礼》为刘歆伪造：

> 旧以古学汉初有传授，刘介卿以为始于刘歆，其说是也。古学以《周礼》为主，虽《左传》早出，非古学，古学始《周礼》，《汉书·河间献王传》有得《周礼》之文，出于校补。刘歆颂王莽功德云："发得《周礼》，以明因监。"可知《周礼》出于歆手，以为新室制作。其书晚出，故专条西汉无一引用，《移博士书》亦不援以自助。①

廖平认为，王莽居摄期间，刘歆曾上书称王莽"发得《周礼》，以明因监"，此即为《周礼》出自刘歆之手的显证。虽然《汉书》提及《周礼》为河间献王从民间所得，似乎可以作为《周礼》并非出于刘歆的证据，但除此条外，在王莽之前，《汉书》再无提及《周礼》的内容；而且更重要的是，今文博士无一引用《周礼》中的礼制专条，可见博士未见此书，且刘歆在哀帝时为《左氏》《古文尚书》《毛诗》《逸礼》争立学官时，也并未提及《周礼》，由此可知《周礼》的出

---

① 廖平：《古学考》，《廖平全集》第1册，第115页。

现不会早于王莽居摄时期，因此，只可能是出自刘歆之手。

《周礼》既非真周公典礼，且与周公全无干系，则古学的基础就此瓦解。但随之而来的问题是，《毛诗》确有同于《周礼》之处，《毛诗序》首引六义，就出自《周礼·春官·大师》中的“六诗”，《周礼》既伪，则《毛诗》也难以自立。廖平认为，《毛诗》亦为后人所作：

> 《周礼》出于刘歆，《古书》出于东汉，前人早已疑之，惟以《毛诗》出东汉，古无此说。然《后汉书》明以训为谢曼卿作，序为卫宏作。[①]
>
> 《毛传》但言训诂，与《周礼》杜林训同，此为谢氏之训。……刘歆改《逸礼》为《周礼》，弟子又从三家欧阳、夏侯本翻改《毛诗》、古《书》。三家《诗》师说详明，礼制俱备，非只言训诂而已。[②]

廖平认为，《毛诗》训诂与《诗序》为谢曼卿、卫宏等刘歆弟子所作，意在三家《诗》外，变易经说，改用训诂说《诗》，并与《周礼》、古《书》相为依恃。照此思路，在《今古学考》中被列入古学的《左氏》也应该被视为歆党所窜改。但令人惊讶的是，廖平调整了对《左氏》的划分，以《左氏》为今学，对此，廖平的解释是：

> 《春秋》为孔子继《诗》而作，于史文有笔有削，各有精意。……每经皆有师说、义例，在于语言文字之外。如笔削、

① 廖平：《古学考》，《廖平全集》第1册，第138页。
② 同上书，第141页。

褒贬、进退、隐见、二伯、方伯、卒正、连帅诸凡义例、礼制四五十类，此《春秋》精义，师说也。《左》例中皆已具之，与二《传》同，与《周礼》异，此《左传》不可以为古学之实也。①

廖平指出，《左氏》与《公》《穀》二传，皆有师说、义例，《左氏》之义例与礼制，虽有小异，但实际上皆与二传同。换言之，廖平所谓三《传》皆同，在其礼与例，而不在其事，按廖平在《左氏春秋学外编凡例》中的说法是："如用夷礼则夷之，二《传》以为滕、秦，《左传》以说杞，然而相传事此例则同也。诸侯同盟，于是书名，《穀梁》以说宿，《左氏》以说滕，然其同盟书名之例则同也。枝节虽殊，本根不异。"② 虽然三《传》借以发例的事件不同，但其义例则相同。廖平又称："今考传文，礼制全同《王制》、博士，绝无《周礼》专条"③。在《今古学考》中，廖平已经发现《周礼》与《左氏》言礼多有不合，但拘于以《周礼》定古学的思路，强同二者，而这种冲突到《古学考》中就得到了解释：《周礼》为刘歆所窜，而《左氏》为今学，如此一来，二者之间难以调和的礼制差异自然得解。

廖平以《周礼》为刘歆所伪，证《毛诗》为东汉人所窜，判《左氏》为今学，于是古学一变而为歆党所造之学，而"六艺皆孔子作，礼亦为孔子所传，本同一源，纤毫悉合"④，经学定于孔子一尊。"一变"中在礼制上难以自洽的"古学同为一系"之说，在"二变"中，通过对《左氏》与《周礼》今、古归属的重新划分，得到了解

① 廖平：《古学考》，《廖平全集》第 1 册，第 135 页。
② 廖平：《群经凡例·左氏春秋学外编凡例》，《廖平全集》第 2 册，第 555 页。
③ 同上书，第 559 页。
④ 廖平：《古学考》，《廖平全集》第 1 册，第 113 页。

决；更重要的是，“一变”未能解决的周、孔矛盾，在“二变”中得到彻底解决。

廖平曾在《知圣篇》中自道：“初刊《今古学考》，说者谓为以经解经之书，天下名流因本许、何，翕无异议。再撰《古学考》，外间不知心苦，以为诡激求名。”[①] 言下之意是《今古学考》不只是以经解经之书，而《古学考》更不是诡激求名之作。《今古学考》确实并非单纯的以经解经之书，但如上文已言，一方面，就礼制而言，今学内部、古学内部、今学与古学之间，也仍然存在着大量具体的分歧和矛盾；另一方面，平分今、古，看似持论中正，以周公、孔子无所短长，却与廖平统一经学的目标不符。廖平曾在一封写给宋育仁的信中谈道：“既用西汉之学，不得不主圣人，既主圣人，不得不舍羑里。”[②] 圣人即指孔子，羑里则谓周公。在另一封写给江瀚的信中，廖平又说道：“今则各教林立，彼此互攻，乃逼成一纯粹尊孔之学说。”[③] 顺此思路，他在《古学考》中对《今古学考》的说法做出了调整和修正，最重要的是解决了平分今、古未能妥善处理的根本问题，使经学定于一尊。

廖平的尊孔弃周，与其说是一种学术发现，不如说是一种有意为之的策略，“不得不舍羑里”与“逼成一纯粹尊孔之学说”暗示了廖平的真正用心，在晚清中西大通、众教林立的局势下，他意欲将经学建构为一个无重大分歧且条理井然的学术系统，而周公与孔子的矛盾是此过程中必须解决的问题。因此，《古学考》主孔子而舍周公，并非诡激求名，而是势所必然。对廖平问题意识的了解和把握，为我们认识康有为的今、古之辨提供了一个重要的基础。

---

① 廖平：《知圣篇》，《廖平全集》第 1 册，第 366 页。

② 廖平：《与宋芸子论学书》，《廖平全集》第 11 册，第 661 页。

③ 廖平：《答江叔海论今古学考书》，《廖平全集》第 11 册，第 644 页。

第三节　从《教学通义》的内在困境看康有为的经学转向

康有为的学术思想在其三十岁（1888—1891 年之间）前后经历过一次重大转向，即从早期作品《教学通义》（1885 年）所代表的古文经学立场，转向以《新学伪经考》、《孔子改制考》（1891 年）为标志的今文经学立场。这一转向的发生通常被认为与他在 1889 至 1890 年间同廖平的羊城之会有关，由此也引发了康、廖之间一段聚讼不已的学术公案。最早揭起此案之人为廖平，他在《经话甲编》（1897 年）中暗示，康有为的《新学伪经考》有袭用其《知圣》《辟刘》二篇之嫌："广州康长素奇才博识，精力绝人，平生专以制度说经。戊己间从沈君子丰处得《学考》，谬引为知己。及还羊城，同黄季度过广雅书局相访，余以《知圣篇》示之。驰书相戒近万余言，斥为好名骛外，轻变前说，急当焚毁。当时答以面谈，再决行止。后访之城南安徽会馆，黄季度病未至，两心相协，谈论移晷。明年，闻江叔海得俞荫老书，而《新学伪经考》成矣。"① 后又在《四益馆经学四变记》中称："外间所祖述之《改制考》即祖述《知圣篇》，《伪经考》即祖述《辟刘篇》。"② 而另一更有力的证据来自康有为的弟子梁启超，在《清代学术概论》中，梁启超称："有为早年，酷好《周礼》，尝贯穴之，著《政学通议》。后见廖平所著书，乃尽弃其旧说。"③ 然而康有为却始终绝口不提曾受过廖平影响，甚至在晚年与廖平的通信中，仍尽力撇清《新学伪经考》与廖平的关系。④

---

① 廖平：《经话甲编》，《廖平全集》第 1 册，第 228 页。

② 廖平：《经学六变记录》，《廖平全集》第 2 册，第 887 页。

③ 梁启超：《清代学术概论》，第 65 页。

④ 康有为：《致廖季平书》，姜义华、张荣华编：《康有为全集》第十集，第 19 页。

学者们基本认同，康有为受过廖平经学思想的影响，至于程度多少则看法不一，而康有为与廖平晤面前的早期作品《教学通义》就成了衡定此论题的一个重要标尺——通过考察《教学通义》是否已经具备了后来《新学伪经考》中的部分核心观点，以论证康有为的经学转向受廖平的影响有限，自有内在动因；或是康有为确实是在看到廖平之著后尽弃旧说，产生了重大学术转向。然而，对这一问题的判断并不容易，因为《教学通义》中既有典型的古文经学观点表达，又杂糅着不少今文经学的观点。对此种矛盾的解释不仅关涉对廖、康公案的判断，更关涉对康有为学术思路的理解。

一、对《教学通义》"后改说"的商榷

有不少学者认为，康有为《新学伪经考》的主要观点皆袭自廖平，与其早期作品《教学通义》的主张全然不类，而《教学通义》在经学立场上存在自相抵牾，其中涉及今文学的内容，皆为康有为见廖平之书后修改而成。此说由朱维铮较早提出[①]，得到了黄开国等人的支持，他以《教学通义》中带有今文经学色彩最浓重的《春秋》《六艺上》二篇，与廖平"一变"和"二变"的主要观点进行逐一对比，得出的结论是，《教学通义》中的今文经学观点全为康有为受廖平影响而后改，且不仅受到廖平的"一变"甚至还有"二变"的影响[②]。

在此有必要对《教学通义》"后改说"进行商榷。应当指出，目前没有任何直接证据可以证明《教学通义》存在后改，"后改说"完全是基于研究者的推测。推测的依据有三点：一、康有为对自己的作品有"倒填年月"的习惯；二、《春秋》和《六艺上》两篇与《教

① 朱维铮：《康有为在十九世纪》，《求索真文明》，第 194 页。

② 参见黄开国、唐赤蓉：《〈教学通义〉中所杂糅的康有为后来的经学思想》，《近代史研究》2010 年第 1 期。

学通义》中其他篇的基本思想大为不类，甚至存在抵牾；三、《六艺上》中以《周礼》《王制》区分今古学，并以许慎、二陈之学为平分今古的重要依据，以及在论证今古礼制差异时所选择的礼制名目，与《今古学考》高度相似，这些都被视为康有为据《今古学考》修改《教学通义》的明证。但细考之，此三点均可再做讨论。首先，康有为被认为存在“倒填年月”的作品主要是《大同书》，且不论《大同书》是否果真存在“倒填年月”尚未有定说[①]，即使《大同书》确实存在“倒填年月”，也不能据此推测康有为的一切作品都存在后改[②]。其次，《春秋》与《六艺上》表面看来与《教学通义》整体思想基调不符，可能是阅读者未能真正把握作品的主旨与思想脉络所致。最后，今收入《康有为全集》中的《教学通义》，据整理者所述，是根据上海博物馆所藏手稿校点，《教学通义》题下注云：“光绪十一年正月缉定，广厦”[③]，整理者据此定其成书时间为1885年初，而廖平的《今古学考》作于1885—1886年之间，1886年刊行。按照廖平的回忆，康有为最早是在“戊己（戊、己当指戊子、己丑年，即1888、1889年——引者按）间从沈君子丰处得《学考》”[④]，因此，康有为在《教学通义》完稿时不可能看过《今古学考》。那么有无可能是康有为在羊城之会后再对《教学通义》原稿进行了修改呢？康有为自定的《万木草堂丛书目录》注此篇云“少作，已佚”，现藏于

① 相关讨论参见马洪林：《关于康有为著〈大同书〉“倒填年月”的商榷》，《韶关学院学报》2004年第10期。

② 唐文明已经指出，除《教学通义》外，《民功篇》《广艺舟双楫》《文成舞辞》《再题》等作品，均包含了后来“两考”中的一些核心观点，很难说这些作品也是出于康有为的后改。参见唐文明：《敷教在宽：康有为孔教思想申论》，中国人民大学出版社2012年版，第26页。

③ 康有为：《教学通义》，姜义华、张荣华编：《康有为全集》第一集，第17页。

④ 廖平：《经话甲编》，《廖平全集》第1册，第228页。

上海博物馆的手稿又署为康有为光绪十一年正月缉定，结合康有为“少作，已佚”的说法，则这份手稿应该就是1885年完成的《教学通义》原作。

除上述所言数点外，“后改说”面临的一大问题是，未能解释康有为何以会在一次短暂的会谈之后就如此骤然地转变自己的学术立场。康有为为人极度自负固执，萧公权称他性格最显著的特征是“强烈的自信心，几近乎自夸”，“很难自认有错误”[①]，且纵观康氏一生学术，虽不乏局部调整，但重大转变仅此一次。而康有为从初见廖平时对他的观点不以为然，“驰书相戒”，到复见廖平时“两心相协，谈论移晷”，若无内因，很难解释何以廖平学说会对康有为产生如此之大的触动。

二、再论《文史通义》的理论困境

若《教学通义》中的矛盾不是由于后改所致，那么，首先就需要对其中的矛盾处进行解释，其次则要对康有为与廖平晤面后学术立场的骤变进行解释。刘巍提出过一种具有代表性的思路。他通过对《教学通义》旨趣的把握和思路的梳理，否认其中存在矛盾。刘巍富于洞见地看到，《教学通义》深受章学诚《文史通义》“六经皆史”观念的启发，但他认为《文史通义》中存在着孔子作《春秋》与周公作五经的冲突，而康有为受常州公羊学派的影响，以《春秋》为孔子改制之书，由此顺理成章地将《春秋》归孔子，以其他诸经归周公，解决了《文史通义》中的这一理论矛盾。而对于康有为学术立场骤变的原因，刘巍继承并发展了汤志钧提出过的说法，认为康有为在上书失败后，在从得君行道的上行路线转为匹夫自任的心

---

① 萧公权：《康有为思想研究》，汪荣祖译，第12页。

路转变中，孔子素王改制的事迹暗合了他当日的心曲[①]。不应否认，发生在羊城之会前一年的上书清帝失败，对怀抱经世之志的康有为而言是一次重大挫折，也必然对其学术走向产生影响，但太过强调外缘性的政治因素对康有为的影响，则易忽视其学术思想自有的内在脉络。

事实上，认为《教学通义》解决了《文史通义》中的理论困境，因而不存在根本矛盾冲突的看法，可再做商榷：其一，章学诚《文史通义》中并不存在重大的理论困境；其二，《教学通义》与《文史通义》在回应时代问题时的不同取向，使得康有为的《教学通义》产生了新的理论困境，而这正是康有为在羊城之会后骤然发生学术转向的内在原因。

章学诚《文史通义》存在理论困境的说法，最早由钱穆提出。其说云："孔子明明作《春秋》，如何说孔子有'述'无'作'呢？所以《文史通义》开首即有《易教》、《书教》、《诗教》、《礼教》各篇，而独缺了《春秋教》。章氏治学，重史又过于重经，《春秋教》一篇，万不该不作。大抵章氏遇到这题目，实苦于无从着笔呀！"[②]钱穆认为，章学诚以六经诞生于官师合一、政教不分的先王时代，

① 这一点在刘巍的《重访廖平、康有为学术交涉公案——关于"新学伪经"说之偷意与升级版"孔子改制"论之截获的新探》中已经有所讨论。刘巍认为，当羊城之会时，康有为已经历了上书言事之失败，对依靠王权变法由满腔热情一变而为极度失望，他的"匹夫改制"的素念被廖平的新思想点燃了。参见刘巍：《重访廖平、康有为学术交涉公案——关于"新学伪经"说之偷意与升级版"孔子改制"论之截获的新探》，《齐鲁学刊》2019 年第 4 期。此思路最早由汤志钧提出，汤志钧认为，康有为在 1888 年上书清帝的失败让他意识到此前所习义理考据之学无补时艰，适逢讲求"通经致用""微言大义"的今文家廖平，故转投今文经学："（康有为）就在第一次上书不达，回到广州时，晤见了廖平。廖平是今文经学家，今文经学是讲究'微言大义'，主张'通经致用'的。康有为鉴于'外患日深'而上书不达，又受了廖平的启示……便想从今文经学中汲取可资运用的东西进而议政。"参见汤志钧：《康有为和今文经学》，《康有为与戊戌变法》，第 36 页。

② 参见钱穆：《两汉经学今古文平议》，第 302 页。

且以六经皆为先王政典，故于《文史通义》中作《易教》《书教》《诗教》《礼教》诸篇，但却唯独无《春秋教》，是因为在六经之中独有《春秋》为孔子所“作”之说，孔子对《春秋》之作亦有“知我罪我”之说，但此与章氏“有德无位，不能制作”之说相冲突，于是《春秋教》无从落笔。对此，已有学者提供了商榷意见[①]。

沿着钱穆的问题，不妨再设一问：倘若《春秋教》的阙如果为《文史通义》中的一大破绽，但为什么没有引发周公和孔子间的根本矛盾？章学诚在《文史通义》里对“夫子作《春秋》”和“《春秋》为先王政典”两种说法间的矛盾做出过解释。《易教上》云：“《春秋》乃周公之旧典。”[②]《经解下》云：“夫子之作《春秋》，庄生以谓议而不断，盖其义寓于其事其文，不自为赏罚也。”[③]章氏以《春秋》为周公旧典的说法，可溯至杜预的《春秋左氏传序》：“仲尼因鲁史策书成文，考其真伪，而志其典礼，上以遵周公之遗制，下以明将来之法。”[④]杜预又云：“其发凡以言例，皆经国之常制，周公之垂法，史书之旧章。仲尼从而修之，以成一经之通体。”[⑤]经过杜预的解释，《春秋》不是孔子凭空而“作”，而是孔子借用鲁史旧闻、周

---

① 有关《文史通义》何以独缺《春秋教》的问题，周启荣《史学经世：试论章学诚〈文史通义〉独缺〈春秋教〉的问题》一文提供了一种解释：根据章学诚的理解，从内容上，《春秋》已集六艺之教之大成，此点见于《易教》《书教》《诗教》《礼教》诸篇；从功能上，《春秋》是孔子在治道二分后，首次以私家史著的形式为经世之法，创史学经世之途。而关于史学何以能经世，章氏已于《原道》三篇、《答客问》三篇，及《浙东学术》诸篇详尽论述，则《春秋教》之作可无必要。此外，《春秋》为孔子私著，与出于德位兼备之圣王的《易》《书》《诗》《礼》诸教毕竟有别，是故不作《春秋教》。参见周启荣：《史学经世：试论章学诚〈文史通义〉独缺〈春秋教〉的问题》，《台湾师大历史学报》1990 年第 18 期。

② 章学诚撰、叶瑛校注：《文史通义校注·易教上》，第 2 页。

③ 章学诚撰、叶瑛校注：《文史通义校注·经解下》，第 111 页。

④ 杜预注、孔颖达疏：《春秋左传正义》，台北艺文印书馆 2007 年版，第 10 页。

⑤ 同上书，第 11 页。

公凡例，寓以褒贬，“修”之而成。章学诚以杜预之说为基础来理解《春秋》，则《春秋》为周公旧典与孔子“作”《春秋》之间就不存在根本矛盾，在此意义上仍然可以说“六经皆史”。

既然《文史通义》将六经全归于周公，那么孔子的位置何在？在《原道上》中，章学诚对此做过详细的解释：

> 周公成文、武之德，适当帝全王备，殷因夏监，至于无可附加之际，故得借为制作典章，而以周道集古圣之成，斯乃所谓集大成也。孔子有德无位，即无从得制作之权，不得列于一成，安有大成可集乎？周公集治统之成，而孔子明立教之极……故隋唐以前，学校并祀周、孔，以周公为先圣，孔子为先师，盖言制作之为圣，而立教之为师。[①]

按章学诚之说，周公、孔子同为圣人，而得位与否造成了二者的根本区别。周公得位，有制作之权，故能集先圣前王治世之法，制作六经；孔子其德虽圣，但禄命不合，无制作之权，是故只能述周公之典而不作。因此，周公乃集治统之成者，而孔子为立教之极者。既然周、孔皆为圣人，不分轩轾，则经学之中就有两主人，但对章学诚而言，这一矛盾却并不存在，原因就在于，圣人之迹虽异，圣人之道却同。在章学诚看来，六经虽出于先圣之手，但也非先圣凭空制作，而是循“道”而作。在《原道上》中，章学诚云：

> 人生有道，人不自知；三人居室，则必朝暮启闭其户，饔飧取给于樵汲，既非一身，则必有分任者矣。或各司其事，或

---

① 章学诚撰、叶瑛校注：《文史通义校注·原道上》，第121—122页。

番易其班，所谓不得不然之势也，而均平秩序之义出矣。又恐交委而互争焉，则必推年之长者持其平，亦不得不然之势也，而长幼尊卑之别形矣。至于什伍千百，部别班分，亦必各长其什伍，而积至于千百，则人众而赖于干济，必推才之杰者理其繁，势纷而须于率俾，必推德之懋者司其化，是亦不得不然之势也；而作君作师，画野分州，井田封建学校之意著矣。故道者，非圣人智力之所能为，皆其事势自然，渐形渐著，不得已而出之，故曰天也。[①]

礼法、秩序、价值是人类在漫长的群体生活中逐渐积累起来的一种经验，塑造这些礼法、秩序、价值的真正力量正是“道”，一种不得不然之势。因此，前代圣王所制定的治世的法度、礼乐，不过是循“道”而为。所谓六经，即为圣人施行政教之迹，三代典章法度，也即是“道”的自然呈现。“道”的呈现和展开有其时势，圣人只能遵循，不能制宰，因此“周公以天纵生知之圣，而适当积古留传，道法大备之时，是以经纶制作，集千古之大成，则亦时会使然，非周公之圣智能使之然也”[②]。“孔子有德无位，即无从得制作之权，不得列于一成，安有大成可集乎？非孔子之圣，逊于周公也，时会使然也。”[③]周公与孔子的得位与否、制作六经与否，也均是时势使然。但时势的差异对“道”的价值没有任何影响，章学诚云：“周公既集群圣之成，则周公之外，更无所学也。周公集群圣之大成，孔子学而尽周公之道，斯一言也，足以蔽孔子之全体矣。”[④]虽然时势导

① 章学诚撰、叶瑛校注：《文史通义校注·原道上》，第119页。
② 同上书，第120—121页。
③ 同上书，第121页。
④ 同上书，第122页。

致周公、孔子有“先圣”与“先师”的不同，但周、孔之“道”则为一，前代圣王治世之迹是“道”之所在；周公值治法全备之时，将前圣之迹制作为六经，六经即为“道”之所在，而孔子学周公之六经，以《春秋》之撰传群圣之“道”。因此，纵然章氏以六经为载道之“器”，反对离器言道，但在周、孔异迹的背后，仍然是百王所同之“道”，由此，周、孔之间的紧张就被化解了。

三、周、孔异制：《教学通义》的内在冲突

表面看来，常州公羊学确实提供了一种以五经归前王而独以《春秋》归孔子的理论[①]，但这并不意味着《教学通义》就可以借此轻松解决周、孔之间的矛盾，由于《教学通义》与《文史通义》在主旨和取向上存在的重大差异，《文史通义》中相对缓和的周、孔矛盾到了《教学通义》中反而尖锐起来。

在《教学通义》开篇之前，康有为对此书的写作缘由做了一番提纲挈领的自道：

> 今天下治之不举，由教学之不修也。今天下学士如林，教官塞廷，教学恶为不修？患其不师古也。今天下礼制、训诂、文词皆尚古，恶为不师古？曰：师古之糟粕，不得其精意也。善言古者，必切于今；善言教者，必通于治……上推唐、虞，中述周、孔，下称朱子，明教学之分，别师儒官学之条，举

---

① 宋翔凤注《论语·卫灵公》“颜渊问为邦”章时云：“然则《左传》、《孟子》之言《春秋》，盖以孔子之名加之于鲁史者也，故《论语》言《易》、《诗》、《书》、《礼》、《乐》及史，而未尝言《春秋》，则《春秋》自孔子乃名之矣。”是以《诗》《书》《礼》《乐》《易》五经皆归先王，独以《春秋》归孔子。参见宋翔凤：《论语说义》，《续修四库全书》经部第155册，上海古籍出版社1995年版，第320页。

“六艺”之意，统而贯之，条而理之，反古复始，创法立制。[①]

康有为明确表示，《教学通义》的写作是要面对“天下治之不举”的现状，而导致这一现状的根本原因是今人没有取法于古之“教学”。康有为所说的“法古”，不是对古代经验的依样画瓢，而是通过追溯和厘清二帝三王以来整个政教体系所发生的变化，来为今日的“创法立制”奠立依据。换言之，《教学通义》包含了两个基本主题——对过往“教学”嬗变过程的把握和在当下“创法立制”，而对“教学”的回顾，归根究底是服务于“创法立制”的目标的。

这与章学诚的思路颇为一致：六经所载之制仅为圣人治世陈迹，古今所处之境不同，因而后人在面对六经中种种典章制度时，应当意识到“六经皆器”，“后人不见先王，当据可守之器而思不可见之道”[②]，只有“随时撰述以究大道”[③]，才能存续六经的意义。

然而，章学诚的经世主张自始至终是立足于史学展开的，如他对修地方志的重视就是其史学经世理念具体而微的表现。沿着章学诚“宗核前代”“整齐故事”[④]的思路，康有为将目光投向了六经礼制，他所处身的晚清社会亟待进行一场全面的制度变革，具体方式便是斟酌古今之礼以备今用，即“采集经传，分四代之古礼，别周、孔之异制，下及汉、唐二千年来礼制之因革沿革，定为一书，谓之《礼案》”[⑤]，继而在此基础上，制定一批诸如《大清通礼》《大清会典》《大清律令例》之类适用于今的典章制度，因此，六经中所包含的先

① 康有为：《教学通义》，姜义华、张荣华编：《康有为全集》第一集，第19页。
② 章学诚撰、叶瑛校注：《文史通义校注·原道中》，第132页。
③ 章学诚撰、叶瑛校注：《文史通义校注·原道下》，第139页。
④ 章学诚撰、叶瑛校注：《文史通义校注·答客问上》，第471页。
⑤ 康有为：《教学通义》，姜义华、张荣华编：《康有为全集》第一集，第50页。

王之制对当下具有重要参考意义。但如此一来，治经者必然要面对诸经礼说乖违的问题："不独古今异宜，文为须称，实则三古异时，周、孔异制，诸经乖互，理不可从，后师附会，益加驳杂。"[①]于是，康有为提出："今修《礼案》，欲决诸经之讼，平先儒之争，先在辨古今之学。……次当考今古礼之有无同异。……条秩不紊，分数斯明，然后按《通考》之例，斟酌而增改之，悉归部伍，约束分明，二千年纷如乱丝之礼，皆可治也。以是存案，不亦清乎！"[②]此说虽与廖平《今古学考》的观点颇为相似，却不必以为此乃康氏袭用廖平，对于六经制度的重视乃晚清学术一大趋势，在此大势之下，康、廖思路的相似更像是英雄所见略同，否则也不会出现廖平所称的康有为在读到《今古学考》后"引为知己"的情形。不过，按照康有为当时的看法，修《礼案》过程中所遭遇到的周、孔异制，尚不是太大的问题，因为礼随时而变，三代尚且不同礼，则周公、孔子之制有所不同，完全可以理解为礼制的历史沿革而兼用之。

康有为和章学诚之间的另一差异则将周、孔异制的冲突凸显得尖锐起来，这便是二人对《春秋》性质的不同理解[③]。章学诚采杜预之说，以《左氏》解《春秋》，则孔子仅仅是"述而不作，表彰六艺，以存周公旧典"[④]，无改制立法之事。而康有为对《春秋》一书性质的理解却表现出明确的公羊学取向："《春秋》者，孔子感乱贼，酌周礼，据策书，明制作，立王道，笔则笔，削则削，所谓微言大

① 康有为：《教学通义》，姜义华、张荣华编：《康有为全集》第一集，第 49 页。

② 同上书，第 51 页。

③ 唐文明指出："康有为和章学诚最大的不同，即表现在对《春秋》的理解上，而这大概也是康有为转向今文经学的一个最为关键的思想契机。"参见唐文明：《敷教在宽：康有为孔教思想申论》，第 22 页。

④ 章学诚撰、叶瑛校注：《文史通义校注·原道中》，第 133 页。

义于是乎在"[1]，是以孔子有改制之事，《春秋》即为其改制之书。康有为更是明言："《左氏》但为鲁史，不传经义。今欲见孔子之新作，非《公》、《穀》不可得也。"[2]

康有为既以周公、孔子皆有制作之事，便必然要面对如下问题："讥世卿、明助法、讥丧昏娶，定百里之封，逮三等之爵，存三统之正，皆孔子制作之微文，与周公之礼绝异。"如果仍沿章学诚的思路，以二者之异为"道"的历史化呈现之不同，那么难以解释的问题是，周公"兼三王而施事，监二代以为文"[3]，乃得位而行制；而孔子以匹夫之身改制，其制毕竟从未在历史中落实。如此，周、孔之制的差异便不是两套在历史中既有的圣人之制的差异，而是一套被认为在历史中已付诸实行的制度与一套从未落实到历史中的制度之间的差异，二者之间存在着根本性质的差异。因此，在分辨周、孔异制以备参考酌改之用的过程中，康有为虽然只是从辨析"今古礼之有无同异"着手，但终将面对周公、孔子两套制度的根本性质不同，唯有做出一种具有解释力的裁断，才能妥善处理经学中的这一重大矛盾。

然而何以常州学派以《诗》《书》《礼》《易》皆归先王，而独以《春秋》归孔子的说法未能引发周、孔之间的矛盾？因常州公羊学者论孔子改制，皆就《春秋》一经而言，未尝推及他经，诸经制度乖违的问题并未突显。因此，周、孔异制矛盾的突显必须同时基于以下两个条件：一是认同公羊学对《春秋》的定位，如此，方有孔子改制之事；二是对诸经礼制异同进行整体考察，如此，方能察周、孔异制。而《教学通义》正是在此情形下，行至周、孔异制的冲突之中。

---

① 康有为：《教学通义》，姜义华、张荣华编：《康有为全集》第一集，第39页。
② 同上。
③ 同上书，第21页。

四、从廖平方案看康有为的经学转向

《教学通义》中未能妥善解决的周、孔异制，直接妨碍了康有为经学体系的建构，而这一困难借由廖平的“二变”思路得到了根本解决。

在康、廖二人于羊城的短暂交往中，廖平是否向康有为出示过《辟刘》《知圣》二篇，目前虽无定论，但从二人初见后康有为对廖平“驰书相戒近万余言，斥为好名骛外”到复见时“两心相协，谈论移晷”的转变，康有为显然在此过程中了解到了廖平“二变”的主要观点并转变了其原有看法。廖平的“二变”主要是为了解决“一变”中未能妥善处理的一个重大矛盾，即周、孔异制。经过对《周礼》的一番细考，廖平推断，此书是由刘歆所窜，与周公全无干系，则古学的基础就此瓦解，六经中周、孔异制的矛盾亦迎刃而解。

不可否认，康有为在《新学伪经考》中提出的古学为刘歆所伪之说深受廖平影响，但他之所以认同此观点且日后再未发生动摇，原因就在于这一思路能够帮助他根本性地解决其早期经学体系建构中的一大障碍，将经学定于一尊，从而在此基础上重新展开其经学阐释。对于康有为此次经学转向，前人研究多以从古文学立场转向今文学立场概括之，发生转变的原因也多归于政治失利等外部偶然因素；然而，以《教学通义》的内在困境为线索，这一转变过程会得到不同的解释，即从一种内部充满了分裂与矛盾的经学系统，转向一种完整、统一的经学体系的建构。

第四节　从经学视角看《新学伪经考》的目的与意义

《新学伪经考》自面世以来，一直饱受争议。对此书的批评主要集中在两点，一是此书的考证水准，《新学伪经考》表面上用考证体例，但细究其考证的具体内容，颇有不能自圆其说之处。朱一新在致康有为的书信中已经指出了几处考证的问题，譬如，康有为以《史记·河间献王传》与《鲁共王传》均不言有得古文经之事，证明古文经后出，而《史记》中其他篇目中有关古文经的记载，却被康有为判为刘歆所窜，同为《史记》所载之明文，康有为却对其中的内容取舍采取了双重标准，故而朱一新认为："若《史记》言古文者皆为刘歆所窜，则此二传乃作伪之本，歆当弥之不暇，岂肯留此罅隙以待后人之攻？"①而到了1936年，符定一撰《新学伪经考驳谊》，对《新学伪经考》中的考证谬误做出详细的反驳，如"秦烧书，项羽烧咸阳，书实在散亡，康氏八证皆误"、"刘歆移博士书，岂能当众造谣，足以证明古文经不伪"等，共计三十一条。此外，章太炎、陈庆年等人均有批驳《新学伪经考》专文未成②。二是针对《新学伪经考》所造成的政治和社会影响，认为《新学伪经考》乱名

① 朱一新：《朱侍御答康长孺书》，载姜义华、张荣华编：《康有为全集》第一集，第317页。

② 章太炎在《瑞安孙先生伤辞》中云："会南海康有为作《新学伪经考》，诋古文为刘歆伪书。炳麟素治《左氏春秋》，闻先生治《周官》，皆刘氏学，驳《伪经考》数十事，未就。"参见章太炎：《瑞安孙先生伤辞》，《太炎文录初编》卷二，《章太炎全集》第一辑，上海人民出版社2014年版，第231页。陈庆年《戊戌己亥见闻录》载，他于光绪二十四年三月十五日"作《卫经答问》四条，驳康长素《新学伪经考》也"，又于闰三月三日"作《卫经答问》二条"。参见陈庆年：《戊戌己亥见闻录》，载《清廷戊戌朝变记（外三种）》，广西师范大学出版社2008年版。

教之大防，离经叛道。叶德辉云："康、梁倡为伪经改制、平等民权之说，于是六经去其大半，而学不必一年而成，民无论智愚，人人得申其权，可以犯上作乱。"[①]余联沅认为《新学伪经考》"非圣无法，惑世诬民"[②]，危害士习、文教，请求禁毁。

如果康有为的目的是要写作一部辨伪之作，则《新学伪经考》在考辨上存在严重缺陷，固无法称为一部良作。如果康有为的目的是"借用原始圣经的权威，以打击中世纪经院哲学的权威"[③]，"使长期受封建桎梏的知识分子，吸收了新鲜的空气，破坏了旧的传统"[④]，那么他又为何一定要以刘歆与古文经为雠，必欲除之而后快？可见，关于《新学伪经考》的真正写作动机，还有探讨的空间。

一、重建经学"大一统之旧观"：以廖、康异同为视角

根据前文的分析，康有为在《教学通义》中遇到的根本矛盾——周、孔异制，即经学中存在两主人的问题，被廖平提前一步解决了：以古学为刘歆所伪，瓦解周公之制，则经学可归统于孔子一人。因此，借助廖平的结论，康有为可以打通他早期经学系统建构中的最大滞碍，将经学定于一尊。然而，我们何以判断对康有为而言，重建一个完整、统一的经学体系确实至关重要呢？又何以推测康有为对于廖平观点的接纳，更多是因为他们享有共同的问题意识，而不是康有为全然受到廖平的影响呢？这就要从廖、康二人的差异说起。

---

① 叶德辉：《〈长兴学记〉驳义》，载苏舆编：《翼教丛编》，第103页。

② 安维峻：《请毁禁〈新学伪经考〉片》，载苏舆编：《翼教丛编》，第25页。但根据胡建华的考证，此片真正的作者并非安维峻，而是余联沅。参见胡建华：《首请毁禁〈新学伪经考〉者非安维峻》，《近代史研究》1986年第5期。

③ 朱维铮：《重评〈新学伪经考〉》，《求索真文明》，第223页。

④ 汤志钧：《试论康有为的〈新学伪经考〉》，《康有为与戊戌变法》，第62页。

毋庸讳言，《新学伪经考》与《古学考》在诸多重要结论上存在高度雷同，但二者的差异却甚少为人所措意。其一，廖平与康有为对“古学”的划定存在分歧，分歧的核心在于《左传》的归属。廖平在“一变”中以《左传》为古学，到了“二变”则改《左传》为今学，承认《左传》不伪。这是廖平从“一变”到“二变”过程中对今古学划分的一次重要调整，哪怕此后历经“三变”至“六变”，他对《左传》真伪的认定再未改变。而康有为则将《左传》归为刘歆所伪的古文行列加以摒绝。其二，廖平只认为刘歆有伪窜《周礼》之罪，而未有其他伪窜之事，而康有为则说凡古文经皆刘歆所伪造。其三，廖平并不否认古文经的存在，但认为今、古文经只有文字书写上的差异：“其实无论为古文，为今文，而其经未尝不同。”[①]康有为则否认汉代有发现古文经之事，为了证明这一看法，还将史书对古文经的相关的记载全说成是刘歆所羼。

表面上看，康有为只是将廖平的观点进一步发挥，推到极致而已，而廖平弟子蒙文通的一句话，却点出二人的今、古之辨有着截然不同的方法和途径：“廖师之今文学固出自王湘绮之门，然实接近二陈一派之今文学，实综合群言而自建其枢极也”[②]，“康氏之学实以龚、魏为依归，而未穷廖师之柢蕴”[③]。虽然廖平与康有为都继承和发展了清代的今文经学，但廖平所继承的是陈寿祺、陈乔枞之学，以礼制为本，而康有为所继承的则是龚自珍、魏源之学。龚、魏长于辨伪之学，龚自珍不信中古文[④]，又注意到“《周官》晚出，刘歆始

① 廖平：《评新学伪经考》，《廖平全集》第11册，第840页。

② 蒙文通：《井研廖季平师与近代今文学》，《经学抉原》，第95页。

③ 同上书，第97页。

④ 参见龚自珍：《说中古文》，《龚自珍全集》，上海古籍出版社1999年版，第125页。

立。后世称为经，是为述刘歆，非述孔氏”[①]，认为《周官》之学实出自刘歆；魏源《诗古微》“始大攻《毛诗》及大、小序，谓为晚出伪作”[②]，而《书古微》则攻东汉杜林、马融、郑玄所传的《古文尚书》是向壁虚造。龚、魏的这些辨伪思路与结论，都为康有为的今、古之辨提供了参考。廖、康二人所继承的学术传统不同，二人的今、古之辨也就呈现出不同的路径。

廖平从经学中的礼制问题入手，由礼制差异发现了今古之别，以《王制》和《周礼》分判今古，从“一变”转向“二变”也同样是因为礼制，因《周礼》制度与《左氏》不合，又多有礼制专条之说，进而发现《周礼》为刘歆所伪，而《左氏》与《公》《穀》相合，故改为今学。康有为的今、古之辨则截然不同。廖平极其敏锐地指出，《新学伪经考》“外貌虽极炳烺”，但终究“不出史学目录二派之窠臼”[③]。康有为不是从六经的内容来分辨今、古，而是先通过对史书记载的辨伪，推得古文经为刘歆所伪的结论，再依据目录之学，区分今、古。

我们不妨来看看《新学伪经考》是如何使用史学辨伪证得古文经为刘歆所伪的。据康有为自述，他最早发现古文可疑，是在光绪五年（1879年）居于西樵山澹如楼时阅读《史记》时的偶得。康有为称：

> 偶得《河间献王传》、《鲁共王传》读之，乃无“得古文经”一事，大惊疑，乃取《汉书·河间献王》、《鲁共王传》对较《史记》读之，又取《史记》、《汉书》两《儒林传》对读之，则

---

① 龚自珍：《六经正名》，《龚自珍全集》，第37页。

② 梁启超：《清代学术概论》，第64页。

③ 廖平：《与某人书》，《廖平全集》第11册，第663页。

> 《汉书》详言古文事，与《史记》大反，乃益大惊大疑。又取《太史公自序》读之，子长自称“天下郡国群书皆为写副集于太史公，太史公仍世父子纂其业，乃翻金匮石室之藏，厥协六经异传，整齐百家杂语”。则子长于中秘之书，郡国人间之藏，盖无所不见；其生又当河间献王、鲁共王之后，有献书开壁之事，更无所不知，子长对此孔经大事，更无所不纪。然而《史记》无之，则为刘歆之伪窜无疑也。[①]

《汉书》大书特书的河间献王与鲁共王得古文经之事，在《史记》中竟无记载，晚出的《汉书》竟然对于西汉早年的古文经之事记载详于《史记》，这一反差引起了康有为疑惑。当然，从《史》《汉》记载古文之事有详略不同，并不能直接推出刘歆伪窜古文经的结论。如果我们细究《新学伪经考》，会发现在其论证链中，以下几个核心事实是基本没有争议的：一、《史记》和《汉书》对古文经的记载详略迥异，《汉书》详而《史记》略，这是康有为辨伪的缘起。二、汉代古文和古学的兴起，刘歆当居首功，他不仅在中秘校书时发现了一批长期不为人知的古文经传，而且竭力推动将一批古文经立于学官。三、《汉书》中对古文经的相关记载，除了散见于《河间献王传》《鲁共王传》等传记外，最主要的两处记载是《儒林传》与《艺文志》。而《艺文志》正是本于刘歆《七略》[②]。四、刘歆曾有过中秘校书的经历，校书令的职位使他具备作伪的可能，且刘歆也是新莽政权时期最活跃和最受王莽信任的经师，这一角色使他具备作伪的

---

① 康有为：《重刻伪经考后序》，康有为著、楼宇烈整理：《新学伪经考》，第379—380页。

② 班固称“今删其要，以备篇籍”。参见班固撰、颜师古注：《汉书·艺文志》，第1701页。

动机。不过，这些事实至多证明，刘歆再次“发现”了深藏中秘的古文经，不能推出是刘歆伪造了古文经。

在此基础上，康有为又借助了前人的辨伪结论。在康有为以前，包括邵懿辰、宋翔凤、刘逢禄、魏源、龚自珍等人都曾怀疑过刘歆可能伪造古文经。邵懿辰曾提出，《仪礼》今文十七篇为全本，本无缺失[①]，并在此基础上提出“鲁共王得古文于坏壁之中，《逸礼》有三十九”为“刘歆之奸言”[②]。宋翔凤认为：“至哀、平间，刘歆始言古文，其为《七略》，尊古文独。至王莽柄政，遂用其说，古文诸经俱藏中秘，博士多未见，绝无师传，歆既典校，因任意改易。”[③]刘逢禄怀疑《逸书》十六篇为刘歆之辈所增设，并证左丘明不与孔子同时，《左氏》不传《春秋》，其解经之说，为刘歆所窜[④]；魏源辨《毛诗》《古文尚书》为晚出伪作。因此，康有为对朱一新说自己所以能分辨今古，是因为“生于道、咸之后，读刘、陈、魏、邵诸儒书，因而推阐之”[⑤]，所言非虚。在汇集了前人辨伪结论的基础上，康有为在《汉书·艺文志》中逐一指出刘歆所伪的古文，包括费氏《易》、古文《尚书》、《毛诗》、《逸礼》、《周官经》、《左氏传》、古《论语》、古《孝经》、《尔雅》等，这些汉代所谓的“古经”“古说”“古文”[⑥]，都被康有为归为刘歆所伪。古经既为刘歆所伪，那么

---

① 邵懿辰：《礼经通论》，载顾颉刚编：《古籍考辨丛刊》第二集，社会科学文献出版社2009年版，第422页。

② 同上书，第433页。

③ 宋翔凤：《汉学今文古文考》，《朴学斋文录》卷三，《续修四库全书》1504册，第9页。按：“尊古文独”疑为“独尊古文”。

④ 刘逢禄：《左氏春秋考证》，载顾颉刚编：《古籍考辨丛刊》第一集，社会科学文献出版社2010年版，第53页。

⑤ 康有为：《答朱蓉生书》，姜义华、张荣华编：《康有为全集》第一集，第322页。

⑥ 《毛诗》非用古文所写，但《后汉书·儒林传》与《五经异义》皆将其定为“古学”。《新学伪经考》云：“客问主人曰：‘伪经’何以名之‘新学’也?《汉·艺文志》号为‘古经’，《五经异义》称为‘古说’，诸书所述‘古文’尤繁，降及隋唐，斯名未改，

治“古经”之学理所当然是刘歆伪学，康氏以“新学”名之，一是因为“歆既饰经佐篡，身为‘新’臣，则经为‘新学’”[①]，而另一层原因则是康有为意欲以“新”与“古”相对，揭古文经实为“新造”的事实。

值得注意的是，廖平的今古学之分与文字的今、古毫无关系，因此，“古文经”之学也可以是“今学”，如《左氏传》就被廖平划为今学；而康有为所理解的“新学”，则是完全以“古文经”为基础的。康有为通过目录之学和对史书的辨伪，将古文经与古文学全部归为刘歆所伪，建立了一个体系化的“新学”，整个论证过程直截明快，而今、古文经学的差别也一目了然。相较之下，廖氏以礼制分辨今、古学则显得颇为曲折复杂。礼制繁难，头绪万端，历来聚讼不已，并且，六经之礼不能尽同，以礼制分今古，终究有枘圆凿方之处。不精于礼制者，不能理解廖平之意；而精于礼制者，又不免对今、古之界分产生异议。在这个意义上，《新学伪经考》避免了由于经学问题所引起的争讼，通过史学考证的方式，把刘歆伪造古经“还原”为一桩历史“铁案”，习经未深之人极易接受和相信此说，因此，《新学伪经考》能成为思想界一大飓风，亦在情理之中。

对此，康有为大约是颇为自得的。1917 年，经过清廷三次禁毁的《新学伪经考》重刻出版，在后序中，康有为称“推经学所以迷乱乖迕之由，盖出于刘歆伪为古学以乱真经之故”[②]，而他极力推重的今学“同条而不乱，一致而无歧”[③]。康有为毫不客气地指出：

（接上页）宜仍旧贯，俾人易昭。”参见康有为：《新学伪经考》，姜义华、张荣华编：《康有为全集》第一集，第 356 页。

① 康有为：《新学伪经考》，姜义华、张荣华编：《康有为全集》第一集，第 356 页。
② 康有为：《重刻伪经考后序》，康有为著、楼宇烈整理：《新学伪经考》，第 379 页。
③ 同上书，第 380 页。

> 今世亦有好学深思之士，谈今古之辨，或暗有相合者。惜其一面尊今文而攻古文，一面尊信伪《周官》以为皇帝王霸之运，矛盾自陷，界畛自乱。其他所在多有，脉络不清，条理不晰，其为半明半昧之识，与前儒杂糅今古者无异，何以明真教而导后士？或者不察，听其所言，则观其尊伪《周礼》一事，而知其道不相谋，翩其反而也。①

此处的“好学深思之士”虽未点名道姓，实指廖平。在康有为看来，廖平在“二变”中以真、伪分辨周、孔异制，以《周官》为刘歆所伪，却在“三变”中以大统、小统之分取代了六经真伪之分，以《周官》为皇帝制，以《王制》为王伯制，再次将《周官》纳回经学系统中，则六经中依然存在异制，只不过从周、孔异制变成了孔子一人异制。康有为对此极为不满，认为廖平此举是“矛盾自陷，界畛自乱”，“脉络不清，条理不晰”。由康、廖分途可以看出，康有为之所以转向今文学，不完全是因为公羊学提供的孔子改制理论可以为他的政治改革张本；在他的心目中，建立并维持经学的大一统局面是一项极其重要的任务，他对孔子大义微言的全新阐释，必须建立在一个内部没有重大纷争与矛盾的经学系统之上，而他在《新学伪经考》中以目录辨伪之法去古学、存今学的做法，不过是借助了廖平“二变”的结论，解除了他早期经学体系建构中的重大困难，为后来展开的群经阐释扫清了障碍。

二、以“今古之辨”解汉、宋之争

除了处理经学中的周、孔矛盾，康有为重整经学体系还有另一

① 康有为：《重刻伪经考后序》，康有为著、楼宇烈整理：《新学伪经考》，第379页。

层目的，那就是处理经学中的汉、宋之争。前章已述，“汉宋之争”分裂圣人之学，为异教入侵埋下隐患，而“汉宋兼采”又不能有效解决此种矛盾。在康有为看来，要解决这一问题，就必须对既有的学术体系做出检讨；他的策略是，用“今古之辨”解决“汉宋之争”。首先，康有为对汉宋之学各自的源流重新做了辨析和梳理：

> 夫两汉之学，皆今文经学也。自郑君混一今古之文，而实以古文为主，魏、晋之博士皆易以古文经学，而今文经学遂亡。《晋书·荀崧传》所叙之十四博士：《易》则王氏、郑氏；《书》则古孔氏、郑氏；《诗》则毛氏；《礼》则云“三礼”郑氏；《春秋》则云《左传》杜氏、服氏。崧请立《公》、《穀》，时议以为《穀梁》肤浅，不足立，许立公羊，后以王敦之乱卒不立。今文经学诸经皆亡于永嘉。《公》、《穀》虽存，久无师说。沿及隋、唐，定为《正义》，宋世定《十三经注疏》，即今本也。唐人尚词章，而不言经学。昌黎习之以古文，言道推本于经。穆修继之，传之尹洙以及欧阳，亦由古文以及经说。于是刘公是、王介甫、苏东坡各抒心得，以为经义皆不由师授，各出己见为说。宋之经说遂盛，而朱子集其成。元延祐、明洪武立科举，皆以朱子为统宗，国朝因之。凡御纂之经，皆宗朱子者也。国朝阎、毛、惠、戴之徒，极力主张汉学，能推出贾、马、许、郑以攻朱子，实仅复刘歆之旧，所谓无极则变也。然乾、嘉之世，汉学大行，未有及今学。[①]

通过康有为的追溯可以看到，今文经学盛于两汉，自郑玄遍注

---

① 康有为：《致朱蓉生书》，姜义华、张荣华编：《康有为全集》第一集，第316页。

群经，杂用今古，古文学渐兴，盛于魏晋，今文经学转衰。由于唐人编定《五经正义》，全用古文学，此后，古文学一统天下。唐宋诸儒言学，经典基础皆为古文经，朱子亦不能免。而元、明、清三代官方学术，皆推崇朱子学，换言之，宋学是一种以古文经为基础的学问。而另一方面，虽然清代汉学与朱子学立异，提倡归复两汉之学，但康有为指出，阎若璩、毛奇龄、惠栋、戴震等清代汉学前期与中期的代表人物所致力的贾逵、马融、许慎、郑玄之学，皆东汉古文经师之学，而不及西汉经学。如此一来，在“今古之辨”的视野中，清代汉学与宋学就获得了一个新的前提：它们皆是从古文经或古文经学派生而出。于是，汉、宋之学转而被纳入今、古之学的范畴中，成为“今古之辨”下的一个子题。要想平息汉、宋纷争，根本在于分辨今、古之学。

因此，康有为在《新学伪经考》中提出了一个有别于廖平的重要说法：古文经与古文经学皆为刘歆伪造。“歆之精神全在《周官》，其伪作《古文书》、《毛诗》、《逸礼》、《尔雅》，咸以辅翼之，故于《七略》处处设证，使人深入其蔀，目迷五色而不之觉，其术至巧密。”[①] 他进一步指出，刘歆不仅伪造了经文，而且发明出一套解伪经之法，不同于西汉经师以口传大义微言解经，而是以文字训诂解经：

> 赵岐《孟子题辞》谓：“文帝时《尔雅》置博士。考西汉以前皆无此说，唯歆《移太常书》有孝诸子传说立学官之说，盖即歆作伪造以实其《尔雅》之真。……歆既伪《毛诗》、《周官》，思以证成其说，故伪此书，欲以训诂代正统。”[②]

---

① 康有为：《新学伪经考》，姜义华、张荣华编：《康有为全集》第一集，第 395 页。
② 同上书，第 404 页。

> 小学者，文史之余业，训诂之末技，岂与六经大道并哉！“六艺”之末而附以“小学”，伪《尔雅》、《小雅》、《古今字》本亦小学，而附入《孝经》，此刘歆提倡训诂，抑乱圣道，伪作古文之深意也。①

按照康有为的看法，刘歆在伪造了《毛诗》《周官》等古文经传之后，为了让其伪经之事不易为人察觉，又进一步伪造文字之书，并在《七略》中将《尔雅》等小学之书附于六艺之末，抬高训诂之学的地位，一方面以训诂之书与伪经互证，坚固其说，一方面用字词训诂之学取代了口传师说之学；如此一来，口耳相传的孔子微言大义逐渐湮没不彰，对圣人之道的理解就要建立在对经文字词的训诂上，而这看似客观严谨的解经之法，恰是对六经真义的误读。

而清代汉学诸儒所提倡的贾、马、许、郑之学，追根溯源，正是对古文经学以字词训诂解经方式的继承。康有为在《长兴学记》中指出：“自歆始尚训诂，以变异博士之学，段、王备扇之，乃标树汉学，耸动后生，沉溺天下，相率于无用，可为太息也。”② 训诂之学原本就是刘歆用以遮蔽孔子真义的手段，而自以为继承和发扬汉代学术的清儒，“用力虽勤，入蔀愈深，悖圣愈甚，犹之楚而北辙，缘木而求鱼”③。因此，以字词训诂解经的清代汉学，不仅经典基础为伪，而且治经方法亦是伪学余绪。因此，康有为在《新学伪经考》中总结道：“经学纷乱如丝，于今有汉学、宋学之争，在昔则有今文经学、古文经学之辨。不知古文经学皆刘歆之窜乱伪撰也，凡今所

---

① 康有为：《新学伪经考》，姜义华、张荣华编：《康有为全集》第一集，第 407 页。
② 康有为：《长兴学记》，姜义华、张荣华编：《康有为全集》第一集，第 349 页。
③ 同上。

争之汉学、宋学者，又皆歆之绪余支派也。”[①]

虽然康有为用今、古之辨瓦解了清代汉学与宋学的经典基础，将长期处于矛盾关系中的两者同归入古文经与古文学的脉络之下，但他并未简单地将汉、宋之学斥为伪经和伪学了事，而是指出，清学的“汉宋之争”实际上是一种异化了的“汉学”与“宋学”之争。在《长兴学记》中，康有为云：

> 后世学术日繁，总其要归，相与聚讼者，曰“汉学”，曰“宋学”而已。若宋学变为“心学”，“汉学”变为名物训诂，又歧中之歧也。[②]

在康有为看来，宽泛而言，凡汉儒之学皆可名为“汉学”，而宋儒之学皆可称为“宋学”，汉学与宋学是经学在两个不同历史阶段所发展出来的两种不同形态。清代饱受空疏之诟的“宋学”和以名物考证及字词训诂为特征的“汉字”，皆是真正的汉学与宋学在流变中产生的歧出与异化，真正的“汉学”与“宋学”并非如此：

> 宋学本于《论语》，而《小戴》之《大学》、《中庸》及《孟子》佐之，朱子为之嫡嗣。凡宋、明以来之学，皆其所统，宋、元、明及国朝《学案》，其众子孙也，多于义理也。汉学则本于《春秋》之公羊、《穀梁》，而《小戴》之《王制》及《荀子》辅之，而以董仲舒为公羊嫡嗣，刘向为《穀梁》嫡嗣，凡汉学皆

---

① 康有为：《新学伪经考》，姜义华、张荣华编：《康有为全集》第一集，第361—362页。

② 康有为：《长兴学记》，姜义华、张荣华编：《康有为全集》第一集，第347页。

其所统，《史记》、两汉君臣政议，其支派也，近于经世者也。[①]

不同于清人以汉学为训诂之学、以宋学为义理之学的区分方式，康有为指出，真正的汉学与宋学乃是经世之学与义理之学。由于清人对汉学的理解错误地建立在了古文经的基础之上，又承袭了古文经学以训诂治经的方法，导致汉学变为琐碎的名物知识，无关世用。既然古文经与古文学皆伪，那么，真正的汉学无疑就应该是汉代的今文经学，也就是申明孔子大义微言、基于六经进行制度建构的一种经世之学。这是康有为在今、古之辨的基础上赋予汉学的全新界定。

那么，康有为又是如何理解宋学的呢？他评价朱子之学云："朱子不治《春秋》，而但言义理，于孔子之道，只得一半。"[②]在康有为看来，宋学的贡献更多地在于对心性义理的探微阐幽，而少于对制度建构的讨论，故而以"义理之学"概括之。但按照他此前的说法，宋儒所尊奉之经亦为伪经，宋儒之学又如何能够得孔子道半？在对待宋儒之学的问题上，康有为提出过一个看法，即宋儒之学是四书之学而非六经之学。他说："朱子一生精力，全在'四书'，《大学》、《中庸》为最，而'六经'无与焉。"[③]虽然称朱子"六经无与"的说法不免偏颇，但宋儒之学确实以四书为核心，并以四书为理解六经的基础。程颐云：

① 康有为：《长兴学记》，姜义华、张荣华编：《康有为全集》第一集，第347—348页。

② 康有为：《万木草堂口说》，姜义华、张荣华编：《康有为全集》第二集，第136页。

③ 同上。

学者当以《论语》、《孟子》为本。《论语》、《孟子》既治，则六经可不治而明矣。读书者当观圣人所以治经之义，与圣人所以用心，圣人之所以至于圣人，而吾之所以未至者，所以未得者，句句而求之，昼诵而味之，中夜而思之，平其心，易其气，阙其疑，则圣人之意见矣。①

朱熹则云：

《大学》一篇乃入德之门户，学者当先讲习，知得为学次第规模，乃可读《语》、《孟》、《中庸》。先见义理根原体用之大略，然后徐考诸经以极其趣，庶几有得。②

在宋儒的理解中，治经的目标不在于了解其中的节文度数，而在于通圣人之心。通圣人之心的途径，便是切己体贴《论语》《孟子》中圣人平日教人之语，借由四书对天道性命的阐发，把握圣人的精微义理，乃至理解圣人的所思所想。表面看来，四书只是通向六经的进阶，终极指向仍在六经，但实际上，宋儒将五经收摄在了他们依托四书所建构起来的理气心性之学中，按程颐所说，“《论语》、《孟子》既治，则六经可不治而明”，那么，把握住了四书精义，即是把握住了六经之要，因为圣人之心是一体通贯的。在这个意义上，宋儒的五经之学是被“四书”化的五经之学。

正是看到了这一点，康有为在《重刻伪经考后序》中说：

---

① 程颢、程颐：《程氏遗书》，《二程集》，第 322 页。

② 朱熹：《与陈丞相别纸》，《晦庵先生朱文公文集》，载朱杰人、严佐之、刘永翔主编：《朱子全书》第 21 册，第 1180 页。

古文者，毛氏《诗》，孔氏《书》，费氏《易》，《周礼》与《左氏春秋》，与其他名古文者及与古文合证者，皆刘歆所伪撰而篡改者也，郑康成不辨今古之真伪，和合今古，杂糅真伪，号为经学之集成，实则伪古文行而今文废。于是孔子之微言绝，大义乖，大同太平之道暗塞而不明，孔经虽未全亡，然变乱丧失亦已甚矣。故宋人求之经，已有疑之，乃舍弃经而求之传，得《论语》、《孟子》，至朱子选最粹之《大学》、《中庸》合为《四书》，祧六经而代之，以教天下，垂范几千年。[①]

康有为回顾了由汉至宋，从六经之学向四书之学的转变过程：正因刘歆伪造古文，郑玄又杂糅今古，从此经学真伪难辨，更要紧的是，孔子微言大义由此被古文经学遮蔽，隐而不彰，导致六经之学到了宋代已成无用之学，因此，宋儒才不得不舍经而求传，从六经转向四书。这一转变原本是宋儒无奈之举，但也正因如此，宋儒的学术才有效避开了刘歆所伪的五经。四书之中，《孟子》未有古文，故可信据；而康有为说《大学》《中庸》“最粹”，是因为此二篇出自《小戴礼》，为今文经学，因此，二篇可看作是孔门弟子为传孔子之学所作。四书之中，只有《论语》有古文经本，“自郑玄以鲁、齐《论》与古《论》合而为书，择其善者而从之，则真伪混淆，至今已不可复识”[②]。由此可见，四书之中，可信者三，虽然《孟子》《中庸》《大学》不是孔子亲定，但也是孔门后学所撰的孔子口授之学；因此，虽然宋儒所尊之古文六经为伪，但宋学真正的核心——四书，大体上却是孔学真传。

① 康有为：《重刻伪经考后序》，康有为著、楼宇烈整理：《新学伪经考》，第379页。
② 康有为：《论语注》，姜义华、张荣华编：《康有为全集》第六集，第378页。

当然，宋学对孔子之学的继承，并不只是得力于四书之真，康有为进一步指出，宋儒在对心性之学的发挥上，亦颇得孔子真传。在万木草堂为诸生讲授学术源流之时，他就曾多次言及宋学对圣人微言大义的继承与阐发之功，如"'太极生两仪'，即孔子以元统天之义"①，"静、敬二字，皆圣人大义，周子多言'静'，朱子多言'敬'"②，"周、程全从孔子《系辞》、《中庸》而出"③，"周、程、朱、张，二千年来未有及之者也，其学为孔子传人"④。正是在这个意义上，康有为才说宋人的义理之学是"原于孔子，析于宋贤"⑤。

康有为同时指出，虽然宋儒所用四书大体为孔子真传，且宋儒也能够发挥其中的心性之论，但终究未能得孔子大道。在《万木草堂口说》中，康有为云："宋儒发挥《中庸》最透，然于孔子之道无焉。"⑥在《〈大学注〉序》中，他又称："惟朱子未明孔子三世之义，则于孔子太平之道，暗而未明，郁而不发。"⑦由于宋儒未能明五经真义，尤其是不知孔子《春秋》改制之义，导致宋儒即使面对孔子之学的真传，也未能以孔子大义贯通四书。宋儒对四书的解读，固然有其长处与价值，但总体而言，未能通达孔子最精微的义理，孔子大道最完整的呈现，仍然是在六经之学中，而只有今文经学才能充分揭示出孔子之学的精义，因此，康有为认为，四书之学"虽多今文传说，然实同于一隅割据偏安，迥非大一统之旧观矣"⑧。

① 张伯桢：《康南海先生讲学记》，载姜义华、张荣华编：《康有为全集》第二集，第111页。

② 同上。

③ 康有为：《万木草堂口说》，姜义华、张荣华编：《康有为全集》第二集，第138页。

④ 同上。

⑤ 康有为：《长兴学记》，姜义华、张荣华编：《康有为全集》第一集，第345页。

⑥ 康有为：《万木草堂口说》，姜义华、张荣华编：《康有为全集》第一集，第166页。

⑦ 康有为：《〈大学注〉序》，姜义华、张荣华编：《康有为全集》第六集，第355页。

⑧ 康有为：《重刻伪经考后序》，康有为著、楼宇烈整理：《新学伪经考》，第379页。

显而易见，康有为心目中孔子之学的“大一统之旧观”，即是经过他重新定义的汉学与宋学之统合，即孔子经世与义理之学。

三、去“古”存“今”之意

通过对“新学伪经”的考辨，康有为将古文经及古学排除在经学谱系之外，终结了周、孔之制的矛盾，实现了经学的统一。但仍然可以追问的是：康有为统一经学的选择为什么是排斥古文经与古文经学，而不是今文经与今文经学？换言之，康有为为什么一定要舍羑里而主孔子？一般看法认为，康有为摒弃古文经的主要原因是古文经学反对孔子改制之说，为意图提倡变法的康有为所深拒。但周公有摄政之嫌与《周礼》职官设置所体现的专制，也是康有为难以容忍周公之学的重要原因。

康有为弟子伍宪子曾在《经学通论》中列过三条“刘歆伪经之害”，第一条罪名是诬周公居摄：

> 刘歆蓄意佐莽篡汉，最忌孔子《春秋》，歆说《春秋》，关于诛乱贼之义，绝少提及。……于是窜乱《明堂位》一篇，称周公居摄，践天子位以治天下。[①]

刘歆伪造周公摄政之事，混淆视听，非毁圣人，开居摄之先例，给王莽摄政提供经典依据，此为刘歆伪经之一害。

第二条是刘歆伪经反对孔子改制。伍宪子云：

> 歆以王莽为君，而自居为师，视制作为君师之事，惟周公

① 伍宪子：《经学通论》，东方文化出版社1936年版，第34页。

可兼之，若孔子布衣改制，是以师权夺君权，歆所嫉忌。故一面借周公以抑孔子，一面即借周公以自尊其君师之权。盖歆以周公媚莽，莽故推行歆学，征召为歆学者千余人，诣公车，富贵之。南海先生谓："篡汉，则莽为君，歆为臣，莽利用歆，篡孔，歆为师，莽为徒，歆利用莽。"①

刘歆伪经与王莽篡汉，二者互为表里。按公羊家之说，孔子身为布衣，无王者之位，却有改制之权。但在刘歆看来，孔子布衣改制之说对现实中的王者构成了威胁与僭越。为了献媚其君王莽，刘歆通过伪造古经和古学，夺孔子制作之权，重归于君师合一的"周公"手中，也就是在名义上将制作之权归于王莽。而王莽制作，实赖刘歆为之策划，因此，制作之权实际上就落入刘歆自己手中。

第三条是刘歆伪经乱经义而长专制。伍宪子云：

歆窜乱礼制，假经义以媚莽，造出九嫔、世妇、女御等职于《周官》。窜三夫人、九嫔、二十七世妇、八十一御妻之文于《昏义》，以为天子之制如是。……歆《周官》又伪为"膳夫羞，用百二十品，酱百有二十瓮，王及后、世子之膳不会"等文，莽亦用之。……莽又设六莞之令，命县官酤酒卖盐，诸采取名山大泽众物者税之。又令市官收贱买贵，官营市利，税重而民怨，皆仿用《周官》闾师、司市、廛人、泉府等职而行之。与孔子仁政背道而驰。②

《周官》中多有助长君主专制之法，如天子娶女之众，膳羞之

① 伍宪子：《经学通论》，第34页。

② 同上书，第35页。

侈，与民夺利之政，皆出于《周官》，与孔子对于政治的看法大相径庭。此专制之风既开，流毒后世，祸害尤烈。康有为在《自编年谱》中谈到光绪十四年（1888 年）进京见颐和园，称：“时西后以游乐为事，自光绪九年经营海军，筹款三千至，所购铁舰十余舰，至是尽提其款筑颐和园，穷极奢丽，而吏役展转扣克，到工者十得其二成而已。”1891 年，在给朱一新的书信中，他以阉寺之制为例，痛陈伪经之祸云：“自刘歆伪《周礼》，上因汉制而存阉宦，后此常侍弄权，党人戮辱，高名善士先受其祸，而国步随之而亡……今则李莲英复弄政矣。后此忠贤复出，清流之祸方长，是刘歆一言丧三朝矣。古今之祸，孰烈于此？”[①] 刘歆伪经诬周公摄政，而现实中有慈禧摄政；刘歆伪经长帝王专制，而现实中慈禧生活奢侈靡费，为了供养皇室，存阉寺之制，导致宦官弄权。康有为认为，造成如此种种政治弊病，刘歆伪经与伪学有不可推卸的责任，是故在《新学伪经考》的序言中，他声称：“后世之大祸，曰任奄寺，广女色，人主奢纵，权臣篡盗，是尝累毒生民、覆宗社者矣，古无有是，而皆自刘歆开之。是上为圣经之篡贼，下为国家之鸩毒者也。”[②]

康有为将古文经看成是导致后世诸种政治之祸的根源，这种说法未必符合历史实情，但它表达了康有为的一种认识，即政治与经学互为表里，经学曾经塑造了政治，也将在未来塑造政治。因此，倘若要重新塑造一种经学，为未来的政治提供依据，那么这种经学的学理中不能包含显见的弊端和可疑之处。因此，康有为对周公并无意见，但刘歆与《周官》牵涉不清的关系给周公之法在源头上贴上了可疑的标签，而舍《周官》又无以言周公之法，这就注定了古

① 康有为：《致朱蓉生书》，姜义华、张荣华编：《康有为全集》第一集，第 315 页。

② 同上书，第 355 页。

学不适宜承担康有为重建经学的“大任”。

相较于以孔子之法为内核的今学，以周公之法为实质的古学还有另一局限。在康有为对《汉书·艺文志》的考察中，有三点发现值得重视：一、“凡歆所伪之经，俱录加于今文之上，‘六艺’皆然，此亦歆自尊其伪经之私心可见者也”[①]。康氏此说略有不确[②]，更准确地说，《艺文志》每述一经，凡经有古文本者，皆将古文本列于今文本之前。二、刘歆将六经之作者归于文王、周公。《新学伪经考》云：“六经笔削于孔子，礼乐制作于孔子，天下皆孔子之学，孔子之教也。歆思欲夺之，于《易》则以为文王作上、下篇，于《周官》、《尔雅》以为周公作。”[③]三、《艺文志》对六经的排序，与先秦至西汉的六经排序截然不同。《新学伪经考》云：“颠倒六经之序。《诗》、《书》、《礼》、《乐》、《易》、《春秋》之序，孔子手定；孔门旧本，自《经解》、《庄子》、史迁无不以《诗》为首，《书》次之，《易》后于《诗》、《书》、《礼》、《乐》，而先于《春秋》，靡有异说。而歆以《易》为首，《书》次之，《诗》又次之。后人无识，咸以为法。”[④]刘歆将古文经列于今文经之上，显然是要尊古抑今，他以六经归于文王、周公，也是在诉诸一种比孔子更久远和古老的权威，而刘歆对六经次序的调整，实际上是将六经以时间先后的顺序加以排列。按照《艺文志》的追溯，《易》始于伏羲氏作八卦，文王重爻，孔子作传；《书》“上断于尧、下终于秦”[⑤]；《诗》是孔子“纯取周诗，上采

---

① 康有为：《致朱蓉生书》，姜义华、张荣华编：《康有为全集》第一集，第 399 页。

② 按康氏之说，《毛诗》为刘歆所伪，应列于三家《诗》之上，但《艺文志》的顺序是三家《诗》在《毛诗》之上。

③ 康有为：《新学伪经考》，姜义华、张荣华编：《康有为全集》第一集，第 414 页。

④ 同上书，第 413 页。

⑤ 班固撰、颜师古注：《汉书·艺文志》，第 1706 页。

殷，下取鲁”[1]；《礼》虽然起源古远，帝王质文忽有损益，但至周代才“曲为之防，事为之制”；《春秋》则是孔子据鲁史所修。

通过康有为的揭示可以看到，刘歆将六经的源头追溯到孔子之前的上古圣王处，六经实际上就是前代圣王治世之法的集合，孔子只是这个集合的继承者。这一点在刘歆的《移让太常博士书》中也有明确表达：“昔唐、虞既衰，而三代迭兴，圣帝明王，累起相袭，其道甚著。周室既微而礼乐不正，道之难全也如此。是故孔子忧道之不行，历国应聘。自卫反鲁，然后乐正，《雅》《颂》乃得其所；修《易》，序《书》，制作《春秋》，以纪帝王之道。”[2] 因此，六经真正的主人就不是孔子，而是前代圣王。如果六经是前代圣王的治世之迹，随之而来的问题是，六经所记载的不过是发生过了的圣王历史，而作为一种历史经验的六经，显然无法提供一套超越性的规则与价值。

因此，周、孔制法除了在具体的制度、仪节上有不同的说法外，一个更根本的差异在于，孔子之制从未在经验世界中付诸实施。正因孔子未曾得位，他就不可能像前代圣王一样在现实世界中以王者的身份制礼作乐，而只能寓其制法于《春秋》中。这也就意味着，孔子之制是一套从未在历史中实现过的制度设计。唯因其从未落实在历史之中，它才得以超越历史；唯因其没有在经验世界中实现，它才得以始终引领着经验世界。

康有为在 1926 年写给支伟成的一封书信中，透露出他对以六经为史的经学观念的担忧：“刘歆既以《左传》之文述鲁史，而夺《公》、《穀》之微言大义，又撰《七略》以抑儒，然六经犹尊，敢伪经而不敢攻经也。至章学诚乃谓诸经为史，则孔子改制立教皆灭

① 班固撰、颜师古注：《汉书 · 艺文志》，第 1708 页。

② 班固撰、颜师古注：《汉书 · 楚元王传》，第 1967 页。

矣……若以六经为史，则孔子非教，中国无教主……他教不攻我教，而我自攻之，宜孔教之衰也。”[①] 康有为向来以刘歆为经学罪人，却在此信中以章学诚之罪更甚，颇可玩味。究其原因，乃因章氏之作点破了古文经学以六经为史这一层未曾明言之意，降经于史。由此可知“六经为史”对康有为而言是一种必须否定的观念。职是之故，康有为的去古存今，不仅是为了解决经学中的矛盾冲突，再次统合经学，同时也是因为意识到古学的历史化倾向将对新经学义理的阐发造成掣肘，使得经学难以面向未来。

① 康有为：《复支伟成书》，姜义华、张荣华编：《康有为全集》第十一集，第432页。

第三章　从"三统"到"三世"：探索一种新的普遍主义理论

康有为通过《新学伪经考》重塑了一个完整、统一且面向未来敞开的经学体系，迈出了经学革新的第一步。接下来更为关键的任务是，如何"穷孔子之学"而能"使孔子之道有不借国力而可传者"[①]，即如何在既有的经学传统中筛选和发展出一种具有普遍主义特质的学说或理论，并以之为基，为六经之学重新赋能。

正如郑玄以三《礼》为本遍注群经，朱子以四书为支撑通向五经，康有为启动经学普遍主义的重建，也有一个明确的支点，即《春秋》公羊学。在康有为的公羊学中，"三统"说和"三世"说为两大理论支柱。梁启超曾对康氏"三统""三世"之说做过一番简要概括："有为所谓改制者，则一种政治革命、社会改造的意味也，故喜言'通三统'。'三统'者，谓夏、商、周三代不同，当随时因革也。喜言'张三世'。'三世'者，谓据乱世、升平世、太平世，愈改而愈进也。"[②]则"三统"说乃一种随时改制理论，而"三世"说则为一种改制进化理论。梁启超此说对后来的研究者影响甚著，主要体现在三个方面：首先，认为康有为提出"三统"说仅仅是为了推行变法所做的理论缘饰[③]。其次，凡言及康有为《春秋》学，俱将

---

① 康有为：《答朱蓉生书》，姜义华、张荣华编：《康有为全集》第一集，第 325 页。

② 梁启超：《清代学术概论》，第 67 页。

③ 李泽厚、汤志钧等学者均持此看法。参见李泽厚：《中国近代思想史论》；汤志钧：《康有为与戊戌变法》。

“三统”与“三世”笼统而论，甚少注意到康氏《春秋》学最初以“三统”说为重心，戊戌变法失败之后才转向“三世”说，从而对这两种理论在康氏《春秋》学中的地位变化及原因缺乏细致考察。最后，有研究者注意到康氏《春秋》学从“三统”到“三世”说的重心转变，譬如，马永康对康有为从“三统”到“三世”的转变做了梳理，揭示了“三统”说在康有为思想中的位置及其与“三世”的关系[①]；常超则对康有为的“三统”与“三世”内涵分别做了仔细的梳理[②]。但以“三统”只涉改制而“三世”具备进化色彩来解释转变的原因[③]，则“三统”与“三世”两种理论之间存在断裂，转变背后一以贯之的关切被遮蔽了。

近年已有不少研究指出，以康氏经学仅为其政治改革缘饰的看法有倒果为因之嫌，亦有不合事实之处[④]。那么，对康有为提出“三统”说的真正目的及背后的关切就必须做出新的认识，而他在戊戌流亡后，从“三统”到“三世”的重心转变，其中缘由也应得到新的解释。因此，本章关注的问题包括：一、为什么《春秋》公羊学会成为康有为重建经学普遍主义的起点？二、如何理解康有为的“三统”“三世”之说与传统公羊学之间的关系？他在何种意义上继承了传统，又在何种意义上突破了传统？三、在寻找重建经学普遍

---

① 参见马永康：《从“三统”、“三世”到“三世三重”——论康有为的思想》，《华东师范大学学报（哲学社会科学版）》2010 年第 3 期。

② 参见常超：《“托古改制”与“三世进化”：康有为公羊学思想研究》，北京大学出版社 2015 年版。

③ 如马永康提出，康有为之所以会从“三统”转向“三世”，是因为“‘三统’强调要因时而变，没有明确的进化色彩，‘三世’才显示出进化特色”。参见马永康：《从“三统”、“三世”到“三世三重”——论康有为的思想》，《华东师范大学学报（哲学社会科学版）》2010 年第 3 期。

④ 参见唐文明：《敷教在宽：康有为孔教思想申论》，第 99 页。

主义核心理论的过程中，康有为为何会经历从“三统”到“三世”的重心转移？

第一节 从“为汉制法”到“治万世”之法：“三统”说的内涵变迁

一、素王之法：《春秋》的特殊性

康有为在万木草堂讲学时云：“孔子作《春秋》，以立一王之制，非特治一世，将以治万世也。”[①] 一语点明《春秋》在六经中的特殊性，它既是孔子所立“一王之制”，也是使得六经垂法万世的关键所在。《春秋》何以堪当“一王之制”？这就要追溯到汉代公羊家以《春秋》为孔子所作之说。

六经究竟是孔子所“作”还是所“述”，是今、古文经学家聚讼不止的问题。大略而言，古文家以六经为孔子所“述”，而今文家以六经为孔子所“作”。不过，清代今文家内部对《诗》《书》《礼》《易》这四经是“述”还是“作”仍存在不同的看法，唯有对《春秋》为孔子所“作”一事无异议[②]。今文家既以《春秋》为孔子所“作”，就有必要对两个问题做出解释：一，孔子何以能够“作”《春秋》；二，“作”应在何种意义上理解。

① 张伯桢：《康南海先生讲学记》，姜义华、张荣华编：《康有为全集》第二集，第121页。

② 皮锡瑞《经学历史》谓孔子删订六经以前，不得有经，乃以孔子删订六经，寓以其教，为“作”六经之义。参见皮锡瑞著、周予同注：《经学历史》，第19—20页。而刘逢禄在解释《论语·述而》“述而不作”章时，云：“《易》、《诗》、《书》、《礼》，皆述古者也。”是以此四经为孔子所述。又云：“《春秋》夫子所作，亦谦言述者，其义亦祖述尧舜宪章文武也。”是以《春秋》为孔子作。二说虽有异，但《春秋》为孔子所作无异。参见刘逢禄：《论语述何》，《刘礼部集》卷二，《续修四库全书》第1501册，第44页。

《春秋》为孔子所“作”的依据，可以溯至《孟子》。《孟子·滕文公下》云：

> 世衰道微，邪说暴行有作，臣弑其君者有之，子弑其父者有之，孔子惧，作《春秋》。《春秋》，天子之事也，是故孔子曰：“知我者其惟《春秋》乎，罪我者其惟《春秋》乎？”[①]

《孟子》明言孔子“作《春秋》”，又云“《春秋》天子之事”，孔子有“罪我”之辞，这些说法在汉代被视为孔子“素王”之证。汉人赵岐注《孟子》此句云：“世道衰微，周衰之时也，孔子惧王道遂灭，故作《春秋》。因鲁史记，设素王之法，谓天子之事也。知我者，谓我正王纲也。罪我者，谓时人见弹贬者。言孔子以《春秋》拨乱也。”[②] 根据赵岐的理解，孔子“作”《春秋》，不是一般意义上的“写作”或“创作”，而是特指“制作”。但《礼记·中庸》明言“非天子不议礼，不制度，不考文”[③]，也就是说，只有王者才有制作之权。孔子不过一介布衣，如何能言“制作”？乃因孔子为“素王”。汉代公羊家认为，天命改易，有王者出，必有符瑞为之征兆，孔子即有受命之征兆。《春秋》哀公十四年有“西狩获麟”之事，《公羊传》云：“麟者仁兽也。有王者则至，无王者则不至。”[④] 董仲舒《春秋繁露·符瑞》解释道：“有非力之所能致而自至者，西狩获麟，受命之符是也。”[⑤] 获麟成为孔子获得天命的标志。但矛盾的是，孔子虽

---

① 焦循：《孟子正义·滕文公下》，中华书局 1987 年版，第 452 页。
② 同上。
③ 郑玄注、孔颖达疏：《礼记正义》，上海古籍出版社 2008 年版，第 2038 页。
④ 何休解诂、徐彦疏：《春秋公羊传注疏》，第 1190—1191 页。
⑤ 苏舆：《春秋繁露义证·符瑞》，中华书局 1992 年版，第 157 页。

有圣王之德，却终其一生不获天子之位；德位不符，禄命分离，这就意味着孔子不可能如尧、舜、禹、汤、文、武、周公等前代圣王一样，以天子身份行制礼作乐之事。那么，孔子的“素王”身份体现在何处？

在公羊家的理解中，孔子为“素王”就体现在《春秋》之“作”上。《史记·太史公自序》云：

> 余闻董生曰：“周道衰废，孔子为鲁司寇，诸侯害之，大夫壅之。孔子知言之不用，道之不行也，是非二百四十二年之中，以为天下仪表，贬天子，退诸侯，讨大夫，以达王事而已矣。”……壶遂曰：“孔子之时，上无明君，下不得任用，故作《春秋》，垂空文以断礼义，当一王之法。”①

在汉人的理解中，《春秋》是孔子的“一王之法”，孔子虽在现实中无改制立法之权，但可以借助《春秋》作改制立法之言。因此，作为孔子“一王之法”的《春秋》与孔子“素王”角色之间是互相界定的：正因为孔子有天命在身，才有了作《春秋》以达王事的资格；反之，正因为孔子有作《春秋》之事，他的“素王”身份才得到落实②。因此，孔子“作”《春秋》必须在“素王”制法的意义上加以理解。

但另一方面，古文家认为孔子述而不作，也有充分理由。《汉书·儒林传》称孔子“因鲁《春秋》，举十二公行事，绳之以文、武

① 司马迁撰、司马贞索引、张守节正义：《史记·太史公自序》，第3299页。

② 《论语》载子路欲使门人为臣，孔子以为欺天，后世据此怀疑孔子不为素王。清末皮锡瑞认为应以《春秋》为素王，不必以孔子为素王。参见皮锡瑞：《经学通论》，中华书局2008年版，第10页。然而，孔子“素王”说既以作《春秋》为其实质，则孔子素王说与《春秋》素王说亦可不做特别区分。

之道，成一王法，至获麟而止……皆因近圣之事，以立先王之教”[①]。《春秋》所论二百四十二年之事，并非孔子凭空臆造，而是据鲁史之文编修成[②]。然而，今文家并不认为孔子因鲁史修《春秋》即是“述而不作”，关键的差异在于对《春秋》之义的理解。纵然《春秋》之文出自鲁史旧闻，但孔子于删削之间，以新义寓于《春秋》，这才是“作”的真正内涵。今文家这一理解仍然可以上溯至《孟子》，《孟子·离娄上》云：

> 晋之《乘》，楚之《梼杌》，鲁之《春秋》，一也。其事则齐桓、晋文，其文则史，孔子曰：“其义则丘窃取之矣。”[③]

虽然孟子承认《春秋》并非孔子凭空创作，而是有取于列国史书，但他强调，《春秋》之义是孔子赋予的，也就是说，《春秋》之所以是孔子所“作”而非“述”，不在于其事与文，而在于其“义”。没有“义”的《春秋》只是齐桓、晋文之史，而被孔子赋予了新“义”的《春秋》，性质发生了根本转变，成为寄托孔子“贬天子，退诸侯，讨大夫”之义所在的一王之法。董仲舒《春秋繁露·玉杯》云：“《春秋》论十二世之事，人道浃而王道备。法布二百四十二年之中，相为左右，以成文采。其居参错，非袭古也。”[④]由此可知，《春秋》文虽旧，义却新，鲁史之《春秋》与王法之《春秋》只有形式上的相似性，而实质上是两部全然不同之书，因此作为“王法”

---

① 班固撰、颜师古注：《汉书·儒林传》，第3589页。

② 徐彦疏引闵因叙云“昔孔子受端门之命，制《春秋》之义，使子夏等十四人求周史记，得百二十国宝书”，与因鲁史之说有所不同。参见何休解诂、徐彦疏：《春秋公羊传注疏》，第2页。

③ 焦循：《孟子正义·离娄上》，第574页。

④ 苏舆：《春秋繁露义证·玉杯》，第23页。

的《春秋》必然是孔子所“作”。

对今文家而言，《春秋》为素王所“作”这一特殊性，使得《春秋》在六经中获得了极其特殊的地位。晚清今文家对此反复申说，皮锡瑞云“正谊明道，权衡万世，惟在《春秋》一经”[①]，康有为称“孔子之为万世师，在于制作六经，其改制之意，著于《春秋》”[②]，又云“六艺之中，求孔子之道者，莫如《春秋》”[③]，皆是强调《春秋》乃理解六经的关窍所在，换言之，要理解六经何以为“万世之法”，就必须从《春秋》着眼。

二、“《春秋》为汉制法”

廖平在《群经凡例》中提过一个说法：“《春秋》为万世之经，公羊先师误以为救文从质，为一时之书。”[④]他认为，《春秋》可以用来治万世，而并非如公羊先师所认为的那样，只是“一时之书”。公羊先师以《春秋》为“一时之书”，指的就是汉代公羊家的“《春秋》为汉制法”之说。

“《春秋》为汉制法”之说出自纬书，《春秋演孔图》云：“邱揽史记，援引古图，推集天变，为汉帝制法，陈叙图录。”[⑤]《春秋说题辞》云：“伏羲作八卦，丘合而演其文，渎而出其神，作《春秋》以改乱制。”[⑥]何休解释哀公十四年《公羊传》“制《春秋》之义以俟后圣”时，也采纳了纬书之说，云：“孔子仰推天命，俯察时变，却观

① 皮锡瑞：《经学通论・春秋通论》，第 72 页。

② 康有为：《长兴学记》，姜义华、张荣华编：《康有为全集》第一集，第 349 页。

③ 康有为：《春秋笔削大义微言考》，姜义华、张荣华编：《康有为全集》第六集，第 3 页。

④ 廖平：《群经凡例》，《廖平全集》第 2 册，第 525 页。

⑤ 安居香山、中村璋八：《纬书集成》，河北人民出版社 1994 年版，第 579 页。

⑥ 同上书，第 854 页。

未来，豫解无穷，知汉当继大乱之后，故作拨乱之法以授之。”[①] 但皮锡瑞认为，“《春秋》为汉制法”其实是汉人为了推崇其所处之朝代，在汉言汉而已，实际上，《春秋》为后王立法，不专为汉[②]。晚清今文家皆以《春秋》为万世立法，故皮锡瑞有此说，但回到汉代语境，“《春秋》为汉制法”并非完全是经师推崇汉制的权宜之说，而确为当时深入人心的观念。

哀公十四年春，《春秋》经云“西狩获麟”，《公羊传》曰：“孔子曰：‘孰为来哉！孰为来哉！’反袂拭面，涕沾袍。”何休解诂云：“夫子素案图录，知庶姓刘季当代周。见薪采者获麟，知为其出。”传文又云：“制《春秋》之义以俟后圣。”何休解诂云：“孔子仰推天命，俯察时变，却观未来，豫解无穷，知汉当继大乱之后，故作拨乱之法以授之。”[③] 按何休之意，《春秋》虽为一王之法，但毕竟是“垂空言以断礼义”，因为孔子不得天子之位，孔子之法也就并未在现实中真正落实，而成为孔子为继周之朝预制的拨乱之法。在何休看来，刘汉正是继周而兴的一代，也就是作为“空言”的《春秋》之法所应付诸施行的一代。何休何以认为刘汉为继周之一代？这涉及五德终始理论对汉德的定位问题，极为复杂，在此不能展开[④]，

---

① 何休解诂、徐彦疏：《春秋公羊传注疏》，第 1199 页。

② 皮锡瑞《经学通论·春秋通论》云：“汉人又多言《春秋》为汉制法……而史公、董子书未有《春秋》为汉制法之说，故后人不信。欧阳修讥汉儒为狭陋，云：‘孔子作《春秋》，岂区区为汉而已哉！’不知《春秋》为后王立法，虽不专为汉，而汉继周后，即谓为汉制法。……在汉言汉，推崇当代，不得不然……今人生于大清，大清尊孔教，即谓《春秋》为清制法，亦无不可。”参见皮锡瑞：《经学通论·春秋通论》，第 11 页。

③ 何休解诂、徐彦疏：《春秋公羊传注疏》，第 1199 页。

④ 秦朝统治在历史上的合法性一直为汉人所否定，公羊家以汉为火德，周为木德，是出自一个将秦的合法性排除在外的“五行相生”系统。这个系统不同于太初改制时所依据的“五行相胜”系统，也不同于刘向、歆父子的“五德相生”系统。对于这一问题，陈苏镇有专门讨论，参见陈苏镇：《〈春秋〉与“汉道”：两汉政治与政治文化研究》，中华书局 2011 年版，第 436—445 页。

但通过何休对“制《春秋》之义以俟后圣”句的解释可以看到，汉代公羊家确实只是以《春秋》为一代之法，而并非后来人所理解的“万世之法”。

在汉代公羊家的理解中，《春秋》为一代之法，最重要的依据就是“三统”说。“三统”说是公羊学传统中最核心的理论，约略而言，它包含了两个方面的内容：一是尊前王，通三统，存前王之礼乐；二是尊新王，大一统，有受命改制之义。体现尊前王的内容可以进一步分为“存二王后”与“存三正”两个方面。董仲舒《春秋繁露·三代改制质文》云：

> 王者之法，必正号，绌王谓之帝，封其后以小国，使奉祀之。下存二王之后以大国，使服其服，行其礼乐，称客而朝。[①]

按照董子之说，“存二王后”要求新一代王朝兴起后，封前两朝之后为大国之君，国中可沿用其旧有礼乐、服色。《白虎通·三正》述其义曰：“王者所以存二王之后何也？所以尊先王，通天下之三统也。明天下非一家之有，谨敬谦让之至也。故封之百里，使得服其正色，用其礼乐，永事先祖。”[②]刘向也曾上书汉成帝云：“王者必通三统，明天命所授者博，非独一姓也。”[③]“存二王后”表达的是一种“尊先王”的精神，先王之所以可尊，是因为天下非一家所有，前两朝都曾经受天命而称王，存其后表达新王对天命的恭谨敬畏。

与“存二王后”密切相关的一项内容是“存三正”，“存三正”在《春秋》经文中有所表现。《春秋》隐公三年，经云：“三年，春，

① 苏舆：《春秋繁露义证·三代改制质文》，第198页。
② 陈立：《白虎通疏证·三正》，中华书局1994年版，第366页。
③ 班固撰、颜师古注：《汉书·楚元王传》，第1950页。

王二月。”何休解诂云：

> 二月、三月皆有王者，二月，殷之正月也，三月，夏之正月也。王者存二王之后，使统其正朔，服其服色，行其礼乐，所以尊先圣，通三统，师法之义，恭让之礼，于是可得而观之。①

《春秋》中，多有“王正月”“王二月”“王三月”，表面看来只是史书记时之体例，但经孔子笔削，有大义寓焉。“正月”前书“王”，何休解诂云：“以上系于王，知王者受命，布政施教所制月也。王者受命，必徙居处，改正朔，易服色，殊徽号，变牺牲，异器械，明受之于天，不受之于人。夏以斗建寅之月为正，平旦为朔，法物见，色尚黑；殷以斗建丑之月为正，鸡鸣为朔，法物牙，色尚白；周以斗建子之月为正，夜半为朔，法物萌，色尚赤。”② 将“正月”系于“王”之下，意味着正朔由王所颁布；新王受命后，为了与前王有所区别，因而改易正朔，以确立新王朝的正统性。既然“正月”系于“王”之下，就已经能够表达王者改正朔之义，为何还会有“王二月”和“王三月”的经文？何休解释道，隐公三年经文中的“王二月”，并非周之二月，而是殷之正月，此王即殷之始王；类似地，经文中如果出现“王三月”，也并非周之三月，而是夏之正月，此王是夏之始王。夏、商、周三代，分别建寅、建丑、建子，《春秋》经文以“王二月”和“王三月”的书法，保存了夏、商两朝的正朔，是为“存三正”之义，而此义的关键仍然在于表达对先代圣王的“师法之义，恭让之礼”。

---

① 何休解诂、徐彦疏：《春秋公羊传注疏》，第 57 页。

② 同上书，第 11 页。

除了通三统以尊前王外，“三统”说还包含另一个更加重要的方面，即新王制作以大一统。隐公元年，《春秋》经云“元年春王正月”，《公羊传》曰：“何言乎王正月？大一统也。”何休解诂云：

> 统者，始也，总系之辞。夫王者，始受命改制，布政施教于天下，自公侯至于庶人，自山川至于草木昆虫，莫不一一系于正月，故云政教之始。[①]

在此，何休明确地将“统”训为“始”，“始”意味着新朝与前代之间要做出一个明确的区分，这种区分如何体现？体现在新王改制中。虽然“存二王后”与“存三正”突显了尊前王的重要性，但对于继前两代而立的王者而言，“通三统”最终指向新王大一统。《春秋繁露·三代改制质文》云：“王者必改正朔，易服色，制礼乐，一统于天下，所以明易姓非继人，通以己受之于天也。王者受命而王，制此月以应变，故作科以奉天地，故谓之王正月也。”[②]《白虎通·三正》云：“王者受命必改朔何？明易姓，示不相袭也。明受之于天，不受之于人，所以变易民心，革其耳目，以助化也。”[③]此皆言大一统之义，在于彰明新王受命，非继人而王，因此必有改制之事，以示与前代不同。

公羊家重视发挥“三统”说，真正目的是要立《春秋》当新王之义。《春秋繁露·三代改制质文》云：

> 《春秋》曰：“杞伯来朝。”王者之后称公，杞何以称伯？

① 何休解诂、徐彦疏：《春秋公羊传注疏》，第12页。
② 苏舆：《春秋繁露义证·三代改制质文》，第185页。
③ 陈立：《白虎通疏证·三正》，第360页。

《春秋》上绌夏，下存周，以《春秋》当新王。《春秋》当新王者奈何？曰：王者之法，必正号，绌王谓之帝，封其后以小国，使奉祀之。下存二王之后以大国，使服其服，行其礼乐，称客而朝。故同时称帝者五，称王者三，所以昭五端，通三统也。①

庄公二十七年，《春秋》经云“杞伯来朝”，杞为夏后，相对于周，为二王后，因此杞君应称“公”，但经文却称其为“伯”。董仲舒解释道，这正是孔子有意为之，由杞不称公可知，孔子以《春秋》当新王，新统既起，则杞便不再是周代之杞国，而为《春秋》之杞国，以《春秋》为一代，那么商、周二朝才是它所对应的二王后，夏之后杞就不再享有二王后的地位，因此黜杞国国君为伯。何休所谓的“新周、故宋，以《春秋》当新王”之说，也由此而来。那么，“三统”说中的新王改制之义，就体现在作为新统的《春秋》中。

虽然新王必有改制，但所改之制并非王者凭空自创，而是建立在对前王之制损益的基础之上，损益前王之法，则要遵循文质互变的规律。董仲舒在《春秋繁露·三代改制质文》中云：

王者以制，一商一夏，一质一文。商质者主天，夏文者主地……主天法商而王，其道佚阳，亲亲而多仁朴。立嗣予子，笃母弟，妾以子贵……主地法夏而王，其道进阴，尊尊而多义节。立嗣与孙，笃世子，妾不以子称贵号……主天法质而王，其道佚阳，故立嗣予子，笃母弟，妾以子贵……主地法文而王，其道进阴，尊尊而多礼文。故立嗣予孙，笃世子，妾不以子称贵号。②

---

① 苏舆：《春秋繁露义证·三代改制质文》，第 198 页。
② 同上书，第 204 页。

文、质的概念出自《论语·雍也》“质胜文则，文胜质则，文质彬彬，然后君子”，但在公羊学中，用以描述一朝的制法特征。所谓质者，即此代之法重在体现亲亲而多仁朴的精神；所谓文者，即此代之法重在体现尊尊而多礼文的精神。而质文之间又遵循“再而复”的互变关系，依此类推，则夏文而殷质，周文而《春秋》质，换言之，《春秋》改制，关键在于改周之文，而从殷之质。《春秋》尚质，在《春秋》经文中有明确体现，如桓公十一年《春秋》经云“郑忽出奔卫”，《公羊传》曰：“《春秋》伯子男一也，辞无所贬。”何休明确指出：“《春秋》改周之文，从殷之质，合伯子男为一，辞无所贬，皆从子。”[①] 周代原有公、侯、伯、子、男五等之爵，而在《春秋》中，孔子合伯、子、男为一，改周之五等爵为三等，通过减少爵位的尊卑等级，体现出质的精神。

经过汉代公羊家的阐发，“三统”说构造了一个正朔三而改、文质再而复的王朝之法更迭理论，《春秋》用夏之正，遵循三正循环的规律，改周之文、从殷之质，则是对文质互变规律的遵循，由此可以看出，《春秋》被看作“三统”中的一统，由此才有以《春秋》为汉一代之法的理解。然而，这一理解到了清代公羊学复兴之际，发生了重大变化。

三、以“三统”治万世

公羊学极盛于汉代，魏晋以后，《左氏》大行，《春秋》之学遂一变而以《左氏》为宗，《公羊》式微，直至清乾嘉之际，常州学派的庄存与、刘逢禄、宋翔凤等人复兴《公羊》研究，才又重新接续上了汉代《春秋》学传统。值得注意的是，虽然常州公羊学派继承

---

① 何休解诂、徐彦疏：《春秋公羊传注疏》，第174页。

了汉代公羊学的传统，仍然将“三统”说看作是公羊学中最重要的论题，但刘逢禄、宋翔凤等人对“三统”的理解已与汉人大为不同。曾亦指出，刘逢禄的“三统”独重改制之义[①]；除此之外，另一个重要的差别是，汉人以《春秋》为一代法，而刘逢禄明确提出，《春秋》为万世法。

刘逢禄在《春秋公羊经何氏释例》中，多次提到《春秋》“治万世”之说，例如“《春秋》之义固上贯二帝三王，而下治万世者也”[②]，“《诗》亡然后《春秋》作，以继三代而治万世者也”[③]，“厉、幽之亡，不生孔子，天将以《春秋》之制，统三王而正万世也”[④]等等。不难看出，《春秋》为万世法是刘逢禄的重要观点。然而，汉代公羊家只云“《春秋》为汉制法”，却未曾言“《春秋》为万世之法”，那么，刘逢禄在何种意义上认为《春秋》可治万世呢？在《春秋公羊经何氏释例·通三统例》中，刘逢禄云：

> 昔颜子问为邦，子曰“行夏之时，乘殷之辂，服周之冕”，终之曰“乐则《韶》舞”。盖以王者必通三统，而治道乃无偏。而不举之处，自后儒言之，则曰法后王，自圣人言之，则曰三王之道若循环，终则复始，穷则反本，非仅明天命所授者博，不独一姓也。夫正朔必三而改，故《春秋》损文而用忠。文质必再而复，故《春秋》变文而从质，受命以奉天地，故首建五始。至于治定功成，凤皇来仪，百兽率舞，而《韶》乐作焉，

① 参见曾亦：《共和与君主：康有为晚期政治思想研究》，上海人民出版社 2010 年版，第 102 页。

② 刘逢禄：《春秋公羊经何氏释例·通三统例》，上海古籍出版社 2013 年版，第 14 页。

③ 刘逢禄：《春秋公羊经何氏释例·名例》，第 75 页。

④ 刘逢禄：《春秋公羊经何氏释例·诛绝例》，第 125 页。

则始元终麟之道，举而措之，万世无难矣。[①]

在刘逢禄看来，《春秋》之所以能够“治万世”，关键在于“通三统”之义，而他对“通三统”的表述，与前人有所不同。首先，刘逢禄强调“三王之道若循环，终则复始，穷则反本”。在汉人的理解中，对承受天命的新王而言，“通三统”的一个最重要的内涵是尊前王，以示天命所授者博，非一家独有。但刘逢禄有意弱化了这一层内涵，而是将重点落在三统循环上，并强调，揭示三统循环往复的这种特性，才是圣人言“通三统”的真正用意。其次，刘逢禄在论“通三统”时，引入了“三教”的内容，提出了“《春秋》损文而用忠”的说法。“三教”亦是一个与“三统”密切关联的问题，然而，由于长期以来“三教”与“文质”关系的不明确，使得“三教”在“三统”说中的位置难以确定。在《春秋繁露》中，董子并未提及“三教”，只是说“三统”在制法上遵循文质“再而复”的规律，但在《汉书·董仲舒传》所载的上汉武帝对策中，董仲舒却提出“三统”与“三教”存在着对应关系，即“夏上忠，殷上敬，周上文”。很显然，文、质的循环与忠、敬、文的循环是两套不同的系统，且又都出自董子，那么二者之间是否存在矛盾？如果存在矛盾，何者为真？如果不存在矛盾，二者又是以何种方式在“三统”说中共处？对这些问题尚未见到令人满意的讨论。我们不妨先考察一下董仲舒对“三教”的相关表述。在上书汉武帝的第三策中，董仲舒云：

册曰：“三王之教所祖不同，而皆有失，或谓久而不易者道

---

① 刘逢禄：《春秋公羊经何氏释例·通三统例》，第 14 页。

> 也，意岂异哉？”臣闻夫乐而不乱复而不厌者谓之道；道者万世之弊，弊者道之失也。先王之道必有偏而不起之处，故政有眊而不行，举其偏者以补其弊而已矣。三王之道所祖不同，非其相反，将以救溢扶衰，所遭之变然也。故孔子曰：“亡为而治者，其舜乎！”改正朔，易服色，以顺天命而已；其余尽循尧道，何更为哉！故王者有改制之名，亡变道之实。然夏上忠，殷上敬，周上文者，所继之救，当用此也。孔子曰：“殷因于夏礼，所损益可知也；周因于殷礼，所损益可知也；其或继周者，虽百世可知也。”此言百王之用，以此三者矣。夏因于虞，而独不言所损益者，其道如一而所上同也。道之大原出于天，天不变，道亦不变，是以禹继舜，舜继尧，三圣相受而守一道，亡救弊之政也，故不言其所损益也。繇是观之，继治世者其道同，继乱世者其道变。今汉继大乱之后，若宜少损周之文致，用夏之忠者。[①]

在面对汉武帝提出的三王之教是否存在不同的问题时，董仲舒的回答是，王者无变道之实，而有改制之名，但出于救偏补弊考虑，三王之教有所不同，夏、殷、周分别行忠、敬、文之教。董子继而指出，“汉继大乱之后”，应该“少损周之文致，用夏之忠”。值得注意的是，在这段话中，董仲舒只是建议汉朝应该损周之文、用夏之忠，而没有说《春秋》损文用忠。同样地，何休也只是说过《春秋》变周之文、从殷之质，而并未说过《春秋》损文用忠。但到了刘逢禄处，他一方面继承了《春秋》变文从质的传统说法，另一方面则提出了“《春秋》损文而用忠”的说法，而这种说法对宋翔凤、戴望

① 班固撰、颜师古注：《汉书·董仲舒传》，第2518—2519页。

等清代公羊家都产生了重大影响[①]。

那么，刘逢禄为何会特别提出《春秋》损周之文、用夏之忠的问题呢？在《论语述何》中，刘逢禄较为详细地表达了他对“三统”问题的理解。《论语·为政》第二十三章云：“子张问：‘十世可知也？’子曰：‘殷因于夏礼，所损益可知也；周因于殷礼，所损益可知也。其或继周者，虽百世可知也。’”刘逢禄解释道：

> 殷受夏，周受殷，有改制之名，无易道之实，故《春秋》立百王之制，通三统之义，损周之文，益夏之忠，变周之文，从殷之质，百世以俟圣人而不惑者也。故告颜子为邦兼用夏、殷、周之制，仲尼以万世为王，何但十世哉？[②]

可以看到，刘逢禄所提出的“万世”之说，实源于子张的“十世可知”之问。刘逢禄认为，此处的“继周者”即为《春秋》，而“百世”与“万世”实为一义，孔子之所以认为“百世可知”，是因为“殷因于夏礼，所损益可知也；周因于殷礼，所损益可知也”。据此，刘逢禄认为，虽然《春秋》是继周而作，但周礼是损益殷礼而来，而殷礼损益夏礼而来，是故夏、商、周三代之制形成了一种内在的延续，而到了孔子作《春秋》时，集其大成。忠、敬、文三教代表夏、商、周三代礼制的不同特征，而《春秋》“损周之文，益夏

① 宋翔凤《论语说义》解“十世可知”章云：“孔子作《春秋》以当新王，而通三统，与《论语》答颜渊问‘为邦’，因四代之礼，成制作损益之原，其道如一。”参见宋翔凤：《论语说义》，《续修四库全书》经部第155册，第275页。戴望注《论语》“周监于二代”章时云：“夫子因文王、周公之法度而作《春秋》，亦兼取夏、殷，损益其礼，使改文从质。”参见郭晓东校疏：《戴氏注论语小疏》，华东师范大学出版社2014年版，第76页。

② 刘逢禄：《论语述何》，《刘礼部集》卷二，《续修四库全书》第1501册，第42页。

之忠”表达的是，《春秋》一统实兼三统，《春秋》之制实兼前三代之制。这一点在宋翔凤的《论语说义》里表达得更加明确，宋翔凤对此章的解释是：“孔子为损益三代之礼，成《春秋》之制，将百世而不易，何止十世也。”[①] 言下之意是，因为《春秋》综合三代之礼，集三统于一身，因此，此后百世之变，《春秋》一经即可穷尽。在解释“颜渊问为邦”章时，刘逢禄的说法也再次印证了这一点。《论语·卫灵公》载：“颜渊问为邦。子曰：‘行夏之时，乘殷之辂，服周之冕，乐则《韶》舞。’”刘逢禄解“行夏之时”云：

> 《春秋》于郜、河阳，冬言“狩”，周十二月，夏十月也；于郎，春言“狩”，周正月，夏十一月，以“正月”讥其非礼；获麟，春言“狩”，不加“正月”，讥文王，去周之正，行夏之时也。夏时今在《礼记》，文简而旨无穷，《春秋》法其等，用其忠也。[②]

此是指《春秋》在哀公十四年“春，西狩获麟”中，《春秋》变周之正，行夏之时。按照何休的理解，“获麟春言狩者，盖据鲁变周之春以为冬，去周之正而行夏之时”[③]，也就是以《春秋》当新王，并且，按照三统的循环，《春秋》在历法上返于夏正。刘逢禄则只是将“行夏之时”看作是《春秋》于夏代礼乐有所取法的一种表现。刘逢禄又解“乘殷之辂”云：“谓贵其质，夫子善殷礼者多矣，以辂举起意。”[④] 以此句泛言《春秋》兼采殷礼。又解“服周之冕”云：“谓贵

① 宋翔凤：《论语说义》，《续修四库全书》经部第155册，第275页。
② 刘逢禄：《论语述何》，《刘礼部集》卷二，《续修四库全书》第1501册，第46页。
③ 何休解诂、徐彦疏：《春秋公羊传注疏》，第1189页。
④ 刘逢禄：《论语述何》，《刘礼部集》卷二，《续修四库全书》第1501册，第46页。

其文存二代以著师法之义，故正月、二月、三月皆书王也。”[①] 也并未落在经文“服周之冕”上，而只是泛言贵周文存二代。而尤其值得注意的是他对于最后一句“乐则《韶》舞”的解释。从字面上看，“乐则《韶》舞”与前三句并列，无非是说要“行夏之时，乘殷之辂，服周之冕”，还要用舜之乐。但刘逢禄并没有这样解释，他的解释是：

> 《春秋》拨乱反正，文成致麟，犹尧舜之隆，凤凰来仪。[②]

所谓“乐则《韶》舞”是以尧舜之隆喻《春秋》之成，如此一来，孔子对颜渊问为邦的回答就可以分成两个层次：第一层是“行夏之时，乘殷之辂，服周之冕”，描述的是《春秋》如何兼用三代之制；第二层是“乐则《韶》舞”，称颂《春秋》之功，正因为《春秋》向上对夏、商、周三代做出总结，将前三统纳入其中，才能向下为后世立拨乱反正之法。

值得注意的是，董仲舒上汉武帝的对策里，在谈及“三教”时，也援引了《论语》“子张问十世”章：

> 王者有改制之名，亡变道之实。然夏上忠，殷上敬，周上文者，所继之救，当用此也。孔子曰：“殷因于夏礼，所损益可知也；周因于殷礼，所损益可知也；其或继周者，虽百世可知也。”此言百王之用，以此三者矣。

---

① 刘逢禄：《论语述何》，《刘礼部集》卷二，《续修四库全书》第1501册，第46页。
② 同上。

在董仲舒的语境里，忠、敬、文三者形成了一个互救关系，后者是对前者之偏弊的挽回，而“百王之用，以此三者”，乃是指后世之王可循此“三教”递变的关系，确立本朝制法的特点；因此，董仲舒才提出了汉代继周大乱之后，应该“用夏之忠”。同样是解“百世可知”，刘逢禄将《春秋》理解为一个兼容了夏、商、周三代之制在内的系统，只要把握住《春秋》，后世的一切变易都能够从综合了三代之制的《春秋》中找到应对之策。由此可知，以《春秋》为一代法，是将《春秋》作为“三统”循环中的一统来看待，如此才有《春秋》改周之文、从殷之质之说；而以《春秋》为万世法，则是将《春秋》理解为一个兼包三代之法的系统，万世之变都被含摄在《春秋》所提供的这一系统之中。

第二节　托古改制：以“三统”治“万世”

康有为最早开始以“三统”说作为《春秋》学的核心，可以追溯到他与朱一新论学之时。1890年冬，朱一新在给康有为复信中谈道：“六经各有大义，亦各有微言，故十四博士各有家法。通三统者，《春秋》之旨，非所论于《诗》、《书》、《易》、《礼》、《论语》、《孝经》也。”[①] 按朱一新的说法，此时的康有为已经表现出以《春秋》贯通六经的倾向，而朱一新认为六经各有旨意，不可混为一谈，故加以劝阻。值得注意的是，朱一新在谈及康有为用以贯通六经的《春秋》之旨时，只提到了“通三统”，而于“张三世”全无提及，可知当时康有为的《春秋》学以“三统”说为核心。这一点在康有

---

① 朱一新：《朱侍御答康长孺书》，载姜义华、张荣华编：《康有为全集》第一集，第319页。

为写给朱一新的第四封书信中可以得到进一步印证，康有为称自己“日夜穷孔子之学，乃得非常异义，而后知孔子为创教之圣，立人伦，创井田，发三统，明文质，道尧舜，演阴阳，精微深博，无所不包”[①]。只言“三统”“文质”而不及“三世”，这与康有为在戊戌流亡后的经学著作中凡言孔子非常大义必举“三世”为说，显然殊异。

康有为为何会在戊戌流亡之前着重发挥“三统”之说？马永康认为：“康氏开始时注重‘三统’，是因为当时要着重鼓吹变革旧制，强调‘改制’。”[②] 以“三统”所包含的“改制”理论为现实政治改革做理论铺垫，这固然是康有为重视“三统”说的一个原因，但从《春秋》学的发展历程来看，康有为对“三统”说的重视与公羊学传统有着密不可分的关联。

经过清代公羊家的发展，“三统”说赋予了孔子“垂法万世”以新的内涵。虽然刘逢禄在《春秋公羊经何氏释例》中首举“张三世例”，但他对《春秋》何以当得起万世法的解释仍然基于“三统”说。其后，魏源上返董子之学，在《董子春秋发微序》中谈及《春秋繁露》云：“至其《三代改制质文》一篇，上下古今，贯五德、五行于三统，可谓穷天人之绝学，实胡母生《条例》有大巫小巫之叹。”[③] 对董子“三统”之说推崇备至。借由“三统”说，《春秋》学始成为一种真正范围万世的理论体系，这一思路对“生于道、咸之后，读刘、陈、魏、邵诸儒书”[④] 的康有为产生了深刻影响。

---

① 康有为：《答朱蓉生书》，姜义华、张荣华编：《康有为全集》第一集，第 325 页。

② 马永康：《从“三统”、“三世”到“三世三重”——论康有为的思想》，《华东师范大学学报（哲学社会科学版）》2010 年第 3 期。

③ 魏源：《董子春秋发微序》，《古微堂外集》卷一，《魏源全集》第 12 册，岳麓书社 2011 年版，第 119—120 页。

④ 康有为：《答朱蓉生书》，姜义华、张荣华编：《康有为全集》第一集，第 322 页。

1891年康有为讲学于长兴里时称："古今递嬗，事变日新，故《春秋》立三统之法以贻后王。汉儒笃守《春秋》，知所尊矣，然三统之义，亦罕有心知其意。"[①] 1896年，他在广州万木草堂讲学时云："孔子作《春秋》，以立一王之制，非特治一世，将以治万世也。"又云："读公羊，先信改制。不信改制，则公羊一书，无用之书也。……殷继夏，周继殷，《春秋》继周。《春秋》作，而周德亡矣。《春秋》三统，取其变也。《易》曰：穷则变，变则通，通则久。即此意也。"[②] 康有为以《春秋》可治万世，又以改制为公羊首义，以三统为穷变根本，皆与刘逢禄之说若合符节。他对"三统"说的重视，固然遵循了公羊学的一贯传统，但刘逢禄所揭"天将以《春秋》之制，统三王而正万世"之义，似乎更切中康有为之心。

不过，康有为的"三统"说并非对前人的简单因袭，而是做出了诸多新的发挥和改造。诚如梁启超所言："近人祖述何休以治公羊者，若刘逢禄、龚自珍、陈立辈，皆言改制，而有为之说，实与彼异。"[③] 然而，康有为对旧有公羊"三统"说进行了哪些具体的调整，这些调整是如何逐步实现的，又为何做出这些调整，却有待进一步分辨。

一、从法古到托古：孔子"教主"身份的确立

近年来，康有为的孔教思想颇受学者注意。有不少学者指出，康有为孔教思想的形成深受公羊学传统的影响，包括纬书对孔子形象的描述，公羊家的孔子素王说与《春秋》改制说等等。[④] 在康有为

---

① 康有为：《长兴学记》，姜义华、张荣华编：《康有为全集》第一集，第348页。

② 张伯桢：《康南海先生讲学记》，姜义华、张荣华编：《康有为全集》第二集，第121页。

③ 梁启超：《清代学术概论》，第67页。

④ 参见曾亦：《共和与君主：康有为晚期政治思想研究》，第251页；唐文明：《敷教在宽：康有为孔教思想申论》，第96页。

的孔教理论中，以孔子为教主是一个基本前提，那么，孔子的“教主”角色是如何产生的？唐文明指出，康有为“主要是通过援引先秦、两汉时期以孔子为改制立法之素王的看法来说明孔子为大地教主的看法的”[①]，孔子“教主”的身份是从公羊家“素王”说中推出的。但仍然有必要进一步追问的是，“素王”与“教主”毕竟有异，在康有为处，孔子究竟是怎样完成了从“素王”到“教主”的身份转变的？

康有为明确提出孔子为“教主”的说法，见于《孔子改制考》。《孔子改制考》开篇云：“天既哀大地生人之多艰，黑帝乃降精而救民患，为神明，为圣王，为万世作师，为万民作保，为大地教主。”[②]以孔子为圣王、为万世之师的说法并不罕见，但在《孔子改制考》中，康有为第一次将孔子标举为“大地教主”。相较于“素王”，“教主”之称在内涵上存在着一个重要的差异：素王只是无位之王，就其定义而言，素王未必只能有一位，而一教之主，却不可能是复数。换言之，“教主”必须是一种排他性的角色，这就意味着，孔子之圣，必须空前绝后。

在公羊学中，虽然“通三统”理论为孔子素王改制之说提供了理论依据，但“三统”说本身包含着“法先王”的内涵，“存二王后”即是表达对前王的尊重，新王制作也是在前王之制的基础上加以损益。因此，无论是汉代还是清代的公羊家，无不认可《春秋》有“法古”之义。董仲舒云：“《春秋》之道，奉天而法古。是故虽有巧手，弗修规矩，不能正方圆；虽有察耳，不吹六律，不能定五音；虽有知心，不览先王，不能平天下。”[③]显指孔子作《春秋》离

① 唐文明：《敷教在宽：康有为孔教思想申论》，第 88 页。

② 康有为：《孔子改制考》，姜义华、张荣华编：《康有为全集》第三集，第 3 页。

③ 苏舆：《春秋繁露义证·楚庄王》，第 14 页。

不开对先王治世之迹的参考与效法。刘逢禄《春秋公羊经何氏释例·通三统例》亦云："《春秋》通三代之典礼，而示人以权。"[①] 也是认为《春秋》虽有改制，但仍取法于先王，即所谓"继三代而治万世者也"[②]。正是《春秋》"法古"的这一面向，让公羊家在描述孔子与前代圣王的关系时，始终存在含糊之处。这一不易说清的问题便是，孔子在尧、舜以来的圣人谱系中，究竟处于什么位置？作为孔子之法的《春秋》与前王之制又是何种关系？

面对这些问题，康有为提出了一个创说："夏、殷、周三统，皆孔子所托，故曰'非主假周'也。"[③] 孔子成了唯一的圣王，三代只是孔子所假托之辞。正如梁启超所说："有为谓孔子改制，上掩百世，下掩百世，故尊之为教主。"[④] 康有为看到，"素王"之说尚不足以真正确立孔子空前绝后的"教主"身份，必须通过"下掩百世"与"上掩百世"得以实现。传统公羊家只是以孔子为"后王"制法，则孔子之法可"下掩百世"，但孔子"法古"于前王的事实，使得孔子无法被确立为唯一的文明教化之主。而康有为的"托古"之说彻底解决了"法古"说存在的困难，他以夏、殷、周三统为孔子所托之说，将三代全都收摄于孔子一人之处，完成了以孔子"上掩百世"的工作。

在康有为之前，今文经学所能够给予孔子的最高定位体现在对"夫子贤于尧舜"一句的理解中。《孟子》中记载了宰我对孔子的一个评价："以予观于夫子，贤于尧舜远矣"，明言夫子贤于尧舜。但对于注经者而言，仅从个人德性的意义上解释孔子贤于尧舜，可谓

---

① 刘逢禄：《春秋公羊经何氏释例·通三统例》，第 14 页。
② 刘逢禄：《春秋公羊经何氏释例·名例》，第 75 页。
③ 康有为：《孔子改制考》，姜义华、张荣华编：《康有为全集》第三集，第 142 页。
④ 梁启超：《清代学术概论》，第 67 页。

困难重重，毕竟，按照“先圣后圣，其揆一也”的思路，孔子如何能够贤于尧舜呢？赵岐注云：“以为孔子贤于尧舜，以孔子但为圣，不王天下，而能制作素王之道，故美之。”[①] 赵岐的解释很好地抓住了孔子与前代圣王最大的差异——他是圣人谱系中唯一一个有德无位的圣人，而在无位的情形下，孔子仍然通过制作《春秋》成就素王之业，因此，赵岐推想，倘若孔子得位，必然远贤于尧舜。这是汉代今文经学对“夫子贤于尧舜”这一命题所能做出的最圆满的解释，但仍然是在假设与可能的意义上解释孔子贤于尧舜，只是应然而非实然。康有为的“托三统”之说快刀斩乱麻地切割了孔子与前代圣王之间的关联，孔子在圣王系谱中的定位问题、《春秋》新制与三代之制的关系问题，统统被消除了。

那么，康有为是如何得出“三统”为孔子所托这一结论的呢？这一说法的根据可以追溯到《春秋》“王鲁”说。在《春秋董氏学》中，康有为借董子对王鲁的表述，表达了他对“王鲁”说的理解。董仲舒云：

> 《春秋》缘鲁以言王义，杀隐桓以为远祖，宗定哀以为考妣，至尊且高，至显且明。其基坏之所加，润泽之所被，条条无疆，前是常数，十年邻之，幽人近其墓而高明。微国之君，卒葬之礼，录而辞繁。远夷之君，内而不外。当此之时，鲁无鄙疆，诸侯之伐哀者皆言我。邾娄庶其、鼻我，邾娄大夫。其于我无以亲，以近之故，乃得显明。隐桓，亲《春秋》之先人也，益师卒而不日。于稷之会，言其成宋乱，以远外也。黄池之会，以两伯之辞，言不以为外，以近内也。

---

① 焦循：《孟子正义·公孙丑上》，第217页。

按董子之说，《春秋》托王于鲁是一种书法，是孔子借鲁国之人与事来彰显王法。孔子之所以托鲁而不托他国，是因为世有远近、情有亲疏，王化之治，自近者始，鲁于孔子为亲，故托王于鲁。可见，董仲舒对《春秋》王鲁的理解，重点落在“鲁”上，而康有为对董仲舒这段话的解释，则悄然将重心转到了“托”上。康有为云：

> “缘鲁以言王义”，孔子之意专明王者之义，不过缘托于鲁，以立文字。即如隐、桓，不过托为王者之远祖，定、哀为王者之考妣，齐、宋但为大国之譬，邾娄、滕、薛亦不过为小国先朝之影。所谓“其义则丘窃取之”也。①

在康有为看来，“杀隐桓以为远祖，宗定哀以为考妣”，是孔子借事明义之法，并且，《春秋》不仅托鲁，齐、宋、邾娄、滕、薛等也皆为孔子所托。康有为特别强调，孔子之义不受其所托之事的限制，“不过缘托于鲁，以立文字”。换言之，孔子所托，是否果有其事并不重要，重要的是，通过这些“事”，孔子的王者之义得以表达。在此结论之上，康有为进一步推出：

> 公羊传《春秋》托王于鲁，何注频发此义，人或疑之。不知董子亦大发之。盖《春秋》之作，在义不在事，故一切皆托，不独鲁为托，即夏、殷、周之三统，亦皆托也。②

《春秋》托王于鲁只是冰山一角，它所揭示出的是整部《春秋》

---

① 康有为：《春秋董氏学》，姜义华、张荣华编：《康有为全集》第二集，第367页。
② 同上书，第366页。

的书法——整部《春秋》皆为孔子所托，沿此逻辑稍加推演，出自《春秋》的“三统”说亦为孔子所托。

康有为不信六经中对上古世界的记载，而以为孔子所托，也与他在涉猎西籍过程中对古史形成的新看法有关。在《孔子改制考》卷一《上古茫昧无稽考》的开篇，康有为写道：

> 人生六七龄以前，事迹茫昧，不可得记也；开国之始，方略缺如，不可得详也。况太古开辟，为萌为芽，漫漫长夜，舟车不通，书契难削，畴能稽哉？大地人道皆蓲敷于洪水之后，然印度婆罗门前，欧西希腊前，亦已茫然，岂特秘鲁之旧劫，墨洲之古事，黯芴渺昧不可识耶？[①]

康有为在阅读西籍时看到，在不同文明的历史记载中，“洪水”故事广泛存在：“亚当、波斯、印度，俱被洪水。”[②]不同文明对史前洪水的共同记载对康有为触动颇深，他由此相信，地球曾经在五千年前经历过一次全球性的大洪水，而各国文明有迹可考的时间又皆在洪水之后，于是，康有为推测，这次洪水对史前人类与文明造成了灭绝性的影响，“洪水后方有人，无五千年以上之人骨”[③]。“洪水”事件帮助康有为建构起了一种关于人类史前文明灭绝与重生的想象，人类历史被“洪水”事件分隔成了两个部分，洪水以前无迹可考，洪水以后方才有迹可循。考古发现显示，洪水前的文明或许已经达到了相当发达的水平，但这种文明没有延续下来，因此，洪水之后

① 康有为：《孔子改制考》，姜义华、张荣华编：《康有为全集》第三集，第4页。
② 康有为：《万木草堂口说》，姜义华、张荣华编：《康有为全集》第二集，第142页。
③ 同上书，第143页。

的人类又回到了荒蛮狉獉的原始状态，从零开始，重新建立文明。若立足当下去追溯文明的源头，最远就只能追溯至洪水之后、人类文明重生之际，而无法再向前推进。中国的禹治水之事，正能够对应于世界各地关于史前洪水的记载，“《禹贡》一篇，既平洪水之文”[①]，因此，虽然后世古书将中国文明上溯至伏羲、黄帝，但若以洪水为界限，夏代才是中国文明可能追溯到的最早源头，夏以前的尧、舜、黄帝、伏羲等圣王时代，无论是文教隆盛还是荒蛮狉獉，都属于茫昧不可识的远古历史。

然而，康有为为什么没有将禹认定为中国文明的开创者？他解释道：

> 吾中国号称古名国，文明最先矣，然六经以前，无复书记。夏、殷无征，周籍已去，共和以前不可年识。……夫三代文教之盛，实由孔子推托之故，故得一孔子而日月光华，山川焜耀。然夷考旧文，实犹茫昧，虽有美盛，不尽可考焉。[②]

康有为认为，对文明源头的追溯必须以确定的文字记载为凭，六经是关于中国文明最早的记载，因此，对中国文明源头的追溯只能以六经为凭据。但问题在于，“夏、殷无征，周籍已去，共和以前不可年识”，六经却能够溯及二帝三王的时代，且盛称当时文教，与常理不合。因此，康有为将关注重点从“六经说了什么”转向了“六经出自何人之手”的问题。无论今文经学还是古文经学，都承认后世所能看到的六经是经过孔子之手而成。《史记·孔子世家》云：

---

① 康有为：《万木草堂口说》，姜义华、张荣华编：《康有为全集》第二集，第141页。

② 康有为：《孔子改制考》，姜义华、张荣华编：《康有为全集》第三集，第4页。

“孔子之时，周室微而礼乐废，《诗》《书》缺。追迹三代之礼，序《书传》，上纪唐虞之际，下至秦缪，编次其事。”[①] 在周末书简残缺、学废文弛的情势下，孔子是唯一对先王文明做出系统传述之人，也就是说，孔子通过对六经的编纂或修订，在事实上垄断了对先王文明与前代历史的叙述与解释权。夏、商、周三代的真实情形，因为书简残缺，已经不可稽考，唯一能够认识三代的途径，就是通过六经，而六经皆为孔子手订，那么后世所能够认识的“三代”，就是被孔子所叙述出来的三代。可以看到，康有为对古史本身与对古史的记载已经有了明确的区分意识，在对古史无法证真、也无法证伪的情况下，唯一可以把握的是对古史的表述，文教灿然之三代是真是假都不重要，重要的是自孔子开始，三代才具有了文明的意义，在这个意义上，中国文明最早可以追溯到的源头，不是六经中所记载的时代，而是诞生六经的这一时代。

康有为通过将“三统”说中的“法古”之义改为“托古”，将孔子树立为一个空前绝后的圣人形象，在此基础上，他开始解释“三统”何以能够成为一种范围万世的理论。

二、“预立三统以待变”：从改制到创制

“托古”之说消解了“三统”说中的法先王之义，也就改变了“三统”说中的新王改制之义。按照汉代公羊家对“三统”说的理解，新王有改制之事，“王者必改正朔，易服色，制礼乐，一统于天下，所以明易姓非继人，通以已受之于天也”[②]。既谓“改制”，前提是必有前王之制可供新王所改，但在“托古”说的语境中，三代之制皆为孔子所托，那么“改制”之说就无法成立，因为无前王之制

① 司马迁撰、司马贞索引、张守节正义：《史记·孔子世家》，第1935—1936页。
② 苏舆：《春秋繁露义证·三代改制质文》，第185页。

可改。康有为借《春秋》亲迎之制，揭示了他所谓孔子改制的真正内涵。隐公二年，《公羊传》于经文“纪履緰来逆女”下发传云“讥始不亲迎”，何休解诂曰：“礼，所以必亲迎者，所以示男先女也。于庙者，告本也。夏后氏逆于庭，殷人逆于堂，周人逆于户。”[①]按照何休的注文，亲迎之制始于夏代，且夏、商、周三代亲迎礼的行礼地点也有递变。但康有为在《孔子改制考》中却说：

> 古未有亲迎之礼，盖男尊女卑，从古已然。孔子始发君聘臣，男聘女，创为亲迎之义，故于《春秋》著之。何邵公所云夏、殷、周之逆，盖皆儒者假托以为说。不然，亲迎果为三代所有，煌煌巨典，昭布天下，而孔子何为独陈于哀公之前，而公讶其已重，一若闻所未闻者？墨子亦称三代先王。而讥儒者亲迎，祇褍若仆，盖孔子创制托古耳。[②]

康有为既以“三统”为孔子所托，则亲迎礼就并非前王既有之制，而是孔子所创，何休所谓夏、商、周亲迎礼的不同，也只是孔子假借夏、商、周之名所设计的三种制度。在此，康有为道出了他所谓孔子“托古改制”的真正内涵乃是“创制托古”，由此可知，无论是夏、商、周三统循环，还是忠、敬、文三教轮替，或是文、质再复，都是孔子所创设之法。

随着“三统”说中的“改制”变为“创制”，康有为对所改之制的理解也发生了极大转变。按照汉代“三统”之说，新受命之王必有改制，而新王改制应遵循三教循环、文质再复的规则，但这些

---

① 何休解诂、徐彦疏：《春秋公羊传注疏》，第 53 页。

② 康有为：《孔子改制考》，姜义华、张荣华编：《康有为全集》第三集，第 144 页。

规则只是规定了新王之制所应体现的基本精神，而不是具体的礼制规定。董仲舒在《春秋繁露·三代改制质文》中对夏、商、周三代礼制差异做过非常详尽的罗列，包括建正、尚色、冠、婚、丧、祭、乐、刑、器械、宫室、章服等等，但通过这些比对，董仲舒试图说明的是，“三统”的礼制之变如何体现文质、三教之别。然而，一旦康有为将“三统”之制都看作是孔子所设，情形就完全不同了。在《春秋董氏学·春秋礼第三》中，康有为云：

> 孔子之作六经，其书虽殊，其道则未尝不同条共贯也。其折衷在《春秋》。故曰：志在《春秋》。《春秋》为改制之书，包括天人，而礼尤其改制之著者。故通乎《春秋》，而礼在所不言也。孔子之文传于仲舒，孔子之礼亦在仲舒，孔门如曾子、子夏、子游、子服景伯，于小敛之东西方，立嫡之或子或孙，各持一义，尚未能折衷，至于董子，尽闻三统，尽得文质变通之故，可以待后王而致太平，岂徒可止礼家之讼哉？[①]

在康有为看来，董仲舒超出曾子、子夏等孔门弟子之处在于他能够“尽闻三统”。所谓“尽闻”，不仅指董仲舒尽知“三统”循环所应遵循的文质变通规律，还指董仲舒尽闻夏商周三代之具体典制，而曾子、子夏等弟子只得闻某一代之礼。康有为以《春秋》为改制之书，又认为“礼尤其改制之著者”，那么，有关夏、商、周三代礼制的记载就变得非常重要，因为这些礼制就不再是历史上实现过的三代之制，而是孔子为后世所立之制。在《春秋董氏学·春秋礼第三》中，

---

① 康有为：《春秋董氏学》，姜义华、张荣华编：《康有为全集》第二集，第330—331页。

康有为搜集了《春秋繁露》各篇涉及礼制的记载，梳理了建正之三统、器械之三统、郊宫明堂之三统、乐器之三统、冠礼之三统、婚礼之三统、丧礼之三统、刑之三统等诸多三统之异制。在《春秋改制第五》中，康有为则明确将《春秋》比作《大孔会典》，其说云："孔子受命制作，以变衰周之弊，改定新王之制，以垂后世。空言无征，故托之《春秋》。故《春秋》一书，专明改制，譬犹《大孔会典》云尔。"[①] 此处康有为所说的改制，实际上指的是孔子所设计的夏、商、周三套不同的礼制，三套礼制之间互有变改，而整体上皆为孔子之制，此即《大孔会典》之义。如此一来，"三统"之于《春秋》的意义就发生了极大的变化，从原先为《春秋》所揭示出的一种抽象理论，变成《春秋》作为孔子法的全部内涵所在。尤为值得注意的是，此时康有为所理解的孔子之"法"，其内核指的是孔子之"制"，而康有为正是要用这种为孔子所托的"三统"之制范围万世。

对于孔子为何要预设三种不同制度，康有为在《春秋董氏学》中解释道：

> 制则或文或质，法则或阴或阳，姓则或子或女，法则或天或地，形则或圆或方或长，统则或白或赤或黑。虽有异同，然皆推算之法，故知出自一手。盖圣人胸有造化，知天命之无常，虑时世之多变，故预立三统以待变。通达百王，推之九复，范围无外。[②]

在《孔子改制考》中，康有为又云：

---

① 康有为：《春秋董氏学》，姜义华、张荣华编：《康有为全集》第二集，第 365 页。

② 同上书，第 369—370 页。

> 孔子作《春秋》改制之说，虽杂见他书，而最精详可信据者莫如此篇。……姓姚、姓姒、姓子、姓姬，皆听孔子所象。白黑、方圆、异同、世及，皆为孔子所制。虽名三代，实出一家，特广为条理以待后人行之，故有再、三、四、五、九之复。[①]

孔子特设三统异制，是为后世制法，既为后世制法，就必须考虑到“法”如何应对后世之变的问题。康有为认为，三统循环互变的模式，正是孔子虑及古今递嬗、事变日新而设，以夏、商、周三种不同模式的制度，应万世之变。在万木草堂讲学时，康有为就反复申说此义云：“孔子作《春秋》，以立一王之制，非特治一世，将以治万世也……《春秋》三统，取其变也。”[②] 又云：“百世以俟圣人而不惑。由百世之后，等百世之王，以《春秋》治百世也。百世之后，穷则变通，又有三统。”[③] 然而，仅以“三”为数，试图穷尽万世之变，在解释力上仍有不足，因此，康有为特别强调董仲舒在《春秋繁露·三代改制质文》中所发的文质再而复、正朔三而复、商夏质文之法四而复、五帝五而复与九皇九而复之义，试图将“三统”的变化条理，扩充得更加丰富和细致，从而对“三统”何以能尽万世之变问题给出更充分的解释。

可以看到，康有为以“三统”范围万世的解释思路，与刘逢禄的思路有一脉相承之处。刘逢禄以《春秋》损益三代，集夏、商、周之大成，以此解释“通三统”义何以能够成为《春秋》治万世的关键，事实上也是将“三代”之法集中投射在了《春秋》一经之中。

---

① 康有为：《孔子改制考》，姜义华、张荣华编：《康有为全集》第三集，第114页。

② 张伯桢：《康南海先生讲学记》，姜义华、张荣华编：《康有为全集》第二集，第121页。

③ 同上书，第150页。

但康有为的“创制”说更有一层特殊意义，便是彻底处理了孔子之制与前王之制的关系。梁启超指出：“支那向来旧说，皆谓文明世界，在于古时，其象为已过。”[①]通过“创制”说，康有为成功将“三统”从一种既已发生的历史经验扭转为面向未来的制度设计，正因“三统”之制从未落实在历史经验之中，于是它也就获得了对于经验世界的超越性，由此才成为一种不受历史经验束缚的“万世之法”。

三、“三统”困境与“三世”转向

1898年9月，戊戌变法失败，康有为开始了流亡历程。1898年9月至1902年间，避居海外的康有为集中完成了包括《中庸注》《孟子微》《礼运注》《春秋笔削大义微言考》《论语注》在内的一批释经之作，也正是在这批作品中，“三世”说取代了“三统”说，成为康氏经学的第一主题[②]。应如何解释“三统”和“三世”在戊戌变法失败前后的此消彼长？

要回答这一问题，需要先略窥康有为“三世”说的内涵。在《中庸注》中，康有为提出了“三世之法”：“孔子以天地为仁，故博爱，立三世之法，望大道之行”[③]。何谓“三世之法”？在《孟子微》中，康有为解释道：

> 孔子立三世之法：拨乱世仁不能远，故但亲亲。升平世仁及同类，故能仁民。大平世众生如一，故兼爱物。仁既有差等，

---

① 梁启超：《论支那宗教改革》，《饮冰室合集》第一册，第58页。

② 马永康指出：“以《中庸注》、《孟子微》、《论语注》为例，粗略统计，‘三统’在其中使用不过二十余次，但‘三世’在其中触目皆是，这还未算‘据乱世’、‘升平世’、‘太平世’等具体用法。”参见马永康：《从“三统”、“三世”到“三世三重”——论康有为的思想》，《华东师范大学学报（哲学社会科学版）》2010年第3期。

③ 康有为：《中庸注》，姜义华、张荣华编：《康有为全集》第五集，第379页。

亦因世为进退大小。……凡世有进化，仁有轨道，世之仁有大小，即轨道大小，未至其时，不可强为。孔子非不欲在拨乱之世遽行平等、大同、戒杀之义，而实不能强也。可行者乃谓之道，故立此三等以待世之进化焉。[①]

“三世异辞”本为《春秋》书法，根据何休的阐释，孔子将《春秋》十二公分为“所见”“所闻”“所传闻”三世，并在这三世中通过文辞的差别表现“恩有厚薄，义有深浅”，这是圣人“理人伦，序人类”的用心所在；与此同时，孔子又借用这种异辞来表达王者之治从“衰乱”到“升平”到“太平”的推展次第[②]。而按照康有为的解释，这里的“世”已不再是一个简单的时间概念，而是包含了进化/进步的内涵。“三世之法”乃孔子为后世所立之法，其内容一言以蔽之便是：人类文明的发展随世进化，要遵循从据乱世到升平世，再到太平世的轨道，从亲亲到仁民到爱物，逐渐达到“仁”的全面实现，这一次序不能错乱。

---

① 康有为：《孟子微》，姜义华、张荣华编：《康有为全集》第五集，第415—416页。

② 何休解隐公元年《公羊传》“所见异辞，所闻异辞，所传闻异辞”云：“所见者，谓昭、定、哀，己与父时事也；所闻者，谓文、宣、成、襄，王父时事也；所传闻者，谓隐、桓、庄、闵、僖，高祖曾祖时事也。异辞者，见恩有厚薄，义有深浅，时恩衰义缺，将以理人伦，序人类，因制治乱之法，故于所见之世，恩己与父之臣尤深，大夫卒，有罪无罪，皆日录之，‘丙申，季孙隐如卒’是也。于所闻之世，王父之臣恩少杀，大夫卒，无罪者日录，有罪者不日略之，‘叔孙得臣卒’是也。于所传闻之世，高祖曾祖之臣恩浅，大夫卒，有罪无罪皆不日略之也，公子益师、无骇卒是也。于所传闻之世，见治起于衰乱之中，用心尚粗觕，故内其国而外诸夏，先详内而后治外，录大略小，内小恶书，外小恶不书，大国有大夫，小国略称人，内离会书，外离会不书是也。于所闻之世，见治升平，内诸夏而外夷狄，书外离会，小国有大夫，宣十一年‘秋，晋侯会狄于攒函’，襄二十三年‘邾娄鼻我来奔’是也。至所见之世，著治太平，夷狄进至于爵，天下远近小大若一，用心尤深而详，故崇仁义，讥二名，晋魏曼多、仲孙何忌是也。所以三世者，礼为父母三年，为祖父母期，为曾祖父母齐衰三月，立爱自亲始，故《春秋》据哀录隐，上治祖祢。”参见何休解诂、徐彦疏：《春秋公羊传注疏》，第38页。

相较于“三统”说的循环结构，“三世”说的最大特点在于具备了进化色彩，因此，有研究者认为，这正是康有为从“三统”转向“三世”的根本原因。[①]事实上，另有一点易为人所忽略：在以“三统”说为依据到以“三世”说为依据解释孔子为万世制法时，康有为对“法”之性质的理解发生了重大变化——从具体的制度变为抽象的规律和法则。相较于“三统之法”，“三世之法”的最大特点是不再拘泥于用一套或几套制度设计范围万世之变。康有为在《论语注》中明确指出：“圣人言论皆为天下万世立公律，不暇为区区一国计也。”[②]“三世之法”作为一种规律与法则是面向整个人类与古今万世的，不受地域、族群、风俗的影响。

由此反观“三统”说，其真正的局限性在于以制度解孔子万世法，解释效力终究不足。在戊戌变法期间，为了推行新政，康有为尝试将当时西方诸国的部分制度纳入对孔子“三统”之制的解释中：

> 孔子作经将为施行，故本为空言，犹必托之实事。若三统之制，更为周远。如建子为正月，白统尚白，则朝服、首服、舆、旂皆白，今泰西各国从之。建丑为正月，俄罗斯从之。明堂之制，三十六牖，七十二户，高严圆侈，或椭圆或衡，或方上圆下，方则为泰西宫室之制。衣长后衽，则泰西礼服服之。即以日分或中半或平明或鸡鸣，今泰西以日午为日分，亦在范围之中，不独建寅之时行之二千年也。[③]

---

① 马永康提出，康有为之所以会从“三统”转向“三世”，是因为“‘三统’强调要因时而变，没有明确的进化色彩，‘三世’才显示出进化特色”。参见马永康：《从“三统”、“三世”到“三世三重”——论康有为的思想》，《华东师范大学学报（哲学社会科学版）》2010年第3期。

② 康有为：《论语注》，姜义华、张荣华编：《康有为全集》第六集，第405页。

③ 康有为：《春秋董氏学》，姜义华、张荣华编：《康有为全集》第二集，第370页。

康有为举出西洋诸国包括建正、尚色、宫室、服饰、定时等制度，并表示这些制度正与“三统”之制的设计若合符节，又云“法国制例与《王制》全同”，“外国治国，用孔子之制也。司会以岁之成质，今英、法各国行之”[①]，以此证明孔子“三统”之制并非虚设，而是切实可行的。但康有为所面对的毕竟不再是一个至大无外的帝国天下，而是诸国林立的万国世界。西洋的文教、制度、学术，皆与中国不同，显然，这种以西洋之制对“三统”之制的比附多有牵强。且西洋制度千头万绪，康有为不过于万中举一，而泰西诸国大量迥异于中国的根本制度仍无法纳入“三统”的解释范畴之中。戊戌变法的失败，宣告制度改革的路线已经难以行通，因此，从制度角度理解孔子制法也就失去了现实意义。

更为关键的是，正如康有为的弟子程大璋所指出的：“经世有义理、有制度，义理可以预推，制度不可以预立。”[②]虽然康有为将“三统”说从圣王治世的既有经验转变为孔子面向未来的制度设计，也扩充“三统”变化条理，尝试最大限度以此模式尽万世之变，但“三统”说所包含的改制理论最终必然落实为孔子为后世预立的一种或几套制度。一切制度皆有时效性，只可为一时之法，却难以范围万世，因此，“三世”说正是康有为对此局限的重大突破[③]。

---

① 康有为：《万木草堂讲义》，姜义华、张荣华编：《康有为全集》第二集，第297页。

② 程大璋：《王制通论》，载邬庆时编：《邬氏家集·白坚堂丛书》，民国十八年广州刊本，第2页。

③ 值得一提的是，“三统”说在康氏经学中并未就此消失，而是成为“三世”说得以展开的背景。一方面，孔子教主身份的确立，必须以托古创制理论为依托，“三统”说即其根据所在；另一方面，康有为创立了一个“三世三重”的理论框架，将“三统”涵摄于“三世”之中。

第三节　新旧“三世”义

“三世”说出自公羊学，经过康有为的改造，发展成为康氏经学中最具代表性的理论，因此，康有为“三世”说一直是康有为研究的重点。前辈学者一方面认可康有为继承了汉代公羊学传统，另一方面也意识到康有为并不完全秉承公羊家法，而只选取他所认同的部分。[①]但是，对于康有为“三世”说与汉代公羊学家的“三世”说之具体异同，尚未做出足够细致的辨析。

一、汉代公羊学“三世”义辨析

“三世”之名，既不出自《春秋》经，亦不见于《公羊传》明文，而是被汉代公羊经师解释出来的理论。“三世”理论的文献依据在《公羊传》,《公羊传》中三次出现“所见异辞，所闻异辞，所传闻异辞”，分别是隐公元年，公子益师卒，传曰：“何以不日？远也。所见异辞，所闻异辞，所传闻异辞。”桓公二年，三月，公会齐侯、陈侯、郑伯于稷，以成宋乱，传曰：“内大恶讳，此其目言之何？远也。所见异辞，所闻异辞，所传闻异辞。”与哀公十四年，春，西狩获麟，传曰：“《春秋》何以始乎隐？祖之所逮闻也。所见异辞，所闻异辞，所传闻异辞。”传文只是表示孔子对于自己“所见”“所闻”与“所传闻”之事，会用不同的文辞来记载，而未言“所见”“所闻”“所传闻”与“世”有何关系。

董仲舒解释道：

① 参见萧公权：《康有为思想研究》，汪荣祖译，第三章“儒学新诂”第四节“对群经之解释”。

《春秋》分十二世为三等，有见，有闻，有传闻。有见三世，有闻四世，有传闻五世。故哀、定、昭，君子之所见也。襄、成、文、宣，君子之所闻也。僖、闵、庄、桓、隐，君子之所传闻也。所见六十一年，所闻八十五年，所传闻九十六年。[①]

董仲舒将《春秋》十二公在位之期分为“三等”，与“所见”“所闻”“所传闻”相配；董子将一公在位之期称为一“世”，以昭、定、哀三世为孔子所见，以文、宣、成、襄四世为孔子所闻，以隐、桓、庄、闵、僖五世为孔子所传闻。对于这种区分，董子申其义云：

于所见微其辞，于所闻痛其祸，于传闻杀其恩，与情俱也。是故逐季氏而言又雩，微其辞也。子赤杀，弗忍书日，痛其祸也。子般杀而书乙未，杀其恩也。屈伸之志，详略之文，皆应之。吾以其近近而远远，亲亲而疏疏也，亦知其贵贵而贱贱，重重而轻轻也。有知其厚厚而薄薄，善善而恶恶也，有知其阳阳而阴阴，白白而黑黑也。百物皆有合偶，偶之合之，仇之匹之，善矣。《诗》云：“成仪抑抑，德音秩秩。无怨无恶，率由仇匹。”此之谓也。然则《春秋》，义之大者也。得一端而博达之，观其是非，可以得其正法。视其温辞，可以知其塞怨。是故于外，道而不显，于内，讳而不隐。于尊亦然，于贤亦然。此其别内外、差贤不肖而等尊卑也。义不讪上，智不危身。故远者以义讳，近者以智畏。畏与义兼，则世逾近而言逾谨矣。此定哀之所以微其辞。以故用则天下平，不用则安其身，《春

① 苏舆:《春秋繁露义证·楚庄王》，第10页。

秋》之道也。[①]

按照董仲舒的说法，孔子根据十二世与他本人所处时代在时间上的远近差异，在经文中通过程度不同的文辞表达，以彰显十二世与他在“恩情”上的厚薄不同。于所见的几世恩情最厚，其辞最微，故昭公聚众，借雩礼而逐季氏，经文不言逐而只言雩；于所传闻的几世恩情最薄，故子般被杀，经文不为之讳，书日以彰之。而孔子之所以要依据亲疏远近定三等之别，根本目的是“得一端而博达之”，借此明贵贱、轻重、尊卑、善恶等价值、名分与等级秩序。而以异辞别三等，还有另一缘故，即以智安身避祸。一方面，世愈近而辞愈谨，固然有孔子安身避祸的考虑；而另一方面，视其温辞，可以知其塞怨，其辞愈微，则其责愈深，褒贬之义昭然无隐，此是圣人之智所在。简言之，对董子而言，“三世”之义的关键在于以“三世”的远近、亲疏之异辞以“博达”是非、善恶、贵贱、尊卑之理。

而到了何休处，则对“三世”之义做了较大发展。何休解隐公元年《公羊传》“所见异辞，所闻异辞，所传闻异辞”云：

> 所见者，谓昭、定、哀，己与父时事也；所闻者，谓文、宣、成、襄，王父时事也；所传闻者，谓隐、桓、庄、闵、僖，高祖曾祖时事也。异辞者，见恩有厚薄，义有深浅，时恩衰义缺，将以理人伦，序人类，因制治乱之法，故于所见之世，恩己与父之臣尤深，大夫卒，有罪无罪，皆日录之，“丙申，季孙隐如卒”是也。于所闻之世，王父之臣恩少杀，大夫卒，无罪

① 苏舆:《春秋繁露义证·楚庄王》，第10页。

者日录，有罪者不日略之，“叔孙得臣卒”是也。于所传闻之世，高祖曾祖之臣恩浅，大夫卒，有罪无罪皆不日略之也，公子益师、无骇卒是也。于所传闻之世，见治起于衰乱之中，用心尚粗觕，故内其国而外诸夏，先详内而后治外，录大略小，内小恶书，外小恶不书，大国有大夫，小国略称人，内离会书，外离会不书是也。于所闻之世，见治升平，内诸夏而外夷狄，书外离会，小国有大夫，宣十一年“秋，晋侯会狄于攒函”，襄二十三年“邾娄鼻我来奔”是也。至所见之世，著治太平，夷狄进至于爵，天下远近小大若一，用心尤深而详，故崇仁义，讥二名，晋魏曼多、仲孙何忌是也。所以三世者，礼为父母三年，为祖父母期，为曾祖父母齐衰三月，立爱自亲始，故《春秋》据哀录隐，上治祖祢。①

首先，在何休处，“世”不再指一公在位之期，而是指一个阶段，因此，“三世”指的就是所见、所闻与所传闻三个阶段。其次，何休首次将“三世”与夷夏内外问题关联在一起，这与“三科九旨”说有关。公羊学中的“三科九旨”之说，按徐彦疏，指的是新周故宋，以《春秋》当新王，此为一科三旨；所见异辞，所闻异辞，所传闻异辞，此为二科六旨；内其国而外诸夏，内诸夏而外夷狄，此为三科九旨。② 何休将后两科六旨结合在一起，并引入了“衰乱”“升平”“太平”三种治况与三世相配，对“三世”做出了新的解释：所传闻之世为据乱，内其国而外诸夏；所闻之世为升平，内诸夏而外夷狄；所见之世为太平，夷狄进至于爵，天下远近小大若一。

① 何休解诂、徐彦疏：《春秋公羊传注疏》，第 38 页。

② 同上书，第 5 页。

这里有两点值得注意：其一，“衰乱”“升平”“太平”不是对三种治况的泛泛描述，而是对“内其国而外诸夏”“内诸夏而外夷狄”和“远近小大若一”这三种夷夏内外关系的描述，换言之，何休所理解的“三世”与夷夏内外关系的转变密切相关。其二，在康有为处，他常常将“三世”径直称为“据乱世”“升平世”“太平世”，但在何休这里，“三世”指的是“所见”“所闻”“所传闻”，与“衰乱”“升平”“太平”并非一事。“所见”“所闻”“所传闻”三世，对应的是己与父、王父、高祖与曾祖三个时间阶段，这是孔子所托之义的文辞基础。之所以于所见世文辞最详，于所传闻世文辞最略，是因为恩有厚薄、义有深浅，故亲近者详而疏远者略，这是“所见”“所闻”“所传闻”三世的基本内涵。何休还特别将“所见”“所闻”“所传闻”三世与孔子的高、曾、祖、父四代相配，以丧服的等杀制度解释“三世”以“三”为等的原因就在于“立爱自亲始”，因此，“所见”“所闻”“所传闻”三世差别的关键不在于时间上的先后，而在于关系上的亲疏远近，只不过这种亲疏关系恰好与时间先后相对应，我们不妨将这种以异辞别亲疏远近的“三世”称为“亲疏三世”。而“衰乱”“升平”“太平”表现的是王者之治开展的次第，必当由我及人，治自近始，先内后外，我们不妨称之为“王化三世”。根据何休的解释，孔子通过“所见”“所闻”“所传闻”三世的用词差别，表现“恩有厚薄，义有深浅”，这是圣人“理人伦，序人类”的用心所在，而与此同时，孔子又借用这种异辞来表达王者之治从“衰乱”到“升平”到“太平”的推展次第。显然，“亲疏三世”是“三世”的本义，而“王化三世”则是“三世”的衍生之义。

对比董仲舒与何休对“三世”的解释，可以看到，何休的“三世”说多出了王化渐进之义，此义成为康有为发挥其“三世”理论的一个重要基础。董仲舒与何休对“三世”理解的一些共同之处也值得注意：首先，二人对“三世”的理解都是以“三世异辞”这一笔法现象为基础的，换言之，《春秋》的文辞是他们理解和发挥“三世”之义的首要依凭；其次，二人所理解的“三世”内涵，都包含了孔子定善恶尊卑、正人伦秩序的用心，这也是公羊家对孔子作《春秋》之意的理解，即“上明三王之道，下辨人事之纪”[①]，而这两点在后来康有为对“三世”说的发挥与改造中，被有意地忽略或消解了。

二、康有为“三世”义的突破

董仲舒与何休在阐发“三世”义时，无论做出多大程度的发挥，都是基于“三世异辞”这一书法特点做出推阐。但康有为解“三世”义时，首先就突破了这一点，他所理解的“三世”之义，是独立于《春秋》经文乃至传文之外的一套孔子口传“微言”。在《春秋笔削大义微言考》中，康有为对《春秋》做出了经、传与口说的区分：

> 《春秋》有四本。一、鲁史原文，“不修之春秋”。（康有为自注：孟子所见“鲁之《春秋》”、公羊所见“不修之《春秋》”是也，今佚。可于《公》、《穀》“书不书”推得之。）
>
> 一、孔子笔削，“已修之《春秋》”。（康有为自注：世所传《春秋》一万六千四百四十六字者是也。）以上二本皆文。
>
> 一、孔子口说之《春秋》义。（康有为自注：《公》、《穀》传之。）
>
> 一、孔子口说之《春秋》微言。（康有为自注：公羊家之董仲舒、何休传之。）[②]

① 司马迁撰、司马贞索引、张守节正义：《史记·太史公自序》，第3297页。

② 康有为：《春秋笔削大义微言考》，姜义华、张荣华编：《康有为全集》第六集，第9页。

在此，康有为区分出了四种不同意义的《春秋》。首先是孔子《春秋》所依据的底本《春秋》，即鲁国史记，但鲁史原文已不可见，因此，作为鲁史记的《春秋》也就无从追究。其次是孔子所编定的《春秋》，也就是后人所能够见到的《春秋》经文，是孔子基于鲁史旧文加以删改、寓以褒贬之义的新《春秋》。然而，由于孔子寓于《春秋》的一字褒贬、微言大义是通过口说传达出来的，在没有传文解释的情况下，经文本身如“元年春，王正月，公即位”，仍然只是呈现为史记的形式，无法看出其中褒贬与微言大义，因此，这是一本如密电编码般的《春秋》，必须要依靠解密之书才能破译。据《汉书·艺文志》的记载，《春秋》别有口传之学，传至汉世而书于竹帛、立于学官的，唯有《公羊》《穀梁》二家，此二传也成为后世理解《春秋》微言大义的依据所在，因此，《公》《穀》的传文被康有为视作第三本《春秋》。但康有为认为，《公》《穀》二传并未穷尽《春秋》的微言大义，传文只是阐发了孔子寓于《春秋》的“大义”，未及“微言”，而真正阐发“微言”的，是董仲舒与何休。

康有为将董仲舒、何休对公羊传的解释与《公》《穀》二传的传文做比对，发现二人多发传文所未言之义，其中最关键的一项内容，便是对“三世”之义的阐发。康有为云：

> 尤要者，据乱、升平、太平三世之义，幸赖董、何传之，口说之未绝，今得一线之仅明者此乎？今治大地升平、太平之世，孔子之道尤能范围之。若无董、何口说之传，则布于诸经，率多据乱之义，孔子之道不能通于新世矣。今人闻升平、太平之义，犹尚惊怪，况在孔子之世？故必不能笔之于书，惟有传之于口。乃至公、穀先师写《传》，亦只能将其据乱大义写之，其升平、太平异义，实为非常可怪，不能写出也，亦只能口传

弟子，故见于董、何极详。[①]

《公羊》传文只有“所见异辞，所闻异辞，所传闻异辞”之言，“三世”之义由董、何所发，康有为认为，这正是董仲舒与何休所传的孔子口说微言。在康有为看来，圣人的微言是比大义更加精微和隐秘的内容。“三世”说之所以为微言，关键在于其中蕴藏了升平与太平之义，乃是孔子为未来之世所设，其义对于当时人而言非常可怪，故不能宣之于文字，而只能秘传于口说。如此一来，《春秋》中最精微和隐秘的“三世”之义，就不在经文和传文中，而在董、何二人的解释和阐发中。可以看到，康有为通过区分孔子口说中的“微言”与“大义”，将“三世”归入经传之外的“微言”中，实际上消解了“三世”说与经传的关联，将“三世”说从经典中抽离出来，发展为一个独立的理论系统，从而不受经文与传文的制约。

其次，康有为不再以“所见、所闻、所传闻”指称三世，而是用“据乱、升平、太平”指称三世。表面看来，这是继承自何休的说法，然而，他却有意忽略了何休“三世”说中夷夏内外这一关键维度，而何休将“张三世”与“异内外”相结合，据乱、升平、太平三世分别对应于“内其国而外诸夏”“内诸夏而外夷狄”“远近大小若一”三个阶段。

公羊学中的夷夏观念最引人注目之处在于，它提出了以文明而非种族作为区分夷夏的标准，因此，夷夏之间的界限是不断变动的，夷狄向慕文明、有礼义之行，可以进为中国。庄公二十三年，《春秋》经云：“荆人来聘。”《公羊传》云：“荆何以称人？始能聘也”。

① 康有为：《春秋笔削大义微言考》，姜义华、张荣华编：《康有为全集》第六集，第7页。

何休解诂云：

> 《春秋》王鲁，因其始来聘，明夷狄能慕王化，修聘礼，受正朔者，当进之，故使称人也。称人当系国，而系荆者，许夷狄者不一而足。①

经文中的“荆人”指的是楚国人，按照《公羊传》“州不若国，国不若氏，氏不若人，人不若名，名不若字，字不若子”的七等之例，楚本属夷狄，应称州名，即“荆”，而此处进称“荆人”，是褒奖楚国能够慕王化、修聘礼、受正朔，有礼乐之行。

反之，中国有野蛮之行，则可以贬为夷狄。昭公二十三年，《春秋》经云：“戊辰，吴败顿、胡、沈、蔡、陈、许之师于鸡父。胡子髡、沈子楹灭，获陈夏齧。”《公羊传》云：“此偏战也，曷为以诈战之辞言之？不与夷狄之主中国也。然则曷为不使中国主之？中国亦新夷狄也。”何休解诂云：

> 中国所以异乎夷狄者，以其能尊尊也。王室乱，莫肯救，君臣上下坏败，亦新有夷狄之行，故不使主之。②

《春秋》之例，如果是结日定地、各居一面的战争，称为偏战；如果是事先没有通知的突然袭击，称为诈战；偏战合于礼而诈战非礼。吴国与顿、胡、沈、蔡、陈、许等国的战争，实为偏战，经文本应写作“吴及顿、胡、沈、蔡、陈、许之师战于鸡父”，而如果按

---

① 何休解诂、徐彦疏：《春秋公羊传注疏》，第 300 页。

② 同上书，第 997 页。

照这种写法，吴国就是战争中的主方。《春秋》不愿意以吴这样的夷狄之国作为战争中的主方，但也不愿意以中国之国为主方，因为被伐的几国，虽属中国，然而不能救周王室之乱，不行君臣之道，《春秋》认为其有夷狄之行，不愿将经文写成以中国为主方的体例，因此将经文改写作“吴败顿、胡、沈、蔡、陈、许之师于鸡父”，以诈战笔法写偏战之事。可见，如果中国失礼义之行，《春秋》也同样会贬之为夷狄。

但《公羊传》也同样强调尊王攘夷。僖公四年，《春秋》经云：“楚屈完来盟于师，盟于召陵。”《公羊传》曰：“屈完者何？楚大夫也。何以不称使？尊屈完也。曷为尊屈完？以当桓公也。其言盟于师，盟于召陵何？师在召陵也。何言乎喜服楚？楚有王者则后服，无王者则先叛。夷狄也，而亟病中国。南夷与北狄交，中国不绝若线。桓公救中国，而攘夷狄，卒怗荆，以此为王者之事也。”[①] 极力褒奖齐桓公能于夷狄交侵之中救保中国，许以王者之行。因此，何休以“内其国而外诸夏”，“内诸夏而外夷狄”，“夷狄进至爵，天下远近小大若一”解释“三世”的区别，既明确了在不同阶段的夷夏之别，又揭示了在文明意义上夷夏可变之义。

但康有为对夷夏关系的理解，则是单方面发挥夷夏互变之义。他在《答南北美诸华商论中国只可行立宪不能行革命书》中说：

> 夫夷夏之别，出于《春秋》。然孔子《春秋》之义，中国而为夷狄则夷之，夷而有礼义则中国之。……然则孔子之所谓中国、夷狄之别，犹今所谓文明、野蛮耳。故中国、夷狄无常辞，从变而移。当其有德，则夷狄谓之中国；当其无道，则中国亦

① 何休解诂、徐彦疏：《春秋公羊传注疏》，第389—392页。

谓之夷狄，将为进化计，非为人种计也。[1]

在康有为看来，夷夏之别完全是文明意义上的差别，而不是种族意义上的差别，夷狄对应于野蛮，中国对应于文明，因此，夷夏之间不存在绝对界限，而是一种可以不断互变的关系。这种看法固然是针对当时革命派的排满主张而发，康有为认为满清早已在文明上进至中国，反对革命派在种族的意义上区分满汉，但除却对现实政治的考虑，以文明而不以种族看待夷夏问题，乃是康有为一以贯之的态度。在《春秋董氏学》中，康有为在“夷狄”一节中罗列了《春秋繁露》对夷狄问题的说法，但有意略去了攘夷的相关内容，而只摘取了中国失礼义而黜为夷狄、夷狄有礼义可进为中国的相关内容。其中，对于董子所申发的“内其国而外诸夏，内诸夏而外夷狄”之义，康有为弟子徐勤作案语云：

> 此董子发明《春秋》所以立内外例之故。盖至治著大同远近、大小若一，而无内外之殊者，理之所必至者也。先近致远，详内略外，等差秩然者，势之所不能骤变者也。盖圣人只能循夫理而顺夫势而已。[2]

董子所发异内外之例，并无远近大小若一之文，而徐勤在按语中有意加入了这一内容，并且以无内外之殊作为“理之所必至”，而以此前的内其国而外诸夏、内诸夏而外夷狄谓不得不循之势，换言之，圣人虽然立夷夏之辨，但其最终诉求在于消弭夷夏之别，内其

---

① 康有为：《答南北美诸华商论中国只可行立宪不能行革命书》，姜义华、张荣华编：《康有为全集》第六集，第 327 页。

② 康有为：《春秋董氏学》，姜义华、张荣华编：《康有为全集》第二集，第 415 页。

国而外诸夏与内诸夏而外夷狄只不过是为了实现无内外之殊的暂时过程。由此可以看到，在康有为的“三世”说中，夷夏之别被转换成了野蛮与文明之别，从内其国而外诸夏到内诸夏而外夷狄的转变，正是野蛮可以进至文明的明证，也是实现无夷夏之别、远近大小若一的中间环节。

此外，在董、何的理解中，孔子作“三世异辞”的一个主要目的是明恩有厚薄、义有深浅，理人伦、序人类，而康有为在《春秋笔削大义微言考》中，解《公羊传》“所见异辞，所闻异辞，所传闻异辞”时，引述了何休解诂的几乎全部内容，而唯独漏掉了这一句话：“时恩衰义缺，将以理人伦，序人类，因制治乱之法。”这当然不是康有为的无心之失，他要将平等、自由等价值纳入“三世”的理论体系中，则理人伦、序人类只能是据乱之法的内容，而“三世”说必然要超越据乱之义，提供一个完整的“三世进化”图景；因此，康有为对“三世”说原本的理人伦、序人类之义绝口不提，而只发挥关于王化渐进的内容。

可以看到，康有为对《春秋》“三世”义的解释，保留了据乱、升平、太平之名义，吸收了汉代公羊家赋予“三世”说的王化渐进内涵，但解除了《春秋》经文与《公羊传》对“三世”内涵的制约，将“三世”说中的夷夏内外关系置换为文明与野蛮的关系，并抹去了“三世异辞”理人伦、序人类之义，从而塑造出一种可以容纳和收摄整个人类文明进程的“三世”之法，使得新“三世”义成为一种具有明确普遍主义的理论。关于以“三统”治万世的局限，前文已述，那么，康有为的新“三世”义在何种意义上能够突破“三统”说的局限，而成为一种更具普遍主义属性的经学理论呢？

第四节 以“三世”治“万世”

“三世”之名在康有为的著作中出现得很早，在《教学通义》中，他就将自汉至清的历史划分为“三世”，把这三世的发展看作“《春秋》日明，君日尊，臣日卑”的过程[①]，但这种对“三世”理解与康有为后来的“三世”说显非一事，因此尚不能看作是康有为“三世”说的真正开端。1896年之前，康有为的著作中只见“三统”而不见“三世”[②]；到了1896年的《康南海先生讲学记》，康有为始发《春秋》“张三世例”，以述何休与刘逢禄二人的“三世”说为主，同年的《万木草堂口说》，康有为将“三世”与“三统”相配合：“《春秋》分三世：有乱世，有升平世，有太平世。乱世无可得言，治升平世分三统：夏、商、周，治太平世亦分三统：亲亲、仁民、爱物。”[③]但于“三世”之义无所发挥。到了1897年的《春秋董氏学》，才有了对“三世”义的阐发。《春秋董氏学》将“三世”列在“春秋例”之中，与“五始”“王鲁”“褒贬诛绝”等例一样，只是《春秋》书法中的一种，康有为发其义云：“‘三世’为孔子非常大义，托之《春秋》以明之。所传闻世为据乱，所闻世托升平，所见世托太平。乱世者，文教未明也。升平者，渐有文教，小康也。太平者，大同之世，远近大小如一，文教全备也。大义多属小康，微言多属太平。

① 康有为：《教学通义》，姜义华、张荣华编：《康有为全集》第一集，第40页。

② 1891年康有为答朱一新的书信中所称“日夜穷孔子之学，乃得非常异义，而后知孔子为创教之圣，立人伦，创井田，发三统，明文质，道尧舜，演阴阳，精微深博，无所不包”，只道“三统”而不言“三世”，可知此时“三世”之义尚未获得康有为的重视。参见康有为：《答朱蓉生书》，姜义华、张荣华编：《康有为全集》第一集，第325页。

③《万木草堂口说》现有广州中山图书馆藏本（丙申本）与北京大学图书馆藏本（丁酉本）两个版本，此条为丁酉本所无。参见康有为撰、楼宇烈整理：《长兴学记　桂学答问　万木草堂口说》，中华书局1988年版，第100页。

为孔子学，当分二类，乃可得之。此为《春秋》第一大义。”① 他在何休“三世”之论的基础上，将《礼运》的小康、大同之世与升平、太平之世相配，形成了三世与三种治况相配的结构。同年初梁启超致严复的书信中谈及：“吾中国古时亦可谓有民主也。《春秋》之言治有三世，曰据乱，曰升平，曰太平。启超尝谓据乱之世则多君为政，升平之世则一君为政，太平之世则民为政。凡世界必由据乱而升平而太平。故其政也，必多君而一君而无君。”② 可推知此时梁启超之师康有为已经形成了以不同政体与三世相配的观点，且尤为值得注意的是，“凡世界必由据乱而升平而太平”透露出康氏“三世”说的普遍主义色彩。不过，在1898年的《孔子改制考》中，有关“三世”之说，康有为称“孔子拨乱升平，托文王以行君主之仁政，尤注意太平，托尧、舜以行民主之太平”③，仅作寥寥数语，未见更充分的阐发。简言之，虽然康有为在戊戌流亡前的著作中已经论及“三世”，但在公之于世的作品中，对其义阐发较少，远不及对“三统”申说之详。究竟是康有为已经发展出了完整的“三世”理论，却因为某些原因不欲广与人知④，还是此时康有为虽形成了“三世”基本框架，其条理却尚未丰富，难以确切判断，但无论如何，在这一阶段的公开作品中，“三世”相较“三统”而言，并非康氏经学中的核心。

---

① 康有为：《春秋董氏学》，姜义华、张荣华编：《康有为全集》第二集，第324页。

② 梁启超：《与严幼陵先生书》，《饮冰室合集》第1册，第107页。

③ 康有为：《孔子改制考》，姜义华、张荣华编：《康有为全集》第三集，第150页。

④ 根据康氏自编年谱所述，于1885年已经“手定大同之制，名曰《人类公理》”，1887年“作《内外篇》……推孔子据乱、升平、太平之理以论地球”。（参见康有为：《我史》，姜义华、张荣华编：《康有为全集》第五集，第67页）然据今《康子内外篇》，未见明言孔子“据乱、升平、太平之理”，其义近者如“吾谓百年之后必变三者：君不专、臣不卑，男女轻重同，良贱齐一。呜呼！是佛氏平等之学矣！”（参见康有为：《康子内外篇》，姜义华、张荣华编：《康有为全集》第一集，第108页）

戊戌变法失败后，康有为在流亡海外期间完成了一批解经之作，从 1901 年的《中庸注》开始，包括其后的《孟子微》《礼运注》《春秋笔削大义微言考》《论语注》，“三世”说在这些经学著述中的分量逐渐加重，乃至于最终成为康氏经学的第一要旨。对于这一转变的原因，学界有不同看法。汤志钧认为，康有为“在革命发展的形势下，把原有进化论涵义的‘三世’说改为压制革命、拉历史车轮后退‘三世’说”①。张翔认为，康有为从戊戌前以大同“一统”为目标，到流亡后转向“三世”渐进，与他对革命的态度转为保守有关②，因为在戊戌流亡期间，康有为认为当时世界尚未至太平，力主不可骤行共和，而应行君主立宪，“三世”所具有的渐进特点能够缓抑迈向“大同”的进程，从而配合他在政治上的保守转向。

不过，应当指出，戊戌之后的康有为在面对现实政治的态度上日趋保守，而在学术理论的建构上却日渐激进。虽然康有为在海外流亡时期的经学著作中屡发“三世”不可躐等之义，确实有应对现实的考虑③，但应看到，康有为在经学上全面转向“三世”说并不是一时起意，而是有更为深远的意图。

一、“万世法”的新背景：一个进化的新世

在流亡前，康有为论“三世”不涉进化，而在流亡之后，康有

① 汤志钧：《论康有为的“大同三世”说》，《康有为与戊戌变法》，第 166 页。

② 参见张翔：《康有为经学思想调整刍议 —— 以〈春秋董氏学〉与〈春秋笔削大义微言考〉的比较为例》，《中国哲学史》2014 年第 2 期。

③ 在《答南北美洲诸华商论中国只可行立宪不能行革命书》中，康有为特别指出：“以中国之政俗人心，一旦乃欲超越而直入民主之世界，如台高三丈，不假梯级而欲登之；河广十寻，不假舟筏而欲跳渡之，其必不成而堕溺，乃必然也。”参见康有为：《答南北美洲诸华商论中国只可行立宪不能行革命书》，姜义华、张荣华编：《康有为全集》第六集，第 313 页。

为却频言进化。他在1899年《致及门诸子书》中勉励诸弟子赴日接受东西新学时说：“当此竞争之世，优胜劣败，二三子甘为乡愿则已，否则当振袂而起，负笈东渡。”[①] 在1900年写给张之洞的书信中，康有为云：“今中国之危削至矣。当此大地梯航交通之日、万国渐趋文明之时，角立竞争，优胜劣败，万不能以冥顽守旧，冀幸图存。”[②] 而在其后集中完成的一批释经著作中，康有为在发挥“三世”之义时也多次言及“进化”，如《中庸注》云“展转三重，可至无量数，以待世运之变，而为进化之法”[③]，《孟子微》云“孔子非不欲在拨乱之世遽行平等、大同、戒杀之义，而义实不能强也。可行者乃谓之道，故立此三等以待世之进化焉”[④]，《礼运注》云“大同小康之道，发之明而别之精，古今进化之故，神圣悯世之深，在是矣”[⑤] 等等。如何解释此种转变？这不由得让人联想到当时流行世界的进化主义思潮，康有为对“三世”的解释，是否是受到西方进化主义影响的产物呢？这也是康有为研究中一个极具争议的问题。

虽然缺乏直接证据证明康有为受到过社会进化论的影响，但若干旁证显示存在着康有为获知进化论的几种可能渠道。一是来自严复《天演论》。严复1896年致信梁启超称“拙译《天演论》，仅将原稿寄去”[⑥]。可知梁启超曾获得《天演论》译稿，而他在1897年给严复的回信中，不仅引述了《天演论》中“择种留良”的明文，并称“南海先生读大著后，亦谓眼中未见此等人”[⑦] 云云，足证康有为

① 康有为：《致及门诸子书》，姜义华、张荣华编：《康有为全集》第五集，第131页。

② 康有为：《与张之洞书》，姜义华、张荣华编：《康有为全集》第五集，第312页。

③ 康有为：《中庸注》，姜义华、张荣华编：《康有为全集》第五集，第387页。

④ 康有为：《孟子微》，姜义华、张荣华编：《康有为全集》第五集，第415页。

⑤ 康有为：《礼运注》，姜义华、张荣华编：《康有为全集》第五集，第553页。

⑥ 王栻编：《严复集》第三卷，中华书局1986年版，第515页。

⑦ 梁启超：《与严幼陵先生书》，《饮冰室合集》第1册，第110页。

读过《天演论》的内容，但据此不能确知《天演论》对康有为所产生的具体影响。二是在康有为1897年成书的《日本书目志》中，列有《进化原论》《进化新论》《进化要论》《通俗进化论》《动物进化论》等日人译作与著作。根据康有为自己的说法，《日本书目志》始撰于1896年，“至是年所得日本书甚多，乃令长女同薇译之”[①]，但由于《日本书目志》所列之书数量极多，因此难以确定康有为是否阅读过这些书籍，也就无法估计他所受这批书籍的影响。

汤志钧认为，在戊戌变法之前，康有为“三世”理论的提出与阐释并非受西方进化论影响的结果，而是“形成于西方达尔文主义思想输入中国之前，确切地说是在严复翻译的《天演论》正式出版之前。因此，康有为的社会进化思想不是导源于西方进化论”[②]。但他认为，康有为在戊戌变法之后在“三世”说中引入进化之义，应当是受西方进化论的影响。根据汤志钧的考察，康有为在1902年《〈大同书〉成题词》中提到了“万世无进化”的说法，又在《大同书》中数次提及“天演”“达尔文”等内容，明确表现出受进化论学说的影响。[③]

汤志钧的观点主要基于推论，缺乏直接的证据。但需要辨析的是，康有为提及“天演”“达尔文”“优胜劣败”这些看似与西洋进化理论相关的概念与名词，并不能证明康有为的“三世进化”理论是受西学影响的产物。事实上，康有为对“进化”的理解与西方进化论相去甚远。对此，茅海建曾做过一个细致的查考，通过详细分析康有为“进化”一词的用例及内涵，他认为，其中全然看不出达尔文、赫胥黎和斯宾塞等人所阐发的进化之义，且康有为对于物

---

① 康有为：《我史》，姜义华、张荣华编：《康有为全集》第五集，第88页。
② 汤志钧：《再论康有为与今文经学》，《历史研究》2000年第6期。
③ 汤志钧：《再论康有为与今文经学》，《历史研究》2000年第6期。

竞天择、适者生存的天演法则甚为拒斥，因而指出，康有为所谓的“进化”不过是借用一名词表进步之义。[①] 此说甚确。当时世界上流行的进化论虽然派别众多，但无论是达尔文、赫胥黎还是斯宾塞的进化论，都有各自明确的理论内核和概念边界，如果对这些内核与边界不做厘清，只是在同言“进化”的层次上认为康有为的“三世”说受到这些理论的影响，显然失于武断和粗疏。因此，虽然康氏“三世”说表现出了对人类社会随时进步的认识，但和西方进化论的关系，用他自己对话来说则是“东海西海，心同理同，只有契合昭融而已”[②]。

虽然康有为的“三世”理论未必是受西方进化论影响而产生，但是，当进化思潮作为“一个新的全能式世界观”[③] 广泛流行于当时整个世界的时候，它更像是一块无所不在的背景幕布，提供了一种对于时间和空间、历史与未来的全新认识，各种流派的思想都在这个幕布之上展开。王汎森指出，近代中国人的时间感、历史感、对“未来”的认识等，都在进化思维的影响下发生了悄然变革：“进化论所带来的整体眼光之变化，使得人们在考虑大大小小的问题——从社会到人生、从人的定义到政治的潮流感等，都不可避免地有重大的改变。”[④] 在进化思维的影响下，传统的循环式时间感和复古的历史感，被线性向前的时间感和不断向上、进步的历史感所取代，从而在政治层面、社会层面、对“人”的理解等问题上都发生了根本性的转变。

---

① 参见茅海建：《再论康有为与进化论》，《中华文史论丛》2017 年第 2 期。

② 康有为：《英国游记》，姜义华、张荣华编：《康有为全集》第八集，第 23 页。

③ 参见王中江：《进化主义在中国的兴起：一个新的全能式的世界观》（增补版），中国人民大学出版社 2010 年版，“前言”。

④ 王汎森：《时间感、历史观、思想与社会——进化思想在近代中国》，《思想是生活的一种方式》，联经出版事业股份有限公司 2017 年版，第 255 页。

身处于这一思想语境中的康有为，显然感受到了它的影响和力量，尤其是在流亡海外期间，周游列国的经历给予了康有为更为直接的冲击，列国竞争之局面的益发残酷让他也不由得发出了“竞争新世，强胜弱败，自然之理也”[①]的感叹。康有为明确意识到，自己所面对的已是一个变化日新的“新世”。“世”本为时间概念，古人用“垂法万世”“万世之经”等表述来形容经学具有永恒价值，历久不衰。但生活在古典时代的中国人所能够设想的“万世”，无非是王朝更迭、天下易姓，从过去到现在再到未来，时间呈现为确定的生存秩序和规律均匀、稳定地铺展。在这样的语境中，“三统”说以正朔三而改、文质再而复的方式，是一个能够应对万世之变的解释模式[②]。然而，近代中西文明的遭逢，让康有为获得了一种现代的时间观。现代世界相对于古代世界，无论在人口、财富、疆域还是新事物、技术上的指数级增长，都让人类意识到，时间不是循环往复的，而是线性向前的，伴随着时间的线性向前，世界必须体现出包含物质、文明乃至人性的不断提升。然而，这种线性向前的现代时间观，在以复归三代为理想的经学传统中却难觅其迹，甚至《礼运》中孔子对于“大同”的追慕，也表现为对一个既已逝去的时代的怀念。因此，既有的“万世”时间意识，在这样一个“新世”面前，需要做出根本调整。

康有为借“托古改制”说，将一种回向过往的时间观调转为面向未来的时间观，但“三统”之制的自我循环却无法刻画出世界的

---

① 康有为：《致张克诚书》，姜义华、张荣华编：《康有为全集》第六集，第 373 页。

② 段义孚认为，古代人类所普遍具有的循环时间观，和人类基于自然观察所形成的宇宙观密切相关，“按照自然界反复出现的阶段性现象（例如星辰与地球的自转与公转），人们会给时间赋予形态。现代人能认识到这些反复出现的现象，但他们却认为这些现象不过是时间长河里的波动旋回而已”。参见段义孚：《恋地情结：对环境感知、态度与价值》，商务印书馆 2018 年版，第 222 页。

进步之义，不符合一种已经被广泛接受和认可的现代时间观念。也许汉儒从未想过“三世”的王化渐进与线性的时间观会存在任何关联，因为在《春秋》中它只是被孔子借用来彰显是非、善恶、贵贱、尊卑之理的一种方式，所见世、所闻世和所传闻世的区分主要还是通过时间上的远近，体现亲疏、恩情的厚薄。何休“三世”说中所涉及的王化洋溢虽然直观表现为文明影响力在地理层面上的扩大，但不可否认的是，这一过程的实现需要时间，在这个意义上，“三世”说为康有为提供了一个可以与现代时间观接轨的切入点：如果说进化的时间观是来自于对物质、技术等文明形态急速增长和发展的感知，那么，“三世”说对文明治况渐次递进的描述，绝佳地把握到了这种进化的时间观的产生根源。因此，虽然康有为的“三世”说未必是对所谓进化论的模仿，但本质上，它与进化论分享了一个共同的认知前提，即人类文明是可以日渐提升进步的。

二、万世之“法”的新形态

随着康有为从“三统”说转向“三世”说以建构“万世法”的普遍主义，不仅“万世”的内涵发生了变化，“法”的内涵也发生了重大变化。

康有为曾经在《长兴学记》中指出：

> 孔子之为万世师，在于制作六经，其改制之意，著于《春秋》。……二千年来，行三年丧，夏时选举，同姓不婚之制，皆孔子法。[1]

① 康有为：《长兴学记》，姜义华、张荣华编：《康有为全集》第一集，第349页。

康有为所理解的“孔子法”，包括三年丧、夏时选举、同姓不婚之制等，都是反映在《春秋》中的具体制度。在康有为以“三统”说作为阐释“万世法”的基础时，他正是从孔子之制的意义上来理解“万世法”的。康有为曾在《我史》中谈及1892年与弟子编《孔子改制考》时的情形云：

> 是时所编辑之书甚多，而《孔子改制考》体裁博大，选同学高才助编辑焉。以孔子所制之礼，与三代旧制不同，更与刘歆伪礼相反，古今淆乱，莫得折衷，考者甚难。乃剌取古今礼说，立例以括之：一、孔子定说，以《春秋公羊》、《董氏繁露》、《礼王制》、《论语》、《孟子》、《荀子》为主。次、三统说，孔子每立一制，皆有三统，若建子、建丑，尚白、尚黑、尚赤，鸡鸣、平旦、日午为朔，托之夏、殷、周者，制虽异而同为孔子之正说，皆可从也。三、曰存旧，周初遗制，诸国旧俗，皆杂见于诸子，而管子最多，刘歆所采以为礼者。然可以考旧制，故次焉。四、曰辟伪，刘歆伪撰《周礼》、《左传》及诸古文经之说，向来窜乱于诸经中者，辞而辟之。五、曰传谬，自刘歆以后，诸儒展转附会讹传者。[①]

按照康有为的说法，《孔子改制考》最初的编纂目的是要厘清孔子之制与三代旧制及刘歆伪古文之制的不同。从康氏所立之例的内容可以看出，孔子之制表现在“三统”异制之中。康有为曾在《万木草堂口说》中将《中庸》中的“三重”解释为“三统”[②]，又借用郑

① 康有为：《我史》，姜义华、张荣华编：《康有为全集》第五集，第82页。

② 康有为：《万木草堂口说》，姜义华、张荣华编：《康有为全集》第二集，第168页。

玄的解释，以“三重”为“三王之礼”[①]，三王既为孔子所托，那么，“三统”的实质就是孔子所立的三套制度，因此，康有为以“三统”治万世的设想，便是要以孔子所设的“三统”异制范围万世之变。

当康有为以“三世”说解释孔子万世之法的时候，“法”的内涵发生了转变。在《中庸注》中，康有为提出了“三世之法”之说：“孔子以天地为仁，故博爱，立三世之法，望大道之行。”[②]显然，“三世之法”即是孔子为万世所立之法。何谓“三世之法”？在《孟子微》中，康有为解释道：

> 孔子立三世之法：拨乱世仁不能远，故但亲亲。升平世仁及同类，故能仁民。大平世众生如一，故兼爱物。仁既有差等，亦因世为进退大小。……凡世有进化，仁有轨道，世之仁有大小，即轨道大小，未至其时，不可强为。孔子非不欲在拨乱之世遽行平等、大同、戒杀之义，而实不能强也。可行者乃谓之道，故立此三等以待世之进化焉。[③]

按照康有为的解释，由于“世”本身是进化的，因此，“三世之法”就是孔子为一个进化的万世所设之“法”。“三世之法”的大体内容是：人类文明要遵循从据乱世到升平世，再到太平世的轨道，从亲亲到仁民到爱物，逐渐达到“仁”的全面实现，这一次序不能错乱；每一世对应于一种文明阶段，而不是一个确定的时间单位，每一个文明阶段中，都有一个相应的“仁”的实现程度作为这一阶段中人类设法立制的指导原则。显然，这样的“三世之法”不再是

---

① 康有为：《万木草堂口说》，姜义华、张荣华编：《康有为全集》第二集，第172页。

② 康有为：《中庸注》，姜义华、张荣华编：《康有为全集》第五集，第379页。

③ 康有为：《孟子微》，姜义华、张荣华编：《康有为全集》第五集，第415—416页。

某种具体制度，康有为在《论语注》中明确指出："圣人言论皆为天下万世立公律，不暇为区区一国计也。"[①]"三世"说作为一种"万世公律"，是面向整个人类与古今万世的，不受空间、时间的影响。

可以看到，相较于"三统之法"，"三世之法"不再拘泥于用一套或几套制度设计范围万世之变，因为康有为认识到，即使将"三统"说从圣王治世的既有经验转变为孔子面向未来的制度设计，依然无法回应六经制度与当下世界高度脱节的现实，因此，在新的时代语境里，儒家的普遍主义必须建立在一种全新的理论模式之上，而"三世"说正是康有为对传统经学理论模式的重大突破。然而，若以为康有为对"三世"说普遍主义化的改造只是赋予了"三世"说以文明渐进色彩，还未能真正触及康氏"三世"理论的核心。康有为虽然借助公羊学发展出了"三世"说的进步内涵，但在学理上对这一模式普遍性的论证，在公羊学中却无现成理论可供依据，因此，要想说明"三世"说确为"万世公律"，仅凭声称其为孔子之法，说服力显然远远不够，有待进一步地解释和论证。而正是在对"三世"说的普遍性的论证和解释中，康有为的"三世"说显示出它与西洋进化论真正的内在差异。

---

① 康有为：《论语注》，姜义华、张荣华编：《康有为全集》第六集，第405页。

第四章　塑造“三世”说的普遍性

第一节　“本数末度，莫不兼运”

“三世”说虽经康有为之手一变而成为“万世公律”，其普遍主义诉求从“万世公律”之称可见一斑，但不少学者认为，康氏此举不过是将西洋新知塞入“三世”名目，对经学并无“原创性的贡献”①。这一看法不无道理，如果仅就康氏所发“三世”之义而言，只能看到它规定了古今之世必须按照据乱、升平、太平的次序进化，不可躐等；据乱世当行君主制，升平世当行君民共主制，太平世当行民主制；升平世“令人人自立而平等”，“至太平，则人人平等，人人自立”②等内容。而康有为所论平世之制，颇取于西洋诸国既有之制，平世所崇尚的自立、平等价值，也与西洋政治所推崇之价值相合。如此看来，康有为重建儒家普遍主义的方式显得相当浅显甚至粗陋——不过是从经学传统里拎出一个“三世”说的框架，填入大量的西洋名词与概念，然后就声称这是一种放诸四海而皆准的模

---

① 冯友兰云：“康有为发挥三统三世之说，盖欲以之包罗当时人之新知识，当时之新事实，所谓以旧瓶装新酒也。”参见冯友兰：《中国哲学史》（下），《三松堂全集》第三卷，第416页。汪荣祖认为：“他对公羊学并无原创性的贡献，也不是一位严谨的经学家；他拥抱公羊学诠释传统，因其最明《春秋》改制之义，足以改造中国，建筑世界乌托邦之用。”参见汪荣祖：《从传统中求变：晚清思想史研究》，百花洲文艺出版社2001年版，第234页。

② 康有为：《春秋笔削大义微言考》，姜义华、张荣华编：《康有为全集》第六集，第17页。

式，是经学的普遍主义所在。事实果真如此吗？

康有为的“三世进化”理论相较于当时流行的几种西洋进化理论，如达尔文、斯宾塞、赫胥黎的进化论，有两个显著差异。首先，无论是达尔文、斯宾塞还是赫胥黎，都没有提出物种或人类进化的终极目标，而康有为明确表示，“三世进化”乃以“仁”的实现为目标。其次，达尔文的进化论以自然选择、适者生存的竞争机制作为进化的动力，斯宾塞的社会达尔文主义以机械规律作为支配进化的内因，而康有为提出，人性向着“仁”的不断发展与趋近，是推动“三世进化”的内因。而对于这一论断，康有为通过重新激活经学传统中的“气”“性”“仁”等概念，给出了一套完整而细致的论证。受到现代学术分科视角的影响[①]，在以往的研究中，康有为论“气”“性”“仁”的内容被归入其哲学思想中加以讨论，与康有为的今、古学之辨、“三统”、“三世”等经学主张泾渭分明。然而，康有为本人从未声称其思想体系中存在着经学与哲学的二分。如此界分所造成的一个结果是，将康氏的思想打作两截，二者之间的关联无从建立，从而极大程度削弱“三世”说的丰富内涵。因此，若要充分理解康氏“经学思想”和“哲学思想”之间的关系，我们需要一种贯通的眼光。

---

① 1934年冯友兰的《中国哲学史》成书，标志着“中国哲学”学科范式的建构基本完成。冯友兰以西方哲学为参照系，从中国历史上的既有学问中拣选出与西方哲学所论范畴相符合的内容，加以重新叙述，成为“中国哲学”。冯友兰认为，在中国既有的学问中，魏晋玄学、宋明道学与清代义理之学与西方哲学最可匹配，因为这些学问对天道性命问题的探索，恰恰对应于西方哲学所关心的宇宙论、人生论。由此可知，所谓康有为的“哲学思想”，实为“中国哲学”学科建立之后的产物。参见冯友兰：《中国哲学史》（上），《三松堂全集》第二卷，第245—248页。

一、法度与义理

在经学历史上，经学有两种典型形态，一是以汉代经学为代表的法度形态，一是以宋代儒学为代表的义理形态。自汉武独尊儒术，汉代始以经学为治。汉因去古未远，尚能以经书敷治，以礼乐行政教。皮锡瑞《经学历史》云：“惟汉人知孔子维世立教之义，故谓孔子为汉定道，为汉制作。当时儒者尊信六经之学可以治世，孔子之道可为弘亮洪业、赞扬迪哲之用。朝廷议礼、议政无不引经；公卿大夫士吏，无不通一艺以上。”① 汉儒相信，经乃圣人为汉制作，意在致太平。圣人作经的这一信念，使得经书具有不证自明的权威性和正当性，其中所言诸礼制与大义，皆为圣人之法，理应遵从。被视为法度与规范的经学，被直接施用于汉代政治。

五经中最能够直观体现经学法度形态的，莫过于《礼》与《春秋》。《礼》经所载诸多礼制，皆能在汉代政治中看到对其直接的效仿。譬如天子事“三老”“五更”之礼，经典记载见于《礼记·文王世子》，其说云：

> 天子视学，大昕鼓徵，所以警众也。众至，然后天子至，乃命有司行事，兴秩节，祭先师、先圣焉。有司卒事反命，始之养也。适东序，释奠於先老。遂设三老、五更、群老之席位焉。适馔，省醴、养老之珍具。遂发咏焉。退，修之以孝养也。反，登歌《清庙》。既歌而语，以成之也。言父子、君臣、长幼之道，合德音之致，礼之大者也。下管《象》，舞《大武》，大合众以事，达有神，兴有德也。正君臣之位，贵贱之等焉，而上下之义行矣。有司告以乐阕，王乃命公、侯、伯、子、男及

① 皮锡瑞著、周予同注释：《经学历史》，第26页。

> 群吏，曰："反，养老幼于东序。"终之以仁也。[①]

据《礼记》所载，事"三老""五更"是一种养老礼仪，是周代天子视察太学过程中的一个环节。按郑玄注，充任"三老""五更"之人皆为"年老更事致仕者也"[②]。经文详细描述了整个礼仪的流程，包括天子亲自前往陈设酒食之处，检查醴酒和馔具，命人奏乐迎接"三老""五更"入席，并亲自奉上酒食，配合以乐师唱颂的《清庙》之诗。歌毕后，席间之人便开始谈论君臣父子长幼之道，与此同时，堂下开始演奏《象》乐，并会聚众学士跳起《大武》之舞，待整个流程完毕，天子下令各级诸侯在国中亦如此行事，将养老之礼逐级推广至天下。据《汉书·礼乐志》载，东汉明帝时，就曾仿效《礼记》所述先王遗法，"宗祀光武皇帝于明堂，养三老、五更于辟雍"[③]，以行古礼的方式，向天下彰显孝悌之道。

以《春秋》为法，则可借汉代"《春秋》决狱"的实践来理解。据《后汉书·应劭传》载，《春秋》决狱始于董子："故胶西董仲舒老病致仕，朝廷每有政议，数遣廷尉张汤亲至陋巷问得失，于是作《春秋决狱》二百三十二事。"[④]《汉书·艺文志》著录《公羊董仲舒治狱》十六篇，其书已佚。不过，在《汉书》中仍然记载着不少以《春秋》决狱的例子。如《汉书·隽不疑传》载：

> 始元五年，有一男子乘黄犊车，建黄旐，衣黄襜褕，著黄冒，诣北阙，自谓卫太子。公车以闻，诏使公卿、将军、中

---

① 郑玄注、孔颖达疏：《礼记正义》，第 866 页。
② 同上。
③ 班固撰、颜师古注：《汉书·礼乐志》，第 1035 页。
④ 皮锡瑞著、周予同注：《经学历史》，第 91 页。

二千石杂识视。长安中吏民聚观者数万人。右将军勒兵阙下，以备非常。丞相、御史、中二千石至者并莫敢发言。京兆尹不疑后到，叱从吏收缚。或曰：“是非未可知，且安之。”不疑曰：“诸君何患于卫太子！昔蒯聩违命出奔，辄距而不纳，《春秋》是之。卫太子得罪先帝，亡不即死，今来自诣，此罪人也。”遂送诏狱。[①]

汉武帝征和二年（公元前91年），发生了卫太子巫蛊案，太子出逃，遭到围捕，自缢而死。然而，到了汉昭帝始元五年（公元前82年），有自称卫太子之人现身于京师北门，服饰颇有太子之状，引得物议沸然。当时的天子汉昭帝刘弗陵是武帝庶子，而传闻中已经离世的前朝太子再度现世，现任政权如何面对前任政权曾经的法定继承人，显然是个棘手问题。治《春秋》出身的京兆尹隽不疑在处理此事时，援引了《春秋》卫辄拒父之事。卫辄拒父之事，见于哀公三年《公羊传》。蒯聩为卫灵公之子，公孙辄为聩之子，按《公羊传》载，“蒯聩为无道，灵公逐蒯聩而立辄”，卫灵公卒后，蒯聩试图重返卫国为君。在这里，公孙辄面临着两难的局面：蒯聩是公孙辄之父，一方面，如果接纳蒯聩回国，就是不尊祖父之命；但另一方面，如果拒绝蒯聩入国，则是违背了父命。《公羊传》发传曰：“灵公逐蒯聩而立辄，然则辄之义可以立乎？曰可。其可奈何？不以父命辞王父命，以王父命辞父命，是父之行乎子也。不以家事辞王事，以王事辞家事，是上之行乎下也。”[②]《公羊传》给出了两条理由，首先是公孙辄“不应以父命辞王父命”，蒯聩虽然是公孙辄之

① 班固撰、颜师古注：《汉书·隽疏于薛平彭传》，第3037页。

② 何休解诂、徐彦疏：《春秋公羊传注疏》，第1142页。

父，但公孙辄的祖父卫灵公又是蒯聩之父，蒯聩以无道得罪于父在先，因此，公孙辄不以父命辞王父命，保全了卫灵公为父之尊。其次是“不以家事辞王事”，对公孙辄而言，卫灵公不仅是他的祖父，还是卫国国君，那么，卫灵公驱逐蒯聩就不仅是父亲驱逐儿子，也是国君驱逐无道之臣，公孙辄不以家事辞王事，保全了卫灵公为君之尊。在隽不疑看来，“卫太子”的情况与蒯聩颇有相似处，他们都是因罪为君父所逐，又都在新君即立后试图返国，只不过卫太子与汉昭帝是兄弟关系而非父子关系，但这并不影响《公羊传》两条大义——“不以父命辞王父命”和“不以家事辞国事”对此事的裁断，蒯聩是违命出奔，卫太子是得罪先帝，于父于君，二人皆为有过之人，因此，隽不疑果断处置了此事，将自称卫太子者移送诏狱。

在这个事件中，《春秋》何以能够成为隽不疑断狱的依据？不是因为《春秋》本身提供了可资判案的成文法条，而在于它包含了判案可据的正义原则。如董仲舒所言，《春秋》“志得失之所从生，而后差贵贱之所始矣。论罪源深浅，定法诛，然后绝属之分别矣。立义定尊卑之序，而后君臣之职明矣。载天下之贤方，表廉义之所在，则见复正焉耳”①。《公羊传》所发，正是孔子所立的价值标准与尊卑秩序，因而汉人引《春秋》，皆用其义。汉武帝时，严助上书称“《春秋》天王出居于郑，不能事母，故绝之”；博士徐偃行风俗而矫制，为自己辩解称“《春秋》之义，大夫出疆，有可以安社稷，存万民，颛之可也”，谒者给事中终军引《春秋》“王者我外”驳之；汉元帝时，匡衡上书云“王者存二王后，所以尊其先王而通三统也。其犯诛绝之罪者绝，而更封他亲为始封君，上承其王者之始祖。《春秋》之义，诸侯不能守其社稷者绝”；汉哀帝时，诏曰：“《春秋》

---

① 苏舆：《春秋繁露义证·正贯》，第143页。

‘母以子贵’”，所称引之义，皆出自《公羊传》所发。

由以上二例可以看到，经学在汉代所呈现的法度形态，具有一种鲜明的规定性，无论是《礼》经对具体典礼仪节的操作规定，还是《春秋》所规定的价值和伦理原则，均不涉及对制法依据与更根本原因的揭示。汉儒对圣人与经书权威的信仰，以及经典所载内容对汉代政治和社会生活产生的实际效用，使汉人无意于追究圣人制作的依据或合法性基础。

然而，经学这一法度形态到了宋代发生了重大转变，宋儒开始关心起圣人之法背后的义理基础。原因是复杂的。就礼制而言，如明堂、巡守、封禅之类的礼制，不仅是经书所载先圣之制，更是可以施诸汉代政治的大典，而随着宋代在政治模式、社会结构、经济形态等各个方面的重大转变①，让据说记载了上古三代治世之法的《礼》经中的很多内容变得难以施用②。朱子以古今庙祭的变化为例云：“古者各有始祖庙，以藏祧主。如適士二庙，各有门、堂、寝，各三间，是十八间屋。今士人如何要行得！”③“唐大臣长安立庙，后世子孙，必其官至大臣，乃得祭其庙，此其法不善也。”④古今之变，让经书中所记载的庙祭变得难以施行。一方面，宋之士人无法像古之士人般立十八间屋的二庙；另一方面，唐代的庙制改革则让普通

① 自内藤湖南以降，日本学者多以宋代为中国近世的开端，并从政治史、法制史、科举史、都市史、宗祖史、农业史、商业史等多个侧面细致研究了宋代相较于此前时代的深刻变化。譬如，基于科举制度建立起的天子—文官行政体系，打破了旧有的门阀贵族政治，加快了社会阶层的流动；商业化程度的极大提高与教育的普及推动了市民社会的兴起，也带来了更复杂的社会身份组成等等。

② 因时势移易而导致礼乐为虚名，难以继续发挥政教功能的问题，在唐代已经显露出来。参见冯茜：《唐宋之际礼学思想的转型》，生活·读书·新知三联书店2020年版，第二章“历史传统中的儒学困局”。

③ 黎靖德编：《朱子语类》，载朱杰人、严佐之、刘永翔主编：《朱子全书》第17册，第3036—3037页。

④ 同上书，第3037页。

之士无法立庙。宋儒所遭遇的古礼难行的现实，由此可见一斑。

就《春秋》而言，《春秋》在汉代的法度形态是依托《公羊传》所发圣人微言大义而得以成立的。然而，进入东汉后，随着古文经学的崛起，《左传》得立学官，声势日盛，对《公羊》学构成挑战[①]。及至晋杜预《集解》出，提出孔子修《春秋》遵周公五十凡例，以《左氏》解《春秋》遂成主流，《公羊》之学浸微，乃至“殆无师说”[②]。由此，《春秋》一变为史书，而作为孔子制法所在的《春秋》，其微言大义也就无从讲起。

当圣人所制之法已经难以合于世用，经书的合法性就自然遭到质疑，因此，原本规定性的经学，势必要发展出论证性形态。程颐对读经目标做了新的解释：

> 读书者，当观圣人所以作经之意，与圣人所以用心，与圣人所以至圣人，而吾之所以未至者，所以未得者，句句而求之，昼诵而味之，中夜而思之，平其心，易其气，阙其疑，则圣人之意见矣。[③]

对宋儒而言，治经的目标从了解圣人制法，变成了理解圣人何以制法。相较于经书上白纸黑字的圣人之言，“圣人所以作经之意”与“圣人所以用心”才是更值得深究的内容。

---

① 左氏家攻公羊家者，如郑众作《长义》十九条，论《公羊》之短，贾逵作《长义》四十条，云《左氏》理长，是故皮锡瑞云：“汉今古文家相攻，始于左氏、公羊，而今古文家相攻若仇，亦惟左氏、公羊为甚。”参见皮锡瑞：《经学通论》，第 511 页。

② 《隋书·经籍志》云：“晋时，杜预又为《经传集解》。《穀梁》范宁注，《公羊》何休注，《左氏》服虔、杜预注，俱立国学。”（参见魏征：《隋书》，中华书局 1997 年版，第 933 页）皮锡瑞论魏晋南北朝经学云：“而据《北史》，河、洛主服氏《左传》外，不闻更有何氏《公羊》。”（参见皮锡瑞著、周予同注释：《经学历史》，第 1 页）

③ 程颢、程颐：《程氏遗书》，王孝鱼注解：《二程集》，第 322 页。

当圣人这一角色不再能够为经典提供天然的合法性保障，就需要提出更根本的义理依据，为六经合法性做出新的论证。朱熹云：

今之学者自是不知为学之要。只要穷得这道理，便是天理。虽圣人不作，这天理自在天地间。“天地高下，万物散殊，流而不息，合同而化”，天地间只是这个道理流行周遍。不应说圣人不言，这道理便不在。这道理自是长在天地间，只借圣人来说一遍过。①

天理而非圣人成了六经合法性的根本依据所在。在朱熹看来，经虽为圣人所作，但经书的神圣性并不来自圣人的规定，而在于它所承载的天理。天理不是圣人的发明或规定之物，无论有无圣人和经书，天理都自在流行，圣人作为能够体认和实现天理之人，作经是因为“经历见得许多，所以写在册上与人看”②。在这个意义上，治经的目的归根结底不过是要体认其中天理，明白圣人所以作经之意。于是，宋人治经的重点就从充满了规定性的五经，转移到了长于义理阐发的四书，经学的义理形态由此展开。

二、一种新的孔子学形态

如果说汉儒之学主于法度规定，宋儒之学主于义理论证，是否还存在第三种可能的经学形态？在康有为看来，答案是肯定的，他评价朱子“但言义理，于孔子之道，只得一半”③，则真正的孔子之学

① 黎靖德编：《朱子语类》，载朱杰人、严佐之、刘永翔主编：《朱子全书》第14册，第307—308页。

② 同上书，第313页。

③ 康有为：《万木草堂口说》，姜义华、张荣华编：《康有为全集》第二集，第136页。

当如何？在《孔子改制考·自序》的开篇，康有为借用庄子之言做了说明：

> 天既哀大地生人之多艰，黑帝乃降精而救民患，为神明，为圣王，为万世作师，为万民作保，为大地教主。……其道本神明，配天地，育万物，泽万世，明本数，系末度，小大精粗，六通四辟，无乎不在。[①]

“本神明，配天地，育万物，泽万世，明本数，系末度，小大精粗，六通四辟，无乎不在”一段出自《庄子·天下》，本是庄子对古圣人的赞辞，而康有为认为此段赞辞专为孔子而发。对于如何理解“本数”“末度”与“小大精粗”，注家们各有异说。康有为在《论语注》中做了一个解释：“庄子所称‘明而在数度者，旧法世传’，即夫子之文章可得而闻也。若性与天道，则小大精粗，无乎不在。”[②]那么，这段话即是在称扬孔子之道兼备法度与义理。换言之，一种既包含圣人规定之法，又能揭明圣人所以为法的经学，才是康有为所认可的孔子之学的全体。

不过，连子贡都声称不可得而闻的性与天道之学，康有为又从何得知？他在汉代经学中发掘出沉寂已久的一脉传统，这便是董仲舒的天人之学。董子以治《春秋》闻名于汉，自是长经学的法度形态，但少有人注意到，在《繁露》中更深蕴着董子的义理之学。在《春秋董氏学·自序》中，康有为云：

---

① 康有为：《孔子改制考》，姜义华、张荣华编：《康有为全集》第三集，第3页。

② 康有为：《论语注》，姜义华、张荣华编：《康有为全集》第六集，第411页。

> 《春秋》文成数万，其旨数千，大义烺烺，然仅二百余，脱略甚矣，安能见孔子数千之大旨哉？又多非常异义可怪之论，意者不足传信乎？《春秋纬》：孔子曰：乱我书者董仲舒。乱者，理也。太史公曰：汉兴，唯董生明于《春秋》，两汉博士，公羊家严彭祖、颜安乐皆其后学。刘向称董仲舒为王者之佐，虽伊、吕无以加……其传师说最详，其去先秦不远，然则欲学《公羊》者，舍董生安归？……吾以董子学推之今学家而莫不同，以董子说推之周、秦之书而无不同。若其探本天元，著达阴阳，明人物生生之始，推圣人制作之源，扬纲纪，白性命，本仁谊，贯天人，本数末度，莫不兼运。信乎明于《春秋》，为群儒宗也。
>
> 然大贤如孟、荀，为孔门龙、象，求得孔子立制之本，如《繁露》之微言奥义不可得焉。董生道不高于孟、荀，何以得此？然则是皆孔子口说之所传，而非董子之为之也。善乎王仲任之言曰：文王之文，传于孔子。孔子之文，传于仲舒。故所发言轶荀超孟，实为儒学群书所无。若微董生，安从复窥孔子之大道哉！[①]

虽然《春秋》号称文成数万、其旨数千，但从《公》《穀》二传来看，所传之义仅有二百多条，存在大量的脱漏。脱漏的微言大义何在？在董子《繁露》。康有为发现，《繁露》所发微言大义，多出于《公羊》《穀梁》之外，董子为《春秋》醇儒，可知《繁露》所言并非董子臆造，必出自孔子，传于先儒。康有为特别指出，董子《繁露》能“探本天元，著达阴阳，明人物生生之始，推圣人制作之

---

① 康有为:《春秋董氏学》，姜义华、张荣华编:《康有为全集》第二集，第 307 页。

源，扬纲纪，白性命，本仁谊，贯天人”，而这些内容，即使是孟、荀这样的孔门大贤，也未能如董子般发之甚详。于是，康有为提出了一个在经学史上极具颠覆性的观点：董子之道高于孟、荀。

可是董子之道究竟在何种意义上高于孟、荀？在《春秋董氏学·春秋微言大义第六上》中，康有为进一步解释道：“自元气阴阳之本、天人性命之故、三统三纲之义、仁义中和之德、治化养生之法，皆穷极元始，探本混茫。孔子制作之本源、次第，借是可窥见之。……孔子之道本，暗曶湮断久矣，虽孟、荀命世亚圣，犹未能发宣。”[①] 在康有为看来，董子之学的精妙之处在于能够阐发孔子制作之本源、次第。且与宋儒以《四书》学为基础展开圣人的义理之学不同，董子是真正能够把握孔子《春秋》制法背后依据之人，而《春秋》学乃孔子学之管籥，因此，孔子义理之学的大根大本就藏于《繁露》当中，这些内容是比《公羊》明文所发大义更为隐微的孔子精义所在。在这个意义上，董子之学就是一种真正兼具“本数”与“末度”，规定性与义理性齐备的经学形态，而在康有为看来，这显然是孔子之学本来应有的完整形态。

因此，只有在理解了康有为设想中完备孔子之学的应有形态后，我们才能理解康有为的“经学思想”与“哲学思想”并非二事，而是互为表里地编织成了一套有法有则、有理有据的孔子普遍之学。然而，这套普遍之学在何种意义上是普遍的，又在何种意义上是“孔子的”，还需要康氏做出进一步的解释说明。

---

① 康有为：《春秋董氏学》，姜义华、张荣华编：《康有为全集》第二集，第372页。

第二节　“三世”渐进的动力与目标

一、“孔子之学，专讲人事”

早在1886年的作品《康子内外篇》中，康有为就极为敏锐而精准地把握到孔子之教作为中国独有的文明传统，与佛教、基督教和伊斯兰教等其他世界宗教的本质差异：

> 今天下之教多矣：于中国有孔教，二帝、三皇所传之教也；于印度有佛教，自创之教也；于欧洲有耶稣；于回部有马哈麻，自余旁通异，不可悉数。然余谓教有二而已。其立国家，治人民，皆有君臣、父子、夫妇、兄弟之伦，士、农、工、商之业，鬼、神、巫、祝之俗，诗、书、礼、乐之教，蔬、果、鱼、肉之食，皆孔氏之教也，伏羲、神农、黄帝、尧、舜所传也。凡地球内之国，靡能外之。其戒肉不食，戒妻不娶，朝夕膜拜其教祖，绝四民之业，拒四术之学，去鬼神之治，出乎人情者，皆佛氏之教也。耶稣、马哈麻、一切杂教皆从此出也。圣人之教，顺人之情，阳教也；佛氏之教，逆人之情，阴教也。①

相较于佛教、基督教、伊斯兰教等宗教，孔教不涉超越世界，一直以来这都是孔教被质疑能否称为宗教的关键所在。然而，追根究底，孔教是否可算作“宗教”之所以能够成为一个问题，乃因提问者已经预设了某种以佛教、基督教或伊斯兰教为“宗教”定义的原型，以此定义评价孔教，则孔教显得格格不入。但对深谙经学传统的康有为来说，他的视角全然未落入此窠臼中，而是从一开始就

① 康有为:《康子内外篇》，姜义华、张荣华编:《康有为全集》第一集，第103页。

站在了从孔教出发、以孔教为标准的立场上，去裁量世界各大宗教。他看到，在同为人类文明教化形态的意义上，孔、佛、耶、回皆可称“教”，此为孔教之名得立的关键所在，但以孔教为标准反观诸教，佛、耶、回教都在此世生存之外设置了一个超越的世界——无论是佛教的涅槃清净，还是基督教的救赎天国——且这个超越性的世界规定了此世生存的最高目标和方式，“其戒肉不食，戒妻不娶，朝夕膜拜其教祖，绝四民之业，拒四术之学，去鬼神之治，出乎人情者”。

然而，孔教所认可的世界从来只有一个，便是人类生活于其中的此间世界，因而孔子之学皆为此世生活之法，无出世间法。在康有为看来，这正是孔子之教的优长所在，在解释《中庸》“道不远人。人之为道而远人，不可以为道”一句时，康有为云：

> 道者，非以为鬼神道，非以为木石鹿豕道，以为人之道也。道要于人所行，通于人所共行，则可以为道。故孔子之道，因于人性有男女、饮食、伦常、日用，而修治品节之。虽有高深之理，卓绝之行，如禁肉去妻，苦行练神，如婆罗门九十六道者，然远于人道，人情不堪，只可一二畸行为之，不能为人人共行者，即不可为人人共行之道，孔子不以为教也。[①]

康有为看到，无论何教，归根究底要落实在人类自身，真正处理的亦是人的问题，只有贴近人类生活和普遍人性的教法，才可能具有长远的影响力和普遍的可行性。就此而言，孔子之教最能通晓此义，因孔子之教是遵循人性自然而设，真正渗入人民的日用伦常

---

① 康有为：《中庸注》，姜义华、张荣华编：《康有为全集》第五集，第373页。

之中，能为人所共行。反观佛教之类以抑制人性为法之教，即使有高深之理，卓绝之行，然而出尘绝世，只能为少数人所践行，无法推广为一般人所接受奉行。换言之，对人道的尊重和遵循，才是一种文教普遍性得以成立的真正前提。

然而，何以诸教不似孔教般“专讲人事”，而须诉诸“鬼神之治”？康有为把握住了孔子之教的另一特点，即对文明与人类关系的独特理解。诸教皆有自己的文明创生论，无论是希腊文明、希伯来文明、印度文明还是伊斯兰文明，都以神创论作为文明起源的解释，即便是犹太教和伊斯兰教以先知为文明之法的创设者，这些先知也都是在声称受到了上帝或真神的启示与谕告后，才以神的代理者身份在人间行事。而孔子对这一问题的思考见于《易·系辞》，其中对八卦的起源进行了如下追溯：

> 古者包牺氏之王天下也，仰则观象于天，俯则观法于地，观鸟兽之文，与地之宜，近取诸身，远取诸物，于是始作八卦，以通神明之德，以类万物之情。

在后来西汉许多儒家文献中，这一叙事也被多次重复，如陆贾《新语·道基》云：“先圣乃仰观天文，俯察地理，图画乾坤，以定人道，民始开悟。”[①]《白虎通·号》云：“古之时，未有三纲六纪，民人但知其母，不知其父……于是伏羲仰观象于天，俯察法于地，因夫妇正五行，始定人道，画八卦以治下。”[②] 八卦作为一种抽象的表义符号，显然并非自然之物，而是对自然的突破。但是在《系辞》的

① 陆贾：《新语》，商务印书馆 1937 年版，第 2 页。

② 陈立：《白虎通疏证》，第 50—51 页。

描述中，这种对自然的突破却没有任何神秘力量在背后操纵，无非是圣人伏羲通过“仰观象于天，俯观法于地”，“近取诸身，远取诸物”，于是“始作八卦”，仿佛天地本身向人类敞开了文明的窗口，伏羲不过是打开窗户之人，一切都发生得那么自然而然。这段叙述的意义不在于它是否反映了人类文明创生的实情，而在于它表达了孔子对人与文明关系的理解：文明不是一种外在于人类的神造物，而就是根源于人类自身[①]。虽然伏羲作为圣人，在能力上与凡人有别，但在他的背后从未站着一个超越之神。换言之，人类是一种有能力理解天地宇宙并为自身创造文明的存在物，人类天生就具有趋向文明的自然属性，这是孔子之学的一个至关重要的认识，也是孔子之教与其他诸教的一个重要分野。

因此，与诸教预设自然人与文明人的二分不同，孔子所理解的“人”，既是自然的，也是文明的。我们不妨借助《论语·为政》“道之以政”章的解释来理解这个问题：

> 子曰：“道之以政，齐之以刑，民免而无耻。道之以德，齐之以礼，有耻且格。”[②]

人们多以此章为孔子论德礼之治优于政刑之治的所在：以法教刑罚为治，民免而无耻；以道德礼乐为治，民有愧耻且能自修归正。

---

① 文明从何而来？它是自发的还是被发明的？如果是出于自然或神力，为何它常与自然状态相抵牾？如果是出于人造，它的正当性何在？诸如此类的问题长久存在于整个人类世界，自然与文明之间的张力天然隐藏其中。西方世界对文明的典型理解，可以参考 Colin Renfrew 的说法，即文明是“人类越过与动物伙伴所共享的自然世界，来到自己缔造的世界。在新的世界中，他用人工制品将自己包裹起来，这些人工制品使他与动物伙伴隔绝，他拔高至它们之上”。参见 Colin Renfrew, *The Emergence of Civilization*, London: Methuen, 1972, p.11。

② 何晏集解、邢昺疏：《论语注疏》（宋蜀刻本），第 40 页。

然而，为什么“道之以政，齐之以刑”不能使民有耻且格？礼与刑在形式上均为一种行为规范，难道是因为德礼之治温和而政刑之治严酷吗？难道只有德礼之治符合正义而政刑之治就没有一丝一毫正义可言吗？要在根本上论证德礼之治是一种更好的政治，绕不开对德礼之治与人的自然之性的关系的讨论。魏晋儒生对这个问题进行了充分的探讨，郭象云：

> 制有常，则可矫，法辟兴，则可避，可避则违情而苟免，可矫则去性而从制，外正而心内未服，人怀苟免，则无耻于物，其于化不亦薄乎，故曰民免而无耻也。……德者，得其性者也，礼者，体其情也。情有所耻而性有所本，得其性则本至。体其情则知耻，知耻则无刑而自齐，本至则无制而自正。①

虽然郭象分别情、性以言心的解释带有鲜明的玄学特点，但它解释了政刑之治不可长久的根本原因是，这些规则设置“去性违情”，虽能以禁绝的方式矫民之行，但教化之功太薄，治标不治本，难以持续。而德礼之治的优胜在于“得性体情”，与人的自然情性相符合，因此人民无需外力约束，而能自我修正。礼乐作为一套制度，它的合法性在于顺遂了人的自然。

可见，儒家亦同意人应该过一种符合自然的生活，但对何谓人之自然的理解与其他诸学派不同。在道家的视野中，以人造器物、制度文明为标志，自然与非自然有着清晰的划分，《庄子·秋水》称“牛马四足，是谓天；落马首，穿牛鼻，是谓人”。但在儒家的理解中，人本身就是自然之一物，且是至贵之物，例如《礼记·礼运》

① 皇侃：《论语义疏》，中华书局2013年版，第24—25页。

云“人者，其天地之德，阴阳之交，鬼神之会，五行之秀气”。且儒家对人之自然的认识，不是在实然的意义上展开的，而是以应然之人为标准。

孟子性善之论即反映了这一对人的理解方式。孟子所谓人性善，并非在“生之谓性”的实然意义上言，而指的是“乃若其情，则可以为善矣，乃所谓善也”，因此，无恻隐、羞恶、辞让、是非四端之心之人，即便在生物意义上具备了人的特质，亦不被孟子认可为人，只被以禽兽目之。孟子所界定的人，显然是具备文明属性的生物，而康有为对“人道”的理解也完全遵从了这一传统，他在解释《中庸》“道也者，不可须臾离也”一句时云：

> 道，犹路也，人身出入动作由之，无离乎路者，以明人性之有交接云为无离之者，即为人道也……自形而下言之则为夫妇、父子、兄弟、君臣、朋友，皆人道之不可离也。[①]

康有为称，人道就是人路，即人实现其为人之目标的方式，而夫妇、父子、兄弟、君臣、朋友等伦理关系就是实现人之为人的道路；而这些关系，并非外在于人性自然之外的规则，而正是来自人之天性。康有为借对“率性之谓道”一句的解释，澄清了人道与人性的关系：“率，循也。循人人公共禀受之性，则可公共互行，故谓之道也。”[②] 首先，人道是对人性的遵循，夫妇、父子、兄弟、君臣、朋友等人伦关系就是人性的自然表达和呈现；其次，人道有“公共”之义，它不是某个或某几个人的“性”，而是人类共有之性，即普遍

---

① 康有为：《中庸注》，姜义华、张荣华编：《康有为全集》第五集，第 370 页。

② 同上书，第 369 页。

人性，“非人所共由，不谓之道”[1]，如果丧失了这种“人所共由”的属性，人道便不能成立。

正是充分把握到孔子之教“专讲人事”的属性，以及孔子之教对人作为一种天然文明生物的界定，康有为所理解的孔子之教，便是一种专注于人类社会生活的文明之法，这也是康氏“三世”说的底色。因此，“三世”说的普遍主义属性必然建基于儒家对普遍人性的理解之上，“三世”说的动力与目标也必然与人类文明状态密切相关。

二、作为普遍质料的“气”：一种新的平等基础

人类历史上任何一种成熟且具有影响力的文明，都具有普遍主义面向，然而，现实情形是人类社会存在众多差异，这就要求具有普遍性追求的文明能够发展出一种容纳、协同差异的理论。因此，世界上各主流宗教都具有各自的平等主义，如佛教提倡“众生平等”、基督教主张“上帝面前人人平等”、伊斯兰教声称“真主面前人人平等”，因为唯有承认某种程度的平等，才可能将文明内容推广至环境、风俗等方面都充满差异的地域与族群。

孔子之教也不例外。儒学传统中的性善之论，便是一种可为孔教普遍性奠基的平等主义理论。人皆有善性，此说肇端于孟子，经宋明诸儒的阐述，发展为一套以实现伦理德性为目标的普遍人性理论。即便时至晚清，也不乏士人相信此种伦理普遍主义的力量。叶德辉就认为：“伦理为中西所同，血气尊亲，施及蛮貊，好生恶杀，人心之本然。”[2]一定程度上，康有为也认为“夫妇、父子、兄弟、君

① 康有为：《中庸注》，姜义华、张荣华编：《康有为全集》第五集，第370页。
② 叶德辉：《叶德辉文集·明教》，第256页。

臣、朋友，皆人道之不可离也”[①]。但是康有为并未沿着这一路向建立经学的普遍主义。事实上，对普遍性的伦理道德的追求并非孔教所独有，基督教和伊斯兰教的教义中也不乏伦理规范。既然东西洋皆有性理之学，中国的性理之学有何高明之处，才能不反为西洋性理之学所夺？因此，康有为需要建立起一套足以笼罩甚至高于西洋诸教普遍主义理论的孔教普遍主义理论，而这套理论需要一个新的基础。

汉代《春秋》学中的天人之学为康有为提供了灵感。董仲舒在《春秋繁露》中提出过一个相当特殊的说法——为人者天，其说云：

> 为生不能为人，为人者天也。人之人本于天，天亦人之曾祖父也。[②]

> 父者，子之天也；天者，父之天也。无天而生，未之有也。天者，万物之祖，万物非天不生。独阴不生，独阳不生，阴阳与天地参，然后生。故曰：父之子也可尊，母之子也可卑，尊者取尊号，卑者取卑号。[③]

> 天地者，万物之本，先祖之所出也，广大无极，其德炤明，历年众多，永永无疆。[④]

人为父母所生，此为人所共有的直接经验，儒家孝悌之义亦从

---

① 康有为：《中庸注》，姜义华、张荣华编：《康有为全集》第五集，第370页。

② 苏舆：《春秋繁露义证·为人者天》，第318页。

③ 苏舆：《春秋繁露义证·顺命》，第410页。

④ 苏舆：《春秋繁露义证·观德》，第269页。

此经验推出。董仲舒是在何种意义上认为“为生不能为人，为人者天”的呢？显然，他并不是从具体的人类个体从何而来的层面来理解“为人者”，而是追问作为整体概念的人类从何而来。子为父生，父亦有父，如此上溯，终将推至一个根源性的开端，这个开端便是万物之祖——天。

董仲舒以“天”作为整个人类甚至世间万物的生成根源，康有为继之将其发展为一种本体论：

> 《穀梁》曰：夫物非阴不生，非阳不生，非天不生，三合然后生。故谓母之子也可，天之子也可。尊者取尊称，卑者取卑称。与董子义同，当是孔子口说，特创此义。人人为天所生，人人皆为天之子。但圣人姑别其名称，独以王者为天之子，而庶人为母之子，其实人人皆为天之子。孔子虑人以天为父，则不事其父，故曰：天者，万物之祖也。父者，子之天也；天者，父之天也。则以天为祖矣，所以存父子之伦也。①

康有为注意到，公羊、穀梁二家皆有以天为人所从出的说法，于是推得此说当为孔子口说微言。循着董子“为人者天”的设定，康有为提出了一个极具挑战性的说法：人人为天所生，人人皆为天之子。在经学传统中，“天子”之名独许予王者，而康有为将“为人者天”从生成论转化为本体论后，人类起源于天就变为人人直隶于天；因此，从本体论的角度而言，人人都可以称为天子，则原本身份悬殊的王者与庶人在这一意义上获得了绝对的平等。此说一出，对于儒家以伦理关系界定人类身份的传统构成了巨大挑战，但在康

① 范宁注、杨士勋疏：《春秋穀梁传注疏》，台北艺文印书馆2007年版，第46页。

有为看来，这恰可证明“为人者天”确乎出自孔子口说微言——孔子正因为担心世人会错误地理解“以天为父”，而不知存父子之伦，才勉强以王者为天之子，以庶人为母之子，而人皆直隶于天的平等之义，只能蕴于《春秋》口说之中。

但当康有为把“为人者天”从生成论转换为本体论的时候，“人人为天所生”这个命题在何种意义上能够成立？毕竟，每个具体的生命个体都是出自父母孕育。对此，康有为区分了性命之生与形体之生：

> 荀子曰：天地者，生之本也。祖宗者，类之本也。盖性命、知觉之生本于天也，人类形体之模本于祖父也。若但生于天，则不定其必为人类形体也。若但生于祖父，则无以有此性命、知觉也。[①]

康有为区分了两重意义上的“人之生”，一是作人之子从父母或先祖处获得形体的“生”，一是作为天之子从天处获得性命、知觉的“生”。人为父母所生，只是描述人的体魄在经验世界中如何产生，而康有为继承了儒家以文明属性界定“人”的传统，并不以具备形体作为定义“人”的充分条件。他曾多次借所目睹发狂乡人之情状来说明此点：“吾尝见狂人矣，母妻饭之而不识，而啮其指，此有体魄而无魂灵，而不得为人。”[②]在康有为看来，如此发狂而失去理性和智能者不可以被称为“人”，人之为人，乃在其性。

人在何种意义上得其性于天？在解释《中庸》首句“天命之谓

---

① 康有为：《春秋董氏学》，姜义华、张荣华编：《康有为全集》第二集，第375页。
② 康有为：《礼运注》，姜义华、张荣华编：《康有为全集》第五集，第561页。

性”时，康有为云：“人非人能为，天所生也。性者，生之质也，禀于天气以为神明，非传于父母以为体魄者，故本之于天。”[①]康有为对人之天性的描绘是“禀于天气以为神明”，人性作为一种“神明”之物，在根本上是一种“气”，人正是从天那里得到了这种“气”，才具备了性。康有为以“生之质”释“性”，也是循董仲舒之说而发。董仲舒在《深察名号》篇中论“性”之名义云：“今世暗于性，言之者不同，胡不试反性之名。性之名非生与？如其生之自然之资谓之性。性者质也。”[②]按董子之说，“性”的基本内涵得自于“生”，生之自然之资谓之性，性就是人或事物从出生起就天然具有的特质，这种特质不是由人或事物的生育者所赋予的，而是由天所赋予。这种从天得性的说法，或许会让人立即联想到宋儒的“天命之性”，二者差异何在？宋儒的“天命之性”是与“气质之性”相对的概念，作为人性之理型的“天命之性”纯善不染，人人先天皆备，而在形下世界具体形成的人性之偏，恰恰是受到差异之气影响的结果。而康有为对人之天性的描绘是“禀于天气以为神明”，人性作为一种“神明”之物，在根本上是一种“气”，人正是从天那里得到了这种“气”，才具备了性。这种人性气构论实导源于汉代公羊家的元气之说。

《春秋》以“元年春王正月”句始，又以“元”为起首之字，于汉代公羊家而言，这一安排乃是孔子大义微言所在。董子《繁露》特发其义云：“是故《春秋》之道，以元之深正天之端”[③]，“改正之义，奉元而起”[④]。康有为于《春秋董氏学》中发明董子论“元”之

---

① 康有为：《中庸注》，姜义华、张荣华编：《康有为全集》第五集，第369页。
② 苏舆：《春秋繁露义证·深察名号》，第291页。
③ 苏舆：《春秋繁露义证·二端》，第155页。
④ 苏舆：《春秋繁露义证·三代改制质文》，第195页。

义云：

> 《易》称“大哉乾元”，乃统天，天地之本皆运于气。《列子》谓：天地空中之细物，《素问》谓：天为大气举之。何休谓：元者，气也。《易纬》：谓太初为气之始。《春秋纬》：太一含元，布精乃生阴阳。《易》：太极生两仪。孔子之道运本于元，以统天地，故谓为万物本，终始天地。[①]

首先，“元”相较于“一”，有“原”之义，在此意义上，它是天地与万物“本所从来”之原，因而孔子以“元”为《春秋》之首字，有正始立端之义，整部《春秋》之文全系于此字，则皆得其正。其次，董子以“元”贯通天人，元既为万物之本，人之元亦在此元中，换言之，人与天地、万物共享同一个开端。董仲舒并未明确解释“元”的形态为何，何休则明确将“元”释为“气”，徐彦疏文进一步解释道：“《春秋说》云：‘元者，端也。气泉’。注云：‘元为气之始，如水之有泉，泉流之原，无形以起，有形以分，窥之不见，听之不闻。’宋氏云：‘无形以起，在天成象；有形以分，在地成形也’。然则有形与无形，皆生乎元气而来，故言造起天地，天地之始也。”[②] 以何休之说出自纬书。实际上，根据《元命包》的说法，只是称元为气所从出之发端，元自身的性状如何，果否亦为“气”，却无明言。但经何休，元与气被糅合为一，于是元气既是万物的发端，又是构成万物的质料；康有为吸收了何休此说，从变“一”为“元”的书法中，他意识到“元”的根本性和重要性：“孔子之道运本于

---

① 康有为：《春秋董氏学》，姜义华、张荣华编：《康有为全集》第二集，第 372 页。
② 同上。

元，以统天地”。

职是之故，康有为将此生成论和本体论意义上的“元气”，拔擢于“天”之上。他在《春秋笔削大义微言考》中解释“元年春，王正月”一句时，就推演董、何之说云：

> 盖天地之本皆运于气，孔子以天地为空中细物，况天子乎？故推本于元以统乎天，为万物本。终始天地，本所从来，穷极混茫，如一核而含枝叶之体、一卵而具元黄之象，而核卵之始，又有本焉，无臭无声，至大至奥。孔子发此大理，托之《春秋》第一字，故改“一”为“元”焉。此第一义也。老子所谓道、婆罗门所谓大梵天王、耶教所谓耶和华近之，不如言元统天之精也。[①]

在经书中，天地常被描述为世界之源与秩序之端，如《易传》云“有天地，然后万物生焉”，《乐记》称“天地相荡，鼓之以雷霆，奋之以风雨，动之以四时，暖之以日月，而百化兴焉”。而《春秋》特意以“元”统天，正天之端，其意之深，不可不察。在“元”作为构成天地的质料的意义上，它是比天地更为本源的存在，气先于天地等一切有形之物，且天、地、人世皆一气所造。因此，康有为认为孔子特发以元统天之义，相较于其他诸教创生论更优，因为无论道家之道抑或印度教之大梵天，还是基督教的耶和华，都预设了一个造物主的角色，世界形成于造物主之手，然而造物主本身是如何出现的，却成为一个不可再追问的问题。而“元”气作为一种构

---

① 康有为：《春秋笔削大义微言考》，姜义华、张荣华编：《康有为全集》第六集，第10页。

成世界的普遍质料，它虽不是造物者，却能够解释造物的过程：

> 人与天同本，于元犹波涛与沤同起于海，人与天实同起也。然天地自元而分别为有形有象之物矣。人之性命虽变化于天道，实不知几经百千万变化而来，其神气之本，由于元。[①]

在天地创生论之中，人与万物仍统隶于“天”之下，而在元气论的背景中，人与天地齐平，因为同起于“元”。

虽然康有为的元气论深受董子《春秋》学的影响，但二者的差异也不可忽视。仲舒之学承先秦旧说而尊“天”，《服制像》云“天地之生万物也以养人”[②]，可知“天”而非“元”或“气”才是董子之学中最本源性的概念。而无论是“元”还是“气”，均统摄于“天”。在《重政》篇中，董子虽有“元者为万物之本”[③]之说，然这个“元”并不是独立于天地的实体，“元犹原也，其义以随天地终始也”[④]，“《春秋》何贵乎元而言之？元者，始也，言本正也”[⑤]，而仅表示开端之义。董子虽亦有天人感通之气论，但董子所论之“气”并无康有为所阐发的至高至本之义，他所继承的仍是流行于战国时代的阴阳五行气论，如“阳，天气也；阴，地气也”[⑥]，“天地之阴气起，而人之阴气应之而起”[⑦]，强调人类政事应与自然节律协同不悖，气只是一种普遍存在于天人之中的质料，不具有本源性的地位，而是“天

① 康有为：《春秋董氏学》，姜义华、张荣华编：《康有为全集》第二集，第 373 页。
② 苏舆：《春秋繁露义证·服制像》，第 151 页。
③ 苏舆：《春秋繁露义证·重政》，第 147 页。
④ 同上。
⑤ 苏舆：《春秋繁露义证·王道》，第 100 页。
⑥ 苏舆：《春秋繁露义证·人副天数》，第 356 页。
⑦ 苏舆：《春秋繁露义证·同类相动》，第 360 页。

统气始通化物”[①]。

康有为则创造性地将“元”与“气”捏合，提出了“元气”这一比“天”更具普遍性、发端性和生成性的概念，以“气”统“天”。董子的“人为天生”之论，为康有为论证孔子之教具有的平等价值提供了依据，在董仲舒之学的基础上，康有为更进一步探本天原，发掘了“元气”，将之作为整个“三世”说合法性论证的前提性概念。

三、人性气构论

康有为的“元气”论建构，当然不只是为了提供一种本体论和生成论，更重要的是对“什么是人”的问题提供新的理解，毕竟，“三世”说是一种与人类生存密不可分的理论，它的过程和目标的普适性必须通过一套对人的解释来论证。而“什么是人”的问题，在经学传统中，可以置换为“人性是什么”的讨论。

孔子对性所言寥寥，子贡称“夫子之言性与天道，不可得而闻也”，战国时孟子与告子关于人性善恶之辨才正式揭开了儒家对性的讨论。而孟、告二子人性之辩从一开始就将对人性问题的关注点落在了善恶之辨上。在二人的论辩中，一共提出了四种说法。一是孟子的以人性为善说。虽然孟子所谓人性善有特定的条件，即“乃若其情，则可以为善矣，乃所谓善也”，也就是以人性有善端而称其为善，但这种说法对人性之恶从何而来没有做出解释，对圣人教化对人性的塑造作用也没有给出清晰的说明。一是告子所说的性无善无不善。在告子看来，性不具有道德属性，性犹杞柳，仁义犹杯棬，因此，人性善恶全靠外在因素的塑造，但这种说法以仁义为外铄，

① 苏舆：《春秋繁露义证・三代改制质文》，第191页。

便难以解释人何以能够向善去恶。另外“或云”之说，一是以性可以为善可以为不善，则人性的善恶就全在王者教化，但性为何可以为善，为何可以为不善，却没有得到解释；一是以有性善有性不善，不将人性看作一种普遍无差别的存在，而是在人群中分出人性的等次，但这无法解释为何有的人性善而有的人性恶。可见，要彻底说清人性善恶的问题并不容易，有待于对人性构成做出更进一步的解释，而最早通过讨论人性构成来解释人性善恶问题的就是董仲舒。以董子尽得孔子“元气阴阳之本，天人性命之故”的康有为，所继承和发展的也正是董仲舒的人性理论。

康有为在《孟子微》中，详细列举了历史上关于人性善恶的各种说法，而最终折中于董子论性之说。董子对人性的讨论，主要见于《春秋繁露·深察名号》与《实性》二篇。在《深察名号》篇中，董仲舒对“善”之名做出了辨正：

> 性有善端，动之爱父母，善于禽兽，则谓之善，此孟子之善。循三纲五纪，通八端之理，忠信而博爱，敦厚而好礼，乃可谓善，此圣人之善也。是故孔子曰：“善人，吾不得而见之，得见有常者，斯可矣。”由是观之，圣人之所谓善，未易当也，非善于禽兽则谓之善也。①

董仲舒并不否认人性有善端之说，但在他看来，孟子在人性有善端的意义上而称“性善”，不符合圣人对“善”的定义，圣人之所谓“善”，并非指有善端而已，必指善的完全实现。而董仲舒认为，性得名于生，“如其生之自然之资，谓之性”，从生之自然的角度

① 苏舆：《春秋繁露义证·深察名号》，第 304 页。

来看，人性显然并未全善，否则也就没有圣王设教的必要，正所谓“天生民性有善质而未能善，于是为之立王以善之，此天意也”[①]。董仲舒分别善质与性善，实际上是要指出，“性”与“善”是两个不同范畴的事物，从“生”字得义的“性”，首先是一种自然性的存在，而不是一种道德性的存在；而“善”作为一个道德概念，指的是这种道德的完全实现状态，是“人之所继天而成于外”[②]的结果。

但性与善依然存在某种内在的关联性，这便是人性之中有善质，《实性》云“无其质，则王教不能化”[③]，王者教化的施展基础在于人向善的可能性。但人性中的善质从何而来？董仲舒提出了一个基于气论的解释模式。首先，董仲舒认为，人之身有性情之分：“天地之所生，谓之性情，性情相与为一瞑，情亦性也。”[④]但归根结底，在性情皆为天生的意义上，情亦可归入性，也就是说，性情之别是在“性”之下进一步细分。董子进一步指出：“身之有性情也，若天之有阴阳也。”[⑤]按照董子的理解，人性乃是从天得气所形成，而他以身之性情比作天之阴阳，可知性情分别对应于阴阳二气。在此基础上，董仲舒云：“人之诚，有贪有仁，仁贪之气，两在于身。身之名，取诸天，天两有阴阳之施，身亦两有贪仁之性。”苏舆注云：“诚，犹实也。”[⑥]人之诚即为人之实，也即为人之性，那么，人从天所得的阴阳之气体现在人身之中，就表现为性与情的仁与贪，人性之中的善与恶也就从仁贪二气中找到了根据。

董子以“气”论人之性情的说法，正可助康有为将他所建立的

---

① 苏舆：《春秋繁露义证·深察名号》，第302页。
② 同上书，第297页。
③ 苏舆：《春秋繁露义证·实性》，第313页。
④ 苏舆：《春秋繁露义证·深察名号》，第298页。
⑤ 同上书，第299页。
⑥ 同上书，第294页。

“元气”论由天贯人，实现天与人的“气”一体化。但康有为在引述董子人性之论时，做了一个转换，其说云：

> 然莫精于董子之言也。曰：天地之所生谓之性情，情亦性也。天两有阴阳之施，身亦有贪仁之性。《白虎通》亦言之，此实精微之论。盖魂气之灵，则仁。体魄之气，则贪。魂魄即阴阳也。魂魄常相争，魂气清明则仁多，魄气强横则贪气多。使魂能制魄，则君子。使魄强挟魂，则小人。①

按照董子之说，阴阳之气原本对应于人性中的情与性，而康有为则将阴阳之气对应于人的灵魂与体魄，魂气仁而魄气贪，性情之别被转换为魂魄之别。康有为认为，所谓性情、魂魄，名异而实同：“昔人不直指魂魄，或言阴阳，或言性情，或言精气，皆以名不同而生感。若其直义，则一而已。”② 康有为以魂气为清明，以魄气为强横的说法，不免令人想到朱熹对天命之性与气质之性的分别。朱子分人性为天命之性与气质之性，天命之性即为“天理之本然”③，天下之理皆由此出，此性纯善无恶，但“天理固浩然不穷，然非是气，则虽有是理而无所凑泊”，因此，理必须附着于气之中，才能有所体现。对于人而言，“人之所以生，理与气合而已”④，人一旦在现实世界中获得了生命，就意味着理已经附着于气上，现实中的人性也就

---

① 康有为：《孟子微》，姜义华、张荣华编：《康有为全集》第五集，第430页。

② 同上。

③ 朱熹：《四书章句集注》，载朱杰人、严佐之、刘永翔主编：《朱子全书》第6册，第33页。

④ 黎靖德编：《朱子语类》，载朱杰人、严佐之、刘永翔主编：《朱子全书》第14册，第194页。

是气质之性，“论气质之性，则以理与气杂言之”[1]。但与此同时，由于气有昏明厚薄之不同，纯然之理也就不可避免地受到气的污染和遮蔽，从而在现实世界中表现为人性之恶。但康有为特意指出，他的人性论与朱子不同：

> 盈天下皆气而已，由气之中，自生条理。物受生气，何尝不受生理？但与人不同。非止与人不同，亦物物不同也。朱子注《中庸》又言：人物之生，各有健顺五行之理。则言物亦受天生之全理，与此异矣。若以性不为生而为理者，然则性之文当不从生而从理乃可。朱子未知生与气，即未为知性。[2]

康有为否认有“理”与“气”的二分和对待，坚持以“气”论性，所谓“理”，不过是“气”之条理，而绝不存在一个先于“气”的“理”。循此，他对朱子以天地万物之理相同的看法提出了质疑，而认为人、物各有其理，亦各有其性。并且，康有为强调，对性的理解必须贴合“生之谓性”的本义，那么性就不可能脱离“生”存在，一切的性都是在“生”的条件下发生的，“生”的发生来自于气，这也就意味着，有了气才有所谓性，而朱熹在气质之性外，悬设了一个作为“理”的天命之性，不合于“性”之本义。

乍看之下，康有为以“气”驳“理”，颇可呼应亭林、船山之学，如亭林以“盈天地之间者气也”，船山以“理”在“气”中之类，细究则不然。首先，亭林、船山“气”论，乃是从横渠之说发展而来，仍然是在一个受宋学影响的问题范畴中展开的，“理”始终

---

① 黎靖德编：《朱子语类》，载朱杰人、严佐之、刘永翔主编：《朱子全书》第14册，第196页。

② 康有为：《孟子微》，姜义华、张荣华编：《康有为全集》第五集，第432页。

是“气”需要克服、应对的一个潜在对象。而康有为的“气”论是继承先秦两汉的气学传统，全无“理”之掣肘。其次，康有为赋予了“气”以空前的物质性和实在性。他在注《礼运》“体魄则降，知气在上”一句时，对魂魄之气做了具象化的描述：

> 五官百骸，肌肤血液，身之体也。魄者，脑气之白团，及腰之白筋如块者，周身之脑气筋，专司运动，微有直觉，强厉不化者。知气者，灵魂也，略同电气，物皆有之，而团聚尤灵而有知，亦曰性。养之久者，团聚不散。尤为灵明者，则为精气，为神明，亦曰明德，其义一也。盖人之死者，体魄而已。若魂气有知，浮游在上，固未尝死也。[①]

在康有为的描述中，魄气包括了脑中的“白团”之气与腰之如块“白筋”，显然这种气已经超越先秦两汉“气”论的模糊性，而成为一种可被实在把握和观察到的气。而魂气则是一种“电气”，此气万物皆有，唯有人能够养之使其团聚，团聚的电气就成为一种灵明有知之气。人为生时，魂气与魄气必然同时存在于人之身，当人生命结束，则魂魄之气互相分离，魄气下沉而魂气上升。

康有为继承董仲舒从“生”论“性”，与告子论调相似，但他对“性”的理解却不似告子般无善恶之分。然而，作为一种物质实体概念的“气”在施诸人身的时候，如何能够表现出善恶趋向？这不是容易解释的问题。为了解释这个问题，康有为引入了颇多异教思想资源。在解释人性何以有向善的倾向时，康有为称：

---

① 康有为：《礼运注》，姜义华、张荣华编：《康有为全集》第五集，第558页。

若夫人之贵于万物，其秉彝之性，独能好懿德。好之云者，如磁之引铁，芥之引针，其以太之所含，能与懿德合而摄之。如阳电阴电之相吸也，非本有其电，则不能与他电相吸。此人独得于天者也。……若无此性，则无此明德，自不好懿德矣。①

根据康有为的理解，人之所以能够趋向善，是因为构成人的魂气作为一种在物理属性上类似电或磁的物质，能够被含有同种物质的事物所吸引，这显然是在用一套现代物理学理论去分析、解释原本暧昧不明的关于人性向善的认知，于是，原本属于道德伦理范畴的德性可能问题就被转化为物性自然问题。

而在解释魄气是如何使人性不能尽善的问题时，康有为则借用了佛教“熏习”之说：

惟人入于形色体魄之中，则为体魄所拘。投于声色臭味之中，则为物交所蔽。薰于生生世世业识之内，则为习气所镕。故性不能尽善。②

人与外物相交接，必然是通过有形质的体魄进行，虽然魄气本身并不是恶，但因为魄气横强，与物交接时容易为欲望所牵，渐堕入贪欲，成为人趋向善的阻碍。

这种将古代中国思想体系中抽象的“气”观念与来自西方世界的现代科学知识和佛教义理进行对接的做法，显得有些不伦不类。然而，如果考虑到康有为重建经学普遍主义的问题意识，这种拼合

① 康有为：《孟子微》，姜义华、张荣华编：《康有为全集》第五集，第 426 页。
② 同上书，第 426—427 页。

就会得到不同的解读[①]。在建构一种基于“元气”论的人性论过程中，康有为所要界定的人性，不是一家一族一国之人性，而是普遍人性，因此他对人性的描绘必须打通孔子之学与西洋现代科学、佛学等异教学说的壁垒，塑造出一种植根于中国固有传统，同时在学理上可以融贯异教的人性论话语。

康有为在完成对人性问题的“气”论重建后，要实现对“三世”目标与动力的解说，还有待“仁”的嵌入。

四、“三世”演进的动力和目标

关于“仁”在康有为思想中的定位，有学者提出过“一体二元”的说法，以元为体，以“仁”与“气”为物质与精神性的两个单元[②]；也有学者提出过“仁、心、元一体论”，以“元”为体，以“仁”为宗，仁、心、元三位一体[③]。康有为以“元”为万物之本，以“仁”为孔子立教之本，“元”之气遍生天地万物，“仁”亦贯彻天人，但由于他并未对“仁”与“元”的关系做过专门的阐述，因此二者的关系显得不够清晰。干春松指出，康有为的仁本论基本上是沿着董仲舒的理路形成并展开的[④]，康有为对“元”的理解也出自董仲舒之说，因此，要厘清“仁”与“元”的差别与关系，还需要回到董子之论。

---

① 不少学者用“以夷变夏”批评康氏思想之驳杂粗疏，而萧公权很早就指出：“康有为含蓄地附和西方思想并非要西化，而是认为中西有共通之处，儒家本身也可赞成此说……康氏要用普及的方式来综合，而此方法亦植根于儒家传统。”参见萧公权：《康有为思想研究》，汪荣祖译，第 283 页。

② 刘景山：《康有为的“一体二元”及其历史渊源》，《学术月刊》1984 年第 7 期。

③ 张立文：《康有为仁心元一体论》，《齐鲁学刊》2014 年第 1 期。

④ 干春松：《中国思想典范转移过程中的观念变迁：以康有为论“仁”看儒家观念的转变》，《学术研究》2015 年第 2 期。

董子论仁，有一值得注意之处，便是从“天”论“仁”。《俞序》云“仁，天心”[①]，《王道通三》云“仁之美者在于天。天，仁也”[②]，《离合根》云“天高其位而下其施，藏其形而见其光；高其位，所以为尊也，下其施，所以为仁也”[③]。在这些表述中，“仁”都出自“天”。孔子论仁多以之为人之德，如“仁以为己任”“仁者爱人”“我欲仁斯仁至矣”等等，董仲舒在何种意义上认为“天”也具备此“仁”？他对“天”之“仁”的具体表现有一段描述：

> 天覆育万物，既化而生之，有养而成之，事功无已，终而复始，凡举归之以奉人。[④]

按董仲舒之意，“仁”在最原始的意义上代表了对“天”覆育化生万物这一行为的理解。事实上，孔子所说的“四时行焉，百物生焉，天何言哉”，虽不称“天”为“仁”，然而已经许“天”以生生之功。因此，董子从“天”论“仁”，可谓对儒家生生之德的进一步发展。若无天地滋养万物，赋予万物以生存的条件与契机，则一切德性无从谈及，《易传》“天地之大德曰生”奠定了儒家之学对德性问题的认知起点。宋人邢昺在疏《论语》“为政以德”章时，就直接将“德”字解释为“德者，得也，物得以生，谓之德”[⑤]。董仲舒由天及人，解释人如何从“天”法“仁”，形成人世之“仁”：“察于天之意，无穷极之仁也。人之受命于天也，取仁于天而仁也。是故人之

---

① 苏舆：《春秋繁露义证·俞序》，第161页。
② 苏舆：《春秋繁露义证·王道通三》，第329页。
③ 苏舆：《春秋繁露义证·离合根》，第164—165页。
④ 苏舆：《春秋繁露义证·王道通三》，第329页。
⑤ 何晏集解、邢昺疏：《论语注疏》（宋蜀刻本），第39页。

受命天之尊，父兄子弟之亲。”[①]“天”虽无言，但是人通过对天地生生之德的观察，形成和发展出了人世中体现“仁”的具体德目。

在与众教对勘的过程中，康有为非常敏锐地把握到孔子之教以生生为本的特性：“凡圣人立教必有根本，老子以天地为不仁，孔子以天地为仁，此宗旨之异处。取仁于天，而仁此为道本。”[②]天地生物，本为自然，无善恶之分，然而孔教独特处在于将之认取为“仁”，不仅与道家大异其趣，也与否定现象世界的佛教迥然有别。康有为称赞道：“天地之大德曰生，生生之谓曰易。圣人只做得‘生生’二字，天下之理只一‘生’字。”[③]孔子之学，乃由“生”得性，亦由“生”得“仁”，而“元”作为造起天地的普遍质料，就其创生天地而言，亦可谓具备“仁”德。简言之，“元”作为一种创生质料，本无所谓仁，但是，康有为继承了孔子之学的“生生”之义，将之认取为“仁”。

于是，通过生生为仁的观念，康有为得以将他的“气”论与“仁”论进行贯通。董仲舒只是将天生养万物的行为在德性上定义为“仁”，而康有为提出了相当独特的“仁气”论：

> 地载神气，神气风霆，风霆流行，庶物露生。有电则必有光，电光则有力以生万物，神气即电气也，故皆从申，而神尤为电气之主。虽无形声，而含元吐精，至诚不息。[④]

> 不忍人之心，仁也，电也，以太也。[⑤]

① 苏舆：《春秋繁露义证·王道通三》，第329—330页。

② 康有为：《春秋董氏学》，姜义华、张荣华编：《康有为全集》第二集，第389页。

③ 康有为：《万木草堂口说》，姜义华、张荣华编：《康有为全集》第二集，第137页。

④ 康有为：《中庸注》，姜义华、张荣华编：《康有为全集》第五集，第376页。

⑤ 康有为：《孟子微》，姜义华、张荣华编：《康有为全集》第五集，第414页。

康有为再次借用了西洋自然科学的知识资源，来解释天地何以能够化生万物。根据当时仍然较为有限的现代科学知识以及康有为的部分想象，他认为出于自然的“神气风霆”在本质上为一种“电光”和“电气”，这些充满了电能的光与气，是激活、创造生命的关键所在，因此，这种无形无声的电光、电气，就是“仁”之所在，“仁”不再是一种抽象道德，而具备了“气”的实体属性。

至此，康有为完成了对人性和“仁”的气化建构，人性与“仁”经由一体之气建立起新的关联，“仁”天然地内在于人性之中。康有为注《中庸》“仁者，人也”一句云：

> 仁从二人，人道有偶，有吸引之意，即爱力也，实电力也。人具此爱力，故仁即人也。苟无此爱力，即不得为人矣。①

从构型出发解释“仁”字内涵，是从《说文》开始就通行的说法，并无新意，然而，为什么“仁”必须在至少二人之间才能产生，人与人之间的善意是如何发生的，在传统经学中没有更细致的阐释。自然科学中的电磁引力知识为康有为提供了进一步解释的空间。他认为人与人之间天然存在着吸引之力，这种相互吸引的自然倾向，在物理世界中也能找到证据，便是电磁之力。如果说现代物理学发现了吸引力是电与磁所天然具备的属性，那么康有为试图说明人作为自然界中一物，也具备类似的天然属性。从今日分科之学的视角来看，电磁学属于自然科学研究范畴，而人的道德自觉或者伦理倾向属于人文科学研究范畴，二者各有体系，不能直接相通。因此，康有为的这种解释显然并不合理。然而，由此也可见康有为在处理此类问题时仍然继

① 康有为：《中庸注》，姜义华、张荣华编：《康有为全集》第五集，第379—380页。

承了中国文明一体化理解世界的思维方式。

这种人性中天然具有的“爱力”，亦可以解释为什么人性中虽然善恶二气并存，但在多数情况下善的一面仍然可以战胜恶。康有为说：

> 魄强实而无知者也，多背魂而自专。故魂魄交争，魄必胜矣，故人皆纵任耳目口鼻身体，从魄以行扰，扰焉不知所之，以其无主也。昏昏然别有所适，沉沉焉若有所醉，以其无知也。积之既久，魂亦从而迷焉。①

魂魄的交争，归根结底是感官之欲与灵明精神的交争，是贪与仁的交争，魄气强横而魂气清虚，因此，现实中的人性不能尽仁。即便如此，含有“电力”的魂气仍然能够克服魄气的困束，持续向着“仁”趋近，这是因为：

> 若夫人之贵于万物，其秉彝之性，独能好懿德。好之云者，如磁之引铁，芥之引针，其以太之所含，能与懿德合而摄之，如阳电阴电之相吸也，非本有其电，则不能与他电相吸。此人独得于天者也。②

虽然天地万物皆一气所生，然独人性中具有一种电气，在康有为处亦可称作以太、仁气或魄气，使得人能够始终向着完满的“懿德”不断前进。

---

① 康有为：《孟子微》，姜义华、张荣华编：《康有为全集》第五集，第437页。

② 同上书，第426页。

正因为继承了孔子之学对普遍人性向善潜能的信念，于康有为而言，人性不是天然如此且一成不变的，而是可以向着“仁”去不断进步和完善的，“明德既明，民皆维新，自进化于文明，尽人性也”[①]。如前文所述，“进化”一词在康有为处几乎等同于“进步”，因此，“三世”之所以能够“进化”，本质上是人性能够在魂魄交争的过程中，向着“仁”不断完善，人性的进步为“三世”的演进提供了真正的动力，而“三世”所呈现的样态，乃是人性趋向于“仁”的不同阶段的表现。

“仁”既为人性发展的目标，“三世”之法的演进也当然要体现“仁”的精神。那么，“三世”之法在何种意义上可以被认为是向着“仁”趋近呢？在此，康有为从万物一气所生之义，推出了“仁”的新内涵。在《春秋董氏学》中，康有为发挥董仲舒之说云：“仁者，在天为生生之理，在人为博爱之德。”[②]从董子所言天地生生之“仁”出发，将人世之“仁”定为“博爱”。虽然孔子论“仁”不乏博施济众之义，但是在康有为处，他所重点发挥的万物一气所生之论，将“仁”的核心落在了“博爱”之义上。在注《论语·雍也》“子贡曰博施于民而能济众”章时，康有为云：

> 博爱之谓仁。盖仁者日以施人民、济众生为事者。子贡好仁，而以孔子不轻许人，乃穷极其量，欲以施与人民，救济众生，广博普遍，无所不及，庶得为仁。[③]

康有为所理解的“仁”的极致就是“博爱”，而所谓博爱，便是

① 康有为：《中庸注》，姜义华、张荣华编：《康有为全集》第五集，第382页。
② 同上书，第379页。
③ 康有为：《论语注》，姜义华、张荣华编：《康有为全集》第六集，第424页。

要泯除人与人、人与物之间界限的普遍之爱，人类、鸟兽、昆虫无所不爱，而其义理根源仍在于康有为的“气”论：

> 天地万物，同资始于乾元，本为一气，及变化而各正性命，但为异形，如大海之分为一沤，沤性亦为海性，一沤之与众沤，异沤而无异海也。[①]

包括人在内的天地万物，皆为元之气所生，因此，人与人、人与物之间通过气构成了一种联结，正是人、物所共享之气，使得人理解、感知他人与外物成为可能，而他人与外物的境况也因此与“我”发生了内在的关联。康有为认为，正因为外物与“我”的这种关联，使人能够超越一己之身的体验和对一己私利的顾念，从而“以元元为己，以天天为身，以万物为体。故自群生之伦，无有痛痒之不知，无有痿痺之不仁。山河大地，皆吾遍现。翠竹黄花，皆我英华，遍满虚空，浑沦宙合”[②]。万物皆我同气之胞，万物与我命脉相关，我亦对万物负有责任，因此，“仁”的终极状态便是实现“我”对万物之爱。

因此，人类世界向着“仁”的演进，体现在“三世”的制法精神上，便是要日益趋于人类之间的平等无差之爱。康有为借用了孟子爱有差等的说法，提出了“仁有差等”。在《滕文公上》中，孟子与墨者夷之就爱有无差等展开了论辩，孟子认为，虽然人乍见孺子将入于井而有不忍之心，但“人之亲其兄之子”和“亲其邻之赤子”之间仍有程度的差异，因此，爱有差等是儒家有别于墨家的一个伦

① 康有为：《论语注》，姜义华、张荣华编：《康有为全集》第六集，第 424 页。
② 康有为：《中庸注》，姜义华、张荣华编：《康有为全集》第五集，第 384 页。

理原则。《孟子·尽心上》中所提出的亲亲、仁民、爱物就是这种差等之爱的具体表现。孟子指出：“君子之于物也，爱之而弗仁，于民也，仁之而弗亲。”[①] 面对亲、民、物三类不同的对象，孟子所预设的伦理情感是不同的。不过，康有为对“差等”的理解显然做了调整：

> 孔子立三世之法：拨乱世仁不能远，故但亲亲。升平世仁及同类，故能仁民。大平世众生如一，故兼爱物。仁既有差等，亦因世为进退大小。[②]

康有为所谓的“仁有差等”，是指人与人之间的爱力会随着“世”的发展而不断增强和扩展，因此，在人类社会发展的不同阶段，应当依据“仁”能够具体实现的程度配以不同的制度。

在《春秋笔削大义微言考》中，康有为对“三世”的不同制度做了比较详细的描述，体现在包括君臣、贵贱、男女、种族、战和、刑罚等关系的变化上。据乱世行君主专制，正君臣之分，君尊而臣卑；升平世行君主立宪制，仅存天子，君民共主；太平世行民主共和，贬天子，民贵君轻。乱世贵贱殊绝，孔子立选举之法，以为升平之制，至太平世，不复有贵族阶层，一切职位，皆选贤而仕。乱世之中，女弱而依男子，男女有别，此为孔子据乱所制之法；升平世，人皆有教，女皆有权，男女平等，立约合婚；太平世，部分男女，一并称人而已，其为夫妇，如交友然。乱世之人只爱其种族，而与异族为仇，升平世争宗族而合种族，太平世则不分种族。战而以礼，据乱之制；升平弭兵会盟，升平之制；太平世则无战。乱世

---

① 焦循：《孟子正义·尽心上》，第948—949页。

② 康有为：《孟子微》，姜义华、张荣华编：《康有为全集》第五集，第415页。

用重典，升平用轻典，太平仅以异冠服为刑。

不难看出，康有为所理解的“仁有差等”与孟子最大的区别在于，孟子所说的“亲”“仁”“爱”是三种有差异的情感，对象不同，程度不同；而在康有为看来，这些情感都可以用无程度之别的“爱”加以统括，亲亲、仁民和爱物不过是人类“爱力”不断发展推扩的过程，后者能够毫无冲突地容纳和吸收前者：

> 每变一世，则愈进于仁；仁必去其抑压之力，令人人自立而平等，故曰平等，故曰升平。至太平，则人人平等，人人自立，远近大小若一，仁之至也。[①]

三世之法之所以表现为人的逐渐自立以及人和人之间的渐趋平等，是因为“仁”的内涵塑造了这一切。“仁”以博爱为内涵，是基于天地万物皆为一气所生的前提，在万物一气的意义上，人与人、人与物没有尊卑贵贱的差别，因此，“仁”之博爱，必然表现为差异与等级的逐渐泯除，随着人与人的日渐平等，人摆脱了对他人的依附，亦对他人无所侵犯，人之自立才能实现。同样，因为天地万物一气所生，皆我同胞，“仁”也表现为对他者生命的尊重和珍视，因此，三世向着“仁”的推进也表现为对生命伤害的逐渐减轻。

于是，人性向着“仁”的发展，成为圣人制三世之法的根本依据，“三世进化”与人性发展被统合为一个互为表里的系统。

---

① 康有为：《春秋笔削大义微言考》，姜义华、张荣华编：《康有为全集》第六集，第17页。

第三节　同构异功的“三世”与“大同”

一、“三世”与“大同”的纠葛与张力

在康有为的整个思想体系中，“三世”说固为一主轴，然而，在论及康氏之学的普遍主义色彩时，学者们更倾向于讨论康氏的“大同”说，亦不乏学者将两者合称为“大同三世”说。无论是将“三世”与“大同”分而论之，还是合而并称，“大同”在康氏思想体系中都是一个极其特殊的存在。首先，从名义看，“大同”之名出自经学文献《礼记·礼运》，康有为将《礼运》中的“大同”与《公羊》“三世”说中的太平世况相配，将“小康”与升平世况相配，从而形成了一个以“大同”为理想目标的“三世”渐进体系。若以“三世”结构为核心，则“大同”隶属于“三世”结构，是此结构中的最后一个组成部分。然而，即便是从“大同三世”的称谓中，也不难看出“大同”具有至少与“三世”等量齐观的地位，而在一些研究者看来，“大同”在重要性上甚至超越“三世”，原因就在于《大同书》的存在。

关于《大同书》的成书、内容及思想来源，存在大量争议。《大同书》的八卷本手稿成于1901—1902年康有为旅居印度期间，然而，康有为却在《大同书》成稿后秘不示人，直至1913年创办《不忍》杂志，才连载了其中的甲部和乙部。而我们今日所见到的《大同书》，是在康有为离世之后，经弟子钱定安整理，于1935年由中华书局出版的十部本《大同书》。然而，根据康有为的自述，早在1884年他就已经完成此作[①]，不过，学者多不信此说，认为存在

---

① 康有为在《大同书成题辞》中称：“吾年二十七，当光绪甲申，清兵震羊城，吾避兵居西樵山北银塘乡之七桧园澹如楼，感国难，哀民生，著《大同书》”。参见姜义华、张荣华编：《康有为全集》第十二集，第136页。

倒填年月之嫌疑[1]。就内容和思想来源而言，《大同书》也充满复杂性："大同"名义虽取自经学，但书中对既有人类世界万般皆苦的认识来自佛教；对大同世界在物质、技术、政治等方面的具体想象可以看出明显的西学影响；其中所描绘的人人如一、平等公同的大同世界又带有乌托邦的影子。该如何理解和把握康有为"大同"说的性质？这是一种掺杂了西学知识的经学理论，抑或是一个掺杂了佛学思想资源的乌托邦构想？更引人注意的是，在《大同书》中，"大同"是通过逐步"去界"的实践（包括去除普遍存在于阶级、人种、家庭、产业中的一切差异）达成的，相对于以正纲常、笃伦理、守礼义为标签的孔子之教，这无疑是一场彻底的颠覆。换言之，即便"大同"标举出了"三世"说的终极目标，我们也很难将之视为从属于"三世"说的理论，因为在内容上，它已经完全演变为一种异质于经学的东西。并且，相较于"三世"说，"大同"理论所具有的普遍主义色彩显然更加浓重，按康有为惯用的舟车之喻，"大同"作为"三世"的终极目标，才是孔子之道真正旨归所在，就此而言，"三世"不过是达成目标之舟楫车舆，一旦登岸，便可弃之而去。

可见，想要厘清康有为思想体系中"三世"说与"大同"说之关系，绝非易事。萧公权早就意识到，在康有为的整个思想体系中，一直存在着两个不同层面的关切：一个是通过"以儒变法"和"以儒为教"应对现实世界的关切；一个是以充满乌托邦色彩的"大同"理想超越现实世界，去建立一个新世界的关切。而在面对现实世界

---

① 钱穆在《中国近三百年学术史》中已疑康氏《大同书》有倒填年月之嫌。参见钱穆：《中国近三百年学术史》，商务印书馆 1997 年版，第 776—777 页。汤志钧发展了此说，并提出新的论证，认为《大同书》当为康有为 1901—1902 年避居印度时期所作，绝非如其本人所述，成于 1884 年。参见汤志钧：《论〈大同书〉的成书年代》，《康有为与戊戌变法》，第 108—131 页。

和面对新世界时，康有为的思想主张却表现出巨大的反差，以至于产生某种难以调和的紧张。是故有论者认为，《大同书》乃康氏思想之歧出，应与“三世”说分而论之。[①] 可是，如果视《大同书》所揭之“大同”与“三世”说为全无关联的两种理论，则康有为的思想体系势必被打作两截，难以得到完整贯通的理解。因此，也不乏学者主张，康有为的“大同”与“三世”说之间存在相当密切的内在关联。[②] 然而，若以“三世”与“大同”为一体贯通之理论，则需解释二者在何种意义上可以融贯，以及如何看待“大同”与“三世”之间的巨大差异？而更耐人寻味的是，康有为生前秘《大同书》稿不肯示人，这是否意味着，康氏本人亦认为“三世”与“大同”确有区别对待的必要？可见，“三世”与“大同”，分之欠妥，合亦未安。因此，是否存在着理解“三世”与“大同”关系的另一种可能？

二、义理同构的“三世”与“大同”

由弟子钱定安整理的《大同书》刊本共分为十部[③]：甲部，入世

---

① 钱穆认为，《大同书》所提出的男女当立约而处的观点，非孔子教义，只是康有为偶感于西人婚姻自由之制而宣扬其说，而主张毁灭家族，也是因为受到佛教影响的缘故。参见钱穆：《中国近三百年学术史》，第 737—738 页。李泽厚则认为，康有为的“大同”理论是“与当时现实斗争完全脱节的和无关的资产阶级自由主义式的乌托邦”。参见李泽厚：《中国近代思想史论》，第 94 页。朱维铮则认为，“假如要从历史学角度，讨论康有为大同论与中国传统和外来思潮的相关度，那么我们不得不否认此论和《礼运》大同说联系更亲密的说法”。参见朱维铮：《求索真文明》，第 250—251 页。

② 参见汪晖：《现代中国思想的兴起》（上卷），第二部“帝国与国家”，第七章“帝国的自我转化与儒学普遍主义”，生活·读书·新知三联书店 2008 年版；干春松：《康有为与儒学的“新世”：从儒学分期看儒学的未来发展路径》，第六章“何以康有为当得起一个分期的界标”，华东师范大学出版社 2015 年版。

③ 《大同书》手稿的现世，让学者们得以确定此作的成稿时间不会早于 1901—1902 年，并非如康氏本人所称述的 1884 年。不过，《大同书》成稿虽迟，“大同”之思的筹划却可溯至 1884 年，康有为的“大同”构想经历了漫长的过程，并进行过多次调整。相关研究参见宫志翀：《〈大同书〉稿本与刊本的结构差异探微》，《中国哲学史》2020 年第 5 期。

界观众苦。乙部，去国界合大地。丙部，去级界平民族。丁部，去种界同人类。戊部，去形界保独立。己部，去家界为天民。庚部，去产界公生业。辛部，去乱界治太平。壬部，去类界爱众生。癸部，去苦界至极乐。始于对人类种种生存苦状的描述，经历了对国家、阶级、人种、男女、家庭等界限的逐一消除，最终达至物质高度发达的公产公治、公养公恤社会。为了推进“大同”目标的最终实现，康有为还设计了包括人本院、育婴院、养老院、公政府、契约婚姻等诸种制度。

在书中，康有为花费了大量的篇幅描述人类社会因不平等所造成的种种“痛苦”体验，不遗余力地鼓吹“大同”的极乐，进而以人性皆意欲去苦求乐为理由，表明“大同”的合理性，但这种描述性的解释显得相当简易，缺乏说服力。人们对快乐与痛苦的经验存在差异，康有为所描述的因不平而产生的痛苦，未必能够唤起全部人的认同。因此，对“大同”合理性的真正论证并不在《大同书》中，而在于康有为对“三世”说普适性的论证。不过，在《大同书》中，仍然能够寻觅到“大同”与“三世”在义理上的同构性。

对于“大同”社会的构成者，康有为赋予了他们一个新的称谓：“天民”，如“等是圆头颅，皆天民也”[①]，“男与女虽异形，其为天民而共受天权，一也”[②]，“夫凡人之生，皆出于天，故人无贵贱，莫非天民”[③]等等。何谓“天民”？在《大同书》中，康有为云：

> 即父子天性，鞠育劬劳，然人非人能为，人天所生也，托借父母生体而为人，非父母所得专也，人人直隶于天，无人能

---

① 康有为：《大同书》，姜义华、张荣华编：《康有为全集》第七集，第35页。
② 同上书，第55页。
③ 同上书，第65页。

间制之。[①]

显然，康有为正是在“为人者天”的意义上发明了“天民”这个称呼。“大同”社会的组成者，并不是既有人类之外的特殊物种，而就是人类本身，但康有为使用“天民”称之，则是意图凸显在得其性之于天的意义上，人人都直隶于天，以此突破以家庭、国家、族群或其他范畴对人的区分，实现全体人类在本体论层面的平等。

对于“天民”在何种意义上是平等的问题，康有为在《大同书》中提供了与对“三世”合理性论证如出一辙的解释：

> 夫浩浩元气，造起天地。天者，一物之魂质也；人者，亦一物之魂质也。虽形有大小，而其分浩气于太元，挹涓滴于大海，无以异也。[②]

> 万物之生皆本于元气，人于元气中，但动物之一种耳。[③]

天人皆为“元气”所造，只不过有形之大小，而无本质区别，因此天人一体，不当分别。由此出发，就有了康有为对“大同”世男女平等之义的阐发：

> 人者天所生也，有是身体即是有权利，侵权者谓之侵天权，让权者谓之失天职。男与女虽异形，其为天民而共受天权，

① 康有为：《大同书》，姜义华、张荣华编：《康有为全集》第七集，第36页。
② 同上书，第4页。
③ 同上书，第49页。

一也。[1]

> 夫凡人之生，皆出于天，故人无贵贱，莫非天民，各为独立，安有视为玩具者哉？其敢于玩人，实玩天也。[2]

康有为虽然使用了诸如“权利”“天权”之类的名词，让人联想到卢梭的“天赋人权”论[3]。然而，有别于卢梭的“天赋人权”论以自然权利为人类天然具有之权，康有为基于“为人者天”的经学传统提出了一种新的“天赋人权”论。天人皆一气所生，一切对人类平等独立之权的侵害，都可视作是对天的亵渎，天成为保障人类平等性的至高力量。

正是基于“元气”论和“为人者天”的观念，康有为对《礼运》中以“天下为公”为标志的“大同”进行解释时，“大同”世会呈现出一个以人的高度平等自立为取向的社会形态。“天下为公，选贤与能”被解释为“合大众公选贤能以任其职”；“使老有所终，壮有所用，幼有所长，鳏寡孤独废疾者皆有所养”被解释为“公世，人人分其仰事俯畜之物产财力，故以为公产，以养老、慈幼、恤贫、医疾”；“男有分、女有归”被解释为“男子虽强，而各有权限，不得

---

① 康有为：《大同书》，姜义华、张荣华编：《康有为全集》第七集，第 55 页。

② 同上书，第 65 页。

③ 卢梭《社会契约论》的最早汉译本为 1882—1883 年日本学人中江兆民的节译本《民约译解》，上海大同书局于 1898 年对中江兆民的节译本进行了重印和一定程度的删改，以《民约通义》为名在中国刊行。大同书局为梁启超创办，由康有为之弟康广仁任经理，可推知康有为在此时或已获知了卢梭《社会契约论》中的部分核心观点，但难以据此推测康有为对“权利”等概念的使用是受到卢梭的影响。范广欣的研究指出，《民约通义》的中国编者对中江兆民在《民约译解》中的不少观点和表述进行了删改，表达出与卢梭原作及中江兆民译作均有不同的立场和观点。参见范广欣：《卢梭“革命观”之东传：中江兆民汉译〈民约论〉及其上海重印本的解读》，《思想史》（“中央研究院”史语所编），2014 年 11 月，第 68—104 页。

逾越，女子虽弱，而巍然自立，不得陵抑，各立合约而共守之”[1]。简言之，“大同”世的一切治法，都必须最大程度地遵循“人人如一，平等公同”的原则。

康有为在《大同书》中使用“天人”概念的同时，还提出过“独人”的说法，用以区别在据乱、升平世中被各种伦理和社会关系所限定的个体。“独人”亦是“天人”，二者差别在于，如果说“天人”强调的是所有人类在本体论层面直隶于天、平等无别，那么“独人”所要突显的则是在“大同”时代既已实现的个体高度独立、自足的状态。根据康有为的设想，待到“大同”时代，物质、财富和技术均到达极高水平，个人的生存和发展可以通过“公养”“公教”“公恤”得到保障，不必依赖家庭、亲族或者其他小团体的帮扶或接济。理论上说，这种实现了高度自足自立的个体，不再有交往和建立社会关系的必要，那么，此时的人际关系呈现出何种样态呢？在康有为的笔下，“大同”世界中，个体的生存状态并不表现为孤绝的原子样态，而是在整体上充满和谐和关爱：“当太平之世，人性既善，才明过人，惟相与鼓舞踊跃于仁智之事，新法日出，公施日多，仁心日厚，智识日莹，全世人共至于仁寿极乐智慧无边之境而已，非乱世之人所能测已。”[2]

康有为“大同”世界中所标举出的此种和乐美善之境，虽以高度发达的物质文明与公产公恤的制度为基础，但在更根本的层面上，他所理解的“大同”，是以人天性之中对“仁”的欲求作为动力而达成的。《大同书》自序写道：

---

① 康有为：《大同书》，姜义华、张荣华编：《康有为全集》第七集，第 555 页。

② 同上书，第 179 页。

> 孔子曰：地载神气，神气风霆，风霆流行，庶物露生。光电能无所不传，神气能无所不感。神鬼神帝，生天生地，全神分神，惟元惟人。微乎妙哉，其神之有触哉！夫神者，知气也，魂知也，精爽也，灵明也，明德也，数者异名而同实。有觉知则有吸摄，磁石犹然，何况于人？不忍者，吸摄之力也。故仁智同藏而智为先，仁智同用而仁为贵矣。[①]

类似的表述也出现在《中庸注》中。正是由于人性中天然所具有的向"仁"之气，每个从天得生的独立个体之间得以发生关联，而这种关联使得康有为所设想的"大同"社会具备了坚实的情感与道德底色，而不是一个由高度自立且互相隔绝的个体所组成的集合。

康有为指出，古之人对"类"的理解是狭隘的，"与我人同状貌体格，则亲之爱之，与我人不同状貌体格，则恶之杀之"[②]，具体表现为爱己之父母而不爱人之父母，爱己之族类而仇视异族之人等做法。在他看来，这种狭隘的爱类"于天也，于爱德也，所得不过万亿兆之一也"[③]，殊不知天地万物皆一气所生，表面种种万殊类别，实为一类。而人类又天然具有推扩爱力的能力，康有为云："人之知识多，能推广其爱力而固结之，禽兽之知识少，不能推广其爱力以为固结，甚且久而将固有之亲爱而并忘之，人禽之所异在此也。故人能由父子、兄弟而推立宗族，禽兽久且并母子而不识之。"[④] 因此，康有为提出去除家庭、国家、族类等种种人为设置的边界，但他并不是以否定家庭、国家、族类意义的方式来打破这些边界，而是以仁爱洋

① 康有为：《大同书》，姜义华、张荣华编：《康有为全集》第七集，第 4 页。
② 同上书，第 49 页。
③ 同上书，第 50 页。
④ 同上书，第 80 页。

溢推扩的方式，将亲亲的自然情感等量地发散推扩出去，以消解这些边界。因此，康有为设想的“独人”状态，不是人与人之间的相互隔绝，而是“仁之至，则人人自立而大同”[①]，是“太平之世，自能爱人”[②]。

可以看到，《大同书》作为对“三世”发展终极图景的描绘，与“三世”说分享了一贯的论证逻辑，书中以人的高度平等、独立为内在精神的种种制度与现象，是沿着“三世”演进的内在义理推至极致的表现。就此而言，《大同书》与“三世”说具有一致的义理结构作为其支撑。

三、功用分途的“大同”与“三世”

如果“大同”与“三世”所秉承的论证逻辑并无二致，康有为为何不愿将其“大同”之论公之于世呢？根据弟子们的说法，康有为对“大同”之论与其所处时代现状的关系有着深切忧虑。如梁启超云：“有为虽著此书，然秘不以示人，亦从不以此教学者，谓今方为‘据乱’之世，只能言小康，不能言大同，言则陷天下于洪水猛兽。”[③] 弟子张伯祯亦称：“书成，继而思大同之治非今日所能骤几，骤行之，恐适以酿乱，故秘其稿不肯以示人。”[④] 在一个“大同”实施条件远未成熟的时代，《大同书》的公布不仅无法得到世人正确的解读，反会造成祸乱。

与不愿以《大同书》示人的做法形成呼应的是，戊戌变法失败后，康有为在其著作如《中庸注》《孟子微》《礼运注》中开始频发

---

① 康有为：《孟子微》，姜义华、张荣华编：《康有为全集》第五集，第 415 页。

② 康有为：《大同书》，姜义华、张荣华编：《康有为全集》第七集，第 188 页。

③ 梁启超：《清代学术概论》，第 82 页。

④ 张伯祯：《南海先生传》，姜义华、张荣华编：《康有为全集》第十二集，第 497 页。

“三世”演进必须严守次序、不可躐等之义。有研究认为，在《中庸注》成书前后，康有为对中国所处之世态的认定发生了变化，从原本的“小康”变成了“略近升平”，与这个时期康有为所面对的门人分裂有关。[①] 1899年至1902年，康门中人对于是否应行革命产生巨大分歧，以梁启超、欧榘甲等为代表的康氏弟子与孙中山一派革命党人接触渐多，主张革命，甚至要求康有为退休，引发康氏极大愤慨，他痛斥欧榘甲等人“汝等迫吾死而已”，称“唯有与汝等决绝，分告天下而已”[②]。因此，康有为在这一时期的作品中对于“三世”不可躐等之义的强调，显然与他的现实遭遇有关。

然而，除却对种种现实因素的考量，在康有为原本的思想体系中，“三世”与“大同”是否有各自独立的角色和位置？换句话说，如果《大同书》所昭示的不过是“三世”说终将兑现的图景，“三世”是否有独立于“大同”的存在意义？事实上，康有为对“三世”与“大同”的刻意区分仍有新的解读空间。

早在万木草堂讲学的时期，康有为对孔、佛之教有一番对比，甚可注意：

> 佛法平等，无义也，不可行。[③]
> 孔子之义在立差等，全从差等出。[④]

---

① 参见马永康：《从“三统”、“三世”到“三世三重”——论康有为的思想》，《华东师范大学学报（哲学社会科学版）》，2010年第3期。

② 康有为：《致欧榘甲等书》，姜义华、张荣华编：《康有为全集》第六集，第352页。

③ 康有为：《万木草堂口说》，姜义华、张荣华编：《康有为全集》第二集，第197页。

④ 同上书，第216页。

佛教主张众生平等，康有为认为孔子之教也是追求天、人、物的终极平等，那么，为什么康有为会认为佛法的平等“不可行”？乃因同是以平等为终极追求，孔子之教的意义和价值恰在于“立差等”。“立差等”为何可以达至平等？这看起来悖论一般的言论，实际上是基于康有为对“差等”的特殊理解：显然不是指儒家的差等之爱，而是指“三世”差等。也就是说，孔教的平等之论高于佛教处在于，佛教对于平等的要求是一个当下立现的要求，不考虑时间和空间的限制性，亦不考虑人的差异性。而孔子设立“三世”渐进的步骤，正是虑及在不同的时间和空间限制中，人所呈现的状态是不断发展变化的，因此，虽然“大同”的愿景为人所共祈，但唯孔子之教指出了一条通向理想的可行之路。作为过程的“三世”说相较于作为目标的“大同”，其独特意义一下子凸显出来：没有“三世”说为津梁的“大同”，只能是梦幻泡影、海市蜃楼，而以“三世”说为核心的孔子之教，如同夜中之烛、海中之渡，提供了可行的方向与途径。因此，康有为反复以暗夜、沙漠、巨海为譬，描绘有孔子之教以前的人类生活状态，“大昏也，博夜也，冥冥汶汶，雺雺雰雰，重重锢昏，皎日坠渊”[①]，“大漠也，巨海也，泛之而无涯，行之而无途，杳杳茫茫，人之迷方，失路以悲，漂泊可伤者皆是也”[②]。

这就可以解释何以“三世”法似相悖而实无违，特别是六经之中随处可见的亲亲孝悌之义与“大同”所宣扬的无所不爱之间是否存在矛盾的问题。康有为在《孟子微》中云：

---

① 康有为：《孔子改制考》，姜义华、张荣华编：《康有为全集》第二集，第3页。

② 康有为：《礼运注》，姜义华、张荣华编：《康有为全集》第五集，第553页。

> 盖人道非天不生，非父母不生，三合而后生。本仁于父母而孝弟，本仁于天而仁民爱物，皆人性之次第也。父母兄弟之亲亲，乃不忍之奇点。仁虽同而亲亲为大，仁虽普而孝弟为先。若经营国民，恩及庶物，而忍于家庭、薄于骨肉，则厚薄倒置，不合人理，苟非行诈矫伪，则为骛外逐世，非人道也。故苟有忍心，则一切忍之可也。否则不忍之爱心，实发端于骨肉，安有忍于骨肉而能爱及民物乎？且既忍弃骨肉，亦何必爱民物？故圣人之爱其国人也，尤爱其家人。公尔忘私，国尔忘家，乃后世矫激之说，反于圣人之道矣。①

康有为虽然再次化用了《穀梁传》中“独阴不生，独阳不生，独天不生，三合而后生”之说，但此处的论说重点却不是“为人者天”，而是父母生人。虽然在《春秋董氏学》中，康有为为了揭示人为天生的意义，有意淡化了生物学层面上父母生人的事实，但是在《孟子微》中，他开始重新强调由亲亲、仁民而爱物的等次绝不可错乱。康有为强调，“大同”时代流行世间的“仁”，是需要一个漫长的发展积累才能实现的，它的初始状态就表现为父母兄弟之亲亲，在这个意义上，亲亲是一切“仁”的起点也是基础，而不以亲亲为前提的“仁”，都是虚假的。之所以必须要以亲亲孝悌为先，是因为这就是人性的自然次第，“夫妇、父子、兄弟既出于天合之自然，非出于人为之好事，虽禽兽且然”②，因此，圣人治乱世以亲亲为先，渐趋平世方许仁民、爱物，不过是遵从了人性次第之自然规则。因此，以亲亲尊卑为准则的治乱之法，不仅是为了与乱世情状相匹配，更

① 康有为：《孟子微》，姜义华、张荣华编：《康有为全集》第五集，第418页。
② 康有为：《大同书》，姜义华、张荣华编：《康有为全集》第七集，第80页。

是通向“大同”的第一步。没有“三世”为基础，“大同”不可能是一个德性沛然、仁爱充溢的太平之世。

既然“三世”说已经应许了“大同”的可能，康有为为什么要另作一部《大同书》？这就涉及康有为对孔子六经之教不足的理解。在《礼运注》序言中，康有为自述其发得《礼运》精义的过程云：

> 既乃去古学之伪，而求之今文学，凡齐、鲁、韩之《诗》，欧阳、大小夏侯之《书》，孟、焦、京之《易》，大小戴之《礼》，公羊、穀梁之《春秋》，而得《易》之阴阳之变、《春秋》三世之义，曰：孔子之道大，虽不可尽见，而庶几窥其藩矣。惜其弥深太漫，不得数言而骇大道之要也，乃尽舍传说而求之经文。读至《礼运》，乃浩然而叹曰：孔子三世之变、大道之真，在是矣。……是书也，孔氏之微言真传，万国之无上宝典，而天下群生之起死神方哉！①

孔子一生的言行述作，无不以正纲常、笃伦理、守礼义为要，但康有为发现，在《礼运》篇首一小段有关“大同”的论述中，孔子罕见地描述了一个不同于“礼义以为纪”的“天下为公”时代，甚为可异。在康有为眼中，这段文字成了打开原本封闭经学秩序的一线缝隙：两千年来的经学都是围绕着可见的六经文字展开的，但除此之外，孔子还有更加高妙的微言大义秘而未宣，只有少数弟子略得耳闻，《礼运》“大同”之论就是这样的冰山一角。通过详解《礼运》“大同”章，康有为刻画了孔子简略描述的“大道之行”时代：“合大众公选贤能以任其职”，“公世，人人分其仰事俯畜之物产

---

① 康有为：《礼运注》，姜义华、张荣华编：《康有为全集》第五集，第553页。

财力，故以为公产，以养老、慈幼、恤贫、医疾”，“男子虽强，而各有权限，不得逾越，女子虽弱，而巍然自立，不得陵抑，各立合约而共守之”云云。[①]

然而，在完成了对《礼运》“大同”文本的解读后，康有为立即话锋一转：“然人之恒言曰：天下国家身，此古昔之小道也。夫有国、有家、有己，则各有其界而自私之。”[②]在他看来，《礼运》“大同”章的内容仍然是一个相当局限的描述，虽然表达出了平等的价值取向，但仍然保留了天下、国、家、身这些区分和界别，还称不上是彻底的“大公”。因此，在《中庸注》中，康有为就直白地说出了：

> 孔子知三千年后必有圣人复作，发挥大同之新教者。[③]

《礼运》“大同”章在康有为看来只是个引子，是孔子为后人理解真正的“大同”所提示的一条线索。孔子生时，受限于乱世之局，未能充分表达他对“大同”的理解，在三千年后，自认为继孔者的康有为，便是要通过《大同书》将孔子的未尽之言充分地展开。如此一来，《大同书》就成了孔子之教的新篇续写，但作者不是孔子本人，所主张之义也远远溢出既有六经之学的边界，在何种意义上能够让人相信，《大同书》所发新教，确乎为三千年前圣人未发之说？因此，张翔认为，康有为意欲借助“大同”而建立的全球公理之学，实际上早已超越了既有孔子之义，康有为亦深知《大同书》与既有以六经之学为核心的孔子之教间存在的巨大张力，顾忌到《大同书》

---

① 康有为：《礼运注》，姜义华、张荣华编：《康有为全集》第五集，第555页。
② 同上。
③ 康有为：《中庸注》，姜义华、张荣华编：《康有为全集》第五集，第388页。

对他所推行的孔教信仰可能造成的影响，故选择不刊《大同书》。[①]显然，在康有为心目中，《大同书》与“三世”说有着各自不可替代的角色和功用。

同是以自由平等、仁爱独立之义为趋，为什么《大同书》会在某种程度上显得脱离“三世”说，自成一事？若将二者进行比较，可以看到一个重要区别在于，《大同书》中所设想的种种“大同”之制，是基于自由平等、仁爱独立的原则推演至极致的结果。如“无国，无君主，亦无兵，无兵权”[②]；“尽去一切城塞、险要、堡寨”[③]；“各国语言文字，当力求新法，务令画一，以便交通”[④]；实现政府公养，设立包括胎教院、育婴院、怀幼院之类机构，“凡妇女生人之后，婴儿即拨入育婴院以育之，不必其母养育”[⑤]；男女相交，废除一切形式的婚姻规定，“听其交欢，任立期限，由其离合”[⑥]等等。事实上，这种依据某种义理原则推出相应制度的做法，在《实理公法全书》中已有应用[⑦]。这种做法显然借鉴了几何学的推理之法，因此《大同书》所提供的不是基于实测而获得的知识，而恰恰是一种超越现实的理念建构。然而，一种超越现实的理念建构，其意义何在？

以数学中的“∞”概念作类比，或许《大同书》的意义能得到更清晰的认识。在自然界中一切可以被观测到的事物，无论多寡，都是有限的，都可以用某种方式衡量，而“∞”不是一个数量，它

① 参见张翔：《大同立教：康有为政教思想研究》，第五章“大同‘公理’论与知识范式的转变”，第211页。

② 康有为：《大同书》，姜义华、张荣华编：《康有为全集》第七集，第150页。

③ 同上。

④ 同上书，第134页。

⑤ 同上书，第92页。

⑥ 同上书，第77页。

⑦ 在《实理公法全书》中，康有为先列“实理”，据此义理列出“公法”制度，复次列“比例”之法数种，与实理、公法相参较，以定“比例”之法之优劣。

不可被经验、被实测，它表达的是无穷、无限。虽然不可经验和实测，却并不妨碍人类能够在思维的世界里创造这样一个概念，它的存在如同彼岸灯塔，映照出此岸有限世界的“有限性”。这样一个超越现实的“∞”，让人类理解一切有限性能够张开的边界与尺度。相似地，如果没有《大同书》所标出的一个极致概念，“三世”将无法锚定，从这个意义上说，《大同书》乃是以超越“三世”的方式，为“三世”的展开提供可能。

第四节　再辨“三世”说与历史进化论

关于康有为“三世”理论，存在一个普遍认识是，这是一种“历史进化论”或“进化史观”[①]。从形式上看，康有为的“三世”说勾勒出人类社会从“据乱”到“升平”再到“太平”的进化步骤，也描绘出终极理想“大同”的图景，这与黑格尔的历史终结论、马克思的人类社会形态演进论等流行于19—20世纪的社会或历史演进理论颇具相似性。然而，康有为提出此种“进化史观”的目的何在？如果只是为了说明“‘人道之进化’必须通过改制变法，才能达到‘大同’的一日”[②]，他似乎不必大费周折搞出一个“三世”框架，他已发的“三统”说远比“三世”说更便于发挥改制变法之义。如果是为了提出一套人类社会的演进图式[③]，那么，在晚清内外交困的

① 汤志钧称：（康有为）描绘出一个“乱世”“升平”“太平”的“三世”图景，推演了“乱世”当进至“升平”，“升平”当进至“太平”的进化史观。参见汤志钧：《论康有为的“大同三世”说》，《康有为与戊戌变法》，第160页。

② 汤志钧：《论康有为的“大同三世”说》，《康有为与戊戌变法》，第160页。

③ 萧公权认为：“人类历史的发展是经由‘据乱世’、‘升平世’和‘太平世’的过程，而人类的制作即按此演进。”参见萧公权：《康有为思想研究》，汪荣祖译，第52页。干春松认为“康有为以三世说的框架来说明不同时期儒学的不同使命”。参见干春松：《康有为与儒学的“新世”：从儒学分期看儒学的未来发展路径》，第122页。

危机之中，康有为不关心如何应对眼前的政治文化危局，而忙着为未来世界立法，未免显得迂阔。因此，康有为“三世”说的性质仍然值得再做讨论。

首先，一个需要强调的事实是，康有为明确指出：“仁既有差等，亦因世为进退大小”①，可知他的“三世”说并非一种单向度的机械演进律。虽然康有为相信，人类社会的整体发展大势是不断趋近于“仁”的，但是在具体历史语境中，“仁”的实现状态可以有“进退大小”，并非必然线性向前。不仅如此，细究康氏“三世”说条理，会发现这也不是一个简单的从“据乱”到“升平”再到“太平”的三段论，而具有更加复杂的内部结构，这种内部结构对于我们更准确地把握“三世”说性质至关重要。

在《中庸注》中，他借着对《中庸》“王天下有三重”一句的解释，发挥了所谓“三世三重”之义，其说云：

> 王，往也。天下之所归往之谓王，如孔子也。孔子世，为天下所归往者，有三重之道焉。重，复也，如《易》卦之重也。《繁露·三代改制》曰：故王者有不易者，有再而复者，有三而复者，有四而复者，有五而复者，有九而复者。此通天地、阴阳、四时、日月、星辰、山川、人伦，皆有三重之制也。三重者，三世之统也。有拨乱世，有升平世，有太平世。拨乱世，内其国而外诸夏。升平世，内诸夏而外夷狄。太平时，内外远近大小若一。每世之中，又有三世焉。则据乱亦有乱世之升平、太平焉，太平世之始，亦有其据乱、升平之别。每小三世中，又有三世焉。于大三世中，又有三世焉。故三世而三重之，

① 康有为：《孟子微》，姜义华、张荣华编：《康有为全集》第五集，第415页。

为九世。九世而三重之，为八十一世。展转三重，可至无量数，以待世运之变，而为进化之法。此孔子制作所以大也。[①]

康有为创造性地将“三世”拓展为一个“三世三重”的结构，于每一大世中再分出无数小“三世”，于是，据乱、升平、太平“三世”又可细分为据乱之据乱、据乱之升平、据乱之太平，升平之据乱、升平之升平、升平之太平，太平之据乱、太平之升平、太平之太平九世，而这九世又可以再继续细分下去，以至于无量世。对于这个在戊戌流亡后突然出现在康有为作品中的“三世三重”结构，已有研究者意识到它的不同寻常。相较于简单的三段论式“三世”说，许冠三指出：“原先之诸关闭机械系统，至此乃化合而为一开放之有机系统，向外可作无穷之扩张，向内可作必要之后退。”[②] 相较于简单的三段式“三世”说，更为复杂的“三世三重”结构显然在解释力上更胜一筹：

盖尝论之，以古今之世言之，有据乱、升平、太平之殊，不可少易。而以大地之世言之，则亦有拨乱、升平、太平之殊，而不可去一也。即以今世推之，中国之苗瑶侗僮，南洋之巫来由吉宁人，非洲之黑人，美洲之烟剪人，今据乱世之据乱矣。印度、土耳其、波斯颇有礼教政治，可谓据乱之升平矣。若美国之人人自主，可谓据乱之太平矣。今治苗瑶黎侗、非洲黑人之法，必设以酋长，别其男女，教之读书，粗定法律，严其争杀，导之礼让，斯可矣。若遽行美国之法，则躐等而杀争必多。

① 康有为：《中庸注》，姜义华、张荣华编：《康有为全集》第五集，第389页。

② 许冠三：《康南海的三世进化史观》，《香港中文大学学报》1997年第1期。

> 待进化至于印度、波斯，乃可进变于美国也。太平与据乱相近而实远，据乱与升平相反而实近。而美国风俗之弊坏，宜改良进化者，其道固多。若所以教中国之苗人，非洲之黑人，则教据乱之法，尚不能去也。将来太平之世，各种未齐，亦必有太平之据乱者存，此亦无如何者也。故今者大地之中，三世之道并行，法则悖矣，而治世之意各得其宜，则未尝小悖也。中国之苗瑶侗僮，番黎狆狘，与我神明之胄并育一也，各用其据乱、升平之道而不相害。美洲之土人与白人并育一也，各用其据乱、升平之道而不相害。非洲黑人与白人并育也，各用据乱、升平之道而不相害。夫一世之中，条理万千，乃成治法，如百川之纷流焉。礼仪三百，威仪三千，孔子之小德也。若其大旨，无论治法之相反相悖，要以仁民爱物，加厚而进化之知、仁、勇，孔子之大德也。惟其道能错行代明，并育不害，并行不悖，此孔子所以与天地同大也。①

康有为将“三世三重”的结构拓展至时间与空间两个维度中。时间维度上，同一个人类生存世界，可以随着时间的变化而呈现出不同的文明状态。空间维度上，同一个人类生存世界又可以在一世中并存多种世态的文明。

这样一来，在时间与空间两个轴上展开的“三世三重”如同一个坐标系，它首先可以对各个时间和空间中的人类文明形态进行精准定位，从而对该文明的发展方向做出正确的判断。譬如，中国之苗瑶黎侗、非洲黑人、美洲土著之类，被康有为判定为据乱世之据乱，是文明程度较低的世态，因此不能骤行据乱世之太平法，应先

① 康有为：《中庸注》，姜义华、张荣华编：《康有为全集》第五集，第389页。

以据乱世之拨乱法治之。康有为对一世之中多种文明世态“并育不害，并行不悖”的肯定，弱化了据乱、升平、太平“三世”治法的高下之分，无论何种治法，必须与“时”正确匹配，才能发挥正向的效用，反之，对当前文明所处世态的错误判断，则会导致失误的决策。

其次，通过“辗转三重”的方式，康有为极大程度打开了“三世”的纵深，化“大同”于“三世”之中，加强了“三世”说相较于“大同”说的意义和分量。当时文明程度已是世界领先的西欧诸国，也只是被康有为目为“据乱之太平”。在应对现实的层面上，这或许是出于缓抑当时国内日益激进的革命倾向的考虑，但在理论建构上，这一转变为“三世”理论提供了一个极为宏阔的背景——两千多年来的人类文明总体上还是处于据乱世阶段，“太平”世的最终实现被遥置于数千乃至上万年之后，人类文明通向“大同”之路被大大延长了。就此而言，“大同”似乎成了一个遥不可及的目标，但正因“大同”无法一蹴而就，这个看似遥不可及的目标必然会被拆解在无数个“辗转三重”的“三世”之中，以至于这个漫长渐进的过程本身，而并非“大同”设想，才真正构成了康氏“大同”学说的主体。

因此，与其说康有为的“三世”说提供的是一种进化史观或者人类社会发展的普遍机械律，毋宁说它提供的是一种具有普遍性的文明分析理论，其普遍性建立在经由康有为重新解释的气、性、仁论之上。

然而，如果“三世”说在本质上不是一种普遍历史进化律，在何种意义上它能够承担“万世法”的角色？在经过以“三统”说释“万世法”的失利后，康有为已经明确地认识到，任何预设的具体制度、单一模式，都无法穷尽万世之变，比立“法”更重要的，是对

“时”的判断，因此，他反复强调，“孔子之法，务在因时”[①]，“古今异宜，日新其道，今世当用今法”[②]。然而，康有为所看重的“时”并不是一个单纯的时间概念，而是指时机。时间可被普遍感受和准确度量，因而具有确定性；时机不然，它不会自然地呈现于所有人的经验中，而是需要认知主体通过特定视角进行分析、判断，才可能得到辨识。这也正是康有为“三世”说作为一种文明分析理论真正的普适性所在——它提供的不是确定的制度，而是一种可供作为制法依据的眼光，它能帮助人类在不同文明阶段中认识时代与自身，从而建立适合的法度。

① 康有为：《中庸注》，姜义华、张荣华编：《康有为全集》第五集，第387页。
② 同上书，第386页。

第五章　遍注群经：一体化经学的重建

在康有为的经学著作中，虽以“两考”最负盛名，然而，在戊戌变法失败后，流亡海外的康有为却在1901—1903年间集中完成了一大批解经之作，有迹可考的包括《中庸注》《礼运注》《孟子微》《春秋笔削大义微言考》《大学注》《论语注》等[①]，体量之大，内容之丰富，实胜于“两考”。这批经注之作的一个鲜明特点是，康氏以他所发明“大同三世”之说、人性仁气之论遍解群经。既然康氏经学的核心在《春秋》，则注《春秋》一经即可，事实上，他的三世三统、太平仁道、大同公理之类的思想内容均已在《春秋笔削大义微言考》中得到了充分的阐述，那么，还有何种必要大费周章地遍解其他诸经？

对此，萧公权提出过一个具有代表性的看法，他认为康有为“治这些经时，他的思想已定型，他的改革哲学已明确。他不再从这些经书中求灵感，而把自己的观点加诸这些经书，使其与《春秋》相呼应。……重新解释这些‘顽梗’的经文，或许是觉得如果不限于一二种儒家经书，他的论点可以更加突出和可信”[②]。则康氏的遍注群经是出于为其《春秋》学壮大声势之考虑。若真如此，康有为

---

① 根据门人张伯桢的回忆，1913年，“先师葬亲后，移居上海辛园。时伯桢拟刻丛书，先师知之，乃将生平诸稿编定见授”。其中包括了《今文易学》《今文诗学》《今文书学》《今文礼学》《乐记注》等著作，今不可见，故不能判断是否为释经之作。《大学注》全文今不可见，《康有为全集》中收入《〈大学注〉序》一篇。参见张伯桢：《南海康先生传》，载夏晓虹编：《追忆康有为》（增订本），第115页。

② 萧公权：《康有为思想研究》，汪荣祖译，第53、55页。

大可以在《春秋》之外，再择取一两部经传做注解即可，是否有必要如此大规模地遍注群经呢？再者，据萧公权的说法，康有为的做法像是将《春秋》之外的群经看成是一种被动的、静态的“空瓶”，他的注经工作不过是以其所发明的《春秋》新旨，注入这些“空瓶”之中而已，那么，康有为为何不按照五经次序逐一注来，却要先从《中庸》《礼运》这些记文着手？

如果我们再次注意到康氏在1891年致朱一新书信中所述，发扬孔子之学的三步骤中的最后一步乃是“辑西汉以前之说为五经，以存旧说，而为之经；然后发孔子微言大义，以为之纬”①，则知康有为在1901—1903年间的集中注经绝非一时兴起而为之，而是计划中的最后一个步骤，甚至可以说是计划真正的完成步骤。不过，康有为的注经计划从一开始就受到了朱一新的质疑，朱一新云：“六经各有指归，无端比而同之，是削趾以适屦，屦未必合，而趾已受伤矣。刘申受、宋于庭之徒，援公羊以释四子书，恣其胸臆，穿凿无理。”②朱一新看到，圣人之经既然分为六部，则必然各有指归，援一经之旨强行解释他经的做法，必然多作穿凿之辞，有削趾适履之嫌，“圣人但作一经足矣，曷为而有六欤？”③康有为并未正面回应朱一新的质疑，然而在数年后讲学桂林期间，他说过这样一段话：

> 天下之所宗师者，孔子也。义理、制度皆出于孔子，故经者，学孔子而已。孔子去今三千年，其学何在？曰在“六经”。

---

① 康有为：《答朱蓉生书》，姜义华、张荣华编：《康有为全集》第一集，第325页。

② 朱一新：《朱侍御复康长孺第四书》，姜义华、张荣华编：《康有为全集》第一集，第327页。

③ 朱一新：《朱侍御答康长孺书》，姜义华、张荣华编：《康有为全集》第一集，第319页。

> 夫人知之，故经学尊焉。……然则孔子虽有六经，而大道萃于《春秋》。若学孔子而不学《春秋》，是欲其入而闭之门也。[①]

对这段话的通常理解是，康有为强调了《春秋》在六经中的核心地位。但不应忽视的一点是，“孔子之学”最终落在六经而不是《春秋》上。《春秋》固然是经学的核心，但并不是孔子之学的全部，而只是一条理解孔子之学的路径。经学之为经学，所包括的乃是整个六经之学，非一经之学。换言之，康有为自始至终对作为整体的六经之学有着高度自觉，这种自觉从何而来？来自经学一体化的传统。

第一节 经学一体化传统的建立与实践

一、从六“经”之学到“六经”之学

如果对“经学”一词进行一个最字面化的解释，或可谓六经之学。然而，何谓六经之学？是六部经典各有其学，还是有一个作为整体的“六经”之学？如果六经各有其学，那么，“六经之学”在何种意义上可以被理解为一个完整概念？如果存在一个作为整体的“六经”之学，经学又为何要分为六个组成部分？

若历史地进行追溯，组成六经的六部经书可谓各有渊源[②]，但“六经”作为一个整体概念的出现，则从一开始就与孔子相关。《庄子·天运》载：“孔子谓老聃曰：‘丘治《诗》、《书》、《礼》、《乐》、

---

① 康有为：《桂学答问》，姜义华、张荣华编：《康有为全集》第二集，第18页。

② 根据《汉书·艺文志》的说法，《乐》可上溯至黄帝，《易》出于伏羲，《书》起于尧时，《诗》始于殷商，《礼》兴于周，《春秋》成于周末。参见班固撰、颜师古注：《汉书·艺文志》，第1704—1715页。

《易》、《春秋》六经，自以为久矣，孰知其故矣。'”无论后世经生如何理解孔子与“六经”的关系，是述或作，显然，孔子对这六部经的编辑删定，直接促生了“六经”的产生。《礼记·经解》记载了孔子对六经之教的理解：“入其国，其教可知也。其为人也，温柔敦厚，《诗》教也。疏通知远，《书》教也。广博易良，《乐》教也。絜静精微，《易》教也。恭俭庄敬，《礼》教也。属辞比事，《春秋》教也。”然而，在这段分经而论其教的叙述中，尚不能看到孔子对于“六经”的整体性理解。六经之为六经，是出于一种偶然的拼凑，还是出于圣人深思熟虑的考量，就成了极具解释空间的问题。

在西汉设立五经博士之学后，“六经”之学的整体性在相当长的一段时间内并未成为问题。司马迁云“中国言六艺者折中于夫子”[①]，以孔子为六经所系，已将六经之学视为一体。但西汉今文博士之学仍主于专经之学，少有兼通多经者。皮锡瑞云：“前汉多专一经，罕能兼通。经学初兴，藏书始出，且有或为《雅》、或为《颂》，不能尽一经者。若申公兼通《诗》、《春秋》，韩婴兼通《诗》、《易》，孟卿兼通《礼》、《春秋》，已为难能可贵”[②]，且此时“汉人最重师法，师之所传，弟之所受，一字毋敢出入”[③]。由于各经之学自有其师承源流，传授系统相对独立，没有互相融通的迫切需求，即便遇到对经义的解释存在抵牾的情况，也可以天子临朝称制的方式解决，如石渠阁会平五经同异即是明证；因此，西汉博士虽以五经为一体，却还未发展出真正的五经一体之学。

进入东汉，一经博士兼习多经之学的风气日兴，如何休、许慎、马融等人，皆精研五经，章句撰述大盛；至于郑玄遍注诸经，五经

① 司马迁撰、司马贞索引、张守节正义：《史记·孔子世家》，第 1647 页。
② 皮锡瑞著、周予同注：《经学历史》，第 84 页。
③ 同上书，第 46 页。

之学的一体化问题浮出水面，自此，经学开始了从专经之学向作为五经一体之学的转化。郑玄对于作为整体的“六经”之学已经有了相当自觉，这一点在《六艺论》中有明确体现。一方面，他称“六艺者，图所生也”[①]，另一方面，他又指出“孔子以六艺题目不同，指意殊别，恐道离散，后世莫知根源，故作《孝经》以总汇之”[②]。这里透露出几个重要信息：首先，在郑玄看来，六经皆为太平嘉瑞所出之图书，保证了六经在根源上的同源性；其次，表面上“题目不同，指意殊别”的六经背后，实际上存在着同条共贯之“道”；最后，孔子不仅知晓贯通六经之“道”为何，且将他的理解表达了出来。如此一来，一体化的“六经”之学不仅是存在的，更是可知的；对经生而言，就有必要寻找和揭示出这种隐蔽于六经背后的一贯之道，六部经典之学才能就此构成一体化的“经学”。

二、以《礼》通经：郑玄与经学的一体化

郑玄以他的注经实践，完成了六经一体化的过程。经学历两汉发展，至于东汉，“师法之下复分家法，今文之外别立古文，似乎广学甄微，大有裨于经义；实则矜奇炫博，大为经义之蠹”[③]，以至异义迭出，聚讼不已。前有石渠、白虎之议，考订同异，定于一尊；后有许慎《五经异义》罗列众说，参比汉制，以为折中。经学内部的纷争矛盾日趋激烈，直至郑玄“括囊大典，网罗众家，删裁繁芜，刊改漏失，自是学者略知所归”[④]。

关于郑玄的注经之法，近年不乏研究，要言之，便是以《周礼》

---

① 皮锡瑞：《六艺论疏证》，吴仰湘整理：《皮锡瑞全集》第三册，第505页。

② 同上书，第287页。

③ 皮锡瑞著、周予同注：《经学历史》，第93页。

④ 范晔：《后汉书·张曹郑列传》，中华书局2000年版，第1213页。

为本，弥合群经异说，从而最大限度地建构起一个统一、完整的经典解释体系[①]。具体举措包括：首先，以《周礼》之制遍注他经。如《孝经·庶人章》云：

> 子曰："因天之道，分地之利，谨身节用，以养父母，此庶人之孝也。"

对于"分地之利"一句，郑玄注云："分别五土，视其高下，若高田宜黍稷，下田宜稻麦，丘陵阪险宜种枣栗"[②]。经文只是表明庶人当分辨土地所合宜之物而播种，从而能够获得足够的收成以赡养父母，而郑玄径直将经文中的"地"解释为"五土"，乃是用了《周礼·大司徒》所云"五土：一曰山林、二曰川泽、三曰丘陵、四曰坟衍、五曰原隰"[③]的说法，来解释土地的分别。于是，《孝经》文本中原本并无特指的"地"，就经由郑玄之注而关联于《周礼》。

其次，对于诸经中与《周礼》不能严格对应上的许多名物制度，郑玄也尝试在解释过程中向《周礼》靠拢。譬如，在注解《诗·彤弓》篇时，对于"彤弓"一物，郑玄注云："彤弓，朱弓也，以讲德习射。"[④]为何"彤弓"的目的是"讲德习射"，孔颖达疏义做了详细解释：

---

① 华喆："通过考察郑玄经注，我们可以发现郑玄经学体系的构造大致为'《周礼》—《仪礼》—《礼记》—诸经—诸纬'，即以《周礼》为中心，围绕三《礼》确定其他经书的内容。"参见华喆：《礼是郑学：汉唐间经典诠释变迁史论稿》，生活·读书·新知三联书店2018年版，第28页。冯茜："郑玄以《周礼》为周公所作，《周礼》同时也是周代实际施行的制度，他对经典的解释和他对周代礼制的复原大致可以画等号。"参见冯茜：《唐宋之际礼学思想的转型》，第15页。

② 皮锡瑞：《孝经郑注疏》，吴仰湘整理：《皮锡瑞全集》第三册，第51页。

③ 郑玄注、贾公彦疏：《周礼注疏》，上海古籍出版社2010年版，第337页。

④ 郑玄笺、孔颖达疏：《毛诗注疏》，上海古籍出版社2013年版，第889页。

> 彤赤，故言朱弓。《周礼》无彤弓之名。言讲德习射，则彤弓《周礼》当唐弓、大弓也。《夏官·司弓矢》有六弓，王、弧、夹、庾、唐、大。郑云：“六者，弓异体之名也。往体寡，来体多，曰王、弧。往体多，来体寡，曰夹、庾。往体来体若一，曰唐、大。”经曰：“唐弓，以授学射者、使者、劳者。”郑云：“学射者，弓用中，后习强，弱则易也。使者、劳者，弓亦用中，远近可也。劳者，勤劳王事，若晋文侯、文公受王弓矢之赐也。”如是，则郑以此彤弓及玈弓于《周礼》为唐、大，故言劳者受得之后，则以学射，故云“以讲德习射”也。[①]

据此，郑玄仍然是借用《周礼》来解释“彤弓”之用。《周礼》有六弓之名，却并无“彤弓”，这给郑玄的解释带来了一定的困难，但他干脆将《诗》中“彤弓”直接对应于《周礼》中的“唐弓”“大弓”之类，以唐弓、大弓的学射、勤劳王事之功用来解释“彤弓”的意义。

最后，郑玄还擅长通过拼凑、连缀来自不同经典的信息片段，创建关于某一制度的完整解释。不妨以诸经所言“州牧”之制为例做一简要说明。《礼记·曲礼》云：“九州之长，入天子之国曰‘牧’。”郑玄注云：“每一州之中，天子选诸侯之贤者，以为之牧也。《周礼》曰：‘乃施典于邦国而建其牧。’”[②]《曲礼》字面义是说，九州的政长在进入天子之国时称‘牧’，则“牧”是在“入天子之国”这一特定情况下的特殊称号，而郑玄却直接解为天子在每一州中选诸侯之贤者以为“牧”，显然溢出了此条经文所提供的信息范围，那

① 郑玄笺、孔颖达疏：《毛诗注疏》，第 900 页。
② 郑玄注、孔颖达疏：《礼记正义》，第 176 页。

么，郑玄此解依据何在？据《周礼》“乃施典于邦国而建其牧”。郑玄注《周礼》此句时云：“以侯伯有功德者，加命作州长，谓之牧，所谓八命作牧者。”[①]《周礼》经文只是说天子于诸侯邦国中“施典”而“建其牧”，并未言及建牧之标准，而郑玄径直称，建牧是对侯伯有功德者的嘉奖，依据又何在？《周礼·春官·大宗伯》有“七命赐国，八命作牧”之说，“命”数关联于爵位高低，则“牧”者比一般的有国者更尊，是以郑玄判定，“牧”乃是对有国之诸侯的额外嘉奖。而郑玄又依据《周礼》“施典于邦国而建其牧”，知“牧”建于邦国之中，而非于邦国之外另设之职，因此，推出“牧”为天子于一州之中选诸侯之贤者，与之“牧”的称号以示嘉奖。

而值得注意的是，郑玄在注《周礼》“八命作牧”时又云：“谓侯伯有功德者，加命得专征伐于诸侯。”[②]则“牧”不仅是对诸侯之贤者的嘉奖，同时还被赋予了专征诸侯之权，郑玄何以知“牧”得专征？乃因《礼记·王制》有云：“天子无事与诸侯相见曰朝，考礼、正刑、一德，以尊于天子。天子赐诸侯乐，则以柷将之。赐伯子男乐，则以鼗将之。诸侯赐弓矢，然后征；赐鈇钺，然后杀；赐圭瓒，然后为鬯。”[③]《王制》经文区分了天子与诸侯相见时考礼、正刑的两种情形：一是天子赐诸侯乐器，一是赐诸侯兵器；在经义结构上，乐器之赐可对应于考礼，兵器之赐可对应于正刑。虽然经文并未明言受弓矢、鈇钺、圭瓒之诸侯是何身份，但郑玄既见“弓矢”之赐，必然联想到《周礼·夏官·司弓矢》所云：“唐弓、大弓以授学射者、使者、劳者。”郑玄注之曰：“劳者，勤劳王事，若晋文侯、

---

① 郑玄注、贾公彦疏：《周礼注疏》，第58页。
② 同上书，第678页。
③ 郑玄注、孔颖达疏：《礼记正义》，第500页。

文公受王弓矢之赐者。”[①] 显然，这是依据《尚书 · 文侯之命》王赐晋文侯“彤弓一，彤矢百，卢弓一，卢矢百”与《左传 · 襄公八年》范宣子所云“城濮之役，我先君文公受彤弓于襄王”二事而云。晋文侯与先君文公均受弓矢之赐于王，按《周礼 · 司弓矢》所言，受弓之后，方得勤劳王事，王事即包括征讨诸侯，因此，受弓矢之赐的，必然不会是普通诸侯，而是如晋文侯、文公这样的诸侯之尊者，正可对应于“八命作牧”的州政之长。

可以看到，郑玄通过拼凑和连缀来自不同经传中的信息碎片，整合为一套“州牧”之职的完整内容：天子嘉奖诸侯有德者为州之长，称“牧”，州牧得天子之赐，可勤劳王事，专征诸侯。虽然这些内容从任何单部的经传中都无法获得，但通过郑玄的精心布局，《曲礼》《王制》《周礼》《尚书》《左传》等多个原本并不直接关联的经传，被串联成了一个可以相互注解，因而在内在逻辑上极为牢固的经典系统。如此一来，原本各有所主亦各有其学的诸经，在整体上均呈现为周代礼乐之制的记录，一种新的一体化经学就此产生。经学的一体化不仅意味着诸经之学分享共同的知识基础，具有一致的学问宗旨，而且不同的经典在内容上也不能存在明显的抵牾和矛盾。虽然郑玄殚精竭虑，弥缝诸经，却终究有不能融通处。仍以“州牧”之制为例，《王制》云：“千里之外设方伯，五国以为属，属有长；十国以为连，连有帅；三十国以为卒，卒有正；二百一十国以为州，州有伯。”明言州有伯，而不称州有牧，郑玄注云：“殷之州长曰伯，虞夏及周皆曰牧。”[②] 经不称牧，而注却强行加入牧，显然是为了将此处的州伯与郑玄所重构的“州牧”进行调和。以三代异制这一历史

① 郑玄注、贾公彦疏：《周礼注疏》，第 1234 页。

② 郑玄注、孔颖达疏：《礼记正义》，第 468 页。

背景为前提，郑玄诉诸将经典历史化的策略，以州伯之名属殷，以州牧之名属虞夏及周，将相互抵牾的制度记载安置于三代不同的历史时空之中，不仅避免了冲突，还成功将冲突的诸经异制的情况绘制为一幅关于三代制度损益沿革的整体图景。

三、以“四书”通“五经”：朱子与经学的一体化

郑玄所建立的一体化经学，为汉唐经学所继承，影响深远，直至宋儒提出一套新的理论模型，重塑了群经之学，经学遂又历一大变，是为皮锡瑞所称“经学变古”。宋代经学的“变古”之风虽于北宋庆历时已有肇端，但其体系的成熟还是要等到朱子遍注群经，皮锡瑞云：“以经学论，郑学、朱学皆可谓小统一时代。”[①]

与郑玄以《周礼》为本遍注群经不同，朱子是以“四书”为本，作为贯通“五经”的枢纽。伊川特重《论语》《孟子》对于理解六经的奠基性作用，有“《论语》、《孟子》既治，则六经可以不治而明矣”[②]之语；朱子又增《大学》《中庸》，合为“四书”，并声言“四子，六经之阶梯”[③]。宋儒在“五经”之外别求“四书”之义的举措，是为了应对汉唐注疏之学已难敷世用，佛老之教又长于洞察人心之学的局面，因而借“四书”发明圣人关于理气心性的精微之学，再以此为基础，重塑圣人“五经”之学的样貌。

不过，相较于郑玄以现成的《周礼》之制为据不同，朱子借以通五经的《大学》《中庸》《论语》《孟子》“四书”原本没有直接关联，乃是一个被发明出来的经典组合，因此，朱子的第一步工作乃

① 皮锡瑞著、周予同注：《经学历史》，第204页。

② 程颢、程颐：《程氏遗书》，《二程集》，第322页。

③ 黎靖德编：《朱子语类》，载朱杰人、严佐之、刘永翔主编：《朱子全书》第17册，第3450页。

是建立“四书”的一体化。在朱子看来，“四书”之间亦存在难易等次：“某要人先读《大学》，以定其规模；次读《论语》，以立其根本；次读《孟子》，以观其发越；次读《中庸》，以求古人之微妙处。”[①] 在注《论语》首章“学而时习之不亦说乎”句时，朱子云：“人性皆善，而觉有先后，后觉者必效先觉之所为，乃可以明善而复其初也。”[②] 以“学”的目的为“明善而复其初”，这与汉唐经注的理解截然不同，南朝皇侃的《论语义疏》解释此章，称“学”的目的乃是“为师君也”[③]。而检视朱子《大学章句》，即知他是用“大学之道，在明明德，在亲民，在止于至善”之义在解释“学而”章。朱子注《大学》此句云：

> 大学者，大人之学也。明，明之也。明德者，人之所得乎天，而虚灵不昧，以具众理而应万事者也。但为气禀所拘，人欲所蔽，则有时而昏；然其本体之明，则有未尝息者。故学者当因其所发而遂明之，以复其初也。[④]

《语类》中，朱子以磨镜之譬向弟子解释“明明德”之义云：

> 明德是自家心中具许多道理在这里。本是明底物事，初无暗昧，人得之则为德。如恻隐、羞恶、辞让、是非，是从自家心

① 黎靖德编：《朱子语类》，载朱杰人、严佐之、刘永翔主编：《朱子全书》第14册，第419页。

② 朱熹：《四书章句集注》，载朱杰人、严佐之、刘永翔主编：《朱子全书》第6册，第67页。

③ 皇侃：《论语义疏》，第2页。

④ 朱熹：《四书章句集注》，载朱杰人、严佐之、刘永翔主编：《朱子全书》第6册，第16页。

里出来，触着那物，便是那物出来，何尝不明。缘为物欲所蔽，故其明易昏。如镜本明，被外物点污，则不明了。少间磨起，则其明又能照物。[①]

既有“明德”，又何须再“明”之？经朱子的解释，“明德”虽人人皆备，却时常为物欲所遮蔽污染，因此，“明明德”成为人自明其本有之明德的过程，也就是复其原初之善性的过程。因此，“学而时习之不亦说乎”一句，从字面上看虽与“明善而复其初”无涉，然经朱子援《大学》论“学”之义以解之，《论语》得与《大学》相互呼应，连缀为一体。

通过《集注》，朱子实现了“四书”的一体化，也经由注解“四书”的形式完成了其核心理论的建构。虽然朱子本人并未完成对五经的全部注解，只留下了《诗集传》与《周易本义》，其《春秋》之说存于《语类》，《仪礼经传通解》《书集传》则由弟子据朱子之义续成，然而，通过这些材料，已经可以理解朱子是如何以“四书”之学重塑“五经”之学的。譬如，《关雎》一篇，按《毛诗》所说，为述后妃之德而作，“所以风天下而正夫妇也”[②]，具有明确的政教功能，因为“自古圣王必正妃匹妃。匹正则兴，不正则乱。……夫雎鸠之鸟，犹未尝见乘居而匹处也。夫男女之盛，合之以礼，则父子生焉，君臣成焉，故为万物始”[③]。此乃汉人通识。而在朱子看来，《关雎》之义不在政教之功，而在正人性情：

---

① 黎靖德编：《朱子语类》，载朱杰人、严佐之、刘永翔主编：《朱子全书》第14册，第435页。

② 郑玄笺、孔颖达疏：《毛诗注疏》，第5页。

③ 王照圆：《列女传补注》，华东师范大学出版社2012年版，第132页。

> 孔子曰：《关雎》乐而不淫，哀而不伤。愚谓：此言为此诗者，得其性情之正，声气之和也。盖德如雎鸠挚而有别，则后妃性情之正，固可以见其一端矣。至于寤寐反侧、琴瑟钟鼓、极其哀乐而皆不过其则焉，则诗人性情之正，又可以见其全体也。独其声气之和有不可得而闻者。虽若可恨，然学者姑即其词，而玩其理以养心焉，则亦可以得学诗之本矣。①

按朱子此言，读《关雎》之人所当学的，并非古之圣王如何以后妃之德敦厚风教，而是当“玩其理以养心”，通过体会“后妃性情之正”来自修其德。然而，若就《关雎》文本而言，若无朱子的“四书”之学为基底，则恐怕很难读出“性情之正”的旨趣来。就此而言，朱子《诗》学，殊别于汉代《诗》学，乃是被“四书”之学重赋了内涵的新《诗》学。

四、小结

从以上所举郑玄、朱子建立经学一体化的过程，可以看到一些值得重视的共性。首先，如果我们承认，孔子确有六经一体化的观念，且有着对六经之学的整体性理解，这种理解可以通过何种途径去把握？从郑玄开始，就提供了一种建立一体化经学的范式，即通过对可见的五经文字进行注解，来实现五经文本之间的关联性，这种范式在此后的经学历史中形成了重要传统，被此后历代儒生经师所继承。其次，郑玄与朱子的经学一体化，都发生在经学面临分裂或危机的时刻，郑玄面对的是两汉以来诸家法、师法之间聚讼不休、攻讦无已的纷争之局；朱子面对的则是佛老争席、经术失效的挑战。

① 朱熹：《诗集传》，载朱杰人、严佐之、刘永翔主编：《朱子全书》第1册，第403页。

二人都通过经学一体化的实践，重新树立了经学的权威。再次，在对经学进行一体化的过程中，无论郑玄还是朱熹，都是以某一部或某几部（篇）经典作为支点，基于其中的义理、制度、价值，去解释其他经典，他们对这一部或几部（篇）经典的理解，决定了一体化经学的性质。最后，即便可以借一经之义通诸经的方式，将“题目不同，指意殊别”的诸经组织为一个互相关联的整体，如何处理诸经异制、经义乖违的问题，仍然是经学一体化过程中所面临的重大挑战。郑玄的方式是以三代异制的历史化思路处理礼制抵牾；朱子的策略则是将经学的重心从五经转向四书，详义理而略制度，以探求圣人之心为治经鹄的。

郑玄、朱子的实践，奠定了经学一体化的传统，以二子的经学实践为参照，则知康有为以今文《春秋》学为抓手，以“三世”说为支点通解诸经的做法可谓是对这一传统的遵循，也是康有为重建经学系统的必经步骤。不过，在建立新的一体化经学的实践上，康有为仍然做出了不少新的努力。因此，只有将康有为的注经实践置于经学一体化的历史中加以认识，其意义和价值才能得到真正呈现。

第二节 一个新的经典序列

“经”之为名，按《说文》，为“织从丝”，本指织布机上的纵向之丝，与作为“纬”的横向之丝相对。章太炎云：“经之训常，乃后起之义……今人书册用纸，贯之以线。古代无纸，以青丝绳贯竹简为之。用绳贯穿，故谓之经。经者，今所谓线装书矣。”[①] 据此，“经”之本义，并无甚可尊异，不过指织布之丝，进而引申为书册简

① 章太炎：《章太炎国学讲演录》，中华书局 2013 年版，第 142 页。

编。然而，以此种循名责实的方式去探究后世所尊之“经”，恐怕无法切中六经与六经之学之于中国文明的特殊性所在。

《四库提要》称“经禀圣裁，垂型万世，删削之旨，如日中天”[①]，显然，“经”发展为后世所特尊之典，与圣人裁订一事密不可分。因此，皮锡瑞才对龚自珍“仲尼未生，先有六经”之说不以为然，而云：“孔子以前，不得有经；犹之李耳既出，始著五千之言；释迦未生，不传七佛之论也。”[②] 换言之，“经”之所以具有神圣性，与其织丝本义或者典册形态全无关系，乃因其出于圣人之手。

然而，即便承认“经禀圣裁”，自汉至宋，“经”的范畴也经历了不断的扩大。西汉所认可之“经”，即《诗》《书》《礼》《易》《春秋》“五经”，东汉增入《论语》《孝经》，成为“七经”；唐代将《春秋》之《公羊》《穀梁》《左氏》三传和《周礼》《仪礼》《礼记》三礼，并升为经，原“五经”遂为“九经”，后又再增《论语》《尔雅》《孝经》，成为“十二经”；至宋代则升《孟子》为经，自此确立“十三经”规模。从“五经”到“十三经”的演变，表面上是传记之学逐步升格为“经”的过程，然而，何者可称“经”，何者不可称“经”，反映的是不同时代经学观念的变化。

此外，无论“五经”还是“十三经”，虽均得享“经”名，在不同的时代里，各经的重要性位序也不全然相同。譬如，西汉《公羊》学大盛，有孔子为汉制法之说，因此，在西汉儒生心目中，《春秋》于五经中最为核心，《论语》《孟子》之类不过是传记诸子，全然不足与五经正典相提并论。而宋代“四书”学兴起，在宋儒看来，五经之典虽存，却不及《论语》《孟子》来得更为切近明白。

---

① 永瑢：《四库全书总目》，中华书局1999年版，第1页。

② 皮锡瑞著、周予同注释：《经学历史》，第19页。

因此，每一次经学体系的重大调整，都会反映在“经”之范畴的划定以及对经典位序的调整上；反过来，对于什么文献可以称“经”，诸经之中何者为尊之类问题的回答，也是重整经学体系必不可少的环节。

一、重定“经”之范畴

康有为明确将“经”的范畴限定于《诗》《书》《礼》《乐》《易》《春秋》六经，后世其他列入“经”者，皆被排除在外，他解释道：

> 《论语》、《学记》、《经解》、《庄子》、《史记》叙“六经”皆不他及，诚以孔子所笔削，虽《论语》、《孝经》不能上列，况其他乎？①

康有为将“经”限定于“六经”，有两个理由：其一，早期典籍只言《诗》《书》《礼》《乐》《易》《春秋》六经而不及其他，六经名目有着明确的文献依据；其二，更为关键的是，要划定“经”之范畴，必先确定“经”者何谓。康有为旗帜鲜明地表示：“孔子作者为经。”②《论语》《孟子》《孝经》《尔雅》等，或为孔门后学所作，或出处不明③，不得列于“经”；而《公羊》《穀梁》《礼记》之类，虽在后世获得“经”名，但实际上皆为孔门后学之传述，唯六经为孔子亲自笔削，无可争议，故最为信实。因此，后世跻传于经的做法，在

---

① 康有为：《新学伪经考》，姜义华、张荣华编：《康有为全集》第一集，第 407 页。

② 康有为：《中庸注》，姜义华、张荣华编：《康有为全集》第五集，第 391 页。

③ 汉人以《孝经》为孔子自作，宋时始有疑《孝经》为七十子后学所作者，晁公武云“此书当是曾子弟子所为书”。参见晁公武著、张猛校证：《郡斋读书志校证》，上海古籍出版社 1990 年版，第 125 页。《尔雅》作者不明，众说纷纭，有以为周公所作者，有以为子夏之徒所作者。

康有为看来，非但没有增强“经”的权威，反而是鱼目混珠，削弱了圣人之“经”的神圣性和纯粹性。

他特意分辨经、传、记、说云：

> 孔子所作谓之经，弟子所述谓之传，又谓之记，弟子后学展转所口传谓之说。凡汉前传经者无异论。故惟《诗》、《书》、《礼》、《乐》、《易》、《春秋》“六艺”为孔子所手作，故得谓之经。如释家佛所说为经，禅师所说为论也。弟子所作，无敢僭称者。[①]

说、传、记虽发明圣人之意，但毕竟不出孔子之手，为弟子推补之作，是故不得与“经”同列。同理，《周礼》不出孔子，刘歆以为出于周公，康有为则认为出于刘歆伪造，亦不得称“经”。经过康有为的分辨，“经”的范畴获得了新的界定：“《诗》三百五篇，《书》二十八篇，《礼》十六篇，《易》上、下二篇，《春秋》十一篇，乐在于声，其制存于《礼》，其章存于《诗》，无文辞，是为‘六经’。”[②]

康有为对“经”的界定，紧扣孔子所作乃得为经之义，然而，以六经皆为孔子所“作”，却并不符合时人对孔子“述而不作”的普遍认识。为了证明孔子实是“作”而非“述”，康有为从“孔子何以堪当圣人”这一问题入手，加以论证：

> 若《诗》、《书》、《礼》、《乐》、《易》，皆伏羲、夏、商、文王、周公之旧典，于孔子无与，则孔子仅为后世之贤大夫，

---

① 康有为：《中庸注》，姜义华、张荣华编：《康有为全集》第五集，第 391 页。

② 康有为：《新学伪经考》，姜义华、张荣华编：《康有为全集》第一集，第 392 页。

> 比之康成、朱子尚未及也，岂足为生民未有范围万世之至圣哉？章实斋谓：集大成者，周公也，非孔子也。其说可谓背谬极矣！然如旧说，《诗》、《书》、《礼》、《乐》、《易》皆周公作，孔子仅在明者述之之列，则是说岂非实录哉？[①]

章学诚在《文史通义》中对周公、孔子与六经关系的表述，是一种具有代表性的看法。章学诚认为，经之命名，出于经纶世宙之意，周公集唐、虞、夏、商历代圣王典章制度之大成，“六艺皆周公之政典，故立为经”[②]，章学诚明确指出，“夫子未尝著述也”[③]，据此，孔子与六经的关系是：“惧先圣王法积道备，至于成周，无以续且继者而至于沦失也，于是取周公之典章，所以体天人之撰而存治化之迹者，独与其徒，相与申而明之。”[④]那么，孔子的角色就只是对周公之经的传述保存者。康有为抓住这一点，提出了疑问：如果孔子仅仅是述六经之人，至多有保存文献之功，尚不及郑玄、朱子之功，如何堪当生民未有之圣？孟子说夫子贤于尧舜，又从何落实？对此，章学诚有一个回答：“道不行而师儒立其教，我夫子之所以功贤尧舜也。”[⑤]孔子所以别异于前代圣王之处在于有德无位，因此，他不能如周公般行政教之治，换言之，前代圣王所开辟的官师合一、治教合一的时代，在周公后宣告终结，但自孔子始，开辟了一个新的传统，这便是儒学之统，“周公集治统之成，而孔子明立教之极”[⑥]，周、孔之圣，体现在两个不同的脉络中，唐代的学校祭祀以周公为先圣、

① 康有为：《孔子改制考》，姜义华、张荣华编：《康有为全集》第三集，第127页。
② 章学诚撰、叶瑛校注：《文史通义校注》，第110页。
③ 同上书，第62页。
④ 同上书，第93页。
⑤ 同上书，第62页。
⑥ 同上书，第123页。

以孔子为先师，正是这一观念的典型表现。然而，章学诚此说面对的一个困难是，周、孔共有“圣”名，但其所以为“圣”，却是在两种不同的意义上而言。为了弥合这一矛盾，章学诚诉诸“时会”的因素，称“周公以天纵生知之圣，而适当积古留传，道法大备之时，是以经纶制作，集千古之大成，则亦时会使然。……孔子有德无位，即无从得制作之权，不得列于一成，安有大成可集乎？非孔子之圣逊于周公也，时会使然”[①]。按照章学诚的思路，孔子与周公因时会不同，所以成圣之迹也就不同，但不妨碍二人皆可成“圣”。

但此说仍然无法很好地回应这样几个问题：其一，倘若孔子与前代圣王成圣之迹不同，后人何以知孔子之“圣”？其二，如果孔子仅仅述而不作，汉人“素王”之说将从何谈起？其三，如果仅仅因为孔子借周公六经立儒教而称其为“圣”，就无法解释何以诸子创派之祖不得“圣”名。基于此，康有为认定，孔子为圣绝非虚说，必然要落实在制作之事上：“孔子以布衣之贱，而上继尧、舜、禹、汤、文、武、周公之统者，不因道德之高，实沿制度之大一统也。”[②]

《春秋》为孔子所作，此一点于《孟子》《史记》与汉代公羊家说皆有可征，如“知我罪我”之说，“垂空文以断礼义，当一王之法”之类，尚无太大异议，然而，以《诗》《书》《礼》《乐》《易》皆为孔子所作，却非通说。康有为分别证之如下：

> 古诗三千，孔子间有采取之者，然《清庙》、《生民》皆经涂改，《尧典》、《舜典》仅备点窜，既经圣学陶铸，亦为圣作。况“六经”同条，《诗》、《春秋》表里，一字一义，皆大道所

---

① 章学诚撰、叶瑛校注：《文史通义校注》，第120—121页。

② 康有为：《考定王制经文序》，姜义华、张荣华编：《康有为全集》第二集，第15页。

托。……《春秋》之为孔子作，人皆知之。《诗》亦为孔子作，人不知也。[1]

《尧典》、《皋陶谟》、《弃稷谟》、《禹贡》、《洪范》，皆孔子大经大法所存。其文辞……皆整丽谐雅，与《易·乾坤卦》辞"云行雨施，品物流形，大明终始，六位时乘"，"云从龙，风从虎，圣人作，万物睹，本乎天者亲上，本乎地者亲下"略同，皆纯乎孔子文也。况《尧典》制度巡狩语辞与《王制》全同，《洪范》五行与《春秋》灾异全同，故为孔子作也。[2]

《士丧礼》在《仪礼》中，后世皆以为周公旧礼。然既是大周通礼，鲁为秉礼之邦，哀公为周藩侯，"恤由之丧"，哀公命礼官开具典礼仪注可矣，何待问之孔子？何待专人诣孔子受学？且《士丧礼》既为大周通礼，则行之天下，颁之邦国，家有其书，缀学之士皆能知之，何待孔子？……《士丧礼》一盥执事者四人，故晏婴、墨翟讥孔子盛容饰，繁登降，又谓穷年积财不能殚其礼。墨翟讥厚葬久丧，皆与今《士丧礼》合。墨子日称禹、汤、文、武，而敢肆意攻击，故知丧礼为孔子所制作，而非禹、汤、文、武之制作也。[3]

墨子问儒者何故为乐，然则非儒者不为乐矣。儒为孔子所创，故知乐为孔子所制。[4]

---

① 康有为：《孔子改制考》，姜义华、张荣华编：《康有为全集》第三集，第129页。
② 同上书，第129页。
③ 同上书，第130—131页。
④ 同上书，第133页。

> 《易》旧名。孔子卜，得阳《豫》，又得《坤》、《乾》，是今上下二篇孔子作，杨何、施、孟、梁丘、京所传本是也。[①]

康有为所举《诗》《书》《礼》《乐》《易》皆为孔子所作的证据中，虽然不乏牵强与推测之说，但他的主要论证思路却值得注意，即从制度入手论证五经皆有孔子改制之迹。如何判定五经有孔子改制之迹？《春秋》是关键所在。康有为云："孔子受命制作，以变衰周之弊，改定新王之制，以垂后世。空言无征，故托之《春秋》。故《春秋》一书，专明改制，譬犹《大孔会典》云尔。"[②] 公羊学有新王改制之说，但传统公羊家对改制的理解主要指改正朔、易服色、殊徽号这一类宣告新王朝合法性的形式化改制，而康有为扩大了"改制"的内涵，以整部《春秋》之制皆为孔子所创新制，凡诸经中制度与《春秋》所言制度相合者，即为孔子改制之迹所在和孔子作六经之证。

事实上，这一思路并非康有为独有，廖平也表达过类似看法：

> 六经相通之事，如《春秋》亲迎，《诗》、《礼》莫不同；《春秋》三年丧，《诗》、《书》、《礼》皆同；《春秋》讥世卿，开选举，《诗》、《书》、《礼》皆同；《春秋》九州、二伯、方伯，《诗》、《书》、《礼》莫不相同；《春秋》讥再娶侄娣，《诗》、《书》皆有明文。[③]

---

① 康有为：《孔子改制考》，姜义华、张荣华编：《康有为全集》第三集，第136页。
② 康有为：《春秋董氏学》，姜义华、张荣华编：《康有为全集》第二集，第365页。
③ 廖平：《古学考》，《廖平全集》第1册，第121页。

> 旧以《春秋》为孔作，《诗》、《书》、《易》、《礼》则为文王、为国史、为周公之遗，以四经与《春秋》不类。使孔但作《春秋》，则四经当为旧制，必有异同。今一贯同原，知无新旧之异。六经垂教，不能参差，四代同文，必由一人手定可知。①

廖平举出《春秋》中的亲迎、三年丧、讥世卿、方伯之制、讥再娶姪娣等制度，认为《诗》《书》《礼》中制度颇能与之相合，可证六经礼制同条共贯，由此，便可从“《春秋》为孔子所作”推出“六经为孔子所作”：若孔子只作《春秋》，以为新王之法，而于其他五经皆为祖述，则《春秋》新制与五经旧制之间必有抵牾，六经便不能构成一个整体；正因六经皆有与《春秋》之制相通处，且六经的编订经过孔子之手，可证六经皆为孔子之法，在此意义上，可称六经皆为孔子所作。

随着康有为对“经”之范畴的重新界定，“经”与孔子的素王身份完成了互相定义：一方面，孔子所作之书方得称经，有孔子才有所谓“经”，经有别于传、记的神圣性正在于此；另一方面，孔子的素王、教主身份，是通过“作六经”才得以落实。如果说郑玄以“经”为周公制法，朱子以“经”为圣人之心所在，那么康有为就是以“经”为孔子之法。

二、诸经序位的重建

“经”的范畴既重新厘定，诸经之序就需再做调整。关于六经之序，常见之说有二：一是频见于先秦文献中的《诗》《书》《礼》《乐》《易》《春秋》之序，一是始于《汉书·艺文志》的《易》《书》

---

① 廖平：《古学考》，《廖平全集》第1册，第117页。

《诗》《礼》《乐》《春秋》之序。因《汉书·艺文志》出于刘歆《六艺略》，康有为在《新学伪经考》中将《汉书·艺文志》的六经的排序视为刘歆之罪，他批评道：

> 《诗》、《书》、《礼》、《乐》、《易》、《春秋》之序，孔子手定；孔门旧本，自《经解》、《庄子》、史迁无不以《诗》为首，《书》次之，《易》后于《诗》、《书》、《礼》、《乐》，而先于《春秋》，靡有异说。而歆以《易》为首，《书》次之，《诗》又次之。后人无识，咸以为法，自是《释文》、《隋志》宗之，至今以为定制。倒乱孔子"六经"之序，其罪一。[①]

康有为指出，刘歆的六经排序与《礼记·经解》《庄子·天下》和《史记》对六经次序的记载大相径庭，他认为是刘歆刻意伪造。《艺文志》的六经次序是否果为刘歆伪造，大可商榷，不过，康有为否定《汉书·艺文志》中的六经排序，并不只是因为它与先秦文献中的排序不同，更深层的原因在于两种排序代表了对六经的不同理解。

《汉书·艺文志》分述六经由来云：

> 《易》曰："宓戏氏仰观象于天，俯观法于地，观鸟兽之文，与地之宜，近取诸身，远取诸物，于是始作八卦，以通神明之德，以类万物之情。"至于殷、周之际，纣在上位，逆天暴物，文王以诸侯顺命而行道，天人之占可得而效，于是重《易》六爻，作上下篇。孔氏为之《彖》、《象》、《系辞》、《文言》、《序

① 康有为：《新学伪经考》，姜义华、张荣华编：《康有为全集》第一集，第413页。

卦》之属十篇。[①]

《易》曰："河出图，洛出书，圣人则之。"故《书》之所起远矣，至孔子纂焉，上断于尧，下讫于秦，凡百篇，而为之序，言其作意。[②]

古有采诗之官，王者所以观风俗，知得失，自考正也。孔子纯取周诗，上采殷，下取鲁，凡三百五篇。[③]

《易》曰："有夫妇父子君臣上下，礼义有所错。"而帝王质文世有损益，至周曲为之防，事为之制，故曰："礼经三百，威仪三千。"[④]

《易》曰："先王作乐崇德，殷荐之上帝，以享祖考。"故自黄帝下至三代，乐各有名。孔子曰："安上治民，莫善于礼；移风易俗，莫善于乐。"二者相与并行。周衰俱坏，乐尤微眇，以音律为节，又为郑、卫所乱，故无遗法。[⑤]

周室既微，载籍残缺，仲尼思存前圣之业，乃称曰："夏礼吾能言之，杞不足征也；殷礼吾能言之，宋不足征也。文献不足故也，足则吾能征之矣。"以鲁周公之国，礼文备物，史官有法，故与左丘明观其史记，据行事，仍人道，因兴以立功，就

① 班固撰、颜师古注：《汉书·艺文志》，第1704页。
② 同上书，第1706页。
③ 同上书，第1708页。
④ 同上书，第1710页。
⑤ 同上书，第1711页。

> 败以成罚，假日月以定历数，借朝聘以正礼乐。[①]

据此追溯，《易》出于伏羲，《书》起于尧，《诗》始于殷，《礼》兴于周，《春秋》成于周末，《乐》虽被上溯至黄帝，但其法已遗，不可确知，因礼乐并称，故被安排在《礼》之后。显而易见，这是以六经起源的时间先后为次序，在这套叙述中，六经成为一套自伏羲至于周公的古圣先王之典的集合。

而康有为对六经之序的安排，截然不同：

> 《诗》、《书》、《礼》、《乐》，孔子借先王之书而删定之，至《易》与《春秋》，则全出孔子之笔。故孔子教人，以《诗》、《书》、《礼》、《乐》，而《易》、《春秋》，身后始大盛也。[②]

康有为遵循了先秦典籍对六经的排序，但对这一排序的原因做出了新的解释：《诗》《书》《礼》《乐》《易》《春秋》的排序体现的是孔子作六经的顺序。《诗》《书》《礼》《乐》是孔子“借先王之书而删定”，《礼记·王制》有“乐正崇四术，立四教，顺先王《诗》、《书》、《礼》、《乐》以造士”之说，康有为称：“《王制》者，盖孔子将修《春秋》，损益《周礼》而作。王者，谓素王；王制者，素王改制之义。”[③] 以《王制》所言皆为孔子之制，因此，以《诗》《书》《礼》《乐》造士，实为孔子教人之法。不过，若按此说，会碰到一个解释难题：何以出自孔子的《王制》不言《易》与《春秋》，只

---

① 班固撰、颜师古注：《汉书·艺文志》，第 1715 页。

② 康有为：《长兴学记》，姜义华、张荣华编：《康有为全集》第一集，第 349 页。

③ 康有为：《考定王制经文序》，姜义华、张荣华编：《康有为全集》第二集，第 15 页。

云《诗》《书》《礼》《乐》？康有为推测说："盖'四经'孔子早作，《易》、《春秋》则晚年作。"[1] 此说并非无据，孔子确有"五十以学《易》，可以无大过"之说，《春秋》是成于孔子晚年获麟之后，据此解释《王制》不言《易》与《春秋》，亦可自洽。

不过，《诗》《书》《礼》《乐》《易》《春秋》的排序只是体现了六经之作的先后顺序，并不能体现在同一个经典体系内部，各经在重要性上的序次，在这一序次之外，康有为还依据他对各经重要性的理解，建立了一个新的诸经序位。在他看来，六经虽皆为孔子所作，但在孔子的整个经学系统中，各经所扮演的具体角色却不尽相同，在某种程度上，这正可回应朱一新"圣人但作一经足矣，曷为而有六"的质疑。六经之中，康有为最重《春秋》，《春秋董氏学·自序》云：

> 孔子之道何在？在"六经"。"六经"粲然深美，浩然繁博，将何统乎？统一于《春秋》。《诗》、《书》、《礼》、《乐》并立学官，统于《春秋》，有据乎？据于孟子。孟子述禹、汤、文、武、周公而及孔子，不及他书，惟尊《春秋》。[2]

康有为以孟子之说为据，将《春秋》从六经中拔擢出来，特加尊异。《孟子·离娄下》中，孟子称举三代圣王事迹云："禹恶旨酒而好善言，汤执中，立贤无方。文王视民如伤，望道而未之见。武王不泄迩，不忘远。周公思兼三王，以施四事，其有不合者，仰而思之，

---

① 康有为：《万木草堂口说》，姜义华、张荣华编：《康有为全集》第二集，第165页。

② 康有为：《春秋董氏学》，姜义华、张荣华编：《康有为全集》第二集，第307页。

夜以继日；幸而得之，坐以待旦。”[①] 继而述孔子之事云：“王者之迹熄而《诗》亡，《诗》亡然后《春秋》作。”[②] 孟子称前圣之功，皆以政事，而称孔子之功，于六经之中唯举《春秋》，甚为可异，可知《春秋》在六经中地位最尊。

相较于其他五经，《春秋》之独可尊异处何在？在改制。康有为云：

> 《春秋》所以宜独尊者，为孔子改制之迹在也。……能通《春秋》之制，则“六经”之说莫不同条而共贯。[③]

六经之中，唯《春秋》有改制之明言，亦因《春秋》有改制明言，康有为才能将六经整体构造为孔子之法。因此，《春秋》之尊，自非他经可比。

其余诸经中，康有为对《易》尤为看重，他常将《易》与《春秋》相提并论，有“有《易》、《春秋》，无余经可也”[④] 的说法，且在六经之中，独以《易》与《春秋》为“全出孔子之笔”[⑤]。当然，使得《易》备受重视的真正原因，不只是因为此经全出于孔子之笔。在《长兴学记》中，康有为谈道“孔子之学，有义理，有经世”[⑥]，又云“《春秋》为孔子改制之书，《易》为穷理天人之书”[⑦]，“义理全

① 焦循：《孟子正义》，第 569—571 页。

② 同上书，第 572 页。

③ 康有为：《桂学答问》，姜义华、张荣华编：《康有为全集》第二集，第 18 页。

④ 康有为：《万木草堂口说》，姜义华、张荣华编：《康有为全集》第二集，第 148 页。

⑤ 康有为：《长兴学记》，姜义华、张荣华编：《康有为全集》第一集，第 349 页。

⑥ 同上书，第 348 页。

⑦ 张伯桢：《康南海先生讲学记》，姜义华、张荣华编：《康有为全集》第二集，第 105 页。

出于《易》，制度全出于《春秋》”[①]，因《春秋》多改制之言，是为孔子经世之学所在，而《易》多有“穷理天人”的内容，是为孔子义理之学所在。换言之，《春秋》与《易》代表了孔子制法与义理之两大端。

《易》中之义理具体所指为何？康有为云：“义理于《易》为多，于《乾》、《坤》二卦尤多。”[②] 在此，所谓于《乾》《坤》二卦尤多的义理，首先谓乾元之义。康有为云：

> 《元命苞》：天地含流精，然后布气。《易》曰：大哉乾元。《春秋》：元年春王正月。皆以元统天之义。[③]

康有为所倚重的“元气”论，不仅为汉代公羊家所广泛阐发，亦可于乾元之说中找到依据。

其次，《乾》《坤》二卦所象征的天地及阴阳二气，提供了化生万物的动能，《系辞》云：“夫乾，其静也专，其动也直，是以大生焉。夫坤，其静也翕，其动也辟，是以广生焉。”而康有为“三世”说背后的内在驱动力——“仁”，其内涵正是从“生生”之德发展而出。因此，康有为赞道：“天地之大德曰生，生生之谓曰易。圣人只做得‘生生’二字，天下之理只一‘生’字。”[④]“《易》言生也，生必易二而后生，故《易》多言阴阳。”[⑤] 若论阴阳化生之精妙，无过于《易》者。

---

① 张伯桢：《康南海先生讲学记》，姜义华、张荣华编：《康有为全集》第二集，第109页。

② 康有为：《万木草堂口说》，姜义华、张荣华编：《康有为全集》第二集，第135页。

③ 同上书，第146页。

④ 同上书，第137页。

⑤ 同上书，第148页。

沿"生生"发展而来，康有为亦重"性"之讨论。《系辞》已有"一阴一阳之谓道。继之者，善也。成之者，性也"[①]之说，从生论性，而康有为在注解《中庸》"至诚之性"一句时，就援《易》以为说："《易》谓乾阳之德刚健中正，纯粹精，故万物资始，各正性命。时乘六龙，以御天。首出庶物，万国咸宁也。圣人含元吐精，本无量实热之诚，而大发其光力，以运持世宙，照临下土，无所收缩，尽其性也。"[②]在《春秋董氏学》中，康有为称"明于《春秋》者，莫如董子。自元气阴阳之本、天人性命之故……孔子制作之本源、次第，藉是可窥见之"[③]，而六经之中，唯有《易》囊括了"元气阴阳之本、天人性命之故"的全部内容。

最后，《易》不仅精于圣人元气阴阳、天人性命之理，其变易之说也与《春秋》相呼应。康有为云：

> 然古今递嬗，事变日新，故《春秋》立三统之法以贻后王。汉儒笃守《春秋》，知所尊矣，然三统之义，亦罕有心知其意。惟《易》明穷变通久之理，求孔子经世之学，亦以《易》为归焉。[④]

康有为极看重《易》的"变易"之义，乃因变易之义可以与《春秋》"三统"之法互为表里。汉人虽能继承《春秋》"三统"之说，但只知《春秋》为汉制法，而不知"三统"为圣人所托之程式，三统之法，交替变易，可治万世。且变易之义更能突破"三统"之

① 康有为：《春秋董氏学》，姜义华、张荣华编：《康有为全集》第二集，第385页。
② 康有为：《中庸注》，姜义华、张荣华编：《康有为全集》第五集，第382页。
③ 康有为：《春秋董氏学》，姜义华、张荣华编：《康有为全集》第二集，第372页。
④ 康有为：《长兴学记》，姜义华、张荣华编：《康有为全集》第一集，第348页。

限，呈现出丰富变化，以应后世之变。康有为云："孔子改制，损益三代之法，立三正之义，明三统之道，以待后王。犹虑三不足以穷万变，恐后王之泥之也，乃作为《易》，而专明变易之义，故参伍错综，进退消息，观其会通，以行其典礼。"[①] 因此，在诸经中，唯《易》与《春秋》最相表里，从而尊于其他四经。

既然《易》如此深于圣人元气阴阳、天人性命之理，为何康有为最终并没有通过注《易》来阐释这些内容，而还是借助《春秋》甚至《中庸》来揭示呢？根据康有为在《新学伪经考》的考辨，《易》只有上下二经为孔子所作，《序卦》《杂卦》之类皆刘歆所伪，非孔子原文。后世《易》学，皆传费氏古文，而京房今文《易》不传，且康有为认为，京氏《易》喜言阴阳灾变、卦气消息，实为"京房所自创无疑"[②]，目的在于"耸动人主，以求售其术"[③]，造成了孔子《易》学的本来面目难以得见，"《易》道阴阳，言天地之道，万物之理，消息之微，死生之故，变通进化之故，尤为微妙。今口说不传，不可复窥矣"[④]。换言之，《易》在六经之中地位虽尊，但由于圣人口说不传，后人无法探知其精微深奥之处，导致《易》无法如《春秋》一般，成为贯通六经的基础，因此，六经仍以《春秋》为最尊，《易》次之，《诗》《书》《礼》《乐》又次之。

三、传、记序位的调整

康有为所划定为"经"者，只包含"《春秋》十一篇，《书》二十八篇，《易》上下翼二篇，《礼》十七篇，《诗》三百五篇"，虽

---

① 康有为：《变则通通则久论》，姜义华、张荣华编：《康有为全集》第二集，第30页。

② 康有为：《新学伪经考》，姜义华、张荣华编：《康有为全集》第一集，第423页。

③ 同上书，第422页。

④ 康有为：《中庸注》，姜义华、张荣华编：《康有为全集》第五集，第391页。

保障了“经”的神圣性，但必然面临的问题是，经文简要质略，若无弟子后学加以阐明，则六经之义晦暗不可通，因此，传、记之学就不可避免地需要被纳入经典系统之中。

康有为云：“孔子作者为经，微言为说，弟子传者为传，后学述者为记。”[①] 唯因弟子后学传、记阐发，羽翼六经，圣人微言方可不绝于后世。因此，虽然出于尊经，康有为将出于弟子后学的传、记移出“经”之行列，但仍然许以相当重要的位置。不过，传、记驳杂，乃七十子后学各述所闻而撰，弟子所闻既异，对圣人之学的理解也有高下精粗之别，因此，对诸传、记的精粗高下也就应该加以区分。

（一）《公羊传》

康有为对传、记的序位调整，大体上是根据他所重定的六经序位推出。他既以《春秋》为六经之最尊，而解《春秋》者，有《公羊》《穀梁》《左氏》三传，三传所言不同，因此，论《春秋》之学，就必须对三传做出甄别与选择。康有为表明了他的标准：

> 孟子曰：其事则齐桓、晋文，其文则史，其义则丘窃取之。以孟子之说，《春秋》重义，不重经文矣。凡传记称引《诗》、《书》，皆引经文，独至《春秋》，则汉人所称皆引《春秋》之义，不引经文，此是古今学者一非常怪事。而二千年来乃未尝留意，阁束传文，独抱遗经。岂知遗经者，其文则史，于孔子之义无与。[②]

孟子之言可证《春秋》之学在义而非事，汉人引《春秋》，亦称引其

---

① 康有为：《中庸注》，姜义华、张荣华编：《康有为全集》第五集，第 390 页。

② 康有为：《春秋董氏学》，姜义华、张荣华编：《康有为全集》第二集，第 356 页。

义，而“《左传》详文与事，是史也，于孔子之道无与焉”[①]，因此被直接排除出了《春秋》之传的行列。汉人称引《春秋》之义，皆用《公羊》《穀梁》之说，因此，康有为认为“惟公、穀二家，实皆孔门弟子、后学口说”[②]。然而，《公羊》《穀梁》虽都传圣人口说，二者仍有嫡庶之分，康有为以《公羊》为《春秋》正传：

> 《春秋》三传何从乎？从公羊氏。……惟公羊独详《春秋》之义。孟子述《春秋》之学，曰：《春秋》天子之事也。《穀梁传》不明《春秋》王义，传孔子之道而不光焉。[③]

康有为的理由是，《公》《穀》二家虽都传《春秋》之义，独《公羊传》发《春秋》新王之义。《公羊传》宣公十六年，成周宣谢灾而有“新周”之言，可知《春秋》作新王之事、孔子为素王之义，《穀梁传》虽也有孔子改制之说，但不似《公羊传》有孔子新王之证。康有为所推崇的《春秋》改制，实为孔子创制，因此，若无《春秋》新王之说，则孔子作为新王创制之义难以彰显，因此，在康有为看来，《公羊》对《春秋》性质的理解，较《穀梁》更为深刻。此外，康有为还给出了《公羊》优于《穀梁》的另一个原因：“《论衡》曰：文王之文，传于孔子；孔子之文，传于仲舒。则《春秋》微言大义，多在《公羊》，而不在《穀梁》也。”[④]王充称董仲舒传孔子之文，此语被康有为视为董子《春秋》学尽得孔子真传的证据，仲舒所传，

---

① 康有为：《春秋董氏学》，姜义华、张荣华编：《康有为全集》第二集，第 307 页。

② 康有为：《春秋笔削大义微言考》，姜义华、张荣华编：《康有为全集》第六集，第 3 页。

③ 康有为：《春秋董氏学》，姜义华、张荣华编：《康有为全集》第二集，第 307 页。

④ 康有为：《桂学答问》，姜义华、张荣华编：《康有为全集》第二集，第 18 页。

即为公羊之学，由此可反推得，二传之中，当以《公羊》为《春秋》正传。

（二）《王制》

值得注意的是，历来所谓解《春秋》者，只有《公羊》《穀梁》《左氏》三传，而康有为提出，《春秋》不只有传，还别有记："《王制》即《春秋》之记"[①]，并称"《王制》，殆孔子高弟子传《春秋》者所作"[②]。《王制》一篇出自《礼记》，素为礼学之属，与《春秋》不相涉，康有为为何会从《礼记》中单独拎出《王制》一篇，以为《春秋》之记？

这与康有为对《礼记》性质的理解有关。在他看来，《礼记》虽承"礼"名，但却并非专为解《礼》经而作："孔门相传，无别为一书谓之《礼记》者。但礼家先师，剌取七十子后学记之言礼者为一册，俾便于考据，如后世之为类书然。"[③] 实际上，"《礼记》义理博大，皆七十子之说，孔子之微言大义多存焉"[④]。康有为将《礼记》视为七十子后学为六经所撰之记的集合，拆解篇目，分系于各经之下："《五帝德》、《帝系姓》、《文王世子》、《武王践阼》，为《书》作记者也；《系辞》、《易本命》，为《易》作记者也；《王制》、《坊记》，为《春秋》作记者也；《曲礼》、《玉藻》、《少仪》、《郊特牲》、《礼运》、《礼器》、《投壶》、《衅庙》，为《礼》作记者也。自余若《经解》、《大学》、《中庸》之类，通论为多。"[⑤]

---

① 康有为：《万木草堂口说》，姜义华、张荣华编：《康有为全集》第二集，第162页。

② 同上书，第163页。

③ 康有为：《新学伪经考》，姜义华、张荣华编：《康有为全集》第一集，第392页。

④ 康有为：《考定王制经文序》，姜义华、张荣华编：《康有为全集》第二集，第15页。

⑤ 同上。

不过，康有为以《王制》系于《春秋》，更根本的原因在于《王制》之制通于《春秋》。此一点并非康氏孤明先发，俞樾、廖平皆有成说[①]。康有为在《考定王制经文序》中称：

> 今以《王制》之义验《春秋》。公羊讥世卿，而《王制》大夫不世爵禄；《穀梁》古者什一藉而不税，而《王制》公田藉而不税。其他班爵三等，蒐狩死尸，葬不为雨止，不近刑人，无一义不重规叠矩也。[②]

康有为举数例证明《王制》之制通于《公羊》《穀梁》二传，目的有二：一是以此证孔子确有素王改制之法，二是希望通过将《王制》从《礼记》中摘出，“使孔子经世之学，一旦复明于天下，俾后世言制度者有所折衷，考礼者有所依据”[③]。

虽然康有为对《王制》青眼有加，但在他整个经学系统中，《王制》的地位远不及《公羊》，这也是康有为与廖平经学的一大差异所在。廖平一生虽屡变其说，对《王制》的重视却贯彻始终，而康有为虽看重《王制》，却不曾为《王制》做注，何以如此？康有为对《王制》有过一个说法：“《王制》者，盖孔子将要修《春秋》，损益周礼而作。”[④] 康有为何以判断《王制》是孔子修《春秋》之前的预备之作？因为《王制》只云“乐正崇四术，立四教。顺先王《诗》、

---

① 俞樾云：“愚谓《王制》者，孔氏之遗书，七十子后学者所记也。王者孰谓？谓素王也。孔子生衰周，不得位，乃托鲁史成《春秋》，立素王之法。……乃今以公羊师说求之《王制》，往往符合。”参见俞樾：《王制说》，《春在堂全书》第三册，第41页。

② 康有为：《考定王制经文序》，姜义华、张荣华编：《康有为全集》第二集，第15页。

③ 同上。

④ 同上。

《书》、《礼》、《乐》以造士”[1]，而不言《易》与《春秋》，据此，康有为称：“《王制》之制度，与《公》、《穀》同，而出甚早，故不及《春秋》、《易》，时‘二经’未成也。”[2]《王制》既为孔子立法的预备之作，因此其制度自然不及《春秋》完备。由此亦可更为清楚地看到康、廖二人经学之根基有所不同。二子之学，虽皆主《春秋》，且皆以《春秋》为孔子之制所在，但廖氏所理解之制度，仍以六经既言之制为依，康氏所理解之制度，则超出了六经明文制度之限，为从实理公法出发所做推例之制。

康有为对《王制》的评价有限还与一事有关。戊戌变法失败后，随着康有为对《春秋》的阐释重点从“三统”转向“三世”，在其经学体系中，《王制》与《春秋》之间的关系也悄然发生了变化。康有为弟子程大璋在《王制通论》中云：

> 孔子者，周末改制之圣人也。孔子疾时世之不仁，思改制度以变易天下，乃作《王制》以为预备。晚而道不行于世，乃又作《春秋》以待来者。故《春秋》与《王制》相同，而略有不同者，《王制》为现在者言也，《春秋》为来者言也。《王制》为现在者言，故其法以王道为极轨，《春秋》为来者言，故其道始文王而终尧舜。《王制》之言，救一时之言也。《春秋》之言，有据乱、有升平、有太平，则治万世之言也。而制度则相同者，经世有义理、有制度，义理可以预推，制度不可以预立，惟切于现在，则可立制度而为准备。《王制》专于制度者也，《春秋》详于义理而兼制度者也。《王制》固治现在，而《春秋》亦非

① 郑玄注、孔颖达疏：《礼记正义》，第546页。

② 康有为：《万木草堂口说》，姜义华、张荣华编：《康有为全集》第二集，第165页。

全舍现在而为未来，故其制度有相符焉。故学者通《春秋》而《王制》之学思过半矣。[①]

程大璋指出了《春秋》与《王制》的根本差异：《王制》为治当下之法，以多言制度，制度具体，故能切于当下，但只能救一时，且不可预立；《春秋》为治万世之法，有据乱、升平、太平“三世”之说，“三世”说非制度，而是一种解释理论，可以容纳古今未来，具有更强的普遍性。因此，详于具体制度的《王制》虽提供了孔子改制的印记与明证，却不再适合康有为借以发挥更为普遍性的“三世”之义。

（三）《中庸》《礼运》

除《王制》外，《礼记》中另有两篇文字极受康有为的推崇，一为《中庸》，一为《礼运》，康有为专门为之作《中庸注》《礼运注》。此种拔擢《礼记》篇章以辅翼五经的做法，不禁让人联想到宋儒拔擢《学》《庸》之举。在重新激活五经之学的问题上，康有为确与宋儒面对相似的困难。五经质略，去今太远且又各经自成一体，因此，无论是对于朱子还是康有为，仅凭五经文字本身，无论如何腾挪辗转，都很难打开足够开阔的解释空间。在此情形之下，七十子后学所传之传、记之学，尤其是大量未被充分发掘的“记”，就成为弥足珍贵的思想资源，成为打开五经解释空间的关键助力，因此，康有为选择了与宋儒相似的策略也就不足为奇。

《中庸》地位的提升始于宋儒，但康有为批评“宋儒发挥《中庸》最透，然于孔子之道无焉”[②]，他看重《中庸》的原因与宋儒不

---

① 程大璋：《王制通论》，载邬庆时编：《邬氏家集·白坚堂丛书》，第2页。

② 康有为：《万木草堂口说》，姜义华、张荣华编：《康有为全集》第二集，第166页。

同。关于《中庸》一篇的由来与写作目的，康有为以汉儒郑玄之说为据："孔子之孙子思作之，以昭明圣祖之德也。"[①] 郑玄此说透露了两个信息，其一，《中庸》出于圣孙之手。康有为相信，子思作为圣人之孙，曾亲受孔子之道，"孔子十九生伯鱼，伯鱼五十卒，子思未必末年生。子思十余岁亲受孔子之道"[②]。因此，《中庸》作者的特殊身份使之获得了异于他篇的重要性。其二，郑玄称《中庸》之作，目的在于昭明圣祖之德，亦即孔子之德，这就与宋儒以《中庸》为子思忧道学之失传而作的看法大为不同。若以《中庸》传道学之统，那么子思所继，便是尧、舜、禹一系的圣王心传之道，而以《中庸》昭明圣祖之德，则是"犹述作孔子之行状云尔"[③]。是故康有为认定，《中庸》所发，为子思亲受于圣人之微言。

当然，《中庸》为子思所作，并非康有为重视《中庸》的全部原因。他在《中庸注·叙》中明确了《中庸》的独特意义："孔子之教论，莫精于子思《中庸》一篇。"[④]《中庸》开篇"天命之谓性，率性之谓道，修道之谓教"三句，在朱子眼中，首句"天命之谓性"最为关键，揭示出人的天命之性所在，而在康有为看来，"修道之谓教"一句最紧要，他对此句的解释颇耐人寻味：

> 修，治也。道者，可行之谓，尚多粗而未精。善道者，以其法传之人人，故谓之教也。言孔子之教始于人道，孔子之道出于人性，而人性之本于天生，以明孔教之原于天，而宜于

---

① 郑玄注、孔颖达疏：《礼记正义》，第 1987 页。

② 康有为：《万木草堂口说》，姜义华、张荣华编：《康有为全集》第二集，第 166 页。

③ 康有为：《中庸注》，姜义华、张荣华编：《康有为全集》第五集，第 369 页。

④ 同上。

人也。[①]

若与朱注对比，则康氏解释此句的殊异处一目了然。朱子云：

率，循也。道，犹路也。人物各循其性之自然，则其日用事物之间，莫不各有当行之路，是则所谓道也。修，品节之也。性道虽同，而气禀或异，故不能无过不及之差，圣人因人物之所当行者而品节之，以为法于天下，则谓之教，若礼、乐、刑、政之属是也。[②]

在朱子笔下，天命之性与率性所成之道，原为一体，而有"性""道"二名，只不过在具体语境中落在不同侧重点上，《语类》云："性是个浑沦物，道是性中分派条理，随分派条理去，皆是道"[③]，"性与道相对，则性是体，道是用"[④]，因此，圣人设教，也并非刻意矫人，皆是循人物之自然而品节之。可见，在朱子处，性、道、教三者乃一脉相承，又以"天命之谓性"最为根本，因为"万物皆只同这一个原头。圣人所以尽己之性，则能尽人之性，尽物之性，由其同一原故也"[⑤]。然而，康有为对"性"与"道"的定位不及朱子那般高，更多还是从实然而非应然的层面去理解，"性"为"生之质"，

---

① 康有为：《中庸注》，姜义华、张荣华编：《康有为全集》第五集，第369—370页。

② 朱熹：《四书章句集注》，载朱杰人、严佐之、刘永翔主编：《朱子全书》第6册，第32页。

③ 黎靖德编：《朱子语类》，载朱杰人、严佐之、刘永翔主编：《朱子全书》第16册，第2018页。

④ 同上书，第2019页。

⑤ 同上书，第2016页。

“道”是“可行”非“当行”，且是“多粗而未精”，因此，“性”与“道”所表达的是人类在未获“教”的情况下所呈现出的实然状态。康有为曾说“性者，生之质也，未有善恶”[①]，这显然与朱子以天命之性纯善无恶迥异。正是有了圣人的“修道”，才有了“教”，因此，康有为云：“《中庸》‘天命之谓性’三句，若子思既有性善之说，则必无‘修道之谓教’语。”[②] 朱子强烈反对将“修”理解为一种有意识地裁剪、修治，因为在他看来，“性不容修，修是揠苗”[③]，可康有为恰恰将“修”解释为“治”，这是要突出孔子作为圣人与教主，其所立“教”的非凡作用，正因为有孔子修道为教，以善法传之人人，“性”与“道”才能得到提升和超越，此即天不生仲尼万古如长夜之义；而称孔子之教“始于人道”“出于人性”，固然是强调了孔子之教相较于异教有不离于人道的特点，却更为超越伦理的“大同”留下了空间，在康有为看来，所谓“人道”，“自形而下言之则为夫妇、父子、兄弟、君臣、朋友”[④]，而孔子之教只是以“人道”为始，这就意味着，此教最终有超越“人道”的可能。

《中庸》除了篇首即提出“教”的问题而暗合康有为阐扬“孔教”的心意外，其对于性命仁道之类的问题也有专门讨论，此恰为子贡所言不可得闻的圣人性命天道之论，这也成为康有为看重《中庸》的另一原因。汉儒以“元亨日新之道”解释“性与天道”的“天道”[⑤]，而在康有为看来，《中庸》正可与《易》相互发明，“《中

① 康有为：《万木草堂口说》，姜义华、张荣华编：《康有为全集》第二集，第166页。

② 同上书，第169页。

③ 黎靖德编：《朱子语类》，载朱杰人、严佐之、刘永翔主编：《朱子全书》第16册，第2023页。

④ 康有为：《中庸注》，姜义华、张荣华编：《康有为全集》第五集，第370页。

⑤ 何晏集解、邢昺疏：《论语注疏（宋蜀刻本）》，第127页。

庸》全与《易》合，大哉乾元乃统天，天命之谓性也。乾道变化，各正性命，率性之谓道也，保合太和乃利贞，修道之谓教也”[①]。康有为云：“原于天命，发为人道，本于至诚之性，发为大教之化，穷鬼神万物之微，著三世三统之变。其粗则在人伦言行、政治之迹，其精出于上天无声无臭之表。”[②]也正是借着《中庸注》，康有为得以详发其气、性、仁之论，因此，康有为极称“《中庸》乃六经第一文章”。

长期以来，《礼运》一篇在经学史上并未受到足够重视，宋人疑此篇非孔子之言，陈澔以“此篇记帝王礼乐之因革及阴阳造化流通之理，疑出于子游门人之所记，间有格言，而篇首大同小康之说，则非夫子之言也”[③]。此篇最大争议即在篇首孔子论“大同”“小康”之别。五经中的孔子，一向是追慕三代、以周法为宗的形象，然而，在《礼运》中，他区分了“大道之行，天下为公”的大同时代和“大道既隐，天下为家”的小康时代。从郑玄开始的历代注家普遍认同，前者对应于五帝时代，后者指的是三王时代。那么，孔子对大同、小康两种治况的区别，是否意味着五帝和三王之间存在高下优劣之别？若果真如此，问题出现了：孔子真正追慕的是三代还是二帝？这一问题关乎整个经学的祈向目标，需要慎重应对，尤其是对宋以后的注家而言。宋学以回向三代来定位孔子之学的旨归，若在三王之上别有一层更高明的二帝时代，则整个孔子之学都可能面临重新解释，因此，宋代以后的注家均极力否认五帝、三王之间有德性或才智上的高下之别，从时势移易的角度来消弭大同与小康的

---

① 康有为：《万木草堂口说》，姜义华、张荣华编：《康有为全集》第二集，第166页。

② 同上。

③ 陈澔：《礼记集说》，上海古籍出版社1987年版，第120页。

差异。[①]

而对康有为而言，《礼运》“大同”之论具有非凡意义。他的“三世”之论，名义虽源于《春秋》，然其所立“大同三世”义，实为《公羊》与《礼运》的结合，若无《礼运》的启发，则“大同三世”无从谈起。康有为自述其发得《礼运》精义的过程云：

> 既乃去古学之伪，而求之今文学，凡齐、鲁、韩之《诗》，欧阳、大小夏侯之《书》，孟、焦、京之《易》，大小戴之《礼》，公羊、穀梁之《春秋》，而得《易》之阴阳之变、《春秋》三世之义，曰：孔子之道大，虽不可尽见，而庶几窥其藩矣。惜其弥深太漫，不得数言而赅大道之要也，乃尽舍传说而求之经文。读至《礼运》，乃浩然而叹曰：孔子三世之变、大道之真，在是矣。大同小康之道，发之明而别之精，古今进化之故，神圣倜世之深，在是矣。相时而推施，并行而不惊，时圣之变通尽利，在是矣。是书也，孔氏之微言真传，万国之无上宝典，而天下群生之起死神方哉！[②]

按康有为的说法，在发得《礼运》精义之前，他虽已能分辨今古真伪，在某种程度上完成了经学形式上的统一，却还未觅得能够从内在贯通经学的有效理论，直至在《礼运》中注意到孔子分别“大同”“小康”之语，悟得文明随世进步之义，通过《礼运》所提供的

---

① 如张载云：“大道既隐，由暴君以坏之也。然而使尧、舜承桀、纣之后，亦当以礼义为纪，六君子居尧、舜之时，是亦大同之治也。”卫湜：《礼记集说》，《景印摛藻堂四库全书荟要》经部第五十三册，台北世界书局1985年版，第253页。王夫之称：“大道不著则好恶私而风俗薄，故禹欲授益而百姓不归，周公总己而四国留言，虽欲公天下，不可得也。”王夫之：《船山全书》第4册，岳麓书社2011年版，第58页。

② 康有为：《礼运注》，姜义华、张荣华编：《康有为全集》第五集，第553页。

这一文明理解视角,《春秋》“三世”说就从王化洋溢渐进的过程，一变而成为人类文明向着平等、自立的价值不断进步的过程。在此意义上,《礼运》首段对“大同”之义的阐发，超越了六经全部文字，若无《礼运》所保留下来的这段“孔氏之微言真传”，则六经不可能重新成为万世之法，因此，在康有为的经学系统中,《礼运》是一把打开孔子最隐秘微言的钥匙，是通向孔子“三世”之法的必经之途。

（四）《论语》《孝经》

与《王制》《中庸》《礼运》诸篇受到拔擢形成反差的是，原本位列“十三经”的《论语》与《孝经》，未在康有为的经典排序中占据要位。这固然与康有为对经、传、记的区分有关,《论语》与《孝经》至多只算七十子后学之记，不得为经。不过，同为七十子后学之记,《论语》《孝经》为何仍然不敌出于《礼记》的《王制》《中庸》《礼运》诸篇？康有为以《论语》辑自曾门，为曾子之学，而康有为对曾子之学的评价颇低：“曾子之学，专主守约。观其临没郑重言君子之道，而乃仅在颜色、容貌、辞气之粗；乃启手足时，亦不过战兢于守身免毁之戒。……曾子之学术如此，则其门弟子之宗旨意识可推矣。”[1] 以《论语》为传记之末，借之以考孔门师弟言论形事则可，而考圣人微言大义，则不能以为据。加之《论语》之文又涉及古文羼伪，“刘歆伪《古文论语》，托称出孔子壁中，又为传托之孔安国，而马融传而注之……自郑玄以鲁、齐《论》与古《论》合而为书，择其善者而从之，则真伪混淆，至今已不可复识，于是曾门之真书亦为刘歆之伪学所乱，而孔子之道益杂羼矣”[2]，因此,《论

① 康有为:《论语注》，姜义华、张荣华编:《康有为全集》第六集，第377页。
② 同上书，第378页。

语》本身的经学价值在康有为看来并不突出。

但康有为仍为《论语》做注，又当如何解释？宋以后对《论语》的定位对康有为仍有较大影响："宋贤复出求道，推求遗经，而大义微言无所得，仅获《论语》为孔子言行所在。"[①]宋儒对《论语》的推崇，揭示出《论语》的特殊属性——这是唯一一部专门记录孔子本人言行的典籍，舍此无以知圣人生时行事情状，因而至关重要。此点亦为康有为所深许："《论语》本出今学，实多微言，所发大同神明之道，有极精奥者，又于孔子行事甚详。"[②]不过，康有为虽为《论语》做注，但相较于其他几部经注，其《论语注》多少显得不甚精详。

同样出于曾子的《孝经》，也未得到康有为的较高评价。康有为云："其文称曾子，而末引《诗》、《书》，与《坊记》、《表记》、《缁衣》相近似，必孔门之故书雅记"[③]，仅以《孝经》与《坊记》《表记》《缁衣》并列。不过，素来重视西汉之学的康有为在对于《孝经》的评价上还有一重困难。汉人极重《孝经》，汉儒皆以《孝经》为孔子所作，郑玄更是以《春秋》为大经，《孝经》为大本，又称孔子"志在《春秋》，行在《孝经》"[④]，以《孝经》与《春秋》相提并论，《孝经》之重可见一斑。且尤为殊异的是，按皮锡瑞所说，"郑所据《孝经》本今文，其注一用今文家说"[⑤]。康有为亦承认郑玄之注的价值不容忽视："郑康成注极精，必本于口说相传。"[⑥]既然《孝经》如此

---

① 康有为：《论语注》，姜义华、张荣华编：《康有为全集》第六集，第378页。

② 同上。

③ 康有为：《新学伪经考》，姜义华、张荣华编：《康有为全集》第一集，第404页。

④ 皮锡瑞：《六艺论注疏》，吴仰湘整理：《皮锡瑞全集》第三册，第575页。

⑤ 皮锡瑞：《孝经郑注疏·序》，吴仰湘整理：《皮锡瑞全集》第三册，第1页。

⑥ 康有为：《万木草堂口说》，姜义华、张荣华编：《康有为全集》第二集，第168页。

重要，康有为却未对《孝经》做注，亦少言其义，这就需要做出解释了。康有为提供的说法是："孔子之道本仁，孝又为仁之本，故谓《孝经》为大本。《孝经》亦如《春秋》，有口说，广大深美，惜今不传。"[①]他认为是由于《孝经》口说不传，才导致了经文大义得不到真正理解。康有为虽然在名义上保全了《孝经》的地位，而实际上将《孝经》在他的整个经学体系中置于边缘位置。

与贬抑曾子之学形成鲜明对比的是，康有为于孟子之学甚为推崇。《孟子》一书，原属子部，因宋儒推崇而得列"经"部，虽然康有为将《孟子》排除出"经"之列，但仍然在传、记的范畴内给予《孟子》极高评价。一方面，这与孟子的师承相关，"孟子之义，由子游、子思而传自孔子"[②]，康有为以孟子传子游、子思之学，具知圣统，为孔学正传。孟子得孔子之学的明证，就在"其文则史，其事则齐桓晋文，其义则丘窃取之"，"《春秋》，天子之事也"等数语，而《孟子》论仁，以尧、舜为法，合乎康有为的"三世"之义，因此，他称赞《孟子》一书"传平世大同之仁道，得孔子之本者也"[③]。另一方面，《孟子》所发之义，多能合于康氏升平、太平之论，如"孟子用杀皆听国人皆曰，亦'与众共之'义。西人议院即本此义"[④]，"孟子言与民同之，最得孔子大义"[⑤]等等。不过，《中庸》《孟子》二书比较而言，康有为显然重《中庸》胜过《孟子》，乃因"孟子之学出于子思，见《史记》，然比之《中庸》，理多不粹，其不

① 康有为：《中庸注》，姜义华、张荣华编：《康有为全集》第五集，第 391 页。

② 康有为：《孟子微》，姜义华、张荣华编：《康有为全集》第五集，第 412 页。

③ 同上书，第 411 页。

④ 康有为：《万木草堂口说》，姜义华、张荣华编：《康有为全集》第五集，第 164 页。

⑤ 同上书，第 168 页。

及子思远矣”[①]。

曾子、孟子皆为孔门生徒，曾子乃孔子亲炙弟子，孟子为再传弟子，理论上说，亲炙弟子当胜于再传弟子，康有为何以反而扬孟抑曾？这与二子之学的特点有关。在儒学史上，曾子素以传孔子孝道闻名，而基于孝所展开的一整套伦理德性、社会生活方式，在康有为的“三世”说系统中属治乱世之法；孟子之学重民、仁政诸说，皆合于“三世”说中的平世之义。为康有为此种认识提供有力支持的，是他对口传与亲见之学在价值上的区分，即以口传胜于亲见。因此，即便曾子亲见孔子，也并不保证曾子所传之学比孟子更可靠，因为曾子或未得孔子口传微言，而子思为圣门后裔，得夫子口传之说，如此，孟子所传多为曾子所未得闻之大义微言，尤当珍视。需要指出的是，康有为以口传胜于亲见，不仅是对公羊学传统的继承，也是对刘歆之学的反动。刘歆在请增立《左氏》为学官的过程中，就曾经暗以《左氏》为丘明亲受夫子而更为征实可信，以贬《公》《穀》传闻口说，班固称其“以为左丘明好恶与圣人同，亲见夫子，而公羊、穀梁在七十子后，传闻之与亲见之，其详略不同”[②]。而康有为对孟、曾的态度差异表明了他的标准：若不得圣人口传微言，亲见亦是无用。

就这样，康有为建立起一个以《公羊春秋》为核心，以《易》相配，辅以《礼运》《中庸》《王制》等篇以统摄其他传、记的经典层级体系，而通过这一新的序位安排，一种新的经学观念得到了表达：经学乃孔子为万世所设普遍之法，此法之核心在于一种深刻理解并秉承人道的文明之法。

---

① 康有为：《万木草堂口说》，姜义华、张荣华编：《康有为全集》第五集，第170页。

② 班固撰、颜师古注：《汉书·楚元王传》，第1967页。

第三节　互嵌与融贯：思想与经注的双向塑造

将个人的思想创见隐藏在经典解释的字里行间，声称自己所发不过为圣人原义，这是经学的传统表达形式，因此，在思想建构与经典解读之间，始终存在着微妙的张力。就经学而言，六经注我与我注六经并非两种泾渭分明的注经方式，而是你中有我，我中有你。

不过，经典注释毕竟有别于思想的直接表达，乃因它必须受到经文的约束。因此，虽然康有为的经注被认为带有强烈的我注六经风格，我们也不应忽略经书这一客观实体对康有为思想表达的影响和塑造。即便是如康有为这般，以其所发挥的“三世”说直接套用于诸经解释之中，也应意识到，康氏的“三世”理论实际上也在不同的经文中演化出更加细致的条理和更加丰富的面向。简言之，康有为以其思想塑造诸经的过程，同时也是以诸经打磨其思想的过程。康有为的注经，不应简单视为对孔子的微言大义的证明，而是不同经典之间的互相嵌入与最终融贯。

一、“改制”之义的扩展：以《论语》“宰我问丧”章为例

公羊家有新王改制之说，又有以《春秋》当新王说，康有为由此推得孔子以《春秋》行改制之义。但汉代公羊家所谓改制者，不过改正朔、易服色、殊徽号、变牺牲、异器械，明受命于天之意，而康有为所理解的孔子改制，突破了旧有的“改制”之义，囊括了亲迎、立嗣、丧葬之礼、授时、田籍、刑法、选举、礼乐等在内的广泛意义上的“改制”。而之所以能够扩大“改制”的范围，是因为《春秋》之外诸经的记载。《论语》“宰我问丧”章就是一个典型的例子：

> 宰我问："三年之丧，期已久矣。君子三年不为礼，礼必坏；三年不为乐，乐必崩。旧谷既没，新谷既升，钻燧改火，期可已矣。"子曰："食夫稻，衣夫锦，于女安乎？"曰："安。""女安则为之！夫君子之居丧，食旨不甘，闻乐不乐，居处不安，故不为也。今女安，则为之！"宰我出。子曰："予之不仁也！子生三年，然后免于父母之怀。夫三年之丧，天下之通丧也。予也有三年之爱于其父母乎？"

由于《论语》普遍简短的记录体例，很多对话缺少充分的背景信息，在此不能确知宰我是由于何种原因开始对三年之丧的礼制产生了怀疑。但是，宰我表达对三年丧期过久的质疑的同时，提出了他认为更加合理的服丧时间——以一年为期。更值得注意的是，宰我对三年丧的不合理与期年丧的合理均进行了论证。一方面，三年之丧的不合理在于费时过久。宰我认为，按照礼制规定，孝子居丧期间不可行礼乐，三年不行则礼废乐弛。另一方面，对于一年丧的合理性，宰我提出了一个看起来非常符合自然的论证：旧谷既没，新谷既升，钻燧改火。一年的时间里，四季交替，以稻谷为象征的自然生命已经完成了一轮更替，以取火手段为象征的人类活动也随之完成了一次调整，宰我由此提出，一年丧期于自然为宜。

如果说宰我对期年丧的论证是从"合于天"的一端展开，那么孔子对三年丧的捍卫则是从"合于人"的一端展开，诉诸一种对普遍人情的描述：作为人子，在为父母服丧一年之后，就食稻衣锦，于心安否？然而，这种诉诸普遍人情的论证至多能够证明人子为父母服丧的合理性，却不能论证三年之数的必然性。不知是有意还是无心，宰我以"安"答之，将讨论引入了僵局，孔子也只能以"女安，则为之"的气话终结了对谈，并在宰我离去后以不仁斥之。

在此章中，孔子和宰我的形象似乎均呈现出某种不足：宰我作为圣门四科之徒，居然不能认同和理解天下通行之礼，而孔子作为后世眼中的圣人，也未能成功教化生徒。因此，历代儒者在注解此章时，皆着力为之回护[①]。但令人感到奇怪的是，深于礼乐的孔子会不知道三年丧的制礼原则吗？若知晓，为什么不直接向宰我揭示？

《礼记·三年问》对三年丧的制礼原则有过一段详尽论述：

> 三年之丧，何也？曰：称情而立文，因以饰群，别亲疏、贵贱之节，而不可损益也，故曰："无易之道也。"创钜者其日久，痛甚者其愈迟。三年者，称情而立文，所以为至痛极也。斩衰苴杖，居倚庐，食粥，寝苫枕块，所以为至痛饰也。三年之丧，二十五月而毕，哀痛未尽，思慕未忘，然而服以是断之者，岂不送死有已、复生有节也哉！……然则何以至期也？曰：至亲以期断。是何也？曰：天地则已易矣，四时则已变矣，其在天地之中者，莫不更始焉，以是象之也。然则何以三年也？曰：加隆焉尔也。焉使倍之，故再期也。

在这段论述中，"称情而立文"被作为一种原则提出来，三年丧首先是符合人情自然的一种制度，因为对于子女而言，父母作为世间关系最亲密之人，遭其丧创钜久、痛愈迟。但这解释的是丧礼的合理性——人类的丧亲之痛需要有一个抒发的渠道，但未能解释"三年"之数的合理性。其次，人情虽是自然，若放任无节则易流于

---

① 譬如皇侃《论语义疏》云："尔时礼坏乐崩，而三年不行，宰我大惧其往，以为圣人无微旨以戒将来，故假时人之谓，启愤于夫子，义在屈己以明道也。"参见皇侃：《论语义疏》，第 468 页。

滥，此即《坊记》所言“礼者，因人之情而为之节文”，譬如若有人哀痛终生，以至于毁瘠灭性，则不可取，因此必须考虑“送死有已、复生有节”。然而，这解释的是服丧定期的合理性，仍然未能解释“三年”之数的合理性。

在这段论述的最后，似乎给出了对“三年”之数的论证：首先，在三年之期制定出来之前，存在着一项更为基本的丧礼规定叫“至亲以期断”，这一制度被礼学家称为“本服”，即人应该为所有直系血亲服为期一年的丧①。一年期丧礼的合理性何在？“天地则已易矣，四时则已变矣，其在天地之中者，莫不更始焉，以是象之也”，这段话与宰我“旧谷既没，新谷既升，钻燧改火”之说遵循着共同的论证逻辑，都在自然世界中能够找到具体的现象作为制礼依据。

其次，三年丧是在“本服”基础上加隆而成，以特显父母之恩深厚。孔子所谓“子生三年，然后免于父母之怀”不能视作对三年之数的严格论证，而更像是对父母之恩的一种形象地描绘，养育幼子的劬劳情形宛在眼前，以见父母之恩厚于他人。然而，按“加隆焉尔也。焉使倍之，故再期也”的说法，孝子为父母所服丧期当为两年，为何最终的规定又多出一个月，凑成二十五个月，名为三年？无论是“宰我问丧”章或是《三年问》，都没有提供究竟的答案。显然，孔子不以《三年问》中所言理由告于宰我，并非因为不知此理，根本原因在于，三年丧是不可论证的。

而此章在解释上的滞碍难通之处，为康有为提供了一个新的思考角度：

---

① 吴承仕：《中国古代社会研究者对丧服应认识的几个根本观念》，《吴承仕文录》，北京师范大学出版社 1984 年版，第 19 页。

宰我为孔门高弟，盛德大贤。后世不肖之人犹能勉而行三年之丧，岂有宰我反欲短丧者？证以滕国父兄百官之不欲，滕、鲁先君莫之行，可知大周通礼，本无此制。孔子厚于父子，故特加隆为三年。《礼记·三年问》云：至亲以期断。《孟子》公孙丑曰“为期之丧，犹愈于已”，与宰我所称“可已矣”，可见古制父母期年。[①]

康有为注意到，不仅宰我对三年之丧存疑，而且据《孟子》所载，滕定公时，无三年丧之制，滕、鲁先君也不行三年之丧，而《礼记·三年问》中明明有“至亲以期断”的原则，对此，《三年问》的解释是：“天地则已易矣，四时则已变矣，其在天地之中者，莫不更始焉，以是象之也。”[②]这与宰我论证为父母服期的理由如出一辙，由此可以做出这样的推测：宰我提出服期，不是在三年丧为天下人所普遍接受的背景下刻意提出的短丧之说，相反，宰我是在为至亲服期的制度背景下，对服丧三年之制提出的疑问。如此一来，孔子所提出的为父母应服丧三年，恰恰不是旧制，而是新制，孔子为三年丧所提供的解释，正是作为改制者对此项丧礼改革给出的理由。事实上，孔子的解释并不能够充分论证为何为父母服丧一定要加隆至“三年”，而不是两年，或者四年、五年，“三年”相对于“期年”的加隆，是可以被解释的，但“三”这个数字的确立，却是只能被立法者所规定而不能被论证的，正因为孔子有立法之权，他才可以用一种描述性的话语——“子生三年，然后免于父母之怀”——来解释为父母服丧加隆至三年的原因。如此一来，此章中的诸种滞碍

① 康有为：《孔子改制考》，姜义华、张荣华编：《康有为全集》第三集，第121页。
② 郑玄注、孔颖达疏：《礼记正义》，第2188页。

难通处，都可以在“孔子改制”的背景中得到顺畅的解释，此章就成了孔子改丧服之制的明证，“孔子改制”的内涵也正是通过这些内容得到延展和扩充。

二、“三世”之法的具体呈现：以男女相处之法为例

康有为虽以孔子志在大同，但诸可见经、传、说、记所言，多称礼乐之治、五伦之功，如何处理其中矛盾？康有为的一个基本思路是，将各经、传、说、记的内容，依据其所体现出的不同思想倾向，分别安置于“三世”的不同阶段之中。“三世”进化之法，就其粗者言之，不过愈变愈趋自立、平等、仁爱；就其精细处而言，各世之制当具体如何，世与世之间的渐进又当如何开展，皆需据经、传、说、记来充实。

男女相处之法，即为“三世”演进中所涉之一大端。天既赋男女异形，则无论何世，男女关系始终是一个普遍存在的问题。而男女关系在各世中的具体样态，实际上就是通过康氏的经注得到表现的。

《春秋》隐公二年，经云：“冬十月，伯姬归于纪。”《公羊传》云：“其言归何？妇人谓嫁曰归。”康有为云：

> 孔子生当中古乱世，女弱当有男子为依，而夫妇之道又不明，故孔子重之，著义为“归”。……然此为据乱之法，若太平世，则人人自立，两两相交如国际然，则不得谓之归也。[①]

孔子改鲁史原文的“嫁”为“归”字，按何休注，是因为“妇

---

① 康有为：《春秋笔削大义微言考》，姜义华、张荣华编：《康有为全集》第六集，第19页。

人生以父母为家，嫁以夫为家，故谓嫁曰归”[①]，因此，孔子以“归”字确立妇相对于夫的从属关系。而康有为认为，孔子以“归”明男女尊卑之序，是“据乱之法”。乱世男女无别，孔子为拨乱而制法，此时女子尚弱，不能实现自立，不免要以男子为依，孔子循此立夫妇之道以别男女，是为了将人类带出混乱无序的蒙昧状态，进入到一个有礼法秩序的文明阶段。因此，隐公二年的这段传文所发为据乱之法。

而到了《春秋》庄公二十四年，经云：“八月，丁丑，夫人姜氏入。”《公羊传》云：“其言入何？难也。其言日何？难也。其难奈何？夫人不偻，不可使入，与公有所约，然后入。”何休注云：“偻，疾也，齐人语。约，约远媵妾也。夫人稽留，不肯疾顺公，不可使即入。公至后，与公约定八月丁丑乃入，故为难辞也。夫人要公，不为大恶者，妻事夫有四义：鸡鸣，縰笄而朝，君臣之礼也；三年恻隐，父子之恩也；图安危可否，兄弟之义也；枢机之内，寝席之上，朋友之道。不可纯以君臣之义责之。”[②] 按何休的解释，庄公夫人姜氏在进入鲁国前，要求庄公答应远媵妾的约定，方肯入鲁，经文以“入”字表现姜氏不愿及早入鲁，但何休指出，姜氏虽然对鲁庄公有要挟之举，《春秋》却不以为大恶，这是因为夫妻关系中，虽包含了如君臣一般的尊卑秩序，但也包含了如父子、兄弟、朋友之间的恩义之情，因此，夫人要公的行为是可以被谅解的。康有为对此句经文的理解是：

此许夫妇有立约之义。据乱世男尊女卑，夫妇听命于媒妁，本无立约义。然有约亦是人情，故不为恶；至其所约为远媵妾

① 何休解诂、徐彦疏：《春秋公羊传注疏》，第55页。
② 同上书，第304页。

之事，尤非大恶。盖据乱之世男尊女卑，故一夫数妻，乃因于太古极多妻而裁节之，以从其俗，未得其平，非正道也。至升平之世则一夫一妻，乃为平等之正道，鲁夫人当据乱世而立远媵妾之约，虽非其时，亦不为恶。至升平时则夫妇必以立约，必以远媵妾为义矣。若太平世则人人独立，人人平等，男女皆为天生之人，各听其相得而立约，则非独无媵妾之可言，并无夫妇之可言矣。此立约实为非常异义，今欧美之俗始行之，孔子已先立之。①

康有为将关注的重点放在夫人姜氏与鲁庄公立约之事上，以之为孔子所立的非常异义。按照他的理解，据乱之法的目的是要明确男尊女卑的秩序，因此，据乱世中的女子不可能与男子立约，因为立约必须建立在双方自立平等的基础上，且为了节制太古时期男子有妻无数的情形，据乱之法对天子诸侯所娶女子之数有明确规定，但仍然是一夫多妻之制。若进至升平世，男女渐趋平等，夫妇才可立约缔结婚姻，且变为一夫一妻制。鲁夫人生于据乱世，本无与庄公立约之义，且媵妾之制在当时亦属合理，而《春秋》恰恰于此处允许男女立约，并允许所约为远媵妾之事，与据乱之法不合，实则是孔子在乱世中隐晦揭示的升平之法。

而在《论语》“子见南子”章中，夫子不以南子有淫名而避不见，以至于得到子路的误解，对此章的解释颇为历代注家所困扰，然而康有为的“三世”说恰为此章的解释打开了新的维度：

① 康有为：《春秋笔削大义微言考》，姜义华、张荣华编：《康有为全集》第六集，第83页。

旧俗男女相见，君夫人礼宾，如今泰西仪。自阳侯杀缪侯而娶其夫人，故大飨废夫人之礼，自是男女别隔。孔子以人权各有自立，大同固可相见，盖特行之，故见南子。子路习闻小康之制，以为男女不当见，尤疾淫乱之人，因疑怪孔子。盖笃守小康者，见大同之举动无不怪也。旧注以为疑，亦泥于小康之道，故不能明。盖圣人踪迹兼于三世，故上下无常非为邪，进退无恒非离群，故曰圣而不可测之谓神。[①]

在康有为看来，子路不能理解子见南子，正是囿于据乱之法，以为必严男女之大防，而子见南子这一行为看似反常，实则是对太平之法的揭示。孔子心知男女之防为据乱所设，至于大同之世，男女平等自立，自然可以相见，于是特借见南子之事示平世之法。圣人生于乱世之中，教人自然以据乱法为主，但“圣人踪迹兼于三世”，因此必然有亲炙弟子也未能理解的升平、太平之法。升平、太平之法不在别处，就蕴藏在圣人的所言所行中，也就是六经及弟子的传述中，这就需要二千年后独得圣人大道的康有为，以他过人的“眼力”，对圣人的所言所行加以辨析，将圣人据乱法、升平法与太平法的内容分证清楚。通过这种方式，康有为将诸经传记都纳入了“三世法”的框架之内。

三、“三世”条理的细化

很多研究者已经注意到，在戊戌变法失败后，康有为对“三世”说做出了一些新的描述，包括提出三世之中还能不断再分出三世，在同一个时间段内三种世态能够在大地中并行共存等等，这些内容

① 康有为：《论语注》，姜义华、张荣华编：《康有为全集》第六集，第423页。

被视作康有为对“三世”理论的一次重要调整，这些关于“三世”说的详细条理，都是康有为在注经过程中表达出来的。在戊戌流亡前，康有为虽在《春秋董氏学》《孔子改制考》中言及“三世”，但甚为笼统，汉代公羊家所提出的王化随“三世”渐进而洋溢的理论，只能为康有为提供一个关于“三世”的整体性发展框架，却没有提供处理一世之中文明发展不均问题的思想资源，而康有为在《中庸》中觅得了解决问题的灵感，便是对“万物并育而不相害，道并行而不悖”一句的解释。

对于此句，朱子的解释是“天覆地载，万物并育于其间而不相害；四时日月，错行代明而不相悖”①，实是以此句经文之前一句“譬如天地之无不持载，无不覆帱，譬如四时之错行，如日月之代明”来解释万物并育不害与道并行不悖的情形，则此句不过是描述万物各得其生、四时交替有序的自然规律，无甚深义。康有为则看到此句存在解释空间：经文明言是“道并行”而非“四时并行”，如果把“道”理解为唯一性的存在，那么唯一之“道”在何种意义上能够并行？

“三世”说为理解“道”之并行提供了一个理想的背景：

> 盖尝论之，以古今之世言之，有据乱、升平、太平之殊，不可少易。而以大地之世言之，则亦有拨乱、升平、太平之殊，而不可去一也。即以今世推之，中国之苗瑶侗僮，南洋之巫来由吉宁人，非洲之黑人，美洲之烟剪人，今据乱世之据乱矣。印度、土耳其、波斯颇有礼教政治，可谓据乱之升平矣。若美

① 朱熹：《四书章句集注》，载朱杰人、严佐之、刘永翔主编：《朱子全书》第6册，第56页。

国之人人自主，可谓据乱之太平矣。今治苗瑶黎侗、非洲黑人之法，必设以酋长，别其男女，教之读书，粗定法律，严其争杀，导之礼让，斯可矣。若遽行美国之法，则躐等而杀争必多。待进化至于印度、波斯，乃可进变于美国也。太平与据乱相近而实远，据乱与升平相反而实近。而美国风俗之弊坏，宜改良进化者，其道固多。若所以教中国之苗人，非洲之黑人，则教据乱之法，尚不能去也。将来太平之世，各种未齐，亦必有太平之据乱者存，此亦无如何者也。故今者大地之中，三世之道并行，法则悖矣，而治世之意各得其宜，则未尝小悖也。……若夫一世之中，条理万千，乃成治法，如百川之纷流焉。礼仪三百，威仪三千，孔子之小德也。若其大旨，无论治法之相反相悖，要以仁民爱物，加厚而进化之知、仁、勇，孔子之大德也。惟其道能错行代明，并育不害，并行不悖，此孔子所以与天地同大也。①

在康有为看来，首先，“三世”之法可以对“万物并育而不相害，道并行而不悖”做出相当恰切的解释，因为“三世”说中本就可以分疏出三种不同的世态，且三者又可统合于“三世”名义之下，这就能够解释为何“道”为一且能“并行不悖”。其次，如果将“万物并育而不相害，道并行而不悖”作为一种原则来理解“三世”中各世之法，则于每一世中又可再细分出并存的多世态文明，因为不同族群受制于历史、风俗、环境等多种因素，发展速度和状态不可能齐头并进，而是互有参差。这一条理的细化，表面看来只是丰富了“三世”说的内容，而实际上却悄然改变了“三世”说的性质，

① 康有为：《中庸注》，姜义华、张荣华编：《康有为全集》第五集，第390页。

使其脱离了机械历史发展阶段论的泥沼，成为一种具有洞见的文明分析框架。

相似的情形也出现在《礼运注》中。在注解《礼运》时，康有为首次提出，孔子之道除了“三世”“三统”，还有“五德之运”：

> 郑玄目录云：名《礼运》者，以其记五帝、三王相变易，阴阳转旋之道。愚按：孔子之道有三世，有三统，有五德之运，仁智义信，各应时而行运。仁运者，大同之道。礼运者，小康之道。拨乱世以礼为治，故可以礼括之。[①]

郑玄所谓“变易”与“转旋”，是对“运”的解释，孔颖达疏云：“子游所问唯论礼之运转之事，故以《礼运》为标目耳。”[②] 在郑玄的理解中，《礼运》一篇所阐发的是从五帝到三王时代，“礼”的变易与运转，“运”作动词解。而康有为提出，除“礼运”之外，孔子还有“仁运”“智运”“义运”“信运”，“礼运”乃是这“五德之运”中的一种，显然，“运”被名词化了，成为某种时代的指称，每种“运”的称谓，体现出该时代治法之精神，“礼运”即是以礼为治的时代。随之而来的问题便是，康有为为什么突然在注解《礼运》之时，于“三世”“三统”之说以外，另提一个“五德之运”？以仁、义、礼、智、信称“五德之运”的说法从何而来？“五德之运”和“三统”“三世”是何种关系？

首先，从“仁运者，大同之道，礼运者，小康之道”的说法就能看出，“五德之运”的提出是为了对“礼运”进行超越。虽然孔子

---

① 康有为：《礼运注》，姜义华、张荣华编：《康有为全集》第五集，第 554 页。

② 郑玄注、孔颖达疏：《礼记正义》，第 874 页。

在《礼运》开篇向子游透露出关于“大同”时代的一丝消息，但随着话锋转入“今大道既隐，天下为家”，接下来的篇幅几乎全部进入如何以礼为纪的讨论中，这也是此篇冠以“礼运”之名的原因所在。然而，对康有为而言，此篇最大的价值恰在于对“大同”消息的揭示，因而“礼运”之名显得太不究竟，必须在“礼运”之外绘制出一幅更加宏大的图像。如果说小康之世最大的特征是以礼为治，那么大同之世的治法精神无疑应当是一种超越了礼的仁。仁、礼之运既立，智、义、信之运又从何而来？来自《礼运》原文及其注本。

《礼运》描述“小康”时代云：

> 今大道既隐，天下为家。各亲其亲，各子其子，货力为已。大人世及以为礼，城郭沟池以为固。礼义以为纪，以正君臣，以笃父子，以睦兄弟，以和夫妇，以设制度，以立田里，以贤勇知，以功为已。故谋用是作，而兵由此起。禹、汤、文、武、成王、周公，由此其选也。此六君子者，未有不谨于礼者也。以著其义，以考其信，著有过，刑仁讲让，示民有常。如有不由此者，在执者去，众以为殃。是谓小康。[①]

此段言进入三王时代后，始以礼乐制度约束规范人的行为，目标是养成民德。孔颖达顺此解“示民有常”一句云：“以礼行上五德，是示见民下为常法也。然此五德，即仁、义、礼、知、信也。”[②]谓以“礼”为途径，行仁义礼智信五德。但循此解释，康有为会碰到一个较大的困难，即如果“小康”治法已经能够实现“仁”，何

---

① 郑玄注、孔颖达疏：《礼记正义》，第875页。

② 同上书，第881页。

须别立“大同”之法？康有为注意到，经文并未明言三王已经实现了仁义礼智信，而是“著其义”“考其信”，因此，从“小康”向着“大同”的进化条理，已然暗藏其中：

> 其文明之法，皆在隆礼，由礼而谨修之。故于五德之运，未能至仁运、智运，而仅当礼之运而已。不独未能至仁运、智运也，即义运、信运亦未之至，但以礼为经，而著其义、考其信而已。①

虽然“礼运”之世以修礼为主，但修礼的目标是要向更高一层的德运进步。一方面，在“礼运”时代，只能“著其义、考其信”，可见“义”与“信”尚未达至；另一方面，这也就意味着以“义”与“信”为标志的时代，是“礼运”所努力的方向。于是，在以“礼运”为标志的“小康”时代与以“仁运”为标志的“大同”时代之间，扩充出了“信、义、智”等德运。于是，人类文明的发展不仅可以用据乱、升平、太平的“三世”结构加以描述，还可以用“礼、信、义、智、仁”五德之运的结构加以把握，可以说，“五德之运”与“三世”说对人类文明发展提供了侧重点不同的两种叙述，但实为一体。且“五德之运”的提出，进一步丰富了“三世”之内的条理，对从据乱到太平的过程做了更加细致的分疏，使得从乱世到太平的发展步骤显得清晰、具体。

不仅“三世”治法本身在经典解释的过程中得到丰富和细化，“三世”说的义理基础也是在经典解释中发展成熟的。在康有为的性论与仁论中，“气”是一个关键性的支撑概念。在康有为处，“气”

---

① 康有为：《礼运注》，姜义华、张荣华编：《康有为全集》第五集，第556页。

不仅能够解释人之所以为人的原因所在，也能解释孔子之教何以能够不依托鬼神立义，而这些理解，深受《礼运》文本的影响。

《礼运》云：

> 夫礼之初，始诸饮食，其燔黍捭豚，汙尊而抔饮，蒉桴而土鼓，犹若可以致其敬于鬼神。及其死也，升屋而号，告曰："皋某复！"然后饭腥而苴孰，故天望而地藏也。体魄则降，知气在上。故死者北首，生者南乡。皆从其初。

此一段原本是论上古朴略之际，物虽粗简，而人已在饮食、祭祀等方面发展出致敬神明的意识，是为礼之发端。"体魄则降，知气在上"一句，显然是将人的生命分为"体魄"与"知气"二端，认为人死之后，体魄降而知气升，因而祭拜者有天望地藏之举动。如何理解"知气"？这种气与人是何种关系？又是如何运作的？康有为云：

> 五官百骸，肌肤血液，身之体也。魄者，脑气之白团，及腰之白筋如块者，周身之脑气筋，专司运动，微有直觉，强厉不化者。知气者，灵魂也，略同电气，物皆有之，而团聚尤灵而有知，亦曰性。养之久者，团聚不散。尤为灵明者，则为精气，为神明，亦曰明德，其义一也。盖人之死者，体魄而已。若魂气有知，浮游在上，固未尝死也。[①]

康有为将"知气"解释为"灵魂"，不过，他所界定的"灵魂"

① 康有为：《礼运注》，姜义华、张荣华编：《康有为全集》第五集，第558页。

与其他诸教中的灵魂概念又有较大差异。耶教、回教或佛教皆有对灵肉分离的认识，肉身是一种具象的、可朽的、能够在物理世界中被把握的实在，灵魂则是一种无形无相、不可在物理世界中把握的超验存在。当生命存活时，灵魂居于肉身之中，负责感受、思考等多种活动；当生命消亡，肉身朽烂，灵魂与肉身分离，至于灵魂的去处，诸教则有不同说法。可是，由于“气”的概念的引入，康有为塑造了一种全新的人身观。他将人之身分为三层：第一层是“五官百骸，肌肤血液，身之体”，近乎纯粹生物性的被动肉身；第二层是“魄”，是存在于脑中的“白团”之气与腰间的块状“白筋”，有气有筋，功能是“专司运动”，类似于神经系统，具有一定的能动性，但较为初级；第三层则是“魂”，亦即“知气”，不过，“知气”更像是构成“魂”的材料，它散布于天地之间，万物皆有，只有对之进行凝聚，才能成为“魂”，相比于无知无觉的肉身之“体”和微有直觉的“魄”，“灵而有知”的魂才是能够界定人之为人的特殊性所在。依据这一分别，植物人只有体而无魂魄，不得为人；疯人只有体魄而无灵魂，亦不得为人；只有同时具备正常身体和理性认知能力的人，体魄魂兼具，才能够被称为人。

如此种种，让我们看到经典本身所蕴藏的巨大可能性与开放性。注经者以其才思灌注于经典解释中，不断开拓经典的丰富性和包容性，但经典并非任人打扮的小姑娘，它在被解释的同时，也在潜移默化地塑造着解经者的心智与眼光。

第四节　说经之法的复兴尝试

一、说经与注经

从广义上说，最初的解经实践可以追溯到孔子，孔子以六经教弟子，必然不会只是以六经文字口授弟子记诵而已，而是传授其义，进行讲解论辩。《论语》中就记载了孔子与子夏论《诗》的情形：

> 子夏问曰："'巧笑倩兮，美目盼兮，素以为绚兮。'何谓也？"子曰："绘事后素。"曰："礼后乎？"子曰："起予者商也！始可与言诗已矣。"

子夏所问诗句出自《诗·卫风·硕人》，依据《毛传》的解释，此篇是为美卫庄公之妻庄姜而作，因卫庄公惑于嬖妾，使骄上僭，庄姜贤而不答，终以无子，国人闵而忧之，故作此诗。"巧笑倩兮，美目盼兮"两句是为称赞庄姜美貌[①]；"素以为绚兮"一句不见于《毛诗》，马融认为，此句为《硕人》逸句[②]。子夏之问，显然不是因为不解此句的字面意思，朱子敏锐地指出，"素以为绚兮"一句令人生疑："子夏疑其反谓以素为饰。"[③]"素"和"绚"分别指代什么？为什么"素"的东西还能够呈现为"绚"？子夏之问既非空言，孔子之答也别有玄机，以绘事后素为譬，解释为何"素以为绚"，子夏立即将此说加以推阐，援引到解释礼与质的关系上。朱子解"礼后乎"云："礼必以忠信为质，犹绘事必以粉素为先。"子夏能由一句简单

---

① 郑玄笺、孔颖达疏：《毛诗注疏》，第301页。
② 刘宝楠：《论语正义》，中华书局1990年版，第89页。
③ 同上书，第62页。

的《诗》文，领悟到制礼之本，因而深得孔子赞许。可以看到，在师徒论《诗》的整个过程中，似乎无一句在解经，却又无一句不在解经文，二人超越了字面之义所进行的推阐和发挥，揭示出一个明确的事实：解经本身就是创造意义的过程。

不过，这种极具主观色彩的解经方式，随着解经权威——孔子与七十子的去世而难以存续，“及夫子没而微言绝，七十子终而大义乖”，经典解释由此进入一个新的阶段，以遵循师法的口耳相传之学为典型方式，以西汉十四博士之学为代表。汉武立五经博士之学，然博士所传之学非向壁虚造，皆是师承自先秦七十子后学。相较于孔子师徒极具灵活性的解经方式，西汉博士之学更重视对七十子后学口传经说的继承和持守，同时也继承了孔门以大义解经的模式，即不直接就经文的字面义进行解释，而是重在阐发字面背后的隐藏深义。典型的例子便是董仲舒所传《公羊》学，在解释《春秋》首字“元”时，董子云：“《春秋》谓一元之意，一者，万物之所从始也，元者，辞之所谓大也。谓一为元者，视大始而欲正本也。”[①] 这显然并非是在解释“元”的字面义，而是在阐发圣人寓之于“元”这一符号背后的微言大义。

随着刘歆请求增立博士之学，一批新面世的逸经逸传渐次得立学官。和西汉十四博士之学相比，围绕着这批逸经逸传所发展起来的经典解释之学，其最大特点是无先秦师说口传可据，且多为六国古字所书，因此，经传文字就成为经师在面对这批经典时所首先要处理的问题，甚至也就成了经师理解经义的唯一途径。因此，清人苏舆对西汉解经之作进行了两种区分：

① 班固：《汉书·董仲舒传》，第 2502 页。

> 西汉书有两体：一、今所传《毛公诗传》，为注经体，朱子答张敬夫书云："汉儒可谓善说经者，不过只说训诂"，又《语类》云"汉初诸儒，专治训诂"是也。一、说经体，如此书及《韩诗外传》是也。然《韩诗》述事以证经，此书依经以尃义，尤为精切。今所云汉学，但是注体，故遂与义理分途。杭世骏乃云："董生《繁露》，韩婴《外传》，偭背经旨，铺列杂说"，不知著书之体者也。[1]

可以看到，注经体的特点是从文字训诂入手解经，说经体或以事证经，或依经敷义，皆是尝试突破经文的限制，引申、推衍至更广阔的义理空间，扩充经文的适用范围与内涵。但值得注意的是，苏舆提到，清代汉学所宗奉和继承的，实为注经之体，而非说经之体，导致的结果是经注"与义理分途"。

若追溯起来，注经体的影响之深远，不仅体现在热衷汉学的清儒身上，自东汉始，以文字训诂为本的解经之法就已经深深根植于此后的经典解释史中。不仅贾、马、许、郑等古学之儒善用文字训诂之法，治今文《春秋》者如何休，实际上也采取了一种与董子"以义说经"之法不同的"以例注经"之法，因而受到魏源"泥文"之诟[2]。实际上，何休亦有所承之师法口说，但仍然采取"以例注经"的做法，乃理势之不得不然：一方面，在今文《春秋》之学的内部，随着家法、师法的日益增多，口传之学也愈发驳杂，"传《春秋》者非一，本据乱而作，其中多非常异义可怪之论，至有倍经、任意、反传违戾者，其势虽问不得不广，是以讲诵师言至于百万犹有不

---

① 苏舆：《春秋繁露义证·例言》，第2页。

② 参见黄铭：《〈春秋〉学中的董何之异》，载干春松、陈壁生编：《经学与建国》，中国人民大学出版社2013年版，第161页。

解”[①]；另一方面，又遭遇贾逵撰《长义》四十一条，论《左氏》优于《公羊》之义，意图以传记学之长攻口说学之短，“贾逵缘隙奋笔，以为《公羊》可夺，《左氏》可兴”[②]。因此，口说大义之学走到了一个难以维系的节点，终于转向了对经书文字的把握，这意味着，经书文字本身成了判断经解正当与否的最终标准，无论何种理解，最终不能与经书文字形成悖逆。

郑玄的经注及其注经之法作为重要遗产，被魏晋六朝及唐代经学所充分内化吸收，形成了汉唐注疏之学的基本格局。在对经文字词进行训诂注解的基础上，兴起于六朝的义疏之学，将长篇的经文分成若干“科段”，开始对经文进行逐句、逐段疏解，并对各科段的主旨、内在逻辑关系进行阐发，而这些阐发的目的是对汉人精简的旧注做更清晰地理解，疏通经文，力图实现经文逻辑和内容的融通无碍。

进入宋代之后，虽然注经之学发生了重大转变，转为以义理阐发为特征，但对经书文字的训诂仍然是宋儒极为重视的解经基础，朱子《集注》更是体现出他对字词解释的精雕细琢。譬如，对“学而时习之”中的“时”字，王肃旧注云：“时者，学者以时诵习之。”据《说文》，“时”谓“四时”，王肃此注也正可对应于《礼记·王制》所言乐正以先王诗书礼乐造士的过程：“春秋教以礼乐，冬夏教以诗书。”然而，朱子对“时”的解释却与前人有异，他引谢氏曰：“时习者，无时而不习。坐如尸，坐时习也；立如齐，立时习也。”[③]则“时”不指“四时”，而谓“时时”，无时无刻。这一对“时”的解读，正是为了配合朱子对于“学”的理解：学不当只是学先王诗书

① 何休解诂、徐彦疏：《春秋公羊传注疏·序》，第5页。

② 同上书，第7页。

③ 朱熹：《四书章句集注》，载朱杰人、严佐之、刘永翔主编：《朱子全书》第6册，第67页。

礼乐，洒扫庭除、坐立合仪等内容也都是学的对象。通过这样精心的安排，朱子将义理缜密地渗透于训诂之内。对此等方法论，朱子有着明确的自觉，其答张敬夫书云：

> 平日解经最为守章句者，然亦多是推衍文义，自做一片文字，非惟屋下架屋，说得意味淡薄，且是使人看者将注与经作两项功夫做了，下稍看得支离，至于本旨，全不相照。以此方知汉儒可谓善说经者，不过只说训诂，使人以此训诂玩索经文，训诂、经文不相离异，只做一道看了，直实意味深长也。《中庸》、《大学章句》缘此略修一过，再录呈上。[①]

显然，朱子认为高明的解经不可经、注支离，若只是脱离经文"自做一片文字"，则所推衍之义"意味淡薄"，因此仍然要仿汉儒训诂之法，最大程度将训诂、经文糅合为一体。

至于清代，汉学之风大炽，对经书文字的重视尤盛前代。名物、制度考辨，文字、音韵考订，皆为求凿实六经文字，务使经书字字有来历。因此，宋儒的注经之法，在清人眼中就有不够"客观"之嫌。程树德《论语集释》在解"颜渊问仁"章时云："解经与作文不同，作文须有主意，方能以我御题；解经则否，不可先有成见。《集注》之失，即在先有成见。如此章孔子明言复礼，并未言理。止言克己，并未言私欲。今硬将天理人欲四字塞入其内，便失圣人立言之旨。"[②]

自东汉至清中叶，虽然解经之法屡经变易，但一个基本模式未曾改变，这便是通过训诂经书文字以求经义，而这一模式所反映的

---

① 朱熹：《答张敬夫书》，《晦庵先生朱文公文集》，载朱杰人、严佐之、刘永翔主编：《朱子全书》第 21 册，第 1349 页。

② 程树德：《论语集释》，中华书局 1990 年版，第 819 页。

观念是，经书文本作为一种客观存在，决定了经典解释的极限与边界，同时也设定了一种价值标准：解经之作的优劣，取决于经注与经文的贴合程度。就此而言，自东汉以降的主流解经之作，都可以被归入注经体，“经文中心”主义可以是注经体的典型特征。

但苏舆提及的说经体就与注经体存在根本差异。在他看来，说经体的代表之作为董子《春秋繁露》：“西汉大师说经，此为第一书矣。”[①]董子说经与后儒注经，差异究竟何在？贾公彦解《春秋繁露》书名曰：“繁，多；露，润。为《春秋》作义，润益处多。”[②]谓《春秋繁露》虽为解《春秋》之作，但又更为“润益”。

《春秋繁露》直解《春秋》的篇目有《楚庄王》《玉杯》《竹林》《玉英》等，但若以何休解诂为比照对象，二者在解经形式上的差异甚为分明。何休解诂极重文例，《公羊》言例虽不始于何休[③]，但至何休以比经推例之法通贯经传，遂达成依《公羊》一传解通整部《春秋》的目标[④]。反观《繁露》解经，不重经传文例，而是以发经义为本。如《玉杯》云：

> 《春秋》讥文公以丧取。难者曰：“丧之法，不过三年。三年之丧，二十五月。今按经，文公乃四十一月方取。取时无丧，出其法也久矣。何以谓之丧取。”曰：《春秋》之论事，莫重于志。今取必纳币，纳币之月在丧分，故谓之丧取也。且文公以

① 苏舆：《春秋繁露义证·例言》，第2页。

② 郑玄注、贾公彦疏：《周礼注疏》，台北艺文印书馆2007年版，第337页。

③ 《公羊传》于《春秋》僖公元年春王正月下发传云：“公何以不言即位？继弑君，子不言继位。此非子也，其称子何？臣子一例也。”

④ 马楠指出：“三家注传所患，不在援引他传之文，而在援引他传义理，自扰本传。而三家注皆足自守，正以‘比经推例’：推本传所发传例，通之全经；推比经文，补足本传未发之例；传例与经文不合，则就传弥缝其说。”参见马楠：《比经推例：汉唐经学导论》，新世界出版社2011年版，第32页。

> 秋祭，以冬纳币，皆失于太蚤。《春秋》不讥其前，而顾讥其后，必以三年之丧，肌肤之情也。虽从俗而不能终，犹宜未平于心。今全无悼远之志，反思念取事，是《春秋》之所甚疾也。故讥不出三年于首而已，讥以丧取也。不别先后，贱其无人心也。缘此以论礼，礼之所重者在其志。志敬而节具，则君子予之知礼。志和而音雅，则君子予之知乐。志哀而居约，则君子予之知丧。

文公二年，《春秋》云："公子遂如齐纳币。"《公羊传》云："纳币不书，此何以书？"三年之内不图婚。其意为文公之娶虽已过三年之丧期，然而娶前的纳采、问名、纳吉、纳币之礼，皆为三年之内所行，是《公羊》特书纳币以讥之。传文有"纳币不书，此何以书"之问，徐彦《疏》解云："正以桓三年秋，'公子翚如齐逆女'，不书纳币，故难之"，起彼桓公三年不书纳币之传，以发此书纳币之例。但在《繁露》中，董子的重点在于，通过解释《春秋》讥文公丧娶之义，以表明整部《春秋》重志的特点。因此，"公子遂如齐纳币"之经固然有讥丧娶之义，但更重要的是彰显了《春秋》以志论事的价值标准，文公之娶虽在三年丧期之后，但纳吉、纳币之事早已于三年丧期之内举行，足见其于父母之丧无真情实意。董子更进一步发"礼之所重者在其志"，借《春秋》之义明制礼之义，是已越出《春秋》文句，以其义通五经。

除了直解《春秋》的诸篇，《繁露》还有相当一部分揭示天人性命之学的篇章，如《实性》《为人者天》《人副天数》等，这些篇章与《春秋》是何关系，实为一重要问题。经由《公羊传》所解释的《春秋》之义，如"子以母贵、母以子贵"，"大夫受命不受辞，出境有可以安社稷利国家者，专之可也"之类，具有较强的规定性，而圣人制义的依据何在，却不能在《春秋》中得到直接的回答。就此而言，董子所论天人性命之学，正揭示出作为圣人制法的《春秋》，其所以为法的精义所在[①]。

然而，说经体为何能够以经义为中心？说经体对于经典的理解，凭何能够声称是符合圣人之义的呢？最根本的原因仍在于口说的权威。被苏舆认可为经说体的《春秋繁露》和《韩诗外传》，一者出自董仲舒，一者出自韩婴，此二人皆为汉初公认得孔门师说之纯的大儒，因此，纵然二子之书多有超越经文之处，却仍被视为对经文的可贵“润益”而非乱经。但是随着经学渐成利禄之途，经学家法、师法日滋，加之古文经传之学继起，挑战口传之学的权威，如刘伟所说：“传记著于竹帛，这种方式保证了知识可证实性的同时，也保证了书写的稳定性，相反口说则有较大的随意性。相对于传记的一次性书写，口说可以不断地重塑。”[②]职是之故，说经体的衰落实不可避免，直至晚清康有为时，说经体又以一种新的方式得到了复兴。

二、说经体的复兴

康有为最早的解经之作当属《春秋董氏学》。虽然从名义上看，《春秋董氏学》只是发挥董仲舒的学说，算不得解经，但正如康有为自己所说，“因董子以通公羊，因公羊以通《春秋》”[③]，《春秋董氏学》实际上是要通过对董氏《春秋繁露》的阐释以解《春秋》。在这个意义上，《春秋繁露》类于《春秋》之传，而康有为《春秋董氏学》是为解传之作。

---

① 譬如《实性》一篇，论人性与善的关系，为论证王者之教的必要性与合法性提供了基石。

② 刘伟：《经学何谓？——关于经学本质与界限的追问尝试》，载干春松、陈壁生编：《经学的新开展》，第 42 页。

③ 康有为：《春秋董氏学》，姜义华、张荣华编：《康有为全集》第二集，第 307 页。

殊别于传统意义上的经传注疏之体，按梁启超所言，此书是“析擘原书，分类以释微言大义，非笺注体”[①]。康有为将《春秋繁露》中的内容按照《春秋》旨、《春秋》例、《春秋》礼、《春秋》口说、《春秋》改制、《春秋》微言大义和董子经说七项分类，在每一类中，又归纳出详目若干，如在“《春秋》旨”中，列出奉天、天子诸侯等杀、立君书不书、讥赏罚不当、亲德亲亲、恶伐同姓等《春秋》之旨共计三十二条，而每条旨义下都附有《春秋繁露》明文为证。在形式上，《春秋董氏学》对《春秋繁露》的解释，继承了《春秋繁露》解《春秋》的方式，以经义为中心，不在乎对经书文字进行逐字逐句的解释，关键是要发明、申说经中的大义微言，甚至在“《春秋》礼”这样必须涉及具体礼制的章节，康有为关注的重点也是在“《春秋》为改制之书，包括天人，而礼尤其改制之著者”[②]，而对董子所述之礼本身，譬如章服的颜色、图案，祭祀的地点、仪节这些具体细节，则完全不做考证解释，而只是下一两句按语，以明礼有三统之别而已。在康有为看来，“《春秋》所重在义，不在文与事”[③]，《春秋》经文不过荃蹄，通过董子书所把握到的诸如敬贤重民、恶伐同姓、改制三统、人为天类等抽象的价值与义理，才是《春秋》真正的内涵所在。也正因如此，他批评凌曙的《春秋繁露注》“缘文疏义，如野人之如册府，聋人之听钧天，徒骇玮丽，不能赞一辞也，况于条举以告人哉！”[④]

康有为真正的大规模注经，是在戊戌变法失败后流亡海外期间，在这批解经之作中，《中庸注》《礼运注》《春秋笔削大义微言

① 梁启超：《中国近三百年学术史》，东方出版社2004年版，第265页。

② 康有为：《春秋董氏学》，姜义华、张荣华编：《康有为全集》第二集，第330页。

③ 同上书，第309页。

④ 同上书，第307页。

考》《论语注》均随文逐段或逐句阐释经义，在形式上与注经体颇为相似。这是否意味着康有为放弃了早期的“经义中心”模式，回到了“经文中心”传统？我们不妨以《论语·学而》“有子曰其为人也孝弟”章为例，将康注与几个前代注本做一比较。此章经云：

> 有子曰：“其为人也孝弟，而好犯上者，鲜矣。不好犯上，而好作乱者，未之有也。君子务本，本立而道生。孝弟也者，其为仁之本与。”

魏何晏注云：

> 孔子弟子有若。鲜，少也。上，谓凡在已上者。言孝弟之人必恭顺，好欲犯其上者少也。本，基也。基立而后可大成。先能事父兄，然后仁道可大成。[①]

何注对鲜、上、本几个字做了训诂，并对经文文句的大义做了疏通。有子的意思是，一个人如果孝顺父母、友爱兄弟，那么必然性情恭顺，因此很少会冒犯比他位高之人。既然一个人不喜犯上，就更不可能喜欢做悖逆之事。君子应当致力于树立他的根基，根基立稳了，道才能从中产生。对父母的孝顺、对兄弟的友爱，就是仁的根基，因此君子应当先致力于事奉父兄，而后仁道可成。

到了宋代，朱子《集注》则有了不少发挥：

> 有子，孔子弟子，名若。善事父母为孝，善事兄长为弟。

---

① 何晏集解、邢昺疏：《论语注疏》（宋蜀刻本），第20—21页。

犯上，谓干犯在上之人。鲜，少也。作乱，则为悖逆争斗之事矣。此言人能孝弟，则其心和顺，少好犯上，必不好作乱也。与，平声。务，专力也。本，犹根也。仁者，爱之理，心之德也。为仁，犹曰行仁。与者，疑辞，谦退不敢质言也。言君子凡事专用力于根本，根本既立，则其道自生。若上文所谓孝弟，乃是为仁之本，学者务此，则仁道自此而生也。程子曰："孝弟，顺德也，故不好犯上，岂复有逆理乱常之事。德有本，本立则其道充大。孝弟行于家，而后仁爱及于物，所谓亲亲而仁民也。故为仁以孝弟为本。论性，则以仁为孝弟之本。"或问："孝弟为仁之本，此是由孝弟可以至仁否？"曰："非也。谓行仁自孝弟始，孝弟是仁之一事。谓之行仁之本则可，谓是仁之本则不可。盖仁是性也，孝弟是用也，性中只有个仁、义、礼、智四者而已，曷尝有孝弟来。然仁主于爱，爱莫大于爱亲，故曰孝弟也者，其为仁之本与！"①

朱子同样先是对几个关键字词做了训诂，相较于何注，一方面，朱熹训诂的内容更加详细，譬如对"犯上""作乱"都做了明确而具体的解释；另一方面，朱熹也通过精心的训诂，暗中扩展了经文的内涵，譬如，将"仁"训为爱之理，是因为仁虽然主乎爱，但不就是爱，朱子以仁为未发之性，而爱为已发之情，因此，仁只能是爱之道理，爱之根荄。又如，将"为仁"的"为"训为"行"而不是判断词"是"，乃是要将孝悌与仁做一个明确区分。在朱子看来，仁属于性，是本体，而孝悌只是仁的发用，"仁如水之源，孝弟是水流

① 朱熹：《四书章句集注》，载朱杰人、严佐之、刘永翔主编：《朱子全书》第6册，第68页。

底第一坎，仁民是第二坎，爱物则第三坎也”[①]，在孝悌之上还有仁民和爱物两个更高层次的发用，因此，孝悌不能与仁画等号，而只是行仁的着手处而已。通过朱子的这番训诂，“孝弟也者，其为仁之本”一句的意思就从“孝弟是仁的根本”，转变为“孝弟是实践仁的开端”，因为仁作为人人皆具而未发的天命之性，浑然天成，自足完满，在这个意义上，仁没有所谓的开端或根本可言。而人可以通过后天修养功夫的实践，恢复自己的天命之性，因此“行仁”才有开端或根本可言。可以看到，虽然朱子所解释的经义与经文最表面的意思发生了偏差，但是，由于文字本身就具有解读的开放性，一个字或词在不同的语境中可以有不同的理解，而朱子的解释没有超越这一开放性的边界，在这个意义上，朱子纵然“自做一片文字”，但《集注》仍然坚持了以经文为中心，将自做的文字融入对经文字词的训诂之间。

但康有为的《论语注》则不同：

> 孝，从老省，从子，子承事父母之谓。弟，韦束之次弟，假以承事兄。立爱自亲始，立敬自长始。父齿随行，兄齿雁行，朋友不相逾，习成恭让，然后出以事君、事长、使众。小之则和顺积躬，大之则悲悯万物，必不侵犯人人自由之疆界，而况于长上乎？长上压制太过，或不得已而求伸，谨厚者亦为之，然犹非所好也，况于称兵以乱天下乎？盖作乱者为最不仁之事，非孝弟无以绝其源也。
>
> 务，趣也。本，木根也。包氏曰：能事父兄，然后仁道可

① 黎靖德编：《朱子语类》，载朱杰人、严佐之、刘永翔主编：《朱子全书》第14册，第689页。

大成。董仲舒曰：仁者不争。无伤恶之心，无隐忌之志，无嫉妒之气，无感愁之欲，无险诐之事，无僻违之行，心舒则志平，气和则欲节。圣人治其道而以出法，治其志而归之于仁，仁之美者在于天。天，仁也。天覆育万物，既化而生之，又养而成之。人之受命于天也，取仁于天而仁也。尸子曰：孔子本仁。孟子述孔子曰：道二，仁与不仁。老子以天地、圣人为不仁，孔子以天人为仁，故孔子立教，一切皆以仁为本。山川、草木、昆虫、鸟兽，莫不一统。太平之世，远近大小若一；大同之世，不独亲其亲，子其子，老有终，壮有用，幼有长，鳏寡、孤独、废疾皆有养，仁之至也。然天地者，生之本；父母者，类之本。自生之本言之，则乾父坤母，众生同胞，故孔子以仁体之；自类之本言之，则父母生养，兄弟同气，故孔子以孝弟事之。此章为拨乱世立义。孔子立教在仁，而行之先起孝弟。有子立教之意，以孔子生非平世，躬遭据乱，人道积恶，自人兽并争之世，久种乱杀之机，无论何生，触处迸发，加逢乱世险诐，诈谋百出，机械乱种既深，何能遽致太平大同自由之域？孔子因时施药，必先导之于和顺，而后可杀其险机；又必先自其至亲诱其不忍之心，然后可推恩同类，以动其胞与之爱。故拨乱之法，先求小康，而后徐导大同。孝弟者，先导其一家之小康，而徐推于天下之太平，此盖治教必然之次序也。[①]

表面上，康有为遵循了注经体的体例，对孝、弟、务、本等字做了训诂，对孝、弟的解释直接引用《说文》，对务、本的解释也都因袭旧注。“立爱自亲始，立敬自长始。父齿随行，兄齿雁行，朋友

① 康有为：《论语注》，姜义华、张荣华编：《康有为全集》第六集，第380页。

不相逾，习成恭让，然后出以事君、事长、使众”是援《祭义》《王制》诸篇之文解释为何孝悌之人鲜会犯上，因为孝悌者在家中已经习得恭让之行，从而借助这种经验参与到政治生活中。至此，康氏所解，皆围绕经文而发。接着，康有为忽然话锋一转，指出孝悌之功，有小大之分，初级层次不过是“和顺积躬”，高级层次则能“悲悯万物”，而当人能至此“悲悯万物”境地之时，“必不侵犯人人自由之疆界”，因此，此类人必不会好犯上。但经文所言为“鲜”而非“无”，就意味着仍然存在孝悌之人犯上的情况，是在何种情形下不得不犯上，则有待说明。“长上压制太过，或不得已而求伸”是最不得已的情形，但绝不至于“称兵以乱天下”的程度。显然，康有为在“孝弟”之中塞入“悲悯万物”之义，并由此推出“必不侵犯人人自由之疆界”之义，与经文内容并无直接关联。

接着，康有为解释孝悌何以为仁之本。首先，康有为援引了汉代包咸的旧注云：“能事父兄，然后仁道可大成。”“仁道大成”所谓何？康有为援《春秋繁露·必仁且智》之说，明仁者不争之义，接着，用《春秋繁露·王道通三》，将人之仁的存在依据上溯至天。其次，康有为借尸子、孟子之说，提出仁乃孔子立教之本的命题。由于经文中谈及“仁之本”，于是康有为就对“仁之至”的情况做一描述，便是他所立“三世”说中的太平大同之世。最后，康有为解释为何孔子以孝悌为仁之本。在此，康有为的仁论与经文之间存在紧张：一方面，他既以“仁”之根据在天，另一方面，又要解释对父母兄弟的事奉是仁之本，则仁有两本。康有为解决这一矛盾的方式是，分出两种层面上的“本”：天地为“生之本”，从存在论角度为普遍之仁提供了依据；父母为“类之本”，从经验世界出发，为具体之仁的表现提供了场景。

然而，人因爱其类而产生的孝悌，何以能够最终导向普遍无别的泛爱之仁？康有为又植入了一个关键性的解释理论，即“三世”之法，本着“万物并育而不相害，道并行而不悖”的信念，将看似相悖的原则和价值铺设于“三世”的不同时空之中。因此，有子在此章中所云为仁之本的孝悌，“为拨乱世立义”，此时“人道积恶”，“久种乱杀之机”，因此必得先“自其至亲诱其不忍之心”，于浅近易行处入手，才能渐至于天地万物与我一体之仁。因此，孝悌为仁之本，指的是其作为拨乱之法，为“三世”渐进的基础阶段。

熟悉传统解经之法的读者一定会对康有为的解释感到难以适应。譬如，他以“悲悯万物”解“仁”，并不是对“仁”的常规理解，以仁者“必不侵犯人人自由之疆界”，而孔子甚至从未论及“自由疆界”的问题；又径直引入“三世”说解孝悌为仁之本，颇有以己意强加于经文之上之势。然而，在批评康有为强曲经义之前，我们不妨先尝试理解康有为本人如何看待解经一事。

在康有为对此章的解释中，有两点值得注意，首先是他对董子之说的倚重。在康有为看来，董子《繁露》蕴含着大量未被发掘的口传真言，而对口传大义的信任和尊奉是西汉说经体得以成立的先决条件，因此，康有为得以基于《繁露》来复兴说经体。其次，对康有为而言，他在遍解诸经时得以自如援引“三世”说，有一个不言自明的前提，便是他对于口说解经传统的继承。以口传大义微言为特征的西汉《公羊》学，其一大特征在于，赋义于经文之外。康有为在《春秋笔削大义微言考》中揭示出今文《春秋》学的这一特性：“如今撰电报密码者，撰成一一要言，密系于各字码中，任附何字码，皆可以互对而知之，惟密码偶有破损，则不知要言系在何字码矣。”[1] 凡熟悉电报加密之术者都知道，有效的信息传递必须通过编

---

① 康有为：《春秋笔削大义微言考》，姜义华、张荣华编：《康有为全集》第六集，第6页。

码和解码两个步骤，编码所用语言，若无解码数据，是不可能得到正确解读的。在这个意义上，口传之义才是解码《春秋》经文的唯一钥匙，且口传之义必须与经文保持足够的差异性，才能保障经文的“加密”，如果经书文字本身即可清楚彰显其义，就无需口传。康有为将这一方式推至群经，在他眼中的六经文字如同密码，解码钥匙在于经由康有为借助董子口传所揭示和发挥的孔子三统三世之说、太平仁道之学。于是，六经文字成为符号，每一个符号对应于确定的解释信息，通过他的解码，六经被转码为另一套理论系统。

不过，我们仍然可以质问，既然口传大义才是理解六经文字的真正途径，康有为为何不干脆抛开六经，只宣口传大义？今文经学家以六经为孔子所作这一信念本身，通过六经确立了孔子权威的同时，也通过孔子保障了六经的权威，圣人权威与六经权威、圣人信仰与六经信仰被绑定在了一起，这就决定了康有为不可能抛开六经“另做一片文字”；反过来说，如果抛弃了六经，也就意味着口传的失效。因此，经书与口传，必得相互配合，才能有效传递圣人的教义。

在理解了康有为解经之法的基础上，我们可以看到其中真正的问题所在。首先，以口说解经，虽为西汉传统，但在诸经中，唯《春秋》之学有大义微言之说，有鉴于此经的定位是“其事则齐桓、晋文，其文则史，其义则丘窃取之”，因此，若无传说，则经义不可解。然而，这一原则果否可以遍推他经，却必须得打上一个问号。遑论如《论语》这一类的经书，本非出自圣人亲笔，只是七十子后学辑纂而成，有无大义微言可论，至为可疑。其次，如前文所揭，说经体对经典的解释，极大程度依赖于口传的权威，而口传的权威需要依赖相对清楚的学术传授谱系、较为稳定统一的口传义理才得以保障，而康有为在这两方面都面临巨大挑战。他虽声称发董子所传大义微言，但康氏去董子毕竟千余年，此间学术中绝无传，康氏何以自证其所发者果为董子之学？且康有为既言《繁露》多存圣人大义微言，何以他最为看重的“三世”之说在《繁露》中却言之甚略，且其义与康氏所发亦大有不同，何者为真？回顾汉代口传之学的式微历程，从汉初博士以口传之学相授受，“世世递嬗，师师相承，谨守训辞”[①]，到汉帝以经学为利禄之途，于是为学之人“各务创获，苟异先儒；骋怪奇以钓名，恣穿凿以标异”[②]，背弃师说、自创家法之事屡见，却皆自谓其学传于圣人，一经之下诸说并存，纷争无已，言人人殊，口传之学遂失去权威，可知变乱口传实为口传之学的大忌。此弊不除，纵使在形式上复兴说经之法，也难以延续。正因如此，在康有为之后，此种说经之法亦失去后继。

① 皮锡瑞著、周予同注释：《经学历史》，第139页。
② 同上。

第六章　康有为作为一面镜子

1905 年，清廷宣布废除科举；1911 年，辛亥革命爆发，帝制终结，经学的制度基础被抽空；1912 年，中华民国临时教育部公布《普遍教育暂行条例》，规定“小学读经科一律废除”，是年，蔡元培起草的《大学令》颁布，“经学科”被废除；1919 年，五四新文化运动开始；1926 年之后，康门发扬孔教最得力之弟子陈焕章见孔教主张难行于国内，遂将孔教的发展重心从国内移往东南亚诸国；1927 年，69 岁的康有为逝于青岛，他耗尽半生心血的挽救经学计划，最终未能达成。随着康有为的离世，一个激荡纷纭的年代也渐隐入历史，随着新时代车轮的滚滚而来，归于沉寂。

然而，康有为在特殊历史时期中身份、行动和思想上的复杂性和独特性，仍然使其在政治、学术等诸方面具备太多可以反思、探寻的话题和线索。在时间的沉淀和岁月的磨洗中，康有为这面镜子反照出更多未被充分意识到的领域和问题。

第一节　康有为经学之影响

一、“疑古”之风的开启

康氏经学最直接也是最为人所熟知的一大影响，便是以“两考”开疑经之先河，助推了此后笼罩史学界长达半个世纪的“疑古”学风。最为学人所反复提及的一段故事，便是顾颉刚所受康氏影响。

在《古史辨》序言中，顾颉刚回忆称：

> 《新学伪经考》买到了。翻览一过，知道它的论辨的基础完全建立于历史的证据上，要是古文的来历确有可疑之点，那么，康长素先生把这些疑点列举出来也是应有之事。因此，使我对于今文家平心了不少。后来又从《不忍杂志》上读到《孔子改制考》，第一篇论上古事茫昧无稽，说孔子时夏、殷的文献已苦于不足，何况三皇五帝的史事，此说即极惬心餍理。下面汇集诸子托古改制的事实，很清楚地把战国时的学风叙述出来，更是一部绝好的学术史。虽则他所说的孔子作《六经》的话我永不能信服，但《六经》中参杂了许多儒家的托古改制的思想是不容否认的。我对于长素先生这般的锐敏的观察力，不禁表示十分的敬意。[①]

顾颉刚作为古史辨运动的代表人物，在20世纪的中国历史学界曾经产生过重大影响。表面看来，古史辨派的学者激烈地怀疑经典，否定传统历史叙述，与康有为竭力保存孔教的立场判然有别，但顾颉刚推翻古史的做法恰恰是自称受到了康有为的启发。对此，王汎森用了"吊诡式的继承"[②]来形容此种微妙关联，他指出，康有为的尊孔与托古改制带来三个吊诡性的结果：一是否定了所有上古信史；二是将两千年来的儒学视为伪学；三是将整个儒学传统孤立在孔子一人身上，则一旦有人攻击孔子，传统的威严便会跌得粉碎。因此，"在清末造成儒家式微的关键人物之一，竟然就是最想保住儒学权威

---

① 顾颉刚：《古史辨》第一册，上海古籍出版社1982年版，第26页。

② 王汎森：《古史辨运动的兴起》，台北允晨文化出版社1987年版，第209页。

的康有为”[①]。

事实上，朱一新早已有此忧虑：“窃恐诋讦古人不已，进而疑经；疑经之不已，进而疑圣；至于疑圣，则其效可睹矣。”[②]但当时康有为的回应是：“若虑攻经之后，它日并今文而攻之。则今文即孔子之文也，是惟异教直攻孔子，不患攻今学也。”[③]康有为认为今文经学与孔子为一体，因此，攻击今文经学最严重的后果不过是攻击孔子。以康氏当时的认知来看，他显然坚信，无论如何孔子的至尊地位是无法被撼动的。当然，这不仅是一种信念，也落实为康氏一生所致力的尊孔实践，包括倡议广立孔庙、用孔子纪年、创办孔教会、立孔教为国教等，种种措施皆为稳固和保障孔子至圣地位。然而，历史的走向却在短短二十年后，超出了康有为的预料。随着帝制在辛亥的崩解，经学无可挽回地走向衰落，很快，新文化运动兴起，孔子作为封建礼教与旧道德的代表，其权威最终也遭到了颠覆。在康有为处，尊孔与经书辨伪是一体两面的行动：辨伪是为了尊孔；只有辨伪存真，方知孔子之道大，是故可尊。然而，顾颉刚等人意识到，孔子的伟大如果只是一种信仰而非事实，那么康有为的尊孔态度就可以与他的辨伪之举分作两事，只肯定他的辨伪行动，而不接受他的尊孔态度。曾为康有为披荆斩棘、锋利如斧钺的辨伪之学，当约束它的绳索被斩断，则调转方向，成为对经学的致命一击。

回到康有为辨伪之初，他未必不知此举实有双刃剑之患，但何以对尊孔这一保障性前提如此充满信心？归根究底，这仍与康有为对中国文明性质的基本认识有关——尊孔与否是判断此一文明的底

① 王汎森：《古史辨运动的兴起》，第 210 页。

② 朱一新：《朱侍御答康长孺书第三书》，姜义华、张荣华编：《康有为全集》第一集，第 321 页。

③ 康有为：《致朱蓉生书》，姜义华、张荣华编：《康有为全集》第一集，第 315 页。

线，若此一底线不能持守，则中国文明与沦入异教几无别矣。

二、对近代《春秋》学的影响

康有为的“三世”说，对晚清民国以来治今文《春秋》学者影响亦深。广东廉江人江慎中仿公羊家三科九旨之例，作《春秋穀梁传条指》，于《穀梁》中亦得出“十指”，其首指为“推世变”，并以之为“《春秋》之通指，统贯全经者也”：

> 推世变者，即《公羊》家所谓张三世也。《春秋》为推言进化之书，三世者，进化之次序也。顾按其程度，皆循途渐进，可以三世差之，而论其功化，则月异日新，当以世变目之。圣人尽举前后古今纷纭万变之象，纳诸二百四十二年之中，借其事以明进化之公理。……公羊家有据乱世、升平世、太平世之说，而其传无明文，盖治《春秋》者相承，有此义而彼袭用之，非尽出彼一家也。以《穀梁》义推之，远世为家族主义，时代规模偏狭，国体未成，是据乱世也。中世为国家主义，时代经制画然，国度日进，是升平也。近世为世界主义，时代畛域尽化，天下大同，是太平也。两义相比，若合符节。使若隐公以前，犹是太古，比诸未开化之时代。《春秋》虽析分三世，而三世之中又各自有别。如隐、桓同为临一家之言，而隐篇但是成立家族，桓篇则已成专制家族，由专制家族遂一变而为专制国家矣。自庄至昭，同为临一国之言，而庄、闵、僖为专制国家，文、宣、成为贵族国家，襄、昭则为平权国家，由平权国家遂一变而为平权天下矣。定、哀同为临天下之言，而定篇犹是平权天下，哀篇乃成大同天下，其变象无穷，固非一端可尽也。桓、庄、昭、定实为家国天下交接时代，所谓远世、中世、近

世，不过举其大要耳。[①]

江慎中虽以《穀梁》“推世变”之指同于《公羊》“张三世”之说，但他所理解的“三世”说，几乎全用康有为“三世”之义。首先，他对《春秋》性质的理解——“推言进化之书”，显非传统《公》《穀》二家之说，而是接受了康有为的“三世渐进”之说。其次，其以家族主义、国家主义、世界主义分属据乱、升平、太平三世，与康有为之说若合符节。最后，其于三世之中又更细分条理，虽以隐、桓篇皆为据乱之世，但以隐篇为成立家族阶段，桓篇则已成专制家族阶段，“三世之中又各自有别”之说，与康有为“三世三重”的架构亦颇相类。

陈柱在1929年的《公羊家哲学》中，除传统公羊学所倡如尊王、革命等大义外，特列“进化说”：

> 人之所以能为万物之灵者，以其进化不已也。由万物之进化而有人与物之分，由人类之进化，而有文与野之别。进化则优而胜，不进则劣而败，此自然之势也。是故人既进化而为人，则当常循其进化之程度以进，而后可以图存。然进化云者，岂弟物质云尔哉？其要尤在乎道德。……是故公羊家说《春秋》有三世之义，于俞进化之世则其责道德也俞严。[②]

显然，陈柱已经默认“三世”说所承载的进化之义，且陈柱所标举之进化目标，为文明之进化，又以道德而非物质之进化为要，

---

① 江慎中撰、皮迷迷注：《春秋穀梁传条指》，载干春松、陈壁生编：《经学的新开展》，第145页。

② 陈柱：《公羊家哲学（外一种）》，华东师范大学出版社2014年版，第76页。

与康有为以"三世"为仁之进化的理解如出一辙。

陈柱又分述"三世"所对应的进化阶段及特征云：

> 夫所传闻之世者，讬起于衰乱之中，由草昧而进于文化之时代也，是为进化之第一时期。当此之时，各奉其酋长，各有其国土而已，故曰"内其国而外诸夏"。由是故知有己之国，而不知有人之国，贱人贵我，先己而后人，故曰"先详内而后治外"。由是酋与酋相争，国与国相攻，天下将无宁岁。于是诸酋之中，有觉悟者，倡为息争之说，而就其贤者能者而听命焉。而后其国益大，故于所闻之世，讬为升平之世，是为进化之第二期。当是之时，贤者能者进而为天子，而诸酋长则进而为诸侯之君矣。然而犹有中外之分，华夷之判。盖世界文明，尚未能平等，犹是国家主义、种族主义之时代也，故曰"内诸夏而外夷狄"。然国家主义，则难免国家之战争，种族主义，则难获种族之平等，其去酋长之争，虽有大小、久暂之别，其为祸则均也。故当进而为大同之世，力除国家主义与种族主义，及自私自利之成见。于所见之世，讬为太平世，是为进化之第三期。当此之时，无国界之见，无种界之分，一于平等而已，故天下远近大小若一。此则可谓至治之世，所谓大同者矣。[①]

陈柱接受了康有为以"三世"为孔子所托的结论，而他对三个阶段中世界主要政治形态的判断，以乱世为各国相争之局、升平世为略有秩序之局、太平世为大同之局，也与康有为的说法相符。尤其是他对太平世"无国界之见，无种界之分，一于平等而已"的设

① 陈柱:《公羊家哲学（外一种）》，第77—78页。

想，正是出自康氏之学。

可以看到，自康有为变更“三世”之说，“三世渐进”之义已然被今文《春秋》学所接纳，无论《公》《穀》学者，皆不能脱其范围立说，此为康氏经学之于《春秋》学史之一大贡献。

三、对现代新儒家的影响

作为现代新儒家开创三圣之一的熊十力，其学亦与康有为之经学有着千丝万缕的关联，尤为显著者，便是对《易》与《春秋》的认识。在六经中，除《春秋》外，康有为最为重视《易》，为弟子讲学时候，屡以《春秋》与《易》并论，如“《易》言其生也，生故有偶。《春秋》言其治也，治必一统”[①]，“《春秋》为孔子改制之书，《易》为穷理天人之书”[②]，“义理全出于《易》，制度全出于《春秋》”[③]。如前文已述，在康有为看来，《易》之所以值得重视，原因有三点：一是《易》之“大哉乾元”通于《春秋》之“元年春王正月”，皆为以元统天之义。二是《易》所言阴阳化生之道，倡生生之德，康有为从生论性，则此生生之德为康氏天人性命之学要义所在，其赞《易》之乾德云：“大发其光力，以运持世宙，照临下土，无所收缩，尽其性也。”[④]三是《易》所主变易之旨，合于《春秋》损益改制之义。

考熊十力之说，首先，他亦深肯《易》与《春秋》的内在关联：“《春秋》与大《易》相表里。”继而指出“《易》首建乾元，明万化

---

① 康有为：《万木草堂口说》，姜义华、张荣华编：《康有为全集》第二集，第134页。

② 张伯桢：《康南海先生讲学记》，姜义华、张荣华编：《康有为全集》第二集，第105页。

③ 同上书，第109页。

④ 康有为：《中庸注》，姜义华、张荣华编：《康有为全集》第五集，第382页。

之原也。而《春秋》以元统天，与《易》同旨”[①]，与康氏之说若合符节。十力又论《易》之大义云：“生生之本然，健动，而涵万理，备万善。是《易》所谓之太极，宇宙之本体也。其在人则曰性……夫性者，生生之本然。其存乎吾人者，即大《易》所谓‘乾以易知之知’也。”[②]可谓与康氏之说同条共贯。又，十力称“变易，其气也。天地不变，不能通气”，自注云：“按天地虽大，而常在变化中也。如诸天与地球皆为坚固不变之物，则世界何堪设想。变即气化流通，不变则死物耳”[③]，并批评郑玄以“不易”解《易》之名云：“郑玄等徒以天地定位，不可相易，明不易之义。而不能忘象以会意，此所以暗于大道也。”[④]见其亦以主以“变易”之义解《易》，方得孔子真义。

康有为言《春秋》，尤重“三世”，且以“仁”为三世渐进之动力与目标所在，三世渐进的过程，即为仁之逐步实现的过程。熊十力论《春秋》，唯遵《公羊》，而斥《左》《穀》，以“《穀梁》虽粗识大义，而不知存微言。实与夫子作经本旨无关”[⑤]，“《左氏》是史学”[⑥]。于《公羊》诸义中，十力特重“三世”：“余以为，三科九旨本孔子微言所存，当以三世义为宏纲”[⑦]。十力论“三世”之义云：“三世之治，皆以仁为本。据乱世，所以内其国者，仁道而已。升平世，所以合诸夏而成治，抑夷狄之侵略者，亦仁道而已。太平世则仁道

---

① 熊十力：《读经示要》，《熊十力全集》第三卷，湖北教育出版社2001年版，第1019页。

② 同上书，第917页。

③ 同上书，第920页。

④ 同上书，第921页。

⑤ 同上书，第1011页。

⑥ 同上书，第1017页。

⑦ 同上书，第1023页。

益普，夷狄慕义，进于诸夏，治化至此而极盛，仁体于是显现焉。”[①]亦以“仁”为“三世”之目标。

此外，十力论“仁”的体用关系，喜用佛学中众沤与海水作为比方，如“万物资始者，仁体生生不息，万物所资之以始。譬如众沤，资始于大海水也（自注：大海水，喻仁体。众沤，喻万物）”[②]。而此“仁体”即为“元”：“元者，仁也。仁体备万理，含众善。”[③]

康有为在《论语注》中解“博施于民而能济众”章时，亦早用此喻：“愚尝论之，天地万物，同资始于乾元，本为一气，及变化而各正性命，但为异形。如大海之分为一沤，沤性亦为海性，一沤之与众沤，异沤而无异海也。”[④]

如此种种，当非巧合。诚然，十力学问根柢在唯识，他本人亦从未承认受到康氏影响；反之，他还曾多次表达对康氏之学的不满，如“康有为于《大易》全无所究，空揭《春秋》三世名目，故识不真者，其守不定，终以复辟败也”[⑤]，又云“近人康有为说《春秋》虚揭三世名目而不求其义，其所为诸书皆抄胥之业，非真有得于《春秋》也。真了《春秋》必能知《周官》与《春秋》为一贯，何忍摈斥《周官》？”[⑥]然而，应当看到，经由康有为所建立的各种经学话题与范畴，如《春秋》“三世”学、《礼运》“大同”说，《易》以“群龙无首”为要义等等，显然早已潜在地构成了熊十力经学的基本边界甚至话语范式，无论熊氏于康氏之学的具体观点认同与否。康氏之学对于其后时代之学术的深幽影响，于此可见一斑。

---

① 熊十力：《读经示要》，《熊十力全集》第三卷，第1031页。
② 同上书，第947页。
③ 同上。
④ 康有为：《论语注》，姜义华、张荣华编：《康有为全集》第六集，第424页。
⑤ 熊十力：《原儒》，《熊十力全集》第六卷，第394页。
⑥ 同上书，第396页。

四、“大同”说的影响

虽然学界对康有为的“大同”之论争议极大，但康有为对《礼运》“大同”之义的阐释，不仅确立了《礼运》一篇的儒家属性①，更深刻影响了此后学者对儒家“大同”的理解，此为不争之事实。

康有为之前，《礼运》一篇以郑玄的注解最具影响力。郑玄以“大同”为五帝时代，以“小康”为三王时代，此一区分为此后历代注家所继承。直至康有为“托古改制”与“三世渐进”说出，“大同”之论从五帝之史实转变为孔子之理想，成为一种未来性的学说，这一点为后来许多学者所继承和认可。

譬如，吕思勉称自己“成童时，最信康梁之说。于康梁两先生，皆不识面。然在思想上，受两先生之影响最深，虽父师不逮也。此时所笃信而想望者，为大同之境及张三世之说”②。其《大同释义》虽认为孔子所述之“大同”并非纯粹空谈，但其实情大约只是“古农业公产之小社会”③，此为自然形成的“大同”；而另有一未来之“大同”，虽与古之“大同”境况有别，却为人类努力所创造的文明隆盛之“大同”：

> 古之大同，乃处境优良所致，而此境非其所自造，故境变，制即与之俱替，俗亦遂之而坏焉。今后则经历万难，明之前此之恶，而有意造出一善境，乃可入于不退转地。故古之大同亦

---

① 《礼运》一篇的学派归属，宋人已有疑，黄震说：“篇首匠意，微似老子。”参见黄震：《黄氏日抄》，台北大化书局 1984 年版，第 56 页。李清臣认为“《礼运》虽有夫子之言，然其冠篇言大道与三代之治，其语尤杂而不纯”。参见李清臣：《礼论》（下），载《宋文选》，文渊阁四库全书本卷十八，第 19a—21a 页。

② 吕思勉：《大同释义：中国社会变迁史》，上海交通大学出版社 2018 年版，第 189 页。

③ 同上书，第 14 页。

> 子，今后之大同，则为大人。
>
> 今后之大同，其情状果何如邪？曰：人与人之利害，全然一致。其于物也，亦因其智识之高，防御及利用之力之强，蒙其利而不蒙其害，见其可爱而不见其可畏。至于一切不可遂之欲，则本非人性所固有，皆社会之缺陷，有以致之；社会无缺陷，人自无此等欲念矣。如是，人遂有乐而无苦。①

吕思勉有意识地修正了康有为关于“大同”全为孔子凭空想望的说法，提出了确有古之大同的看法，乃因此事“于世人对大同之信心，颇有关系也”②。但对于康有为以“大同”为孔子面向未来所设理想之境的判断，吕思勉仍然予以保留和继承。关于“大同”之情状的想象，吕思勉也继承了康有为的诸多说法，如社会的物质技术水平、人类的智识程度均高度发展，社会无缺陷，人类有乐而无苦等等。

依据郑玄旧注，解“大道之行，天下为公”为“公犹共也。禅位受圣，不家之”③，则“大同”显然是一个有序有则、有君有臣的圣王治理社会。至康有为始发“大同”无君之义，其《大同书》称：“太平之世，人人平等，无有臣妾奴隶，无有君主统领，无有教主教皇，孔子所谓‘见群龙无首’，天下治之世也。”④ 乃因“大同”时代，一切身份、种族、阶级、国家皆已泯除，人人高度自立、绝对平等。如此一来，《礼运》“大同”章的政治主体从圣王转变为无数

---

① 吕思勉：《大同释义：中国社会变迁史》，第 52—53 页。

② 同上书，第 4 页。

③ 郑玄注、孔颖达疏：《礼记正义》，第 875 页。

④ 康有为：《大同书》，姜义华、张荣华编：《康有为全集》第七集，第 182 页。

的个体[1]。这一转变也影响了此后熊十力对《礼运》“大同”的理解。

熊十力所理解的“大同”亦为人人平等、无人种国界之别的世界：“《春秋》三世义归趣太平，国界种界终于泯除，人类一切平等，互相生养，犹如一体，无有相陵夺相侵害者。”[2]且此时“人人有士君子之行，是为众阳，是为群龙”[3]，每个个体都实现了德性的完善，因而个体成为政治主体。职是之故，熊十力也接受了康有为“群龙无首”的说法：“全人类和谐若一体，无有逞野志，挟强权，以劫制众庶者。此亦群龙无首之众。《春秋》太平，《礼运》大同，皆自乾元之义，推演而出。”[4]

此外，中国古代思想传统中所固有的大公无私观念，经由康有为的“大同”说，被推演为一种极致的平等公同，而《礼运》“大同”之说也就被深嵌入平等的内涵。日本学者沟口雄三在比较中日公私观之差异时，就将《礼运》的“公”解释为“平分”：“汉代编纂的《礼记·礼运》篇‘大道之行也，天下为公’中著名的大同论述，是将人们不独亲其亲、共同扶助无依无靠的孤老残疾，或毫不吝啬地拿出多余的财物与劳力的，即‘不必藏于己’、‘不必为己’的共同互惠的社会，描写为天下为公的大同世界。就此而言，可以说这里的‘公’是突出了‘平分’之义”[5]，并认为康有为在《大同书》中所揭示的平等自由公理，“显示了来自传统的观念”[6]，默认

---

① 常达指出，康有为、熊十力等人的解释，造成了《礼运》“大同”章政治主体的一次重要转变。参见常达：《论〈礼运〉“大同”章政治主体的诠释演变》，《中国哲学史》2020 年第 5 期。

② 熊十力：《论六经》，《熊十力全集》第五卷，第 212—213 页。

③ 熊十力：《读经示要》，《熊十力全集》第三卷，第 967 页。

④ 同上书，第 947 页。

⑤ 沟口雄三：《中国的公与私·公私》，生活·读书·新知三联书店 2011 年版，第 8 页。

⑥ 同上书，第 36 页。

《礼运》中已经包含了平均主义的倾向。《礼运》中“不必藏于己”和“不必为己”的说法是否就是共产均分的模式，仍然有待于辨析，然而，《礼运》“大同”被默认为具有共产均分的主张，显然与康有为极具影响力的“大同”阐释密不可分。

以上所举，为康氏对其后学术影响之较为显著的若干方面，无论这些影响产生了积极抑或消极的作用，它们都已然融入并参与塑造了此后的学术史。因此，对这些影响的辨识，既关乎我们如何评估康氏经学的价值，也关乎我们对现代中国学术的认识。

第二节　价值与问题：重估康有为的经学革新

康氏的经学革新之举，其价值当如何评估，又存在哪些问题值得反思？实际上，这是一体两面的问题。对这个问题的回答可以从两个方面展开：一是康有为的核心关切和问题意识；二是他所提供的解决方案。

康有为所面对的是三千年未有之文明大变局，在此变局之中，以经学为代表的中国固有之学，面临着从具有普遍主义属性的文明形态退化为一种失效的地方性知识的危机，器物、军事乃至国政层面的危机皆为此文明危机的表现之一端，根本危机在于文明命运本身，因此，对文教命运危机的认识成为康有为的核心关切。一种古典文明如何在自我保存和延续中完成现代转型，从今日反观，康有为的文明命运关切可谓具有洞见和前瞻性。

文教危机的本质何在？康有为基于其所继承的文化、历史与学术传统，看到了经学在既有文教传统中的奠基性角色，经学与文教互为表里，一荣俱荣、一损俱损。这种对经学—文教一体化的认识，乃康有为与受西学影响的“五四”一代在学术眼光上的殊别处。如果说中国既已成立的现代性，是继承和发展“五四”一代的道路而来，那么康有为的意义在于，为我们提供了一个观察中国现代转向的更早的时间节点和一条不同的思路。康有为改革经学的整体思路是重建经学的普遍主义。回溯经学的历史，可以看到，这一思路遵循了中国作为一文明实体的历史传统，既保存了经学的文明属性，也保存了经学面向更广阔世界和更遥远未来开敞的可能性，这与民国以后一批学者将经学内缩为一国固有历史文化之学的取径全然不同。

康有为重建经学普遍主义的方案包含两大任务目标：一是在重整经学学术系统基础上，重新界定经学的性质；二是基于他所界定的新经学，做出新的经学一体化解释。经学史上两次最关键学术转向——今、古之学的转变和汉、宋之学的转变，均伴随着经学体系的重整、经学性质的重塑和经学一体化解释的重建，因此，从经学史的脉络来看，康有为这两个任务的目标均有合理性和可行性。不过，康有为的具体做法却是洞见与弊病并存的。

“两考”是康有为完成第一项任务的主要手段。《新学伪经考》通过将所有古文经斥为伪经的方式，“澄清”了孔子真经，既解决了经学中周、孔异制的矛盾，又处理了清代学术中长期存在的汉、宋相争问题。通过“澄清”孔子真经体系，经学成为孔子之法所在，也为康有为界定孔子之法即经学的性质提供了条件。然而，细考康有为的整个辨伪过程，绝非如钱玄同所称道的那般“极精审”。符定一评价《新学伪经考》云：“其征引也博，其属词也肆，其制断也武，其立意也无稽，其言之也不怍。”[①] 此言切中康氏辨伪之病。若以

① 符定一：《〈新学伪经考〉驳谊》，商务印书馆 1937 年版，第 1 页。

廖平的今、古之辨作为对比，康有为《新学伪经考》分辨今、古的方式和手段显得尤为成问题。廖平曾经致书康有为称《新学伪经考》“外貌虽极炳烺，足以耸一时之耳目，而内无底蕴，不出史学目录二派之窠臼”[①]。廖平看到，今、古之辨在本质上是一个经学问题，既然是经学问题，“经学有经之根柢门径”[②]，那么，对今、古之学的分辨应该遵循经学的方式展开，因此，廖平的今、古之辨是通过对礼制的考察逐步展开的。以礼制立言，这是廖平学问的根柢所在，虽然通过礼制之辨以分今古之学的过程相当迂曲复杂，但这是正统的经学方式。然而，康有为取巧地使用了史学辨伪，避开了对经学核心问题的讨论，通过对“刘歆作伪”这桩史事的考辨来实现分辨今古的目的，是故蒙文通一针见血地指出：“康氏之学实以龚、魏为依归。”[③] 换言之，《新学伪经考》不仅在史学辨伪上多有破绽，更关键的问题是，它没有从经学本身出发，正面回应今、古之辨这样一个经学议题，这样一来，该书所得出的结论在史学与经学两方面都难以真正立足。

不仅如此，《新学伪经考》对经学传统造成的冲击也不可小觑。康有为以古文经与古文学皆伪的论断，相当于废弃了自东汉至晚清一千多年的经学传统，朱一新质问康有为道：“如足下所言，《尚书》当读者仅有二十八篇，余自《周易》、《仪礼》、《公》、《穀》、《论》、《孟》而外，皆当废弃。五经去其四，而《论语》犹在疑信之间，学者几无可读之书，势不得不问途于百家诸子。百家诸子之言，其果优于古文哉？”[④] 东汉以后，经学变古，此后千余年中，今文经学长

---

① 廖平：《与某人书》，《四益馆文集》，《廖平全集》第11册，第663页。

② 同上。

③ 蒙文通：《井研廖季平师与近代今文学》，《经学抉原》，第97页。

④ 朱一新：《朱侍御复康长孺第四书》，姜义华、张荣华编：《康有为全集》第一集，第327页。

期衰微乃至隐没，是无可争辩的事实，若骤然废弃古文经与古文学，西汉经说只有少量残存，不足以支撑起一个完整的经学解释系统，必然导致学者问道百家，旁搜逸求，援杂说解经。经学若是失去了解释传统，则后世解经者将无所依凭，只能各逞己意，异说纷出，解经之学必然陷入再度分裂。

诚然，康有为此举有其苦衷。毕竟，两千年来经学聚讼纷乱如麻，要想一朝廓清，谈何容易。纵然熟稔礼制如廖平者，一变平分今古，尚未能妥善处理经学中周、孔两主人的问题，而不得不转向二变，乃至三变、四变。经学历二千余年发展，其中矛盾论争自是数不胜数。按廖平所说："凡经皆有大纲巨领为其根本，而后支流余裔因缘而生。立说须得大主脑，探骊得珠，以下迎刃而解。"① 然而，如何能够于繁难经学中，抉得"大主脑"，浚源疏流，仍是一个任重而道远的难题，这既需眼力，更需胆魄。

借由《孔子改制考》，康有为以"托古创制"之说，突破了传统今文《春秋》学对孔子"素王"的定位，确立孔子作为教主的独尊地位，孔教得以成立，端赖此篇，而面对异教挑战，两千年来中国政教与学术传统，因孔教的提出得以自明面目，就此而言，尊孔确为挽救文教之第一紧要事。然而，康有为变公羊学"托鲁"之说为"托古"，尊孔之心虽切，但以否认三代为代价，则孔子称言三代之语几成谎言，圣人之言如何能够取信于人？无怪乎疑古派学者终从疑经行至疑圣。显然，以何种方式理解孔子的至尊性，康有为并未选择一条足够成熟审慎的道路。

不过，康有为敏锐捕捉到孔子之法相较于其他圣王法所独有的未来性，这一点仍然值得重视。公羊家认为《春秋》为孔子托诸空

① 廖平：《经话甲编》，《廖平全集》第1册，第169页。

言而成一王大法，赋予了孔子之法以未来性：唯因孔子之法从未在现实中付诸实践，才始终保持着面向未来的开放姿态。《孔子改制考》变“法古”为“托古”，扭既往为未来，彻底斩断了历史对于孔子之法的制约，充分释放孔子之法面向未来的可能性。然而，康有为变改制为创制的做法，也让他一度自陷困境，毕竟，义理千古一同，尚可预立，制度古今递嬗，可以预立乎？这也成为晚清以来以制度解经者所共同面临的挑战。

“三世”说的转向，为康有为解决此一困难提供了契机。通过对“三世”说的创造性解释，康有为突破了经学作为孔子法的既有形态，塑造出一种新的经学形态：经学虽为孔子之法，此“法”却非一套或几套确定之制，而是一种更具时空普遍性的文明衡量之度。传统“三世”之说虽无进化之义，但康有为从其固有的王化渐进之义出发，发展出能够接轨于现代时间观念的文明渐进之义，不能不说是一次突破，此后的《春秋》学家也大多认可了康氏的新“三世”义，由此可知这是一次较为成功的突破。尤为值得注意的是，“三世”虽为圣人大义微言所在，但前儒并未对“三世”之法得以成立的根本依据做出解释。康有为自称发《繁露》之微言奥义，求得孔子立制之本，不仅彰明孔子“三世”之法，更揭示孔子所以为法之本。董子学的重光，是康氏经学革新中一个不为人所重视的方面。按皮锡瑞之说，以西汉为经学昌明时代，则董子之学无疑塑造了西汉的经学和政治。随着魏晋以后公羊学寖微，至宋始有疑《繁露》非出自董子之手者如程大昌，称其书“辞意浅薄”，《繁露》之真伪后又屡遭质疑，遂致其义隐而不彰。而康有为发阐“三世”之义，尤得力于董子学。《繁露》中气、性、仁、天之论，若以《春秋》学为背景，会得到全新的理解。虽然康有为对董子之学的解读在很多具体问题上存在偏差，但董子的为人者天、从天论仁诸说，相较于后来儒学，极为独特，它提示着孔子之学中存在着一个尚未充分张开的维度。经此改造，以“三世”说为核心的孔子之法，本末度数兼运，论证性与规定性悉备。“三世”说能否承担起经学的新普遍性，或未可知，但是，康有为提供了一个方向性的指引，这便是在现代语境中，经学需得义理、制度兼备，才有延续之可能。

在康氏的天人气性之学中，还有一点值得重视，便是他在众教对勘中把握到孔子之教以生生为本的特性，取“仁”之义于生生，于生生中理解人性，基于他对生生的理解，将“三世”说塑造为一个具有生生之义的理论，这些思考均对于我们今天再次理解中西文明之别提供了线索。

“三世”说虽然极大程度地激活了孔子之学的解释空间，但其在学理层面的重大缺陷也是毋庸讳言的，最大的挑战来自被康有为塑造为“三世”终极目标的“大同”。康有为在《大同书》的终章，极尽所能地描绘了一个“大同”实现后的世界，但在此章的末尾，康有为写道：

> 大同太平，则孔子之志也，至于是时，孔子三世之说已尽行，惟《易》言阴阳消息，可传而不显矣。盖病已除矣，无所用药，岸已登矣，筏亦当舍。故大同之世，惟神仙与佛学二者大行。盖大同者，世间法之极，而仙学者长生不死，尤世间法之极也。……故大同之后，始为仙学，后为佛学，下智为仙学，上智为佛学。仙、佛之后，则为天游之学矣，吾别有书。[①]

既然“三世”尽头即是“大同”的实现，那么经学的意义，一

① 康有为：《大同书》，姜义华、张荣华编：《康有为全集》第七集，第188页。

言以蔽之，不过是设一“三世”进化条理，为通向“大同”之船筏桥梁。“大同”既成，经学使命便已完成，则可登岸弃舟，人类生存便转向仙、佛、天游这样的出世间境界。作于《大同书》后的《诸天讲》，便是晚年自号“天游化人”的康有为为指点后大同时代所作。就此而言，以“万世法”为目标的六经之学，其有效期不过“万世”而已，“万世”之名所标举出的普遍性，亦不过是相对性之下的普遍性，“大同”才是终极的普遍性所在。虽然康有为反复强调，不可躐等也正是“三世”说应有的题中之义，人类社会不可骤至“大同”，但如果“三世”说的本质只是通向“大同”之津梁，“大同”才是经学的彼岸，谁有资格裁断何时是进入“大同”的成熟时机？又有何种力量约束和控制人类朝向“大同”突进的渴望？在康有为的整个理论体系中看不到这样的约束力量，就此而言，康有为从经学传统中所继承和发展出的普遍主义追求，最终脱胎换骨，生长为一股超越经学且消解经学的力量。

并且，泯除了一切界限、差异，人人平等公同如一的“大同”在何种意义上可被视为一种符合经学的观念？康有为以仁学贯通“三世”与“大同”的做法，一定程度上缓解了“三世”与“大同”间的紧张。根据他的理解，从据乱到升平再到太平的“三世”，其实质是人性之“仁”的不断扩充放大，从亲亲到仁民再到爱物的三阶段，后者是对前者的涵摄而非否定，仁民必然包含了亲亲，爱物也必然以仁民为前提，仁民不会取消亲亲，爱物也不会否定仁民，后者只是前者范围和程度的自然扩展。由此，康有为顺利地在理论上推出了远近大小若一，人无所不爱的“大同”。但这一仁学理论实际上偷换甚至颠覆了传统经学对于人的基本认识。“当太古生人之始，只知自私爱其类而自保存之……故以爱类为大义，号于天下，能爱类者谓之仁。”[①] 圣人正是基于对人自私爱其类这一普遍人性的观察，才设亲亲之法，立孝悌为仁之本。诚然，人不仅能私爱其类，亦有不忍人之心，并能扩充此心，若决江河，浩然庞沛，孟子发四端之心，即明此义。但问题的关键在于，孟子所谓亲亲、仁民、爱物，三者之间有着明确的界分。孟子明言：“君子之于物也，爱之而弗仁，于民也，仁之而弗亲，亲亲而仁民，仁民而爱物。”[②] 赵岐注云：“先亲其亲戚，然后仁民，仁民然后爱物，用恩之次者也。”[③] 从亲亲到仁民再到爱物，固然是对人情推扩先后次序的描绘，但亲亲、仁民、爱物是三种程度不同的情感，因此，孟子特别用“亲”“仁”“爱”三个不同的词区分对亲、民、物的情感，明确指出“君子之于物也，爱之而弗仁，于民也，仁之而弗亲”。面对不同的对象，存在情感的差等，这是人情之自然，也是儒家伦理得以建立的基础。也正是这种情感的差异，才使得儒家从亲亲推出仁民，从仁民推出爱物成为可能。倘若待民视物皆同于亲爱己亲一般，亲亲在事实上就不可能成为仁民的基础，因为仁民的情感会构成对亲亲情感的消灭；同样，爱物也会构成对仁民情感的消灭。也正因如此，在佛教义理初入中国的六朝之际，儒家与佛家士人关于“三才”与“众生”产生了相当激烈的论辩，毕竟，天地之性人为贵与众生平等这两种观念存在相当巨大的义理鸿沟。而康有为仅以错行代明、并行不悖来解释三世治法的相反相悖，又欲以仁民爱物一条宗旨贯通相反相悖的三世治法，大为可疑。事实上，康有为尝试建立在自然人性基础上的“三世”说，恰恰并未遵循真正自然人性，而是用一套关于自然人性的理论假说取代了先圣对真实人性的观察，试图以

① 康有为：《大同书》，姜义华、张荣华编：《康有为全集》第七集，第 49 页。

② 焦循：《孟子正义 · 尽心上》，第 948—949 页。

③ 同上书，第 949 页。

此“塑造”出一种新的人性，而其结果可能是对自然人性的戕害与扭曲。

因此，“三世”与“大同”之间的纠结，背后根本问题乃是经学的限度与普遍主义的尺度之间如何平衡拿捏，这也是经学的现代转向所必须面对的挑战。

康有为的注经实践采取了建立一体化经学的思路，其中有两点值得重视。首先是经学的一体化。五经虽各有所主，但作为整体的经学，需要获得一种融贯性的理解，才不会成为五部经之学的机械拼凑，这也是经学得以成为经学而不仅仅是五经注释之学的实质所在。若以经书比作人之躯体，则对于五经的融贯性理解为人之灵魂。虽然躯体作为一种客观实体，是保障人之所以为人的物质前提，但仅有其躯壳而无灵魂，人亦无法得称为人，因此，康有为系统性的注经，确有其更深远的考量。其次，一种能够融贯五经的理论体系何来？自然需于五经内部寻得依据。五经资源虽众，但诸经各有所重亦各有所偏，不乏矛盾抵牾处，并不能天然地形成一个融贯的体系。因此，一种融贯五经的理论体系，必然需于五经之中择一端入手，以此为原点，辐射并重新定义整个经学系统。据此，康有为以“三世”说融贯五经的做法，从大方向来看，并无不妥，但解经者如何体贴经文、删裁刊改、弥缝异说，功力却有高下之别。康氏虽继郑、朱之业，若论解经之精细妥帖，于二子终有不及。

第三节　再论经学传统

既有从历史学、哲学、政治学乃至法学角度对康有为展开的研究，多少会涉及康氏之经学，本书着眼之处在康氏的经学革新，而康氏的经学革新在何种意义上是一个值得被单独对待的问题？所谓新，必相对于旧而言，因此，康氏的经学固然可以在政治、文化、历史等多种不同视角之中加以考察和理解，而康氏的经学革新却必须置于整个经学史脉络之中才能得以彰显。然而，认识康有为的经学革新意义何在？这关乎我们如何理解经学传统。

从19世纪以来，在一个追求和标榜进步的现代世界中，“传统”二字本身已然褪去了它旧有的威权与荣光，声名日下。韦伯认为，儒教的传统主义性格，在很大程度上阻碍了中国走上近代资本主义模式，因为这种依赖传统权威来维系的统治，与现代资本主义的理性主义精神格格不入①。在这一理解中，显然，传统与现代是两股相互对立的力量，传统主义作为阻碍中国自发性现代转向的因素，应该得到检讨。

然而，在现代与古代之间划出深刻的分界线，这实际上只是现代人进步感和优越感的一种表达，时间未曾在现代与过去之间发生断裂，一个看起来全然有别于传统的现代也并非从无中生有。传统/现代的二分观点预设了一个静态传统的存在，仿佛传统就是由某些确定的物品、习俗、观念等等堆积而成的总和，事实上，这并非传统的真相。美国社会学者希尔斯指出：

---

① 韦伯称：“儒教徒是受人文教养的人，更精确地说，是个受经典教育的人、形象最为鲜明的饱读诗书者。……虽然清教徒在不同的程度上也接受哲学典籍教育，但是大部分的清教教派反对此种教育，因为它与被视为不可或缺的要求——通晓《圣经》——是相冲突的。……理性地计算技术上的最佳策略，与实际上的可靠性及方便的办法，而非传统主义式地享受相传下来的技术，或如古来艺匠一样经营作品特色的优美，所有这些都特别是近代资本主义企业家所不可或缺的‘伦理’资质……换言之，理性的禁欲精神、‘人’世而不‘属’世所特具之系统化的——是冷酷无情的、也是宗教式的——功利主义，有助于产生优越的理性资质。”参见韦伯：《中国的宗教；宗教与世界》，广西师范大学出版社2004年版，第331—332页。

> 传统意味着许多事物。就其最明显、最基本的意义来看，它的涵义仅只是世代相传的东西，即任何从过去延传至今或相传至今的东西。它不说明人们相传什么，相传之事物的特定组合如何，或者它是一种物质实体还是一种文化建构。……决定性的标准是，它是人类行为、思想和想象的产物，并且被代代相传。代代相传在逻辑上并不必然会引出规范性的和强制性的命题。有些东西从过去留传至今，但是，人们没有必要因此而认为他们应该接受、赞同、实施或吸收这些东西。①

根据这个说法，首先，我们应看到，传统并非一个封闭的空间，而是一个开放的领域，它不必然包含某些规定性的内容或准则；其次，传统需要通过代际传递才能形成，且传承的过程并不是一方给予而另一方被动接受，而是包含了传承者对传统的选择和接纳，换言之，传统必须在传承的过程中被塑造。

因此，传统与时间的关系需要得到重新认识。虽然传统通常被认为与过去的时间相关，但传统与过去并不能画上等号，真正决定和塑造传统的时间点是无数个现在。由于人类意识本身所具有的现时性，传统的每一代继承者都必须在其意识所处之当下对传统进行认取和理解，如赵汀阳所言："既然过去和未来都在现时里出场，现在时就是主体性的唯一时态，是意识自身的'正时'……当意识把过去和未来召唤到现时中来，过去的任何一个那时就不仅具有那个时代的当代性，也因现时之召唤而具有现时的当代性。"② 在这个意义上，与其说传统是诞生于过去时间里且对现时产生影响的某种事物，

---

① 爱德华·希尔斯：《论传统》，博铿、吕乐译，上海人民出版社 1991 年版，第 16 页。

② 赵汀阳：《四种分叉》，第 14 页。

不如说传统是在每一个现时被召唤和复活的过去。

正因为传统始终处于被现时意识所创造的过程中，因此，被召唤与被复活的传统，并非是对旧事的复原，“传统可能经历极大的变化，但它的接受者却会认为重要的方面都未改变”①。这也就解释了为何在众人眼中具有颠覆性的康有为经学，在其自身的学术话语中，不过是对传统的延续和继承。因为传统具有开放性和可变性，每一次对传统的召唤与复活，都是新传统在现时的诞生。而现时意识对传统的不断重访、激活，当然不是出于什么怀旧情结，真正的动力来自于意识对未来的瞻望与关切，如甘阳所说：“传统的真正的落脚点恰是在‘未来’而不是在‘过去’。这就是说，传统乃是‘尚未被规定的东西’，它永远处在制作之中，创造之中，永远向‘未来’敞开着无穷的可能性或说‘可能世界’。”②

为什么人类在面对未来的问题时，总是习惯性地选择召唤和复活一部分的过去？或许是因为“人们相信它曾经存在，曾经被实行或被人们所信仰”③。据此反观经学，它得以延续为一个如此持久的传统，就在于人们保持了对其力量和效用的信仰。廖平弟子、民国学人李源澄曾对经学本质有一界定：

> 经学者，统一吾国思想之学问，未有经学以前，吾国未有统一之思想。经学得汉武帝之表彰，经学与汉武帝之大一统政治同时而起，吾国既有经学以后，经学遂为吾国人之大宪章。经学可以规定私人与天下国家之理想，圣君贤相经营天下，以

---

① 爱德华·希尔斯：《论传统》，博铿、吕乐译，第18页。

② 甘阳：《八十年代文化讨论的几个问题》，载甘阳主编：《文化：中国与世界》第一辑，生活·读书·新知三联书店1987年版，第24页。

③ 爱德华·希尔斯：《论传统》，博铿、吕乐译，第17页。

> 经学为模范，私人生活以经学为楷式，故评论政治得失，衡量人物优劣，皆以经学为权衡，无论国家与私人之设施，皆须于经学上有其根据，经学与时王之律令有同等效用，而经学可以产生律令，修正律令。在吾国人心目中，国家之法律不过一时之规定，而经学则如日月经天，江河行地，万古长存。董生言“天不变，道亦不变”，是也。经为明道之书，故经学为万古不变之道，故吾以为常法释经学最为得当。[①]

李源澄将经学的开端溯至汉代，而非三代或孔子，显然并不将三王或孔子视作能预知未来两千年之变从而制作经典的先知。就此看来，成于汉代的经学也不过是一代之学，如何能够影响后来两千年历史文明？关键在于“在吾国人心目中，国家之法律不过一时之规定，而经学则如日月经天，江河行地，万古长存”。自汉武表彰经学，并成功树立了以经学为大宪章的信念，此后两千年里，接受和秉持此信念的历代人，通过以经学为理想、模范、楷式、权衡的行为实践，将这一信念兑现为现实。可以看到，经学传统绝非静止不动的一潭死水，而是一个自我逐步实现的预言。

廖平另一位弟子蒙文通将这一思想与历史的互动过程概括为“儒史相资”，以表达他对儒学与历史关系的认知：儒学的产生有资于先代治世的经验，是从具体历史经验中抽象出的思想与价值；而成为义理系统的儒学，又反过来参与塑造了其所处当下的历史，并成为以后历史走向的价值指导。对此，张志强进一步解释道：“一方面儒学被历史化为一个内在于中国历史当中的不断被扬弃发展的系统，它既来自于历史又引领着历史，‘经学’亦不例外；另一方面，

---

① 李源澄：《经学通论》，第 4 页。

中国历史则由于儒学义理价值系统的引导和规范，而成为一种具有文明价值的历史。”[①]

经学作为一种发生于中国历史中的悠久传统，它在传承的过程中被逐步赋予了实体性内容，并以这些内容切实塑造了中国历史与文明的形态，与中国文明血肉相连，互相证成。即使经历了辛亥革命、五四运动对传统的彻底而激烈的批判，它的影响力也仍然保存在文明的基因之中。实际上，传统对于现代世界的影响力量，远比习惯了传统/现代二分法的人们所以为的要强烈得多。如希尔斯所言：“即使是对创造性的人物来说，过去也是一个无可回避的行动出发点……信仰和行动的传统范型具有极大的持久性，甚至比人类设计的人工器物还更为持久；对那些力图抛弃、废除或改造它们的人来说，它们并不会完全失去制约他们的作用。”[②] 如果意识到“现在总处在过去的掌心中”[③]，或者意识到传统的现时性与未来性，就会明白经学传统在今日仍然值得被谈论的原因。

只有认识到传统所具有的巨大潜能与灵活性，我们才能跳出康有为是一个经学传统的遵循者还是颠覆者这种非此即彼的提问，而改换一个提问方式：康有为在建构一种什么样的经学传统？他是如何实现这一建构的？显然，康有为尝试建构的是一种基于孔子信仰的经学普遍主义传统，而这是一个杂糅了舍弃、保存和发掘的过程。康有为意识到，来自传统的圣人信仰能够提供维系经学普遍主义追求的根本性力量，因此，他自始至终都坚持并进一步彰显孔子信仰。当他意识到经学内部存在盘根错节且积弊已久的深刻矛盾时，便决

① 张志强：《经、史、儒关系的重构与“批判儒学”之建立——以〈儒学五论〉为中心试论蒙文通“儒学”观念的特质》，《中国哲学史》2009年第1期。

② 爱德华·希尔斯：《论传统》，博铿、吕乐译，第267页。

③ 同上书，第260页。

然舍弃了古文经学的半壁江山，重新发掘出一脉孔子经学的新系谱。当他看到经学中既有的普遍主义理论都无法有效解释新的世界变化时，则果断舍弃既有诸种理论，转而发掘出具有时间差异性的“三世”说，以此打破了既有传统中的单一时间维度，寻求在多重时间维度的框架里重新拼装组合传统中的既有内容。为了论证三世理论的普遍性，康有为还发掘了湮没不彰的董子学传统，重新光大了董子的“为人者天”、气论、仁论，及其说经之法。

讨论至此，我们不妨回到冯友兰的“旧瓶新酒”之喻。他将经学传统比作“旧瓶”，确有传神处：一方面，传统并非凭空而生，必须有其来自过去的源头，就此而言，可称“旧”；另一方面，瓶乃一容器，其中可容纳之物并无特别限定，人们可自行注入内容。但是，这个比喻中所设想的旧瓶，似乎为某种刚性材料所塑，因此易呈“破裂之象”。倘若不将经学传统理解为不可变更的规范性教条的话，那么，这个容器本身的形状、质料、容积就具有无限可塑性，其巨大潜能等待着被激发和释放。应当看到，在康有为之后，无论《春秋》“三世”说，还是《礼运》“大同”说，就其影响而言，都已经形成一种新的传统，并融入了既有经学史之中。就此而言，康有为不仅提供了一次重塑经学传统的实践，也为新传统的展开提供了背景和契机。

终点也是起点，经学时代固然已落幕，新的剧本尚在帘幕之后，向着未来敞开。

附录

从“大同”到“存伦”
——陈焕章对康有为的反思

《礼记·礼运》中关于“大同”“小康”的内容，曾引起一批近代思想人物的高度关注。康有为的解读无疑是最引人注目的一种，他将《礼运》“大同”与《春秋公羊传》“三世”说创造性地结合，并发挥出一套“大同三世”理论，将“大同”描绘为一幅人人平等的乌托邦图景，门下弟子皆受其说。然而，一个值得注意的事件是，康门弟子陈焕章在民国时期对“大同”做出了与康有为大相径庭的解释。

陈焕章（1880—1933），字重远，广东高要人，十五岁入万木草堂就学，光绪三十年（1904年）中进士，1905年奉派留美，1911年以英文论文《孔门理财学》获哥伦比亚大学哲学博士学位。1912年回国后，在康有为的授意下，陈焕章于上海创办孔教会，任总干事，并创办《孔教会杂志》《经世报》，致力于阐扬孔教教义，发展孔教会组织，一直积极跟随并配合康有为的各项主张和筹划。但在对“大同”的理解上，师徒二人却产生了巨大差异，二人的差异体现在何处？这种差异缘何产生？差异的背后，是二人对孔子教旨怎样不同的理解？

一、“举国若狂”：反思“大同”之契机

陈焕章年少从康有为学，熟习康氏“大同三世”说，这一点从他在哥伦比亚大学完成的博士论文《孔门理财学》中即可获知。他在论文中援引《礼运》“大同”章之文称：“在大同世界，全世界是唯一的社会组织，个人乃独立的个体，……民众选拔贤明与能干之人，因而天下为民众所公有，君臣之伦不复存在；男子与妇女不受婚姻关系所束缚，因而夫妇、父子及兄弟之伦不复存在。”[①] 以“大同”为一伦理关系不复存在的世界，这显然是采用了康有为的对《礼运》“大同”的理解。

1912年，辛亥革命成功，民国成立，陈焕章归国，于上海成立孔教总会，并发表了《论中国今日当昌明孔教》一文。在文中，陈焕章通过分述孔教“以往之大功”“现在之适用”“将来之进化”，旨在证明革命之后孔子之教仍有益于当前时代，是故社会各界应当加以尊奉昌明。在对“孔教将来之进化”的展望中，所包括的“破除国界”“改良人种”“大振女权”“破除家界，同为天民”“公营生业”等内容[②]，也都是出自康有为《大同书》的内容。然而，康有为在《大同书》完成后，曾有秘不示人的叮嘱[③]，陈焕章为何在公开发表的刊物上大讲康有为“大同”说的内容？辛亥鼎革终结了帝制，两千年中孔子之教赖以生存的制度基础就此瓦解，如何在革命之后的共和语境中宣讲和传播孔教，是他们面对的新挑战。陈焕章引述当时

---

① 陈焕章撰、韩华译：《孔门理财学》，商务印书馆2015年版，第20页。

② 陈焕章：《论中国今日当昌明孔教》，《陈焕章文录》，岳麓书社2015年版，第207页。

③ 张伯祯在《南海先生传》中云：“书成，继而思大同之治非今日所能骤几，骤行之，恐适以酿乱，故秘其稿不肯以示人。”参见张伯祯：《南海先生传》，载姜义华、张荣华编：《康有为全集》第十二集，中国人民大学出版社2007年版，第497页。

孔教所面临的质疑云：“或曰：‘孔教于既往诚著功效矣，然今者国体更新，凡事皆大变，孔教必不适于今日之用，故为今日之中国计，不当昌明孔教也。’”[①] 民国初立之时，社会上讲求自由、平等之风气渐起，若欲宣扬孔教，则必当讲明孔教与自由、平等之价值兼容不悖。在康有为的“大同三世”理论中，共和、自由、平等属升平、太平之世，是故陈焕章云：“今日虽未至太平，然已为升平世，故男女之别，必当破除，方合于孔子有教无类之旨，大合男女，宣讲圣教，此今日之急务也。”[②] 也就是说，在民国初期，世人争相以自由、平等为趋尚的背景下，以康有为所言升平世乃至太平世之说争取信众，乃理势之必然。

然而，仅仅四年后的1916年，陈焕章在所作《孔教经世法》中，对“大同”的理解已发生重大转变，最根本的转变在于明确“大同”世界存在伦理关系，其说云：“或以为大同之世，不信四常而无之，则未免推论太过，而属于臆断，此非孔子之本意也，吾昔著《孔门理财学》亦尝有此误解，今谨改正于此。”[③] 继而他又在1922年的《存伦篇》中更加系统、完整地论证了这一观点。陈焕章对“大同”的理解为何会发生此种转变？根据其本人在《存伦篇》中的回溯，对于康有为所描绘的人人平等，公同无别之“大同”，他早存有疑惑，“焕章不敏，二十年前，亦尝疑惑于此说，在纽约著《孔门理财学》，在上海著《孔教论》，曾略及之。常与中外人士细心研究，而未能论定”，直至“乙卯岁，著《孔教经世法》，将《礼运》文本反复玩味，更参以《春秋》太平世之旨，始断然知《礼运》大

① 陈焕章：《论中国今日当昌明孔教》，《陈焕章文录》，第195—196页。

② 同上书，第197页。

③ 陈焕章：《孔教经世法》，上海书店出版社2016年版，第22页。

同之有五伦，而十余年来之疑惑，乃尽祛矣”。[①] 表面来看，陈焕章只是于乙卯岁（1915 年）偶然发得“大同”必存五伦之说，但其中是否另有缘故？

在《存伦篇》中，陈焕章对民国社会状况做过如此形容：

> 今日者，举国若狂，彝伦攸斁，人伦固大不明矣。其尤甚者，因国体共和，而误疑君臣之伦可废；因男女苟合，而谬谓夫妇之伦可废；因家庭革命，而言父子之伦可废。三纲既沦，万事尽坏，邪说暴行大作，此中国五千年来未有之奇祸也。[②]

进入民国之后，政治层面的革命暂告一段落，观念和思想层面的革命接踵而至，东西洋各种“主义”蜂拥而入，对中国人的生活方式和思想观念产生剧烈冲击，其中的一股主流便是对个人自由的推崇。1915 年拉开序幕的新文化运动，更是直接将革命矛头对准了“家庭”这一被认为是束缚个人自由的重大障碍。陈独秀在《青年杂志》创刊号上发表《敬告青年》一文，猛烈抨击儒家的伦理思想，指出“忠孝节义”等老教条是“奴隶道德”[③]；傅斯年以“万恶之原”称呼中国家庭[④]；吴虞则将“忠”“孝”看作是中国古代帝王用以培育顺民的工具[⑤]。对于家庭革命所导致的人伦解体，陈焕章非常警惕。一方面，他在《存伦篇》中多次提及，若无父子之伦，将令父母不复愿生子女，若无夫妇之伦，则男女惟有恣情纵欲，避孕堕胎，无所不用，

① 陈焕章：《存伦篇》，《陈焕章文录》，第 79 页。

② 同上。

③ 参见陈独秀：《敬告青年》，载《青年杂志》1915 年 1 卷 1 号。

④ 参见傅斯年：《万恶之原》，载《新潮》1919 年第 1 卷第 1 期。

⑤ 参见吴虞：《说孝》，《吴虞文录》，黄山书社 2008 年版，第 10 页。

此皆“灭绝人类之道”；所以，出于保种的考虑，亦应力图保家。而另一方面，“今日人欲横流，奇邪百出，随波逐流之士，或反附会于孔教之经义，以文饰过激之新潮，日言大同，而非其本旨”①，经由康有为重新阐释的孔子“大同”说，屡屡成为流俗之徒攻击家庭与人伦的武器。对陈焕章而言，若要传播孔教，不能不讲明孔子教义，然而，在举国竞以“自由”“平等”为口号以至于人欲横流、奇邪百出的背景下，若孔子教义不能与流俗浅见做出界分，则势必不能自坚，将为其所夺。

职是之故，陈焕章在《孔教经世法》中展开了对存伦式“大同”的论证。

二、存伦的“大同”：对《礼运》的再阐释

在《孔教经世法》中，陈焕章援引《礼运》大同、小康两章文字，解释道：

> 此两节为孔子最重要之遗言，必比较而互勘之，乃得其真意。其主眼即在“天下为公”、“天下为家”八字。选贤与能，讲信修睦，天下为公之实也；各亲其亲，各子其子，货力为己，大人世及以为礼，城郭沟池以为固，天下为家之实也。②

陈焕章此段解释的特别用意需与康有为的《礼运注》对勘方能看出。康有为曾说，正是因为孔子对大同、小康之道“发之明而别之精”③，

---

① 陈焕章：《存伦篇》，《陈焕章文录》，第 79 页。

② 陈焕章：《孔教经世法》，第 22 页。

③ 康有为：《礼运注》，姜义华、张荣华编：《康有为全集》第五集，第 553 页。

才让他在《礼运》中发现了一套与两千年来的“小康”之法截然不同的“大同”之法。孔子对“大同”的每一句描述，都被康有为赋予了具体的内涵，如“天下为公，选贤与能”被解释为“合大众公选贤能以任其职”；“使老有所终，壮有所用，幼有所长，鳏寡孤独废疾者皆有所养”被解释为“公世，人人分其仰事俯畜之物产财力，故以为公产，以养老、慈幼、恤贫、医疾”；“男有分、女有归”被解释为“男子虽强，而各有权限，不得逾越，女子虽弱，而巍然自立，不得陵抑，各立合约而共守之”等等。[①] 归根结底，“大同”世的一切治法，都必须遵循“人人如一，平等公同”的原则，而这种平等公同是通过逐步“去界”实现的：“凡隶天下者皆公之，故不独不得立国界，以至强弱相争。并不得有家界，以至亲爱不广。且不得有身界，以至货力自为。故只有天下为公，一切皆本公理而已。公者，人人如一之谓。”[②] “界”意味着差异和分别，在康有为看来，人类之苦源于不平，不平源于差异，有差异则有分别心，有分别心则自私之意起，自私之意起则必然有远近亲疏贵贱的差别，这反过来又加剧了人类社会的不平。因此，为了实现平等，必须最终打破一切小群体、小族类、小范畴的边界。与康有为的解读形成鲜明对照的是，陈焕章强调，《礼运》中孔子讲论“大同”与“小康”的两段文字必须连在一起理解，不能打成两截，其意在于削弱“大同”和“小康”的差异，以为存伦式的“大同”张本。但无论如何消弭差异，解释者必须面对“大同”和“小康”存在差别这一事实。陈焕章的策略是，将二者的差异限定在“天下为公”和“天下为家”上，即天子之位是传贤还是传子，而后文所有对“大同”与“小康”

---

① 康有为：《礼运注》，姜义华、张荣华编：《康有为全集》第五集，第 555 页。

② 同上。

的描述，只是“天下为公”和“天下为家”的自然成效而已。在康有为之前，历代注家对“天下为公”与“天下为家”的理解，大多从郑玄之说，以“天下为公”谓五帝时代“禅位授圣”，以“天下为家”谓三王时代“传位于子”。因此，表面看来，陈焕章不过是回到了郑玄的解释，但对前代诸注家而言，“大同”之世五伦五常皆存是不言自明之事，根本无需再做解释，而在康有为之后，“大同”之世存有人伦则成了一个需要论证的命题。

首先，陈焕章援《春秋》之文，证“大同太平”世必有天子，他举僖公元年《公羊传》邢国灭于夷狄，齐桓公不得救，而经文为之讳为例。根据《公羊传》的书法，据乱之时，因“上无天子，下无方伯”，“天下诸侯有相灭亡者，力能救之，则救之可也”，故《传》文予齐桓公以专封之权。而《传》又云“诸侯之义不得专封”，何休称“此道大平制”，也就意味着，到了太平世，则上必有天子，下必有方伯，由此诸侯当然不得专封。接着，陈焕章紧扣“大同”章文句，就文句的内在逻辑，重点论证了“大同”必存君臣、父子、夫妇三伦：

> 大同之世亦不能不正君臣，不然则选贤与能何以位之？讲信修睦，将孰任之？未有选人而无可居之位，睦邻而无负责之人者也。
>
> 大同世亦不能不笃父子，盖亲其亲以及人之亲，故曰不独亲其亲，子其子以及人之子，故不独子其子。其亲其子，名义俱在，即施由亲始，亦何尝有害于天下为公？不然，虽日日谓他人亲，谓他人子，而无源之水无本之木，终不能发生耳。
>
> 孔子论大同之制曰“女有归”，明女有“二归”之道，即夫家与母家也。(《公羊传》注隐公二年）春秋时，凡名归者，每

> 字子家，楚仲归，郑公子归生，鲁公孙归父，齐析归父，皆字子家者也。(《左传》文公十年、十二年，宣公十年，襄公十八年）妇人外成，尤以夫家为重，故谓嫁曰归，郑玄释女有归，谓“皆得良奥之家”者，是也……孔子不曰“女有家”而曰“女有归”者，明女子以得所归宿、有安身立命之所，方为真正之独立自由也。且大同之世明明有所谓“其亲”、“其子”，若男女无别，而“女有归”之“归”不是家，则其亲其子安从而别之哉！此又因大同之有父子而知其有夫妇也。[①]

陈焕章指出，既有“选贤与能”之名，就意味着存在着与贤能相对的愚、不肖，若人人如一，便无所谓贤与能。而智慧、才干、德性上的高下之分，反映在政治中，必然会形成身份地位的高下差异和层级秩序，若只是选拔出了贤能之人而使其无位可居，那么这种选拔可谓毫无意义。既有“讲信修睦”，则意味着被选拔出的贤能之人将作为施教者，讲谈诚信，教人修习亲睦，若人人平等无别，施教者又何来资格教人讲信修睦？因此，只有在君臣关系存在的前提下，“选贤与能”和“讲信修睦”才成为可能。同理，陈焕章称，既然经文在名义上有“其亲”与“他亲”之别、“其子”与“他子”之分，那么，“不独亲其亲，不独子其子”显然不是无差别地对待己亲与他亲、己子与他子，而是在亲己亲、己子的同时，还能兼及关爱那些与自己没有直接血缘关系的亲与子。事实上，如何理解“大同”的“不独亲其亲”，是令历代注家感到棘手的难题。按照唐代孔颖达的理解，“不独亲其亲”指的是“君既无私，言信行睦，故人法之，而不独亲己亲，不独子己子。使老有所终者，既四海如一，无所独亲，

① 陈焕章：《孔教经世法》，第22页。

故天下之老者皆得赡养”[①]。“四海如一，无所独亲”似乎暗示了一种无差异的泛爱，但根据远近亲疏立等差分别，又是儒家的基本原则。因此，到了宋儒处，张载就提出，“各亲其亲”无妨于“不独亲其亲”，“各亲其亲”只是“恩差狭”的阶段，而到了情感推扩“顺达”的阶段，即可“不独亲其亲”。[②]就此看来，陈焕章只是借鉴了宋儒的成说而已。但实际上，他还另有一番用意，即对康有为论证“去界”式“大同”时存在的问题进行暗中回应。

在康有为的设想中，“三世进化”不仅是人类文明的发展演进过程，更是人类之“仁”不断发展、扩充的过程。他借用孟子亲亲、仁民、爱物之说来解释“仁”在“三世”中的发展过程云：

> 孔子立“三世”之法：拨乱世仁不能远，故但亲亲。升平世仁及同类，故能仁民，大平世众生如一，故兼爱物。仁既有差等，亦因世为进退大小。[③]

从据乱到升平再到太平的“三世”，是人类之爱从亲亲发展到仁民再到爱物的三个阶段，是人类从对特定群体的偏爱发展至对世间万物无所不爱的过程。但孟子明言：“君子之于物也，爱之而弗仁，于民也，仁之而弗亲，亲亲而仁民，仁民而爱物。”[④]赵岐注云：“先亲其亲戚，然后仁民，仁民然后爱物，用恩之次者也。”[⑤]从亲亲到仁民，再到爱物，固然是对人情推扩先后次序的描绘，但亲亲、仁民、爱

① 郑玄注、孔颖达疏：《礼记正义》，第878页。

② 卫湜：《礼记集说》，摛藻堂《四库全书荟要》第54册，台北世界书局1985年版，第253页。

③ 康有为：《孟子微》，姜义华、张荣华编：《康有为全集》第五集，第415页。

④ 焦循：《孟子正义》，第948—949页。

⑤ 同上书，第949页。

物是三种程度不同的情感，因此，孟子特别用“亲”“仁”“爱”三个不同的词区分对亲、民、物的情感。面对不同的对象，有情感的差异，这是人情之自然，也是儒家伦理得以建立的基础。而康有为刻意模糊了这种差异，“亲”“仁”“爱”都被笼统概括为一种无差别之“爱”，从亲亲到爱物，只不过是所爱范围的不断推展，而爱的程度没有区别。虽然他承认，要实现爱物必先经过亲亲和仁民的过程，但在他的设想中，亲亲和仁民扮演的不过是“舟车”的角色，一旦进入泛爱万物的阶段，就意味着亲亲和仁民的使命已经完成，可以弃舟登岸，因此，“不独亲其亲”必然是对“各亲其亲”的消解，二者无法并存。

陈焕章意识到，康有为以“弃舟登岸”模式来描述人类的情感发展与推扩，将亲亲和仁民看作功能性的存在，是有很大问题的。在他看来，人类情感的发展与推扩是如同种树筑楼一般逐步建立起来的，即便在“大同”世，若无亲亲之爱为基础，对他人的普遍之爱就如无源之水、无本之木，是难以想象的。“大同”之世的“不独亲其亲”，是在保证“各亲其亲”的前提下，推己及人。当然，不言自明的是，对他亲之爱相较于对己亲之爱，在程度或表现形式上必然存在差异。

对“女有归”一句的解释，历代皆无异义，从郑玄“皆得良奥之家”[①]之说，“归”即指女子嫁入男子之室。然康有为嫌此解有妨于他发明“大同”世女子自由平等独立之义，于是不惜改字解经，将“归”改为“岿”，训为“巍然自立”[②]。陈焕章则回到前人旧解，并引《春秋》公羊、左氏二传为据，明《礼运》所谓“归”者指妇人或归

① 郑玄注、孔颖达疏：《礼记正义》，第875页。

② 康有为：《礼运注》，姜义华、张荣华编：《康有为全集》第五集，第555页。

夫家，或归母家。陈焕章指出，“归”字隐含的对象是“家”，无家之人无所归宿。若女子独身一人，无父母无婚姻，便无所得言家，若言家，则无非父母之家与婚后成立之家。

至此，可以对陈焕章所理解的“大同”情形概括如下：由于天下至尊的天子之位传于贤能者而不世袭，以此“公天下”之政垂范天下，是而各级臣僚官吏亦选贤与能而任，在此治下，人人讲信修睦，德义沛然，不仅父子亲笃，夫妇和睦，且能兼及养恤扶助无血缘之人，无盗窃乱贼之事，是一个存在差异但秩序井然的社会。

但孔子以“大道之行”属“大同”，以“大道既隐”属“小康”，若“小康”与“大同”皆有五伦五常，那么二者差距何在？陈焕章云：“公天下之成效，可至于谋闭不兴，盗窃乱贼不作，外户不闭，是真所谓大同矣。若家天下之成效，则无论其礼义伦纪制度之如何，而既以勇知为贤，以为己立功，则谋用是作，而兵由此起，此亦家天下者必至之势也。”[①] 这一看法继承了前代注家之说，即“大同”与“小康”的核心差别在于是禅位受圣还是世及以为礼。然而，何以五帝之时能行公天下之政，而三王时仅能行家天下之政，这一为历代注家所最关切的问题，却被陈焕章轻轻一语带过：“特大同世则由大道而行，小康世则以礼义以为纪，有自然勉强广大狭小之分耳。”[②] 这并非陈焕章无暇论及，而是有意为之。与前代注家解释“大同”的目的不同，陈焕章无意于借“大同”“小康”讨论理想政治，也并非要建立一套新的“大同”理论，他只是要对康有为《礼运注》所导致的“大同”人伦消解进行纠偏，从而在新的社会局面中重新厘定孔教基本立场。

---

① 陈焕章：《孔教经世法》，第 22 页。

② 同上。

虽然陈焕章对《礼运》经文的重新阐释澄清了经书中的“大同”世界仍有五伦，但尚未触及“去界”式“大同”的理论根基，这一工作在《存伦篇》中才得以全部完成。

三、对康有为“大同”说理论根基的反思

康有为虽对《礼运》推崇备至，但实际上，《礼运》经文本身并非他得出“大同”之义的根本依据[①]。于是，陈焕章在 1922 年又作《存伦篇》，表面看来，意在“对于居中国而去人伦者，发对症之药耳”[②]，实则更进一步对康氏“大同”的内在依据进行了检讨和反思。

康有为笔下的“大同”世界之所以呈现为彻底无界别的“人人如一，平等公同”，根本依据在于他的“人为天生”说。所谓“人为天生”，康有为在《大同书》中解释道：

> 即父子天性，鞠育劬劳，然人非人能为，人，天所生也，托藉父母生体而为人，非父母所得专也，人人直隶于天，无人能间制之。[③]

按照常识，人皆为父母所生，但在康有为看来，人为父母所生只是描述人的形体在经验世界中如何产生，仅具备形体，尚不能称其为

---

① 在《中庸注》中，康有为就说过：“孔子知三千年后必有圣人复作，发挥大同之新教者。”因此，《礼运》“大同”章在他看来只是个引子，不过是孔子为后人理解真正的“大同”所提示的一条思考线索，而孔子对“大同”的理解从未完全地表达出来，直到康有为的《大同书》将孔子的“大同”真义彻底揭示出来。参见康有为：《中庸注》，姜义华、张荣华编：《康有为全集》第五集，第 388 页。

② 陈焕章：《存伦篇》，《陈焕章文录》，第 79 页。

③ 康有为：《大同书》，姜义华、张荣华编：《康有为全集》第七集，第 36 页。

人。康有为曾经举过一个例子：“吾尝见狂人矣，母妻饭之而不识，而啮其指，此有体魄而无魂灵，而不得为人。”[①]在他看来，发狂而失去意识之人不可以被称为“人”，人之所以为人，是因为有其性，换言之，“性”的有无成了真正界定人之“生”的标准。那么人在何种意义上得性于天？康有为称：

> 夫浩浩元气，造起天地。天者，一物之魂质也；人者，亦一物之魂质也。虽形有大小，而其分浩气于太元，挹涓滴于大海，无以异也。[②]

康有为认为，人与天地万物，乃至于天地本身，皆为一气所造，此气即为元气，它既是宇宙的起源，也是造物的质料。人获得其性的过程是“禀于天气以为神明”[③]，人性作为“神明”之物，正是从天那里得到了这种“气”，才具备其性。在现实世界里，人从父母之体中出生时，便已经落入各种不平之中，形体有美丑残健之分，投生之家有贫富贵贱之别。而“人为天生”的设定，不仅是对人的存在做了新的定义，也为一切人的绝对平等提供了前提。既然在先验的层面上，人人均为天之一气所生，那么，“人人如一，平等公同”的“大同”之法正是对人之天性自然的成全与实现。

除了“人为天生”外，人皆有求乐去苦之愿是康有为“大同”理论的另一个重要前提，其说云：“普天之下，有生之徒，皆以求乐免苦而已”，纵然有“曲折以赴，行苦而不厌者”，“亦以求乐”。[④]

---

① 康有为：《礼运注》，姜义华、张荣华编：《康有为全集》第五集，第561页。
② 康有为：《大同书》，姜义华、张荣华编：《康有为全集》第七集，第4页。
③ 康有为：《中庸注》，姜义华、张荣华编：《康有为全集》第五集，第369页。
④ 康有为：《大同书》，姜义华、张荣华编：《康有为全集》第七集，第7页。

而人在有形世界中所经历的种种苦痛，皆可诉诸种种不平，因不平而发生不均，因不平而产生压制，由此令人长久处于苦痛中不得解脱。因此，康有为表示："立法创教，能令人有乐而无苦，善之善也。"[①] 正是本于"人为天生"和"求乐免苦"两个基本设定，康有为对"大同"世的男女关系做出了如下设计："大同太平之世，男女各有独立之权，有交好而非婚姻，有期约而非夫妇，期约所订，长可继续而终身，短可来复而易人。"[②]"今世至太平，男女平等，各自独立，生人既各养自公家，不为一姓之私人，而为世界之天民矣。"[③]"男女之事，但以殉人情之欢好，非以正父子之宗传，又安取强合终身以苦难人性乎？……一切自由，乃顺人性而合天理。"[④]

陈焕章在对夫妇、父子、君臣之伦不可废的论证中，对康有为的这两个设定暗中做出了回应，首先是针对"人为天生"的设定：

> 男女同出于天，理论上固属平等，然而实体上究属不同，此亦无可如何之事。女怀胎而男不怀胎，则当女子生育时期，女子不可以恋爱男子，而男子可以自由恋爱他女，此亦不平也。……吾料自由恋爱之社会，其女子之自由，当必较少于有婚礼之社会，而男子之自由，当必较多也。[⑤]

陈焕章指出，"人为天生"只是一种理论上的设定，而非实际能够达到的情况。人类社会在制度上固然可以排除婚姻，但"天不能合

① 康有为：《大同书》，姜义华、张荣华编：《康有为全集》第七集，第7页。
② 同上书，第180页。
③ 同上书，第76页。
④ 同上。
⑤ 陈焕章：《存伦篇》，《陈焕章文录》，第83页。

男女以同为一形”的事实无从否认，即便进入“大同”之世，也无法改变女子怀胎而男子不怀胎的自然状态，正是这一事实导致了在女子生育期间，男女交往他人的自由度不可能绝对相同，而如果没有婚姻关系对男女行为进行约束，男子必然会享有更多的交往可能，从而造成对女性的不公，换言之，婚姻未必真为压制女性的枷锁，若彻底抛弃婚姻，男女不平将愈发严重。

其次，陈焕章提出了和康有为不同的苦乐观：

> 夫人之相与，必须由恒久不变之道，固结不解之情，夫然后足以相信相安，而互相托命。此虽在交接朋友尚然，而况有婚姻之关系乎？若婚姻不以礼，而自由苟合，情动则夫妻，情移则陌路，如水过鸭背，如风吹浮萍，毫无意味，何足言乐？此其悖于人性也特甚。[①]

“乐”的内容有很多，声色口腹之欲的充分满足、安全舒适的生存环境、健康无疾的身体状况，这些都是人所公认之“乐”，但并非所有的“乐”都表现得如此直白。康有为只是强调了人类短暂易变的情欲得到满足时所获得的快乐，而陈焕章看到人类情感体验的复杂性，人不只有对短暂情欲获得满足的需求，也有着获得稳定、持久情感的强烈需求，放任情欲所带来的未必是快乐，反而可能是被泛滥情欲所破坏掉的对持久情感的美好体验。婚姻和家庭就是为人的这种稳定情感需求所提供的制度保障，夫妇之间的情感更多的时候是以“相信相安，互相托命”的形式表现出来的。

在五伦中，受到“人为天生”论冲击最大的便是父子之伦。康

---

① 陈焕章：《存伦篇》，《陈焕章文录》，第82页。

有为抛开人为父母所生这一经验事实，将人之生系于天，必然导致父子关系解体，最终以公养公恤制度来替代传统家庭中父子之伦。陈焕章对人之所由来的论述，不取“人为天生”说，而是回到了一般经验：“人之生也，不能无所自来，故谓生我者为父母，而以所生者为子女，此万无可改造者也。”[①]《穀梁传》云“独阴不生，独阳不生，独天不生，三合而后生”，康有为解之曰：“谓母之子也可，天之子也可。……但圣人姑别其名称，独以王者为天之子，而庶人为母之子，其实人人皆为天之子。”[②]而陈焕章在《存伦篇》中同样援引了此句，但做出了全然不同的解读：“诚哉父母之恩与天同也。言天与父母三者缺一不可也。”[③]纵然理论上人为天生，但不可因此抹杀父母对于作为实体之人的生养之功。而对于将儿童养育之责归之公有的制度设计，陈焕章指出：“盖父母之于子，其亲爱之情，乃由于天生而非出于人为，不可以人为者代天生也，保赤子之诚心，岂能以之遍责育婴堂中人乎？”[④]在此，“天生”的不再是人本身，而是父母对于子女的亲爱之情，养育子女乃父母之天职，因此不可替代。

辛亥之后，随着君主制覆灭，传统的君臣之伦亦不复存在。陈焕章对“君”之名重新进行了训释，其说云：

> 君者，群也，使世界之人皆各各孤立，两不相涉，则无君可也。若犹有两人之结合，则虽可不相统属，然已有不能不分正副之势。[⑤]

---

① 陈焕章：《存伦篇》，《陈焕章文录》，第83页。
② 康有为：《春秋董氏学》，姜义华、张荣华编：《康有为全集》第二集，第375页。
③ 陈焕章：《存伦篇》，《陈焕章文录》，第85页。
④ 同上书，第88页。
⑤ 同上书，第93页。

陈焕章指出，“君”之本义为群，能群人者则谓为君。传统的“君臣”关系虽亡，但无论在何种政治制度中，君臣之实必然存在，“凡近日习用之名词，如社会、团体、组织、系统、秩序之属，皆非有君不可”[①]。康有为认为君臣关系在本质上是阶级压制，“王族之尊自别异于众庶”所造成的是“阶级之苦”，不符合追求平等的人性[②]。陈焕章则提出了不同的看法：“合群者，人性也，故有君者亦人之性也。”[③]人类不是以孤绝封闭的原子式个体状态生存于世的，而是天然地需要不断地交往和沟通，由此必然形成组织，并在组织中产生对待性关系。即便是“大同”世人人高度平等自立，亦存在着各种社会组织和生活共同体，也需要以某种伦理来规定和引导组织和共同体中参与者的行为，在他看来，此种伦理本质上即为君臣之伦。而对君臣之伦与平等价值之间的紧张，陈焕章也做出了解释：

> 夫平等云者，乃法律上之意义，言法律一视同仁，无畸轻畸重之分，即谚所谓“天子犯法，与民同罪”之意耳，岂尽天下之事物而平之哉？物之不齐，物之情也。……若以无君为平等，是欲治丝而益棼之也，是欲使船而去其舵也，必不可得矣。[④]

在此，陈焕章一针见血地指出了时人对于西方平等主义的最大误读，在于将“平等”简单地理解抹除一切差异。西方平等主义的核心在于法律（政治）上的平等，包括在法律意义上承认天赋人权，人人

---

① 陈焕章：《存伦篇》，《陈焕章文录》，第 96 页。

② 康有为：《大同书》，姜义华、张荣华编：《康有为全集》第七集，第 36 页。

③ 陈焕章：《存伦篇》，《陈焕章文录》，第 96 页。

④ 同上书，第 97 页。

享有同等的政治权利等等。反观民国政坛，政党林立，各谋其利，党魁以平等自由之说惑众而对人民实行专制，党派内部则互相倾轧，毫无责任担当，因而陈焕章复倡君臣之伦，亦存救弊之意。

四、结语

辛亥革命及其带来的政治、社会变革，使许多从晚清延续下来的思想不断受到挑战。对康有为而言，最重要的变化是他的政治追求从君主立宪制向虚君共和制转化。虽然政治立场从激进转向保守，但康有为并不认为他的“大同”学说需要再做审思，皆因世人未能深刻理解他的“三世”不可躐等之说，若时机未熟而骤行“大同”之法，反以为害。而在康门弟子中，真正对大同与人伦的关系进行反思的，主要就是陈焕章。1926 年之后，陈焕章见其孔教主张难行于国内，遂将孔教的发展重心从国内移往东南亚诸国，他在《孔教经世法》与《存伦篇》中的“存伦”呼吁也就此湮没在革命时代的浪潮声中。但他在民国早期对家庭革命和人伦危机的警觉与防范，对康有为“大同”理论的反思与回应，为我们今日再次思考“大同”提供了重要的经验和线索。

参考文献

一、古籍

安居香山、中村璋八:《纬书集成》，石家庄：河北人民出版社，1994年。

班固撰、颜师古注:《汉书》，北京：中华书局，1962年。

晁公武著、张猛校证:《郡斋读书志校证》，上海：上海古籍出版社，1990年。

程颢、程颐:《二程集》，北京：中华书局，2004年。

陈澔:《礼记集说》，上海：上海古籍出版社，1987年。

陈焕章撰、韩华译:《孔门理财学》，北京：商务印书馆，2015年。

陈焕章:《陈焕章文录》，长沙：岳麓书社，2015年

陈焕章:《孔教经世法》，上海：上海书店出版社，2016年。

陈澧:《陈澧集》，上海：上海古籍出版社，2008年。

陈立:《白虎通疏证》，北京：中华书局，1994年。

陈庆年:《清廷戊戌朝变记（外三种）》，桂林：广西师范大学出版社，2008年。

陈柱:《公羊家哲学（外一种）》，上海：华东师范大学出版社，2014年。

戴震:《戴震集》，上海：上海古籍出版社，1980年。

杜预注、孔颖达疏:《春秋左传正义》，台北：艺文印书馆，

2007年。

范宁注、杨士勋疏：《春秋穀梁传注疏》，台北：艺文印书馆，2007年。

范晔：《后汉书》，北京：中华书局，2000年。

符定一：《〈新学伪经考〉驳谊》，上海：商务印书馆，1937年。

顾颉刚：《古史辨》，上海：上海古籍出版社，1982年。

顾颉刚：《古籍考辨丛刊》（第一集），北京：社会科学文献出版社，2010年。

顾颉刚：《古籍考辨丛刊》（第二集），北京：社会科学文献出版社，2009年。

龚自珍：《龚自珍全集》，上海：上海古籍出版社，1999年。

黄震：《黄氏日抄》，台北：大化书局，1984年。

何休解诂、徐彦疏：《春秋公羊传注疏》，上海：上海古籍出版社，2014年。

何晏集解、邢昺疏：《论语注疏》（宋蜀刻本），桂林：广西师范大学出版社，2019年。

皇侃：《论语义疏》，北京：中华书局，2013年。

姜义华、张荣华编：《康有为全集》，北京：中国人民大学出版社，2007年。

焦循：《孟子正义》，北京：中华书局，1987年。

康有为著、楼宇烈整理：《新学伪经考》，北京：中华书局，2012年。

康有为著、楼宇烈整理：《长兴学记 桂学答问 万木草堂口说》，北京：中华书局，1988年。

孔安国传、孔颖达疏：《尚书正义》，上海：上海古籍出版社，2007年。

李清臣:《礼论》(下),载《宋文选》,文渊阁四库全书本卷十八。

李源澄:《经学通论》,上海:华东师范大学出版社,2010年。

梁启超:《饮冰室合集》,北京:中华书局,1989年。

梁启超:《清代学术概论》,上海:上海古籍出版社,2005年。

廖平:《廖平全集》,上海:上海古籍出版社,2015年。

刘逢禄:《刘礼部集》,《续修四库全书》第1501册,上海:上海古籍出版社,1995年。

刘逢禄:《春秋公羊经何氏释例》,上海:上海古籍出版社,2013年。

刘光贲著、吕效祖编:《刘古愚教育论文选注》,西安:陕西人民出版社,1988年。

陆贾:《新语》,上海:商务印书馆,1937年。

蒙文通:《经学抉原》,上海:上海人民出版社,2006年。

蒙默编:《蒙文通学记》,北京:生活·读书·新知三联书店,2006年。

皮锡瑞著、周予同注释:《经学历史》,北京:中华书局,1959年。

皮锡瑞:《经学通论》,北京:中华书局,2008年。

钱穆:《钱宾四先生全集》,台北:联经出版事业股份有限公司,1998年。

钱穆:《两汉经学今古文平议》,北京:商务印书馆,2001年。

僧佑:《弘明集校笺》,上海:上海古籍出版社,2013年。

司马迁撰、司马贞索引、张守节正义:《史记》,北京:中华书局,1982年。

宋翔凤:《汉学今文古文考》,《朴学斋文录》卷三,《续修四库全书》1504册,上海:上海古籍出版社,2003年。

宋翔凤：《论语说义》，《续修四库全书》经部第155册，上海：上海古籍出版社，1995年。

苏舆：《春秋繁露义证》，北京：中华书局，1992年。

苏舆：《翼教丛编》，上海：上海书店，2002年。

谭献：《谭献日记》，北京：中华书局，2013年。

王夫之：《船山全书》，长沙：岳麓书社，2011年。

王栻编：《严复集》第三卷，北京：中华书局，1986年。

王照圆：《列女传补注》，上海：华东师范大学出版社，2012年。

卫湜：《礼记集说》，《景印摛藻堂四库全书荟要》经部第五十三册，台北：世界书局，1985年。

魏源：《魏源全集》第12册，长沙：岳麓书社，2011年。

魏征：《隋书》，北京：中华书局，1997年。

吴承仕：《吴承仕文录》，北京：北京师范大学出版社，1984年。

伍宪子：《经学通论》，香港：东方文化出版社，1936年。

吴仰湘整理：《皮锡瑞全集》，北京：中华书局，2015年。

吴虞：《吴虞文录》，合肥：黄山书社，2008年。

邬庆时编：《邬氏家集 · 白坚堂丛书》，民国十八年广州刊本。

夏晓红编：《追忆康有为》（增订本），北京：生活 · 读书 · 新知三联书店，2009年。

夏晓红编：《〈饮冰室合集〉集外文》，北京：北京大学出版社，2005年。

熊十力：《熊十力全集》，武汉：湖北教育出版社，2001年。

熊十力：《论六经　中国历史讲话》，北京：中国人民大学出版社，2006年。

叶德辉：《叶德辉文集》，上海：华东师范大学出版社，2010年。

永瑢：《四库全书总目》，北京：中华书局，1999年。

雍正编纂:《大义觉迷录》,北京:中国城市出版社,1999年。

俞樾:《春在堂全书》,南京:凤凰出版社,2010年。

章太炎:《章太炎国学讲演录》,北京:中华书局,2013年。

章太炎:《章太炎全集》第一辑,上海:上海人民出版社,2014年。

章学诚撰、叶瑛校注:《文史通义校注·易教上》,北京:中华书局,1985年。

张之洞:《劝学篇》,郑州:中州古籍出版社,1998年。

郑玄注、孔颖达疏:《礼记正义》,上海:上海古籍出版社,2008年。

郑玄注、贾公彦疏:《周礼注疏》,上海:上海古籍出版社,2010年。

郑玄笺、孔颖达疏:《毛诗注疏》,上海:上海古籍出版社,2013年。

朱杰人、严佐之、刘永翔主编:《朱子全书》,上海:上海古籍出版社、合肥:安徽教育出版社,2002年。

朱一新:《无邪堂答问》,北京:中华书局,2000年。

二、研究著作

爱德华·希尔斯:《论传统》,傅铿、吕乐译,上海:上海人民出版社,1991年。

埃里克·沃格林:《历史与秩序卷四:天下时代》,叶颖译,南京:译林出版社,2018年。

包弼德:《历史上的理学》,王昌伟译,杭州:浙江大学出版社,2010年。

常超:《“托古改制”与“三世进化”:康有为公羊学思想研

究》，北京：北京大学出版社，2015 年。

陈其泰：《清代公羊学》，北京：东方出版社，1998 年。

陈少明：《走向后经学时代》，广州：中山大学出版社，2020 年。

陈苏镇：《〈春秋〉与“汉道”：两汉政治与政治文化研究》，北京：中华书局，2011 年。

Colin Renfrew, *The Emergence of Civilization*, London: Methuen, 1972.

崔海亮：《廖平今古学研究》，长沙：岳麓书社，2014 年。

段义孚：《恋地情结：对环境感知、态度与价值》，北京：商务印书馆，2018 年。

冯茜：《唐宋之际礼学思想的转型》，北京：生活·读书·新知三联书店，2020 年。

冯友兰：《中国哲学简史》，北京：北京大学出版社，1985 年。

冯友兰：《三松堂全集》，郑州：河南人民出版社，2001 年。

干春松：《制度化儒家及其解体（修订版）》，北京：中国人民大学出版社，2012 年。

干春松：《保教立国：康有为的现代方略》，北京：生活·读书·新知三联书店，2015 年。

干春松：《康有为与儒学的“新世”：从儒学分期看儒学的未来发展路径》，上海：华东师范大学出版社，2015 年。

干春松、陈壁生编：《经学与建国》，北京：中国人民大学出版社，2013 年。

干春松、陈壁生编：《经学的新开展》，北京：中国人民大学出版社，2012 年。

甘阳主编：《文化：中国与世界》第一辑，北京：生活·读书·新知三联书店，1987 年。

沟口雄三:《中国的公与私·公私》,北京:生活·读书·新知三联书店,2011年。

华喆:《礼是郑学:汉唐间经典诠释变迁史论稿》,北京:生活·读书·新知三联书店,2018年。

黄开国:《廖平评传》,南昌:百花洲文艺出版社,1993年。

李学勤:《古文献丛论》,上海:上海远东出版社,1996年。

李泽厚:《中国近代思想史论》,北京:人民出版社,1979年。

刘梦溪编:《中国现代学术经典·马一浮卷》,石家庄:河北教育出版社,1996年。

刘小枫:《儒家革命精神源流考》,上海:上海三联书店,2000年。

刘小枫:《百年共和之义》,上海:华东师范大学出版社,2015年。

陆胤:《政教存续与文教转型——近代学术史上的张之洞学人圈》,北京:北京大学出版社,2015年。

路新生:《中国近三百年疑古思潮史纲》,上海:复旦大学出版社,2014年。

吕思勉:《大同释义:中国社会变迁史》,上海:上海交通大学出版社,2018年。

马楠:《比经推例:汉唐经学导论》,北京:新世界出版社,2011年。

塞缪尔·亨廷顿:《文明的冲突与世界秩序的重建(修订版)》,北京:新华出版社,2010年。

唐文明:《敷教在宽:康有为孔教思想申论》,北京:中国人民大学出版社,2012年。

汤志钧:《康有为与戊戌变法》,北京:中华书局,1984年。

王汎森:《古史辨运动的兴起》，台北：允晨文化出版社，1987年。

王汎森:《思想是生活的一种方式》，台北：联经出版事业股份有限公司，2017年。

汪晖:《现代中国思想的兴起》，北京：生活·读书·新知三联书店，2004年。

汪荣祖:《从传统中求变：晚清思想史研究》，南昌：百花洲文艺出版社，2002年。

王中江:《进化主义在中国的兴起：一个新的全能式的世界观》（增补版），北京：中国人民大学出版社，2010年。

韦伯:《韦伯作品集5：中国的宗教、宗教与世界》，桂林：广西师范大学出版社，2004年。

萧公权:《康有为思想研究》，汪荣祖译，北京：新星出版社，2005年。

谢和耐:《中国与基督教——中西文化的首次碰撞》，耿昇译，北京：商务印书馆，2013年。

余英时:《现代儒学论》，上海：上海人民出版社，1998年。

曾亦:《共和与君主：康有为晚期政治思想研究》，上海：上海人民出版社，2010年。

张广生:《返本开新：近世今文经与儒家政教》，北京：中国政法大学出版社，2016年。

张灏:《危机中的中国知识分子：寻求秩序与意义》，北京：新星出版社，2006年。

张翔:《大同立教：康有为政教思想研究》，北京：社会科学文献出版社，2023年。

赵汀阳:《天下的当代性：世界秩序的实践与想象》，北京：中信出版社，2016 年。

赵汀阳：《四种分叉》，上海：华东师范大学出版社，2017 年。

朱维铮：《求索真文明》，上海：上海古籍出版社，1997 年。

三、研究论文

布裕民：《康有为的春秋学》，香港中文大学图书馆藏，1973 年。

常达：《论〈礼运〉“大同”章政治主体的诠释演变》，《中国哲学史》2020 年第 5 期。

陈居渊：《论晚清儒学的“汉宋兼采”》，《孔子研究》1997 年第 3 期。

范广欣：《卢梭“革命观”之东传：中江兆民汉译〈民约论〉及其上海重印本的解读》，《思想史》（“中央研究院”史语所编），2014 年 11 月。

范文澜：《经学史讲演录》，《历史学》1979 年第 1 期。

房德邻：《康有为和廖平的一桩学术公案》，《近代史研究》1990 年第 4 期。

干春松：《中国思想典范转移过程中的观念变迁：以康有为论“仁”看儒家观念的转变》，《学术研究》2015 年第 2 期。

葛兆光：《宋代“中国”意识的凸显：关于近世民族主义思想的一个远源》，《文史哲》2004 年第 1 期。

宫志翀：《〈大同书〉稿本与刊本的结构差异探微》，《中国哲学史》2020 年第 5 期。

黄开国：《评康有为与廖平的思想纠葛》，《社会科学辑刊》1990 年第 5 期。

黄开国：《廖康羊城之会与康有为经学思想的转变》，《社会科学研究》1986 年第 5 期。

黄开国、唐赤蓉:《〈教学通义〉中所杂糅的康有为后来的经学思想》,《近代史研究》2010 年第 1 期。

黄彰健:《论康有为“保中国不保大清”的政治活动》,《大陆杂志》第 36 卷第 12 期，1968 年。

胡建华:《首请毁禁〈新学伪经考〉者非安维峻》,《近代史研究》1986 年第 5 期。

李耀先:《廖季平的〈古学考〉和康有为的〈新学伪经考〉》,《社会科学研究》1983 年第 5 期。

刘景山:《康有为的“一体二元”及其历史渊源》,《学术月刊》1984 年第 7 期。

刘巍:《〈教学通义〉与康有为的早期经学路向及其转向——兼及康氏与廖平的学术纠葛》,《历史研究》2005 年第 4 期。

刘巍:《重访廖平、康有为学术交涉公案——关于“新学伪经”说之偷意与升级版“孔子改制”论之截获的新探》,《齐鲁学刊》2019 年第 4 期。

刘增光:《当前经学复兴的起因、表征与意义》,《学术月刊》2018 年第 2 期。

马洪林:《关于康有为著〈大同书〉“倒填年月”的商榷》,《韶关学院学报》2004 年第 10 期。

马永康:《从“三统”、“三世”到“三世三重”——论康有为的思想》,《华东师范大学学报（哲学社会科学版）》2010 年第 3 期。

马悦然（Goran Malmqvist）:《从〈大同书〉看中西乌托邦的差异》中西比较的视角，载《二十一世纪》1991 年第 5 期。

茅海建:《再论康有为与进化论》,《中华文史论丛》2017 年第 2 期。

皮迷迷:《改革开放40年中国哲学发展历程回顾——转变、范式及多样性形态》,《哲学动态》2018年第12期。

浅野裕一:《儒教の形成: 康有為『孔子改制考』の儒教神学》,载《国际文化研究科论集》第四号,仙台:东北大学大学院国际文化研究科,1996年。

汤志钧:《再论康有为与今文经学》,《历史研究》2000年第6期。

许冠三:《康南海的三世进化史观》,《香港中文大学学报》1997年第1期。

伊曼努尔·沃勒斯坦:《2008年:新自由主义全球化的死亡》,实践与文本网,〈https://ptext.nju.edu.cn/ba/36/c13495a244278/page.htm〉

张立文:《康有为仁心元一体论》,《齐鲁学刊》2014年第1期。

张翔:《康有为经学思想调整刍议——以〈春秋董氏学〉与〈春秋笔削大义微言考〉的比较为例》,《中国哲学史》2014年第2期。

张志强:《经、史、儒关系的重构与"批判儒学"之建立——以〈儒学五论〉为中心试论蒙文通"儒学"观念的特质》,《中国哲学史》2009年第1期。

周启荣:《史学经世:试论章学诚〈文史通义〉独缺〈春秋教〉的问题》,《台湾师大历史学报》1990年第18期。

后记

本书是根据我的博士论文修改而成的。自2015年春夏间提笔撰写初稿，到2017年以博士论文的形式暂告一段落，再到2024年秋终于完成书稿修改，此书的写作历经了九年的拖延，终于勉强完成。

我本科和硕士阶段所受为中国古典学术训练，在数年的学习中，虽有一定知识积累，却一直未能找到真正关心的问题。直到博士阶段从学于王中江老师，选择近现代中国哲学作为研究领域，中国古今之间的断裂与紧张才骤然成为我所关切的问题，我对此产生了进一步探索的兴趣。

现在回想起来，当初写作博士论文如同摸石过河，反复横跳于深刻的自我怀疑和时而闪现的学术灵感之间。由衷感谢王老师给予我充分的信任，让我得以在读博期间自由地探索学术兴趣，自由探索不免伴随着风险，更感谢王老师在我博士论文构思和写作过程中的每一个关键节点，给予我善意的提醒和引导，在我每每走上空想漫谈歧路而不自知的时候，将我拉回到对学术问题的严谨讨论中来。作为一名资质平庸的学生，写作博士论文于我而言，既是求学生涯中的一次巨大锻炼和考验，也是一次巨大的收获。经此历练，我才真正明白，以学术为业，不仅需要理想与激情，更需要长年累月的踏实耕耘。

私意以为，客观的学术研究不必也不应羼入研究者的个人偏好，但就人文学科而言，研究者和其所选择的研究人物或问题之间，仍然会因为某种机缘而产生关联。我选择康有为作为研究对象，也出于一些机缘巧合。虽然我在本科阶段就粗粗翻阅过康有为声名斐然的“两考”，但当时的一个直接感受是：什么刘歆伪经、孔子改制，简直是奇谈怪论，不知所云。在硕士阶段，我一度对《论语》“宰我问丧”章的解释产生了兴趣，这是《论语》解释史上聚讼纷纭的一章，各家解说虽皆有创见，却也各有未安处。读至康有为的解释，以三年丧为孔子改制加隆以解之，大有豁然贯通之感。这一经历让我对康有为的认识大为改观。我隐约感到，康有为或许对经学中的许多问题有过相当深入精微的思考，但这些思考却被其著述所表现出的那种故作惊人之论的姿态所遮蔽，因此，需要研究者抛开成见，以平心和耐心待之，才可能尽量贯通地理解这位极为复杂的思想人物。

思想人物的研究，并非研究者对研究对象所做的单向度解读，而是二者之间持续地对话。随着研究的逐步深入，我益发能够感受到康氏思想之开阔与幽深兼具、激进与保守并存。他在理解文明之争时的目光如炬，在判断时局时的锐利如刃，时常令我震撼。诚然，康有为的身上存在着巨大的争议：其思想体系中的矛盾随处可见，其脾气秉性的缺陷毋庸讳言，他的现代方略也未能在近代中国的历史进程中取得成功……但，他深邃的问题意识、宏大的视野和格局，以及直面古今变局时的胆魄和勇气，仍让我充满敬意。

在女儿出生后的第一年里，我曾暗下决心，要将这本书修改完成，作为送她的生日礼物。然而，全年无休的养育劬劳和突如其来的疫情，彻底打乱了原本的计划，以至于我真正开始着手修改书稿，已经是博士论文完成的五年之后。感谢我的女儿乐之，虽然因为你的到来，这本书稿的完成推迟了数年，但养育你的过程给我带来了无与伦比的生命体验。我喜欢与你聊天、伴你玩耍，从白天到夜晚，听你用稚嫩的语言和声音表达你对各种或宏大或细微事物的理解和感受，而我总能在你直接简单的表达中受到震撼，重新审视许多我作为成年人不假思索地接受却从未反省过的想法和观念。人们总说，父母对孩子成长的陪伴值得感谢，而我却想感谢你陪伴我成长。对于我这样一个不够温柔、细心和耐心的妈妈，感谢你给予我无限的肯定、赞美和信任，你让我惊奇地发现，原来“妈妈”这个角色可以不只有一种特定的样子。

感谢我的父母。数十年的养育之恩，一粥一饭、言传身教，潜移默化间，令我成为今日之我，感谢你们全力支持我以学术为业的选择，哪怕这条路并非坦途。

感谢队友多年来对我在工作和生活上的支持，和对我很多时候一意孤行的包容。

本书的写作得到了广大师友的指点和帮助。2015 年上半年，在干春松老师开设的“现代中国哲学专题”课程上，与诸位师友共读《孟子微》的经历，为书稿最初的构思提供了许多灵感与启发。博士论文初稿获得了张志强、张学智、杨立华、王鑫等老师的宝贵建议和批评。在完成博士论文后的数年间，本书中的部分章节曾以单篇论文的形式发表在学术刊物上，感谢唐文明、曾亦、白奚、陈鹏、王正、王晓洁等老师对这些论文提出的宝贵修改意见。

感谢我的同辈朋友王楚、典典、沈丽、朱雷、吕明煊、宫志翀、常达、艾宸伊、郝颖婷、邓欢娜、吴蕊寒，多年来与你们在学业和生活上的相伴同行，给予我许多精神上的支撑力量。

感谢首师大政法学院的支持，让这本书成为“昆玉河畔思想文库”中的一员；感谢商务印书馆王璐编辑细心和耐心的工作，才有了这本小书的面世。所欲感谢师长朋友众多，难以一一列数，在此一并致谢。

最后，我想以电影《一代宗师》里我很喜欢的两句台词作为收束：人生如棋，落子无悔；凭一口气，点一盏灯，有灯就有人。

2024年8月

清华大学东楼